U0603170

谨以此书献给上海中学建校一百六十周年，也祝愿上海中学为我国实现中华民族伟大复兴培育出更多更好的各行各业优秀人才。

——唐盛昌

唐盛昌先生是无法超越的上中人。

唐盛昌先生给我们这些继任的上中人留下了大量的精神财富和物质财富。唯有恪尽职守、锐意创新才能对得起上海中学这个打上先生烙印的响亮名称。为党育人、为国育才，持续走在构建世界一流研究型、创新型中国基础教育顶尖名校发展路上。

———— 冯志刚

上海市上海中学校长

授予

唐盛昌 同志上海市
教育功臣，特颁发此证书。

上海市人民政府
2003年9月

高度·前瞻·卓越

一唐盛昌校长从教51周

主办单位 上海市中小学幼儿
承办单位 上海市上海中学

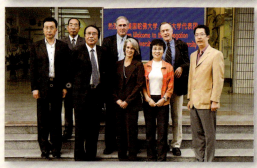

「龙门书院·上海中学」书系

转型中的教育

面向智能社会的创新人才早期培育

唐盛昌 著

上海教育出版社
SHANGHAI EDUCATIONAL
PUBLISHING HOUSE

走在世界一流研究型、创新型学校发展新征程上

（代总序）

上海市上海中学的前身是创始于 1865 年的龙门书院。150 多年来，学校秉承"储人才，备国家之用"的办学宗旨，坚守"自强不息、思变创新、乐育菁英"的龙门之魂，为国家的发展与民族的振兴培育了一批又一批英才。

进入中国特色社会主义新时代后，上海中学走在构建世界一流研究型、创新型学校发展的新征程上。比肩世界名校，不断深化国际视野下拔尖创新人才早期培育的内涵，持续为师生营造研究氛围、搭建创新平台，力求在基础教育领域的探索与引领方面发挥应有的作用。

立足于人才强国与创新型国家的建设，我们将"世界一流研究型、创新型学校"理解为：以培养具有国际视野、本土情怀的拔尖人才的早期培育为基础，倡导独立思考、敢于质疑的精神，

鼓励创新，包容失败，构建师生感兴趣的良好研究氛围；以学校独具特色的、可选择的课程体系建设为载体，集聚大量具有高层次教学与科研能力的创新型师资；同时利用社会资源，做好基础教育与高校、科研院所在研究与创新方面的有机衔接，不断释放师生的研究激情与创新活力。

建构"世界一流研究型、创新型学校"的实践，重在搭建一个核心平台——"培养具有国际视野、本土情怀的拔尖创新人才的早期培育实验"；追逐两个发展关键点——"研究型"与"创新型"，前者以"研究氛围的营造"为切入点，注重以研促学、以研促教。后者重在创新平台的搭建，以教学创新、课题创新、项目创新来推进，并以教育教学、学校管理的创新作为支撑，其内核是思想与方法的创新。"研究型"强调氛围营造与机制支撑，重在土壤培育；"创新型"强调目标驱动与平台建设，重在学问之道。

"世界一流研究型、创新型学校"力求教育教学质量的高水平和人才培育的高素养，不局限于传统课程和教材内容的传授，而以提升人才核心素养与 21 世纪所需关键能力为着力点。打破学生发展的学段培养时间局限、打破课堂空间局限，为终身学习，为读好书本与实践两本人生"大书"打基础，着眼于学生的生涯规划与人生之路的可持续发展。

为此，学校把握时代发展的脉搏，注重在"传承中发展、在发展中谋划"，在传承上海中学原校长唐盛昌先生的诸多改革思想的同时，在育人方式、办学理念、管理机制、治理体系、人才培养模式，乃至校园文化诸方面都与时俱进，不断创新。

世界一流研究型、创新型学校的建设，有一些固有的特质。需要在传承与发展的基础上，强化以创新为核心的文化基因，提倡教学与研究并重，在优势学科教学与研究上逐渐形成品牌；需要搭建大量的基于科学技术、体现时代特征的创新平台，促进学生个性潜能的发展、提升阶段最佳发展取向的选择能力；张扬"不走寻常路"的学校精神；展示教师的学术领导力。在世界一流研究型、创新型学校发展的新征程上，我们需要不断强化这些特质，不断寻求学校发展的"新支点"。

我们将一如既往，坚持"守得住理想、耐得住寂寞、干得成事情"的办学精神，坚守中国本色、强调国际特色、促进中西高端教育的融合，努力提升教学的学术水平，为学生创建一片多课程、多课题、多项目的"海洋"，让他们在"游泳"中发现自己的兴趣、特长与强项，成长为一个有理想、有本领、有担当的时代新人。

当下，上海中学已经走在世界一流研究型、创新型学校发展新起点上，需要在坚守理念与做好顶层设计的基础上做很多事情，"龙门书院·上海中学"书系的持续推进就是一项重要的工作。我们通过对思考与实践、办学与文化的积累和提升，形成了"龙门书院·上海中学"书系。它是为教师拓宽视野、探究育人、追求学术、提升专业所创设的一个发展平台，意在促进教师的反思与领悟；它也是为学生提供聚焦志趣、激发潜能、提升素养、展示才华的舞台，为他们攀登高峰搭梯子；它更是一个为中国特色、世界水平的现代教育先行先试学校发展的纪录，为同类学校有特色的多样化发展提供我们的思考，促进彼此的交流。

是为序。

上海市上海中学校长、国家督学、正高级教师、
上海市第五届教育功臣

2025 年 5 月

教育是终生的准备与超越

（代序）

作为教育工作者，我是幸运的，能奉献于教书育人这片神圣的沃土，从做一个好教师开始，为教育一代人成才而奉献一生。1942 年我生于上海，1949 年上海解放，那时我还小，看到解放军进城。在我这个小孩子眼里看到的是，解放军来了，好威风、好神气！ 1949 年 10月 1 日中华人民共和国成立，一路走来，我亲历了我国从"一穷二白"走上实现中华民族伟大复兴的新征程。在这个过程中，让我感受到教育对人才培养、国家强大的重要意义。在我国教育从大向强的转型中，在中国特色社会主义新时代推进教育、科技、人才一体化建设过程中，我们应清晰地认识到转型中教育的重心是——大力推进面向智能社会的创新人才早期培育。

只有今天的教育能培养出适应明天智能社会所需要的人才，我们的教育才能从平庸走向伟大。我认为教育是终生的准备与超越，这是我一直在基础教育领域中持续探索的原因。1962 年我毕业于上海师范学院数学系，参加工作至今已经在上海基础教育实践领域扎根 60 多个春秋。

我在不断进行自我追问和自我反省，懂得作茧自缚实在是一件很容易的事，真正困难的是要在困惑后，能破茧化蝶。教育工作者的思想必须有一定程度的超前性，这种超前不是停留在理论上和口头上，而是物化为可操作的教育行为，并落实在实践中，需要在自身的成长与教育实践中不断修炼。

修炼与处境相关，不同的处境面临不同的挑战，可能经受不同的修炼。处境不一定来自自身的选择，机遇与处境就产生了关联。面对境遇蕴含的选择与挑战，不管是否能意识到，总要应对。在应对过程中，就可能产生了修炼。我作为一名数学教师，随着境遇的变迁，就经历了各种修炼。1958 年我 16 岁时进入上海师范学院数学系，大学前两年是"大跃进"时期，大炼钢铁，基本上没读什么书，后三年是三年困难时期，学习条件依旧十分艰苦。我当时的目标是，毕业后要当中学数学教师。大学的课程足够了吗？需要那么认真学习吗？我的前途在哪里？那时的我，为了寻找发展的可能方向，除了轻松完成规定的课程外，还读了大量经典名著，其中也包括一大批人文科学、社会科学著作，还强化了俄语并开始学习英语，这些学习经历对我日后的教学工作起到了重要作用。

彷徨时可能犹豫不决，也可能以此为修炼的起点，我的修炼历程，应该是自从大学开始的。1962 年毕业后我进入晋元中学任教，刚起步，1966 年"文化大革命"就开始了。几年无书可教，从 24 岁到 34 岁的黄金年华是如此的苍白，是虚度光阴还是有所进取？我想总要做点什么，于是自学了英语，翻译了一些俄文、英文著作，自学了大学课程中尚未学过的抽象代数、数理逻辑等多门课程，甚至休息天整天坐在上海图书馆阅读中学数学与教学的英文论文。

恢复高考在当时是一种遥不可及的奢望，但坚持就是一种修炼，从无望失望中感觉星光，当希望真正来到你面前时，才有把握时机的可能。恢复高考后，教学任务重重地压在我身上，我任教的晋元中学是当时的区重点中学，我差不多年年教毕业班，如何提高数学教学质量是当务之急。那几年我常常教一个理科班和一个文科班。文科班里大部分是女学生，不喜欢数学，我经常在想：怎样激发她们对数学的学习兴趣，迅速提升成绩呢？加班加点大运动量训练不会是我的选择，我必须搞清症结所在。

经过大量的调查研究、对比实验、数据分析，我做了比较系统的课题分析，结论不仅用在数学实践中，并且将它写成文章《男女学生在数学学习中的差异》，发表在中国顶级教育学术刊物《教育研究》上。一个普通教师，能在这个级别的刊物上发表8000多字的长文，是比较罕见的。那段时间我发表的文章有近百篇，包括数学教学、教育科研、教育评论、科学普及等。教学成绩也很好，理科班、文科班的平均分远高于同类学校，甚至在我的班里出现了数学满分的上海市文科状元。偶然有几年不教毕业班，我就尝试进行双语数学教学，在一次公开课上，还邀请全体英语组教师听课。课是用全英文上的，学生反响十分热烈，效果也不错。这些不是教学要求，而是一种新的尝试。

当你被需要时，探索就是修炼，这样的修炼会让你找到新路，走出困境；会让你开阔视野，挑战自我；会让你突破边界，迈入新高。1984 年，我调任曹杨二中管理教学的副校长，任务很明确，要把曹杨二中的教学质量，特别是数学教学质量搞上去。做好教师的要旨在于自身的思想高度、学科功底与对学生的了解，但要带领一个学校，关键在于凝聚人心与扬人之长。

当时曹杨二中有一批好教师，但他们都有自身的瓶颈，要让一批人凝聚成一个团体，取长补短，合力共进，需要模式、机制的改进。要引领别人，仅有自身的功底是远远不够的，必须找到解决问题的方法与途径，必须得到大多数人的认同，必须与大家一起克服一个又一个新的困难。这是另一种修炼，团队合作的修炼，把握方向的修炼，创新模式的修炼……只有经历过这样的修炼，才能从带教班级的教师，提升为带教教师的教师、带领学校的教师，修炼的成败，需要经过效果的检验。1988 年，曹杨二中的数学会考成绩，竟然是上海市第一名。

1989 年，我调任上海中学校长，当时上海中学在学科教学方面最感不足的是还没有拿过一块奥赛金牌。要能获得奥赛金牌，意味着这个学生在该门学科学习中，具有很高的天赋与潜能，但在如何获取金牌上，培养模式有着很大差别。一种是可以降低对其他学科的要求，让学生集中精力突破一门学科；另一种是坚持全面发展的方向，不采取过分的强化措施，以发展学生某方面的潜能。教师特别是数学教师，在这里面临教育思想的选择，面临育人本义的差别。我毫不犹豫地选择了后者。通过组建团队、完善课程、加强有效指导等一系列举措，取得了很好的效果。十年辛劳后的 2000 年，上海中学获得第一块奥数金牌，自 2008 年始，连续九年都有上海中学学生获得奥数金牌，在全世界还没有其他学校做到过。

更令人高兴的是，这些金牌获得者中，80% 以上选择以数学作为自己的终身专业。围绕奥数这个题目，我与联合国教科文组织数学教学委员会的专家们进行交流，做主旨演讲，发表研究文章，从培养数学拔尖人才视角来反思我们今天的数学教学与顶尖人才培养问题。我深深感到，专业的修炼需要方向的引领，需要高度的突破，需要视野的开阔。

1988 年后，我做了十几年上海市中学教师高级专业技术职务任职资格评审委员会数学组组长，也一直参与上海市中学课程改革。1993 年上中国际部成立后，我更有机会系统地熟悉与研究 IB、AP 的数学教学标准与相关教材。进入 21 世纪后，我又参加了国家义务教育阶段数学教材的审定工作和《普通高中数学课程标准（2017 版）》的审定工作。从使用教材教学到审定课程标准和教材，这是幅度极大的跨越。学科结构与学科教学结构是两回事，学科教学结构是各个国家或地区根据自身实际，对学科进行分析后，建构而成的供学生学习的教学架构，蕴含对本学科的深刻理解与价值判断，也是教育思想的具体结晶，是教学目标的物化载体。当时花甲之年的我又面临新的挑战：对中外文献的海量研读，对教材样本的字斟句酌，对课程标准样稿的反复推敲，对理论依据与典故出处的搜索求证，对关键内容与确切表述的价值衡量等。

偶然中往往蕴含必然，机遇源自积累。积累是一种修炼，只是目的不那么明确的修炼，积累有时会从量变引起质变，修炼也会有临界点。突破临界点就意味着进入一个新的更高的平台，修炼就是一个不断提升境界的过程。

我们已经从信息时代向智能时代发展。1985 年我开始接触电视教学，我的数学录像课在上海电视台播放了十年；20 世纪 90 年代起我接触了互联网，1997 年在上海中学实现了网络视频会议，2002 年建成了云计算中心；现在我又开始在华育中学等校探究人工智能对数学教学的影响。传统的数学教学偏重的是精确解，随着计算机、数字技术的发展，近似解的重要性日益凸显。AlphaGo 的出现是一个标志，数据处理演变成概率判断，这些重大的思想与技术的突破将对数学教学产生怎样的影响？新的挑战现实地放在我们面前，我们需要经历智能时代背景下的各种修炼。境遇因人而异，是否应境遇而修炼则是个人的选择。修炼让人感悟人生价值，教师的修炼意味着对学生、对家长、对社会更多的贡献，也折射出教师的崇高品格。

在上海中学工作的 24 年中，我们的参照系是什么？我们的参照系是上海中学应成为世界上最好的中学之一。我们的参照系是我们的学生在不久的将来通过我们全体教学工作者的努力，应该有相当一部分成为国家的栋梁之才。当我们的学生，当我们的学校，考虑的不是个人，而是我们的社会、我们的国家时，我想情况已经发生了根本性变化，我们让每一个平凡的学生真正在精神方面走向高尚。

每个人的一生都可以写成一本"书"，而每一个教育工作者的"教科书"，则是启蒙学生人生的"钥匙"。我的经历，见证了教育的多次转型。今天正在面向从信息时代向智能时代的转型，中国教育从大国教育向强国教育的转型，让转型中的基础教育面向智能社会所需的创新人才早期培育，就能培育出更多为民族复兴而努力的杰出人才，培养出创造更加美好明天的优秀一代，这是教育面临的挑战，也是教育肩负的重任。

　　我步入耄耋之年后，上海中学的同仁将我担任上海中学校长期间及之后发表的文章收集起来整理出版，希望能为中国式现代化进程中的基础教育改革提供一些参考与启迪，为面向智能社会的创新人才早期培育提供一些思考，希望教育同仁能为发展我国具有世界先进水平、中国特色的现代优质教育乘风破浪、踏歌而行。

　　在这 60 多个教育春秋中，我从未停止思考与探索的脚步，尽管这个过程充满了未知和艰辛。但是，我希望能把握中国国情，把握时代特点，把握国际趋势，把握学校实际，把握学生特点，把握社会需求，形成基于实践又高于实践的一些教育思想。这种教育思想又得以在鲜活的学校教育沃土中不断修整、完善和提升。

　　我认为校长要具有前瞻的教育思想与办学眼光。基础教育若能为学生明天的发展奠定扎实而有效的基础，使他们在明天的社会中体现出作为个体而特有的价值时，基础教育就从平凡走向了高远，闪烁着深远的光芒。前瞻意味着我们的办学理念具有超前性；前瞻意味着我们的教育方式要着眼于学生发展的与时俱进和开拓创新；前瞻意味着我们的教育内容要渗透现代科技知识，以发展学生的现代素养为导向；前瞻意味着我们的教育策略要关注和谐校园建设等。

　　为了学生明天的发展，今天的基础教育要具有国际意识。这种意识不仅表现在通过比较与交流来寻找教育观念、教学方式、教师培养、管理方略、教育研究等方面变革的突破口，也表现在让我们的教育优势与长处在更为宽广的范围内得到发扬；不仅表现在主动认识世界主流教育，也表现在国际视野下形成自己的核心竞争力。

中国需要建设世界一流的中学。目前所倡导的"基础教育均衡化"绝不等于教育平均化，而应着眼于创新人才早期培养的基础教育均衡化，既要在实现教育均衡中关注每一个学生潜能的发挥，又要着眼于未来拔尖创新人才的早期培养，创建一些高质量、高层次的学校。这些学校的发展，应以"世界一流名校"作为自己的参照系。

通过对世界一流学校的比较分析，我认为当代世界一流中学主要有这些衡量指标：深厚的学校文化积淀；提供适合学生个性发展的教育；教学与学科特色的发展；数字化的教育环境；与世界交流的话语系统；有强大发展后劲的学生群体；有相当知名度的教师群体等。建设世界一流的中学，我们要在国际性与民族性统一方面闯出新路，形成兼具国际先进水平、中国特色的学校发展核心竞争力。没有自身核心竞争力的学校，不但不可能形成世界一流的中学，反而会产生"根的迷失"现象。

从基础教育领域开始，抓好资优生的思想道德教育，具有重要的政治意义、战略意义和现实意义。资优生德育，最为重要的是在于我们要根据资优生认知发展、主体发展的差异性，在把握学校德育共性的基础上进一步为资优生的思想道德素养的发展"量体裁衣"。思想中的爱国主义精神问题，人生观、价值观、道德观中的社会责任问题，心理品质中的承受力问题是资优生德育要着重解决的三个关键问题。

创建世界一流的中学，呼唤创新型校长的出现。创新型校长的人格特征主要是有高尚的思想境界，能将想象力与科学性和谐结合；不满足于现状，突破成规，超越习惯，锐意改革；乐于接受各种挑战，坚韧不拔，敢作敢为。创新型校长需要创新思维，但创新思维并不等同于创新实践，要将新的理念贯穿学校教育改革的全过程，特别需要校长的创新人格与创新才能。

基础教育对创新人才的培养，要处理好义务教育与培育创新之苗的关系、人人成才与创新人才的关系、成绩优秀学生与有创新潜质学生的关系、教师与学生的关系。学生创新素养培育必须关注学生的兴趣与潜能的紧密结合，并聚焦于一定的学习领域，以"聚焦志趣，激发潜能"为改革突破口，关注学生志、趣、能的匹配。创新是个性化的，每个孩子的志、趣、能都有差异，整齐划一的教育、程序化的批量训练，不可能培养出创新人才；创新是基于一定领域的，创新人才也是分领域的，一个人不可能在所有领域都能成为创新人才；识别和开发学生的优势潜能，促进学生的志趣聚集领域与优势潜能领域匹配，基于该领域提升他们的创新思维、创新人格才能取得更大成效。

既然创新人才有领域之分，学生的优势潜能有层次之分，高中需要提供学生志、趣、能提升的多样化和分层次的系统化平台。一所学校能提供的平台是有限的，学校在某一领域搭建的平台越好，学生在这一领域的志趣和潜能匹配程度就越高，其达到的境界也越高。当全区、全市整体性、系统化布局形成一定的规模和导向，每一个学生的志、趣、能的发展就能找到适合自身的路径，不同类型、不同领域、不同层次的创新人才早期培育就有了更为坚实的基础，学生全面而有个性的可持续发展就有了更宽广的舞台。

基础教育应为构建我国科技自立自强提供人才根基。基础教育是培养未来人才创造潜能的关键期，在促进自主创新体系建设方面要承担切实的责任：在"点"上的对策，加强对资优生创新潜能开发是促进基础教育与自主创新体系衔接的关键；在"面"上的对策，要在推进基础教育均衡化的背景下，关注每一个学生的创造潜能开发。基础教育是否能源源不断地提供一大批富有潜质且可持续发展的学生，将直接关系到创新人才的数量与质量、培养速度与高度。

学校文化的传承与创新是校长的重要使命。校长总是与学校紧密联系在一起的，就像 DNA 的双螺旋结构，两者交缠，分中有合，合中有分，而贯穿始终，使两者合在一起的主要因素就是学校文化。校长的任期是有限的，但校长的影响可能比他的任期长得多。校长治校的成功程度，在于他对学校文化的融入度与影响力；在于他所引领的学校文化，与时代发展教育进步的吻合度；在于他所弘扬的学校文化所蕴含的发展空间与人文价值。

教书育人是终生的准备与超越，我将在基础教育领域的改革与实践探索中加强学习、持续思考，在中国特色社会主义新时代中踏准教育、科技、人才一体化发展的步伐，为发展具有世界先进水平、中国特色的现代优质教育贡献自己的力量。谨以此书献给上海中学建校一百六十周年，也祝愿上海中学为我国实现中华民族伟大复兴培育出更多更好的各行各业优秀人才。

上海市上海中学原校长、正高级教师、

上海市首届教育功臣、上海市首届杰出人才

2025 年 5 月

目　　录

第二辑　教育思想与教育教学篇

第一章　教育走强

第三辑　教育咨询与决策建议篇

第一章　创新发展

第二章　国际课程

第三章　多样发展

第四章　评价改革

第四辑　人物与思想专访

第一章　人物专访

第一辑

创新人才早期培育篇

"为什么我们的学校培养不出杰出人才？"钱学森这一世纪之问犹在耳畔回响。多年来，我也一直在思考这个问题。素质教育背景下基础教育的任务是面向全体学生，全面提高学生素质，而这种全面是需要考虑全体学生的发展，当然也包括一类特殊的人群——拔尖创新人才的早期培养。我认为这与大众化培养高素质劳动者的教育同等重要，更需要我们认真思考。

现阶段，我国高层次拔尖创新人才的缺乏已成为不争的事实，然而我们也应知道，拔尖创新人才的培养不在一朝一夕，我们最需要做的不是到大学时才开始发展他们的专业方向，而应该从小抓起、从早抓起，让那些已经显露出创新潜能的学生能在早期被识别出来，并得到相应的培育。每个学习阶段应有不同的任务：小学初中阶段应关注学生兴趣的培育；高中作为义务教育后的一个重要阶段，是创新人才早期培养的一个重要突破口，应逐步聚焦学生的志趣；大学阶段则需要在确立专业志向上下功夫。作为资优生较为集中的实验性示范性高中，理应先试先行、积极探索。

满怀着对基础教育阶段创新人才培养的责任，我校于2008年率先开展"创新素养培育实验项目"研究，着力探索出了一条以志趣为突破口的创新人才早期培养新路。这条路的新，在于其突破了"应试教育"的藩篱，在于其有利于激发学生潜能，在于其旨在促进学生的可持续发展。然而，新事物的诞生总是伴随着一系列的改革和阵痛，学校要真正走出这条人才培养的新路，还需要对各环节进行设计和思考，包括体制的突破、机制的创新、学校课程系统的开发、人力物力和技术资源的匹配、教育教学活动的设计等。

其中，最重要的还是课程载体的奠基。适合创新人才的课程体系应具有高选择性，使学生根据自身兴趣发展，形成鲜明的个性化知识构成；课程应具有现代性，使学生接触到科技发展的前沿，激发他们的求知欲。此外，与课程相匹配的教材建设、数字化实验室建设、评价系统设计也都是课程建设应有之义。如何使这些理念真正在学校落地，需要"上层改革"与"下层改革"相融合，即政策支持与学校针对性措施相结合。

学生的潜能及发展方向，父母、教师甚至他们自己都不清楚，其发现与发展都是一个长期探索的过程。这个过程不是盲目的，在重视潜能激发的创新人才早期培养实践中，我们发现了一些有价值的规律。其中最为显著的特征是资优生的发展存在明显的"飞跃期"，在这个时期，学生的各方面能力都突飞猛进地发展，在这个时期各种激发方式都有效。"飞跃期"之前会产生停滞不前的"高原期"，之后又会因短期目标达成的喜悦而形成"迷茫期"。这三个时期交替构成螺旋式上升曲线。我们需要做的是在"迷茫期"给予引导，在"高原期"分析弱点，将长期目标与短期目标结合，促进"飞跃期"的不断出现。无论是在一个领域具有发展潜质的学生，还是在两个甚至多个领域具有优势的学生，他们都有个性化知识构成，并在高中阶段就考虑自己的专业方向和未来发展。

本辑主要收录关于对创新人才培养的思考、创新人才培养的实验及成果、激发资优生潜能开发的途径、创新人才早期识别、学校课程建设等系列文章，围绕创新人才早期培养的改革方向、新路探索、课程建设等三个主题进行阐述。

第一章　改革方向

1.

素质教育背景下创新人才早期培养的思考

- 创新人才早期培养有诸多制约因素，我们只有抓住主要与关键制约因素，在不同阶段解决不同的问题，创新人才的早期培养才能真正落实到位。

- 素质教育为创新人才早期培养的改革探索打开了一扇窗，条件成熟的学校、地区理应在这方面成为先行者，在"面"（一般创新人才的早期培养）与"点"（优秀创新人才的早期培养）的结合上取得探索性经验。

如何提高创新人才早期培养的水平，为构建科技强国、人才强国奠基早做准备，成为基础教育发展新的突破口与值得研究的重要课题。由于科技研究的非主流地位与国际交流方面的语言问题，我国学者登上高层次拔尖创新人才平台所需的时间周期，可能比英、美等国家更长一些，我国对创新人才的培养要从基础教育开始，从小抓起，从早抓起。关注创新人才的早期培养，是我国从人力资源大国迈向人力资源强国的关键要素之一。

一、创新人才早期培养的内涵解读

目前对创新人才早期培养的普遍观点，大多数架构在心理学基础上，关注创新思维与创新人格两个维度，缺乏对创新人才所必需的专业发展维度作应有的基础思考。有创新潜质学生的身心健康发展、思维多元发展，在基础教育阶段是一个关键期，应加以充分关注。创新思维、人格维度，国内外学者已进行过较多分析，这里主要谈专业发展维度。

创新人才的专业发展维度主要包含三方面内容：专业高度，基础教育的准备应是广而厚实的基础（含外语基础），指向性兴趣，指向性意向与准备等；专业智慧，基础教育的准备应是培养发现问题的能力、科学地学习与研究的态度，具有一定专业性的发散性思维与批判性思维等；专业执行力，基础教育的准备应培养将思考变成规划能力、组织与协作能力、沟通与表达能力等。

创新人才是有层次的，基础教育对创新人才的早期培养也有层次之分，粗略可分为优秀创新人才与一般创新人才的早期培养两大类。为提升创新人才培养的水平，就需要基础教育在新的背景下系统思考学校如何为创新人才的早期培养做准备。在"面"（一般创新人才的早期培养）与"点"（优秀创新人才的早期培养）的结合上开展实质性探索，在有潜质学生的"德识"与"才识"的开发上取得可资借鉴的经验。

条件较好的学校、地区（如上海），理应在这方面成为先行者。不同类型学校要根据自己的实情、特色有所选择，有所作为，这样才能为创新型国家的建设创设广而厚实的基础。

二、创新人才早期培养的制约因素分析

第一，在教育观念上，一直存在着是否需要关注优秀创新人才早期培养的争论。相当多的观点认为对优秀创新人才的早期培养是大学的

事情，基础教育阶段只需要为所有学生奠定扎实的基础知识、技能、态度、方法，缺乏对有潜质学生应有的培养与关注。

在"面"与"点"的处理上，与国外一些较发达国家相比有相当大的差距。一些较发达国家在不忽视"面"的同时，比较关注"点"的突破，如美国根据创新人才的早期培养需要，在基础教育阶段设立"蓝盾学校""科学高中""人文学校""州长学校"等；韩国设立了16所科学高中和19所外语高中，开办科学探求班（重科学探究精神的培养）；加拿大政府为科学高中的学生提供为期几个月的研究项目。我国比较多地侧重"面"，缺乏对优秀创新人才早期培养的整体性思考。

第二，对创新人才早期培养的制约因素，还表现在课程、教材的支撑上。创新必然是个性化的，对创新人才早期培养需要有多元、可选择的课程教材支撑，实际上难以形成开发面向有创新潜质学生的学校课程的支撑力量。从"面"上讲，现有的课程、教材内容体系不利于激发学生的创新意识和创新思维，尤其在科学学科上与欧美同类课程教材的差别很大，后者将科学方法放在第一位，知识要求放在第二位，而我国则相反。

现以化学、生物学科为例加以说明。化学学科中的实验，基本上是"照方抓药"（即实验中需要的药品、使用的仪器和实验现象、实验结果均事先告知），而欧美课程则要求学生自己设计实验方案、自己设计实验表格、自己处理数据、自己判断误差、自己进行分析，且将课程学习的10个要求（inquirers, knowledgeable, thinkers, communicators, principled, open-minded, caring, risk-takers, balanced, reflective）渗透到评价中，对提升学生的学科探索能力很有帮助。

欧美国家的化学课程对实验非常重视，占课时的35%，我国高中同类教材中实验课时一般为10%—15%。欧美在训练体系上，每一单元的教材练习有基础性要求，也有拓展性、探究性要求。教材注重及时更新，分子生物学等现代科技内容与DNA指纹图谱等现代实验进入教材，有利于引导有潜能学生的探究兴趣。

第三，创新人才的早期识别与评价的制约。学校应努力创设各类舞台，发现具有不同层次创新潜质的学生，激励其发展，可以肯定的是创新人才类型多种多样，如科技类、工程类、经贸类、管理类及现代创意服务类等。对不同类型学生的创意设想予以鼓励，保护学生运用多种思维解决问题的兴趣。

在学校教育中，对创新人才早期培养，值得关注以下几个不当识别与评价导向：以学科竞赛作为唯一的判定标准，对有潜质学生的早期淘汰（在总分标准前过早出局），对学生智能的不当引导（过于关注优势智能而忽视全面智能的开发，对学生优势智能的错误判定），对有创新潜质学生引导不力（知道学生创新潜质在哪方面，但没有条件和能力进行引导）。

第四，对创新人才早期培养实施的制约。学校教育对优秀创新人才的早期培养在实施层面上存在适应性问题。例如，校长在实施支撑上（如办学思想、师资、实验设备等资源配置）是否到位；教师的观念、课程教材开发能力与教学引导能力方面是否适应；在探究学习难以成为主流的情况下，对有潜质学生探究指导与创设载体是否适应；在考试与招生制度改革方面，对优秀创新人才早期培养选拔与升学评价是否适应。目前的考试与招生制度改革有了良好的开端，如自主招生等，尽管还有许多问题亟待解决，如诚信体系尚未建立等，考试与招生制度改革匹配创新人才早期培养需要一个过程。

第五，对优秀创新人才早期培养的思想引导制约。随着政治多极化、经济全球化、文化多元化、信息网络化的环境进一步凸显，各种思想文化潮流间的相互激荡也愈演愈烈，学生中的精英人群成为争夺的焦点。由于国情的差异，我们的许多条件与欧洲、美国等相比还有距离。各种迹象表明，发达国家正加大力度，从经济、物质、学位、研究条件等方面，在思想上、文化上、道德上影响资质相对优异学生的身心发展。

学校要考虑创新人才后备力量与对有潜质学生的价值引导结合起

来。如果在优秀创新人才早期培养过程中，忽视了他们对国家的认同、对民族文化的认同，那么我们培养的学生今后很可能不能为"我"所用，而成为发达国家的"高级打工仔"。在对优秀创新人才的早期培养中，一定要关注对学生的理想信念教育，培养他们的爱国精神与民族自豪感。

三、创新人才早期培养应处理的关系

从当前基础教育发展的状况与素质教育发展的需要角度来看，创新人才的早期培养应有效处理好以下几方面的关系。当这些关系得到妥善处理时，基础教育在创新人才的早期培养上就会迈出坚实的步伐。

第一，处理好基础教育均衡化与优秀创新人才早期培养之间的关系。关注优秀创新人才的早期培养与当前我国推行的基础教育均衡化政策并不矛盾。基础教育均衡化，并不等于"教育平均化"，而是需要"填谷"——消除薄弱学校，使每一个学生都享受到良好的教育。立足于未来国家发展所需要的优秀创新人才的突破，"建峰"（并非原来意义上的重点学校体制，而是关注有潜质学生的早期培育）同样是必需的。

从当前国际国内形势与发展需要出发，应着眼于创新人才早期培养的教育均衡化。保持基础教育尤其是高中教育发展一定的结构性张力是有利于创新人才早期培养的。由于我国不同地区不同类型学校的差异较大，不同地区在推行基础教育均衡化政策的过程中，应根据自身的实情（如经济实力、教育传统等），立足于创新人才的早期培养，保持基础教育一定的"填谷""建峰"张力，是完全有必要的。

第二，处理好创新人才早期培养的大中小学衔接的关系。大中小学在创新人才的早期培养上，要厘清各自的侧重点并注重衔接。要形成大学（或科研院所）在中学阶段创新人才早期培养的介入机制，绝不是生源争夺的早期介入，而是在创新人才早期培养的大中学衔接上承担切实的指导与帮助的责任。介入方式可以有师资培训、实验课程、教材开发、实验室共建等。介入的模式可以努力探索多样的，如美国大学委员会鼓励学有潜能的中学生进修他们制定的 AP（Advanced Placement）课程（进阶先修课程），大学承认其学分，就是一个值得参考的模式，当然要根据学生自身的实际情况进行调整。

对中小学而言，如果要与大学创新人才早期培养衔接，就应关注有创新潜质学生下列素养的培育。一般素养：对问题的批判性思维、坚韧的意志品质、良好的学科与外语基础、严谨的学习态度、课题研究的常态化等；特殊素养：帮助其认知与识别自身优势智能，养成对专业领域的兴趣与初步追求，提升领悟能力，对兴趣点（研究性学习课题）的钻研与探究能力等。

第三，处理好不同类型学校课程教学创新与各类评价改革的关系。课程是创新人才早期培养的重要载体，在评价上则应鼓励不同类型学校在各自层面上的课程教学创新。各类学校在创新人才的早期培养上应确立自己的旨向与特色领域，在校本课程的建设上有自己的核心思想，这也是素质教育要求办出有个性、特色学校的价值所在。

课程教学创新，要与创新人才早期培养相关的各类评价结合起来，以评促教，以评促改。促进创新人才早期培养的学校课程创新与评价改革均需要教育政策的突破。创新人才的早期培养是一个敏感的话题，无论是开设实验班、实验校、开展课程教学创新实验，还是对有潜能学生的专门评价改革都将牵动多方面的因素。在教育政策上，需要营造公平、积极、稳妥、有所突破与一定社会支持度的政策空间。

第四，处理好创新人才早期培养上的学校与社会机构的关系。在创新人才的早期培养上，还要关注创新人才培育的社会机构参与及良性运作。对创新人才培育的驱动力，应形成政府、社会、企业等多方面合力。欧美体系的创新人才早期培养，企业、社会机构的支持系统相对完善，在一定程度上是企业、社会机构驱动创新人才培养的政策制定，并直接参与创新人才的培养。社会支持与机构的参与，是创新人才早期培养的一支重要力量。

我国的社会支持、机构参与机制，与欧美体系相比尚显不足，如欧美体系让一些有潜质的学生能享用科研机构及企业的资源，让有潜质的学生较早参与一些前沿课题研究的准备、部分内容的探究。我们要努力营造适宜创新人才早期培养的社会支撑机制，解决与现在运行机制的衔接和超越问题，解决科技界、企业界和教育界联手培育的问题，解决大学与高中阶段教育的衔接问题，解决学校与社会资源的优化配置问题。

在关于基础教育阶段优秀创新人才的早期培养理论研究中，一定要突破仅从心理学视野关注创新思维与创新人格培养的瓶颈，综合运用各种科学理论（包括系统科学等）研究如何在基础教育阶段培养有潜能学生的专业知识、兴趣与追求，让他们的认识有一定的专业高度，发展他们良好的专业执行力；要找到有效的措施来发展有潜质学生的批判性思维能力、坚韧的毅力、良好的心理承受力，树立为国家与民族服务的理想信念。对优秀创新人才早期培养的系统研究一定要与有针对性的课程开发、教学改革、教师培训研究结合起来。

素质教育为创新人才早期培养的改革探索打开了一扇窗，条件成熟的学校、地区理应在这方面成为先行者，在"面"与"点"的结合上取得探索性经验。当政府、社会、学校、家庭等有意识、有责任地在创新人才早期培养方面提供必要的认可并开展实质性探索，建设创新型国家事业就有了牢固的根基。

（本文为作者于2007年10月28日召开的中国教育学会第20次年会上代表中国教育学会所做的主题发言，修改后发表于《上海教育科研》2008年第4期，收入本书有改动。）

2.

优秀创新人才早期培养的研究初探

> • 对优秀创新人才的早期培养应关注创新思维、创新人格与专业发展三个维度。
>
> • 基于当前我国对优秀创新人才早期培养的现状，学校应处理好教育均衡化与优秀创新人才早期培养的关系，创设优秀创新人才早期培养的合适模式与机制，建构与优秀创新人才早期培养相匹配的课程系统，形成优秀创新人才早期培养的现代技术教育平台等。

为建设创新型国家，我国需要"培养和造就数以亿计的高素质劳动者、数以千万计的专门人才和一大批拔尖创新人才"。基于国际视野与我国经济社会发展的新形势，在基础教育（尤其是高中阶段教育）加强对优秀创新人才早期培养的研究，具有紧迫性与必要性。考虑到我国科技研究的非主流地位，以及与国际交流方面的语言问题，我国学者登上高层次拔尖创新人才平台所需的时间周期，可能比英、美国家更长一些。这就意味着我国各类创新人才的培养必须从小抓起、从早抓起。

一、对创新人才内涵的新解读

从当前对创新人才的研究来看，较多地架构在心理学基础上，关注创新思维与创新人格两个维度，缺乏对创新人才所必需的专业发展维度的思考。对创新人才内涵的理解，应关注创新思维、创新人格与专业发展三个维度。创新人才专业发展维度主要包括三方面内容：专业高度、专业智慧与专业执行力。创新人才要获得创新突破，仅仅靠创新思维与创新人格是远远不够的，还应当认识在自身所从事的专业领域中已达到的高度。创新人才要解决专业领域的问题，需要结合自身实际，寻找发展的突破口，形成创新设想，这离不开专业智慧（如一定的专业洞察力等）。创新人才的创新设想要变成创新行动，形成创新成果，必须具有激励或调动其他力量为达成共同目标而努力的专业执行力（如领导力、组织与合作能力等）。

　　为实现中华民族伟大复兴，我国既要培养数以千百万计的各行各业一般创新人才，更要培养与世界科学发展前沿同步或在相应领域能提升核心竞争力的一大批高层次、拔尖创新人才。这些优秀创新人才与一般创新人才相比，在创新思维、创新人格及专业发展三个方面都有更高、更深层次的要求。在创新思维上，要关注批判性思维的突破；在创新人格上，要有战胜更大困难的勇气、坚韧的毅力与良好的心理承受力；在专业高度上，优秀创新人才要求紧跟世界先进水平、前沿或能提升专业核心竞争力，一般创新人才主要关注国内或地区、行业先进水平；在专业智慧上，优秀创新人才的专业突破会影响整体的发展，具有很强的专业洞察力，一般创新人才的专业突破在于某一点或局部；在专业执行力上，优秀创新人才应具有一定的领导与组织能力以凝聚团队力量，能很好地将思想转化为创新成果并加以运用，一般创新人才主要倾向于组织与合作能力的提升，两者在专业执行力的深度、难度方面是有明显区别的；在最终创新成果的表现上，无论是原发性创新、集成创新还是在原有基础上的再创新，优秀创新人才重在对科学前沿问题、高新技术或预示未来发展方向的专业领域突破，一般创新人才更多的是日常操作、运用层面上的突破。

　　如果对优秀创新人才应具有的专业高度、专业智慧与专业执行力缺乏关注，很难培养出我国所缺乏的高层次、拔尖创新人才。对优秀创新人才早期培养的研究，应从基础教育（尤其是高中阶段的教育）开始，思考这三方面基础的养成与融合机制如何创设。

二、对优秀创新人才早期培养的初步思考

通常，不同国家在创新人才培养的"面"与"点"的处理上会根据不同时期、不同时代的需要采取不同的做法。从当前情况来看，国外一些主要发达国家在不忽视"面"的同时比较关注"点"（如联系国家对有关领域拔尖创新人才的需求，通过建立科学高中来推进优秀创新人才的早期培养），而我国比较多地关注"面"（如对学生进行创新思维、创新人格、创新技法的训练），缺乏对优秀创新人才早期培养的整体性思考（如较少关注对有潜能学生的专业兴趣的引领与专业执行力基础的培养，尽管有一些学校建立理科实验班，但更多的是为各类竞赛服务）。

对优秀创新人才早期培养与一般意义上对学生的创新能力培育是有明显区别的。这需要我们厘清对优秀创新人才早期培养的特殊性认识，认识到具有发展成优秀创新人才潜力的学生在创新思维、创新人格、专业发展基础上与一般学生有哪些不同的地方，然后进行有针对性的教育。我们在教育实践中发现，对优秀创新人才的早期培养应注重以下四个方面。

第一，对优秀创新人才早期培养应关注有这方面潜质的学生并促进专业发展基础的养成。应引导他们认识到与世界先进水平、前沿同步或有利于专业核心竞争力养成的专业高度，发展他们的专业基础知识，及早培养他们的专业兴趣与追求，提升他们的专业敏感程度与专业实施能力。在专业高度上，引导有潜质的学生了解这方面的常识，有利于树立他们攀登科学高峰与寻求专业突破的理想，深化他们的学习动机。在专业智慧上，注重培养有潜质学生的专业兴趣与追求、良好的专业敏感性及考虑问题的深刻性。如果能"见人所未见"，他们将来就可能养成良好的专业洞察力。对优秀创新人才的早期培养，我们

提出要关注他们专业执行力基础养成问题，因为这些学生今后将成为各行各业、各领域的领导者或领衔者，他们将一些专业创新思维、成果转化为实践行动或生产力，只有通过建立组织或依靠团队的力量才能完成，这就需要优秀创新人才具备一定的领导、组织、合作能力，具有扎实的专业执行力基础。

第二，对优秀创新人才早期培养应关注有这方面潜质的学生批判性思维的突破，尤其是"创新点子"的发展与完善。我们曾对资质相对优异的学生进行过调查，发现一部分学生喜欢用批判性眼光看问题（65%）；另一部分学生思维兼具感性与理性，喜欢从自我角度思考各类现象（87.2%）。但是，也有一些我们值得关注的问题，如有 58.3%的学生认为他们在思考问题时更多关注结果而较少关注过程，以至于在结果未达成时，会有受挫感；有 61.9%的学生认为"当想到一个新点子时，就特别想表达出来，如果不让我表达，我就不愉快"；有40.1%的学生不赞成自己"在做事情时深思熟虑，追求精益求精"。这就需要我们在教育过程中正确对待这部分学生的"思维活跃"与"创新点子"的问题，在促进他们批判性思维发展的过程中给予正确的引导，对创新点子（创新火花）给予鼓励、发展与完善；提高他们对问题思考的严密性，防止因考虑不当而造成失误，并且引导他们注意用适当的方式表达自己的想法。

第三，对优秀创新人才早期培养应关注有这方面潜质学生的创新人格的提升，尤其是坚韧的毅力与良好的心理承受能力。我们在对资质相对优异学生的调查中发现有 53.2%的学生认为"当自己的目标与理想未实现时，会产生强烈的挫折感，有时会出现负面效应"；有 41.3%的学生认为"由于社会与家长对我的期望高，我经常为自己有可能达不到期望而感到郁闷，有时想宣泄"。在优秀创新人才的早期培养上，如果这些问题不被重视，将会产生一些不利于他们成长的消极因素而影响他们的可持续发展，应充分关注资优生心理品质中的承受力问题，正确把握对他们的自我期望、学校期望、社会期望与家庭期望达成度之间的关系，提高这些学生的抗挫折与心理承受能力，让他们积极主动地关注社会发展，参与社会实践。这对他们今后走进社会，理性地解决自我发展与社会发展之间的矛盾，具有十分重要的价值。

第四，对优秀创新人才早期培养应关注有这方面潜能学生的理想信念教育。随着政治多极化、经济全球化、文化多元化、信息网络化的环境进一步深化，各种思想文化潮流间的相互激荡愈演愈烈，西方与我们争夺人才的斗争也日趋复杂与尖锐。各种迹象表明，他们把争夺人才的焦点，放在学生中的精英人群身上。他们正加大力度，从经济、物质、学位、研究条件等方面，在思想上、文化上、道德上影响资质相对优异学生的身心发展。如果我们在优秀创新人才早期培养过程中，忽视了对他们的理想信念教育，忽视了他们对国家的认同、对民族文化的认同，那么我们培养的学生今后很可能不为"我"所用，反而成为发达国家的"高级打工仔"。因此，在对优秀创新人才的早期培养中，一定要关注对学生的理想信念教育，培养他们的爱国精神与民族自豪感。

以上我们所说的"有发展成为优秀创新人才潜质的学生"主要是指基础教育（尤其是高中阶段教育）中客观存在的资优生群体。我们对资优生的理解是智商相对较高、学习成绩良好、思维活跃、具有潜在特质的在校学生群体。

三、对优秀创新人才早期培养的几点建议

国际上对中学阶段优秀创新人才早期培养的举措，有三方面须引起我们充分关注：其一是强调课程的高选择性与现代性；其二是强调基于信息平台和数字平台的教与学；其三是强调对优秀创新人才早期培养的不同培养模式。基于国际上对优秀创新人才早期培养的一些认识与做法，结合中国的国情与学校教育的实际情况，现提出以下几点有关优秀创新人才早期培养的建议。

第一，创设优秀创新人才早期培养的合适模式与机制。对优秀创新

人才的早期培养，不能搞一刀切，这不仅取决于不同地区不同类型学校的差异性，也取决于国家所需要的优秀创新人才专业发展的多样性，如科技类、工程类、经贸类、管理类及现代创意服务类等。因此，优秀创新人才早期培养的模式也应是多样的。各类学校要注意认可与激励具有不同创新潜质的学生发展，在教育过程中对不同类型学生的创意予以鼓励，保护学生运用多种思维解决专业基础问题的兴趣，努力创设各类舞台促进具有不同创新潜质的学生得到相应的发展。有的学校可以采用建立创新实验室来推进，有的可以采用研究性学习来推进，有的可以通过让学生组织有创意的实践活动来推进，有的可以通过鼓励学生进行模仿或集成创新来推进，有的可以整合多种方式来推进……在营造优秀创新人才早期培养的机制方面，则需要解决与现在运行机制的衔接和超越问题，科技界、企业界和教育界联手培育的问题、大学与高中阶段教育的衔接问题、学校与社会资源的优化配置问题等。

第二，建构与优秀创新人才早期培养相匹配的课程系统。由于培养学生的创新思维与创新人格方面的课程已有许多学者论及，在此主要强调与专业发展基础养成匹配的课程建设。首先，应从国家未来的发展需要出发，学校根据自身的优势与周边的资源，有针对性地开发与"重要领域、优先领域、重大专项、前沿技术"相关的基础课程和教学实验，分析现有课程的缺失，建立新的创新型科目与模块，让有这方面潜能的学生有选择地学习，激发他们的专业学习兴趣与追求，培养他们的专业敏感及对专业前沿的认识。例如，针对学科内容现代化需要，创建数字逻辑电路、纳米材料基础、现代生物学导论、数字化物理等现代科技前沿类科目或模块。其次，从现有的课程内容中挖掘合理的要素，对有潜能的学生进行针对性引导，推进研究性学习。再次，为使这部分有潜能的学生了解学科发展的前沿，为今后参与国际竞争做准备，可以在一些课程中设置双语模块与开展双语教学。此外，为培养学生的专业执行力基础，开设有关领导、组织与合作方面的课程及开展相关实践体验活动也是必需的。

第三，对优秀创新人才的早期培养应推进基于数字平台的教与学。推进基于数字平台的教与学，不仅是国际主流教育培养未来拔尖创新人才的重要突破口，而且决定着一个国家具有竞争力人才能否抢占未来数字化环境的制高点。对经济比较发达的地区与经济状况相对较好的实验性示范校，应大力加强这方面的探索，尤其是在软件上下功夫，为优秀创新人才的早期培养创设良好的数字化学习、发展与创新环境。在硬件配置上可以采用"按需配置、滚动更新"的策略，以适用为前提，不搞一步到位，用最小的投入产生最大的效益；在环境优化方面采取"科学规划，适度超前"的策略，以前瞻性的思路制定发展规划，在整个城市乃至整个国家的数字化大环境总体上落后于发达国家的情况下，学校的小环境在一定条件下可以先期实现数字化环境的优化。

第四，加强基础教育阶段（尤其是高中阶段）优秀创新人才早期培养的系统研究。一定要突破仅从心理学视野关注创新思维与创新人格培养的瓶颈，综合运用各种科学理论（包括系统科学等）研究如何在基础教育阶段培养有潜能学生的专业知识、兴趣与追求，让他们从专业高度发展良好的专业执行力基础；要找到有效的措施来发展有这方面潜质的学生的批判性思维、坚韧的毅力、良好的心理承受力，树立为国家与民族服务的理想信念。对优秀创新人才早期培养的系统研究一定要与有针对性的课程开发、教学改革、教师培训研究结合起来。

此外，在优秀创新人才早期培养上，还要加强相关政策方面的制定，如招生、升学等方面的政策支持。对优秀创新人才的早期培养选拔与升学，不应以学科竞赛作为唯一的判定标准，而应建立科学的衡量指标。总而言之，我国在优秀创新人才的早期培养方面任重而道远，需要教育行政部门、社会、学校均给予必要的认可和有力的支撑，才能为创建创新型国家建立更为牢固的根基。

（本文为上海市教育委员会决策咨询重大项目（J0601）的阶段性成果，发表于《上海师范大学学报（基础教育版）》2009年第1期，收入本书有改动。）

3.

高中改革方向
——促进高中生志、趣、能匹配

> • 高中阶段是学生思维与人格发展的基础时期，志向逐渐形成，兴趣逐步聚焦，优势潜能逐步显现。
> • 促进学生的志趣聚焦、潜能激活与开发，应当成为高中教育改革的重要任务。

研究普通高中教育改革的定位，不仅要思考社会转型发展、创新驱动对高中发展的功能性要求，更要考虑其作为现代人终身发展中的阶段性特征，将功能性定位融入对学生身心发展阶段的规律探索之中。高中阶段是学生思维与人格发展的基础时期，志向逐渐形成，兴趣逐步聚焦，优势潜能逐步显现。高中教育需要抓住学生发展的阶段性特征，促进高中生的志、趣、能匹配。志是让学生将发展的志向与对社会的理想、信念、责任及一定领域联系起来，激发内在动力；趣是让学生在多样兴趣体验基础上逐步聚焦，促进形成个性化知识构成，形成创新素养培育的重点领域；让学生在形成兴趣聚集领域的基础上，形成未来发展的指向性领域，个性化地发展其优势与创新潜能。为此，高中教育改革需要把握"两个变化"，做到"三点更新"，真正把素质教育落到实处。

一、把握"两个变化"

变化一：现代科技与社会发展促进现代人"以学习为主"的时间延长，带来各阶段教育包括高中教育任务的变化。

科技与社会的飞速发展，促使人们不断学习、更新知识与观念，现代人"以学习为主"的时间必然延长。人的受教育年限除了传统的"基础教育阶段 12 年 + 高等教育阶段 2 至 4 年"的模式外，又增加了"12+4+N"年的模式（N 代表硕士、博士及博士后阶段的学习时间），且正为越来越多的家庭与学生所钟爱。这也是国外一部分学者将大学本科教育作为"基础"教育的一部分，硕士、博士阶段教育才称高等"专业"教育的原因。

立足于学生未来多样选择性发展与可持续发展，需要解决当前学生的多样化需求与单一课程结构之间的矛盾。普通高中教育改革宜从促进学生个性发展的视角出发，将多样性与选择性作为定位的重要因素加以考量，为不同潜质、不同兴趣与爱好的学生创设成长平台。

变化二：现代科技与社会发展对现代人不同发展阶段分流标准的深化，带来了普通高中教育改革需求的变化。

现代人在不同发展阶段，经历着多次发展方向的选择分流，且在当代科技与社会发展的影响下分流标准发生了深刻的变化。初中升高中有了第一次发展方向的分流，一部分人进入职业类高中、中专学习；另一部分人进入普通高中学习。这次分流的主要标准是学习成绩的差异与初步的兴趣、爱好的不同。高中升大学有了第二次发展方向的分流，一部分选择进入高校学习；另一部分选择就业（之后主要是在职学习）。这次分流的主要标准是学习成绩、能力及对志趣能的认识与开发的不同水平。大学毕业后，学生又有了第三次甚至更多次发展方向的选择性分流，主要以专业学习、专业能力的发展及潜能的进一步开发为依据。

普通高中教育改革需要把握学生分流标准的变化与学生发展阶段

的需求变化，并进行相应的定位。我们十分注重学生的基本学业基础与学习能力，但对基于一定领域的发展方向选择与志趣追求，不同潜能的识别与开发，重视程度还远远不够，这也是我国高中教育与国外教育的一个重大差别。

促进学生的志趣聚焦、潜能激活与开发，应当成为高中教育改革的重要任务，这也正是高中教育改革必须走多样化发展之路的深层次原因。高中教育改革要强调丰富性与选择性，把高中教育作为单一的大学预备教育来定位，既不符合国际教育发展的趋势，也不利于高中教育的多样化发展。

二、促进"三点更新"

更新一：普通高中教育改革宜从人的现代发展、终身发展角度着眼，创设多样的、可选择的载体与平台，打破千校一面、千人一面的发展格局。

在把握这一趋势上，国际主流教育提供了许多值得参考与借鉴的经验。其中包括高等教育及早介入高中阶段有潜质学生的培育与引导；注重普通高中类型的多样化发展，既有综合高中，也有科技、人文、艺术类等特色普通高中，还有专门学校（包括天才儿童学校、精英型高中）；注重对不同类型高中的分类指导与引领等。如果我们能在把握这些先进经验的基础上进行适合我国国情的创新，普通高中改革就会站在更高的起点与发展平台上，久已存在的千校一面、千人一面的格局才可能被打破。我国高中亟需把握当前高中教育改革转型发展提供的良好契机，给学生更大的选择与发展空间。难道我们希望学生高中三年后对哪些领域感兴趣、哪些是自己的优势潜能领域一无所知吗？对哪些是自己值得坚持的未来发展方向浑浑噩噩吗？

更新二：促进不同类型、不同领域创新人才早期培育，一批有条件的高中，尤其是示范性高中，应大力加强与高校、科研院所的实质性合作。

一批示范性高中客观上集聚了相当多的资质相对优异的学生群体，这批高中需要大力加强与高校、科研院所的实质性合作，推进不同类型、不同领域优秀创新人才的早期培育。当然，我们并不赞成将他们过早培养成"专才"，但有必要通过与高校、科研院所开展实质性合作，开发不同类型、不同领域、适应优秀高中生潜能开发的专门课程，开展学生感兴趣领域的课题研究，为他们提供多样化发展平台。

高中与大学的有效衔接不仅是学生基础学业知识的衔接，更应是立志、做人、思维、人格、探究方法上的衔接，是志、趣、能进一步匹配探索的衔接。这种衔接不仅局限于国内大学，还应考虑与国际主流教育相容的可能性。必须正视的是，随着高中生选择大学的视角进一步开阔，相比几十年前，现在高中生选择到国外高校深造的数量与比例大幅上升，高中教育需要思考相应的策略。

更新三：普通高中教育改革，在课程教学载体创设上，宜注重选择性、现代性和学生学习的自主性、探究性。

在大力推进课程的选择性、现代性和学生学习的自主性、探究性方面，我国高中需要从有影响的国际高中课程中借鉴有价值的元素。在课程的选择性上，高水平的 IB 课程提供六个学习领域、190 多门课程科目供选学；美国大多数优秀高中的选修课程所占比例为 45%—55%；大学预科课程（AP）也提供 22 个门类 37 个科目供选学。在课程的现代性上，我们提升的空间还很大。就拿国际主流教育的理、化、生等高中实验课程内容与我国理化生教育内容比较，相同的只有 30%。不同部分，国外课程中将大量现代科技发展的基础与前沿知识以学生可以理解的方式融入教材，鼓励学生进行专门课程的自主学习，开展基于一定领域的课题研究相结合，正成为一个重要的发展趋势。我国普通高中教育改革应对此给予充分认识。

　　对普通高中教育改革来说，学术性还不足以成为创设课程教学的必要因素。普通高中教育改革的任务还在于基础性，尽管对一部分承担"拔尖创新人才培育基地"的试点高中和开展多样化改革试点的高中来说，有一些学术研究的成分，但远不能上升到将学术性作为普通高中发展的主要因素的层面。

　　总之，对当前高中教育改革与发展的定位，要把握科技发展与社会需要的变化，立足于学生志、趣、能匹配的引领，注重分类指导与多样化推进，以有利于学生的健康、可持续发展，与科技发展、社会需求和谐统一。

　　（本文发表于《中国教育报》2012 年 6 月 1 日，收入本书有改动。）

4.

关注创新人才早期培育是推进教育公平的重要内涵

> • 在建设人力资源强国背景下推进教育公平的立足点，应适时地从对"物"的关注走向对"人"的关注。
>
> • 提供适合有发展潜质学生的针对性教育，是新时期推进深层次教育公平的应有之义。

"钱学森之问"是当今教育之痛。在从大走向强的征程上，这个问题需要得到求解。求解这个问题，首先需要我们在一系列观念上冲破束缚，其中一个重要方面是关于创新人才早期培育与教育公平的关系处理。我认为，关注创新人才的早期培育，应当成为新时期推进教育公平的重要内涵。

一、在建设人力资源强国背景下推进教育公平的立足点，应适时地从对"物"的关注走向对"人"的关注

"教育公平是社会公平的重要基础"，办好人民满意的教育，大力推进教育公平是国家发展的重要举措。在不同的发展时期与阶段，推进教育公平的重点应当是不一样的。教育公平既包括教育机会公平，意味着一个人接受某种类型和阶段教育的可能性，也包括教育条件公平，意味着每个学生在受教育过程中受到平等的对待，每个学生都能在原有基础上得到更好发展。机会公平强调让所有学生都能上学，条件公

平则强调学生在能上学的基础上，努力创设适合每个学生发展的教育，使学生得到适合其个性的应有的发展。

教育公平不等于教育平均化。在相当长的一段时间内，推进教育公平的立足点主要放在对学生享受教育资源"物"的公平上，尽可能满足每个学生享受相对均等的教育机会，关注学校"硬环境"的平等，主要表现在促进基础教育资源配置的均衡化，加强对薄弱学校的改造，甚至还出现了对一批学校削"峰"填"谷"的现象等。在建设人力资源强国的背景下，以人为本的科学发展观提出，教育公平的立足点必须适时地从对"物"的关注走向对"人"的发展的关注。当然，人的发展需要"物"的支撑，但新时期推进教育公平的"物"的创设，应放在人的发展需求前提下去思考，尽可能创设适合每个学生发展的教育条件与教育平台。

学生的发展是有差异的，教育公平的推进要关注这种差异，努力促进适合于他们的发展。每一个学生的发展基础、优势潜能领域、个性爱好、发展侧重点是不同的。教育发展到今天，对教育公平的理解就应从初级阶段的机会公平上升到真正意义上的关注人的发展上的条件公平，努力创设适合他们的教育，绝不能用我们通常意义上理解的"物"的公平去看待真正适合学生发展的教育公平。如果说对有学习困难学生的帮助与提升是天经地义的，那么，对具有发展潜质或已显露出良好发展潜能的优异学生、拔尖学生采取针对性教育举措，包括提供适合他们发展需要的条件、辅导，也应当是推进教育公平的重要和关键环节。

二、提供适合有发展潜质学生的针对性教育，是新时期推进深层次教育公平的应有之义

对在某一领域具有或显现出发展潜能的学生给予有针对性的培育，是人力资源强国背景下推进教育公平的应有之义，也是大力推进创新人才早期培育的重要内涵。优秀创新人才、专门人才的早期培育与高

素质劳动者的早期培育必定是有差别的，基础教育最缺的、最弱的就是对优秀学生的培养，我们将这批学生的发展与创新人才早期培育紧密结合起来应理直气壮。关注创新人才的早期培育，既要有"面"上的思考，这样才不至于让真正有潜质的学生在早期被埋没，同时可为未来人才涌现提供更为丰实的底盘；也更需要有"点"的突破，包括识别、发现、开发具有某方面潜能的学生，或对已经显现出一定发展潜能的优异学生、拔尖学生进行有针对性的教育。

关注创新人才早期培育，许多国家在关注"面"上推进的同时，也注重"点"上的突破，如美国的"蓝盾学校""州长学校"，韩国的"科学高中"等，都是在宏观思考基础上的"点"的深化，他们在许多具体措施方面做得相对超前。由于认识上的诸多束缚，我们比较多地关注学生"面"的发展，缺乏"点"上的深入思考和对适合他们的教育的整体性研究。必须认识到，我们建设人力资源强国的"强"是以世界一流为参照系的，如果我们在创新人才的早期培育上不能认识到自身在国际化背景下的差距，吸取经验教训，势必会影响我国未来的人才结构，影响我国的可持续发展和国家核心竞争力的提升，势必会对教育公平的效能提出深层次的挑战。

提供适合有发展潜质学生的针对性教育，需要我们厘清一系列问题，包括对目前还没有显现出潜能，但有可能在后续能得到良好发展的学生怎样进行早期识别而不至于在早期被淘汰；对已经显现出潜能的学生怎样从创新人才的早期培育角度进一步促进他们的发展等。在促进有潜质学生发展的多样性上，我们的准备还显得不足。比如，从当前许多"竞赛""加分"的激励角度来说，主要偏向于科技类有潜质的学生，对人文类、经济类、艺术类等有潜质学生的发展如何激励，还有待深入思考。不同领域的创新人才成长的规律是不同的，相应的早期培育的做法也应有所不同。提供适合于有发展潜质学生的针对性教育，需要我们摆脱"功利"，真正从学生的潜质和发展需求出发思考条件的创设、平台的搭建，这是推进深层次教育公平的必然要求。

三、推进创新人才早期培育，要努力创设适合学生可能能力发展需要的激励平台

"儿童的可能能力是有着递减法则的"，当学生的可能能力没有得到认识、应有的关注或有针对性开发时，他们的某些可能能力就会减退甚至消失。当学生前一阶段的教育认识到了这些可能能力，并促进他们得到良好的发展，后一阶段的教育也要创设良好的发展平台，帮助这些学生将自己的可能能力尽可能地可持续地发展。从一定意义上说，《国家中长期教育改革与发展规划纲要（2010—2020 年）》提出的"优异学生""拔尖学生"，正是在某一阶段的可能能力得到初步展现的学生。创新人才的早期培育，就要努力创设适合他们发展需要的平台，促进他们创新素养的提升。

如何创设适合这些有潜质学生发展需要的良好平台？首先是课程，缺乏针对性课程载体，开发学生的潜能与提升创新素养就是一句空话。无论是美国的"蓝盾学校"，还是韩国的"科技高中"，它们都有一套与一般学校完全不同的课程体系。学校的课程差别小，就不可避免地导致"千校一面""千人一面"。目前，我们的许多学校只有应付高考与高校自主招生的课程，而没有真正意义上的开发学生潜能、培养学生创新意识的课程体系，这就很难促进不同潜质学生的多样化发展。在当今时代，除了课程平台外，努力创设适合学生发展的数字化平台也显得尤为必要。基于数字技术平台的生存、发展、创新素养将成为数字化时代人才竞争的核心素养之一。促进有潜质学生基于数字技术与感兴趣的专业领域整合，有利于他们发挥自身的优势并迸发出更多的创新火花。促进有潜质学生的发展，仅依靠学校的力量是远远不够的，应当充分、有效地利用社会资源。科技类有潜质学生的培育如此，人文、经济、艺术类等有潜质学生培育更需要充分利用社会资源，给学生提供更多的发展空间。

不同层次、不同类型的学校，在学生发展的各个阶段要抓住各个时

期学生发展的重点，努力创设适合他们发展可能能力需要的平台。各类平台的创设，要在促进学生对兴趣和潜能的识别、开发及对创新素养的提升上做文章、找载体、厘思路。作为长期在教育实践第一线的工作者，我们发现，学生有兴趣的方面不一定有自身的内在潜能做支撑，有兴趣而没有潜能的支撑，发展就不可能达到应有的高度；有潜能而没有兴趣，发展得不到应有的动力支撑。我们要在努力激发学生学习兴趣的同时，让学生在选择学习的基础上，逐步找到兴趣与潜能的匹配点，这样学生才能形成更适合自己的发展方向，才能在未来的发展道路上走得更远。

总而言之，深层次的教育公平，既不能忽视全体学生的发展，也不能抹杀有潜质或已经显现出潜能学生发展的可能性，这就必然会出现一些教育条件、资源配置的差异。但是，这种差异是在"物"的公平基础上的差异性发展，要注意把握"有效性"与"合适性"原则。当我们将推进教育公平的立足点从对"物"的关注走向对"人"关注时，这种差异性的出现就变得相对容易接受了。只要掌握好"度"，这种差异化发展将成为推进学校特色化发展、多样化发展的重要力量，成为大力推进创新人才早期培育的重要力量。

（本文发表于《北京教育（普教）》2012 年第 5 期，收入本书有改动。）

5.

高中科技教育走向学术志趣引领

> • 既要为培育具有良好科技素养的人才奠基，也要为培育未来能抢占科技发展制高点的人才奠基。
>
> • 高中阶段教育及时将科技前沿信息引入学生学习的范畴，不断开发学生的创新潜能，促进高中科技教育层次与水平的可持续提升。

科技的发展是国家发展的强劲动力，也是上海创建具有全球影响力科技创新中心的主旋律。现代学校的科技教育，需要致力于为未来国家和社会发展培养人才，既要为培育具有良好科技素养的人才奠基，也要为培育未来能抢占科技发展制高点的人才奠基，注重引领高中阶段学生在科技领域的学术志趣，获得面向未来的可持续发展。

作为实验性示范性高中，需要认清国际上科技教育发展的方向，并把握我国实情、学校特点进行科技教育的改革与创新，激发学生的科技探究兴趣与激情，努力发展学生科技领域探究潜能，并使这些有潜质的学生的科学研究志趣得到有效开发。上海中学充分认识到科技教育是一项综合性、交叉性强的教育工作，不断推进科技教育的改革，在引领学生学术志趣方面发挥了积极的作用。

第一，推进学校科技教育的教育教学方式变革。如在科技教育方面推进高度合作与跨学科学习，并拓宽学生自主、个性化学习时空。基于任务、问题解决、项目的学习将成为普遍现象，我们将批判性思维、设计思维、数据思维等创新思维培育融于其中。

第二，加强与高校、科研院所的实质性合作。上海中学率先探索高中与大学、科研院所开展以聚焦一定领域的专门课程开发与授课、课题项目指导、创新实验室建设等为载体的实质性合作。越来越多的教授、专家愿意走入中学课堂，担任学生的导师，与学生进行研讨、交流，与学校教师一起努力，将科学研究的学术志趣种子撒在学生的心中。复旦大学与上海中学合作开展的"学术兴趣与素养培育的导师制计划"成为大学与中学合作的良好范例，这种探索对学生学术志趣的激活与聚焦，具有良好的引领与借鉴作用。

第三，不断推进科技教育创新型平台创建。高中阶段科技教育需要建构多种创新型平台，这种平台能引领学生关注前沿科技的发展，激发他们主动去发现新知，同时又有一定的学术内涵与广度，能让学生自主探究科技的奥秘。上海中学通过建设现代仪器与分析、环境工程、脑科学与人工智能等工程领域多种形式的创新实验室，为培养学生探究科技的潜质，引导他们形成对某个科技领域的学术志趣，发挥了良好的示范作用。

第四，努力营造适宜科技教育发展的技术环境。科学技术的发展，给科技教育的发展提供了更大的挑战与无限的可能，上海中学推进科技教育匹配数字化实验室建设，让相应学科教师学习和运用这些新技术进行教学，以研促教，加强与企业、科研院所等的广泛合作，促进学校利于教育技术运用的良好环境建设。

上海要创建具有全球影响力的科技创新中心，促进高科技的发展与引进高科技人才是重要一环，加强科技教育也是重要的组成部分。上海高中阶段教育及时将科技前沿信息引入学生学习的范畴，激活学生的科技兴趣与学术志趣，不断开发学生的创新潜能，促进高中科技教育层次与水平的可持续提升。可以预见，上海高中阶段的科技教育必将在引领学生的学术志趣方面产生更为深远的影响与作用。

（本文发表于《现代教学》，2019 年第 5 期，收入本书有改动。）

6.

拔尖创新人才早期培养的维度与内涵变化

> • 在对学科现代认识的基础上，学科核心思想与素养的教育成为拔尖创新人才早期培养的核心。
>
> • 志向、责任感与思想境界直接影响学生未来发展与创新的高度。

　　在现有的高考体制下，既要让学生获得优异的学业水平又要努力完成多样化早期培养任务，教育主管部门、学校和学生都面临非常大的挑战。需要从观念、评价机制、政策等各层面进行相应的研究与改革，以对基础教育阶段基础学科拔尖创新人才早期培养起到更大的推动作用。拔尖创新人才早期培养的维度与内涵正经历着深刻变化。下面从基本学科内容、基本学习方式、基本知识构成和基本品格养成四方面进行具体阐释。

一、基本学科内容

　　基本学科内容具有明显的时代特征，它是伴随着科学技术的进步而动态变化的。信息时代的基本学科是实验科学，而实验科学的基本内容正从强调中观深化到突出微观与宏观相结合的研究，与此相应的，数学学科内容突出了微积分与概率统计。例如，在高中阶段 IB 数学学科内容中，微积分与概率统计占比是 42%—44%。在信息时代，对"什么是基础教育的基础"的认识，即每门学科的现代认识，是选择教育内容的主要依据。把握好现代内容和传统内容的比例是早期培养的关键问题，如 AP 课程中的生物学科，原来的学科内容强调人体生理和动植物生物特征，而现在的教学内容涵盖细胞生物学、分子生物学、遗传学、进化论、生态学等，强调微观与宏观的高度融合。

在对学科现代认识的基础上，学科核心思想与素养教育成为早期培养的核心。在伴随新课改的同时，我国学科发展的趋势跟国际上是高度相似的。例如，化学学科，核心素养非常清晰地强调微观与宏观的高度融合。

有迹象表明，与智能时代相适应的新一轮对基本学科内容的重新审视与构建已经开始。我们对每个学科的基本内容和基础认识正在进行新一轮的建构，在原来的认知基础上加入与人工智能、信息技术深度融合的相关内容。例如，AP 课程中的 CSP（Computer Science Principles）课程，系统地普及人工智能的相关思路。

此外，"双新"（普通高中新课程新教材）的实施为更好地进行早期培养开拓了新的空间。就现状而言，与国际先进水平相比，我国智优学生的学习内容在现代化方面还有一定的差距。从科技发展需求角度分析，我们在观念、政策、举措等方面还应有新的突破。

二、基本学习方式

我国基础教育阶段现有的学习方式，可以归类为了解、掌握、应用，并强调应用。与之相平行的是思辨、探究、创新成为另一普遍实施的早期培养途径。问题解决、课题研究、PBL（Problem-Based Learning）等是思辨、探究、创新途径的具体实施形式。例如，AP 课程中的 Capstone 课程，主要包括两个部分，一是 Seminar，二是 Research。这种学习方式在国外大量出现并实施。与之相关的一批竞赛、暑期学校等正在成为不同于学科竞赛的另一种针对资优学生的早期识别与选拔方式。

这一学习方式不可能只局限于分学科学习模式,多学科、跨学科、STEAM 学习等随之发展。解决探究、创新的问题,须开辟新的途径。综合化的核心课程可以为真正的拔尖创新人才的培养打下基础,提供充足的人力资源的储备。思辨探究创新学习方式在我国已有一定发展,但对其在早期培养方面的影响与作用仍认识不足,是亟待解决的一大问题。思辨、探究、创新等途径,只有在信息时代才有可能普遍实施,学校的数字化平台将成为学习方式变化的基本依托。

三、基本知识构成

基本知识构成正成为创新人才培养的关键性要素。知识构成有宏观、微观两个层面,一个是学科学习发展导向的知识构成,另一个是与学生志、趣、能(志向、兴趣、潜能)相匹配的知识构成,如果两者能相互协调、相互促进,那将对早期培养的效果起到积极的作用。创新人才是分领域的,学生的志趣与创新潜能也是分领域的,应研究每个学生不同的知识构成。高中阶段是学生志、趣、能逐渐形成的关键期,只有让学生志趣在选择学习中逐步聚焦,才能形成创新素养培育的重点,促进每一个学生形成个性化知识架构。

现代学生在信息素养方面远高于前人,这是现代学生个性化知识构成方面的一个重要部分,信息能力与学科能力的叠加,人类智能与人工智能的相互支撑,正是信息时代智优学生的优势。现在的高中生做课题时,已经大量出现了具体学科与信息技术高度融合的现象。面对志、趣、能差异与不同领域创新人才早期培养的需求,仅凭中学现有的资源是严重不足的,必须形成吸引高端人才致力于中学生创新素养培育的资源框架与机制,需要构建大学与中学无缝衔接的培养链。

四、基本品格养成

创新人才最明显的思维特征是思维的思辨性、创新性、跳跃性与缜密性，最明显的人格特征是痴迷钻研与坚韧不拔。志向、责任感、思想境界直接影响学生发展与创新的高度。在拔尖创新人才识别与选拔中，轻视或忽视内驱力和创新人格是导致培养失败的重要原因，应尽可能减少或避免只重视学科潜质而忽视其他因素的识别与选拔方式。

（作者为中国教育创新"20+"论坛创始成员之一，本文是根据作者在北京大学中国教育财政科学研究所组织的内部会议上的发言整理，发表于《中国教育财政》2021年第13期，收入本书有改动。）

第二章　新路探索

1.

资优生培育的三个关键点：飞跃期·志趣·目标

> ·资优生成长的飞跃期出现，合适的激发策略是必要的。资优生飞跃期的不断产生要突破高原期，走出迷茫期。
> ·资优生有不同的志趣类型，不同志趣类型直接影响他们的知识构成与专业发展方向。

资优生是指在学校中客观存在着的、在某一方面或某些方面的资质比同龄学生优异的学生。对这些学生的培育，学校应尽可能地创造条件，促进他们的资质得到良好开发，为他们今后可持续发展及未来成才夯实基础。怎样让资优生得到适合他们的发展？学校在资优生培育过程中，应当注重三个关键点。

一、把握资优生成长的飞跃期至关重要

资优生在成长过程中，大部分存在明显的飞跃期。飞跃期的基本特征是在这段时间里，资优生的领悟力、思维方式及解决问题的能力等得到突飞猛进的发展。作为教育者，准确辨识资优生飞跃期产生的时间与促成因素尤为重要。资优生飞跃期的产生，往往需要内（如学生内

在潜能开发的意愿与学习需求）、外（教师的个性化指引、学校创设的个性化发展空间与适合他们发展的条件等）因素紧密结合。

资优生成长的飞跃期出现，合适的激发策略是必要的。从资优生的成长规律来看，有四种激发策略值得关注。一是群体激发。让多个实力相仿的资优生在一起学习，通过相互竞争和共同合作，推进高水平发展。二是目标激发。让资优生树立清晰的目标定位，并引导他们朝着目标方向努力，战胜困难，执着追求。从他们的资质而言，一开始可能并不是最优秀的，但他们从进校时就树立了明确的发展目标，并且执着地朝着这一目标努力，最终获得巨大飞跃。三是成败激发。抓住资优生在成长过程中获得的重大成功或出现的失败案例，进行教育、指导。四是创新激发。注重引导资优生以新颖的思维方式去解决问题，促进他们在学习过程中的新体验与顿悟，擦出创新火花，得到激励鼓舞。这与教育者在指导学生学习过程中，注重渗透数学思想、把握问题本质，在指导学生解题技巧、注重数学通性通法学习的同时，拓宽学生的思路与视野，提升学生的数学思维是分不开的。

资优生飞跃期的不断产生要突破高原期，走出迷茫期。资优生在成长过程中，经常出现在获得突飞猛进之后，一段时间内水平难以提高，遇到了学习瓶颈和障碍，这就是所谓的学习"高原期"；有些学生在学习达到一定高度获得一些成绩后，暂时失去前进的动力和方向，出现了迷茫和困惑，即所谓的学习"迷茫期"。如果学生陷入过长的高原期和迷茫期而无法自拔，会降低他们的学习兴趣和信心，不利于学业发展和自我提升。这时候，教育者的引导和鼓励就显得尤为重要。教育者必须帮助资优生克服高原期中的情绪问题和学习瓶颈，促进他们对知识的融会贯通、思路的豁然开朗、弱点的明显克服。飞跃期后，由于成功的喜悦和短期目标的达成后，可能带来资优生成长的迷茫期。过长的迷茫期，会对资优生的进一步发展造成很大的障碍，教育者要引导学生尽快走出迷茫期。

二、关注资优生的志趣聚焦

对资优生的潜能开发，应与他们的志趣聚焦紧密结合起来，这样才能促使他们获得长远的学习发展动力、基础的全面夯实与可持续的发展。仅凭对竞赛成绩的渴望，资优生很可能在夺金或取得良好的竞赛成绩后，失去学习目标和动力。对这些有潜质的学生教育，不能只考虑培育学生拿金牌，更要注重培养他们的志趣，将学生的"志"（对社会、国家、人类乃至世界的理想、信念、责任）与"趣"（自身的兴趣、发展追求、潜能激发、对某一或某些学科领域的爱好等）发展紧密地结合起来。

对资优生而言，可能存在单向、双向和多向志趣等类型。单向志趣是指资优生始终朝着自己最有优势的方向发展。双向志趣是指资优生在两个方面的潜能都表现出良好的发展水平，因而有可能同时朝着两个方向发展。多向志趣是指资优生存在着多个潜在的优异资质领域，他们很有可能在多个方面取得突破。学生在广泛兴趣基础上聚焦一定志趣，能保证资优生学习的深度和持久度，使他们在某一领域或相关领域获得最大程度的发展。

资优生的志趣类型直接影响他们的知识构成与专业发展方向。资优生对自身志趣的追求，促进他们主动学习，形成独特的个性化知识构成。不同的志趣类型，使资优生形成单核、双核或多核的知识构成。资优生的志趣类型和知识构成直接影响他们的专业取向及未来发展。例如，拥有以数学为核心的单向志趣的资优生，愿意坚持数学领域的学习和研究；拥有双向或多向志趣构成的资优生在发展抉择时往往容易出现摆动。当然，对他们的专业选择，难以用统一的标准进行"好与不好"的评价，对他们今后所能达到的高度，还没有充分的依据加以预判。但是，可以肯定的是，将学生的数学潜能开发与学生的志趣提升紧密联系起来，可以促进学生在开发自身优势潜能的同时，认识到自身肩负的使命感与责任感，注重全面素养的提升，获得可持续发展。

三、注重对资优生培育目标的选择与平衡

对资优生的培育，有一个短期目标的达成与长期目标的定位选择问题，要注重对资优生培育的短期目标与长期目标之间的平衡。使资优生获得长远发展，是对资优生进行有针对性培育的目标与根本出发点。对他们的培育，要将他们的资质开发与未来在某一或某些领域作出较大贡献紧密联系起来。首先，要把他们培养成为一个真正的人，在知识、能力、品格、素养等方面均获得良好的发展。然后，引导他们立志于今后在某一或某些领域达到较高的成就，为国家和人类的发展作贡献。学校应将培育他们实现长远目标的主要因素，放在突出的位置，如注重高起点的培养，养成良好学习习惯和思维方式，注重健全人格的养成，锻造坚韧的心理素质，引导他们对专业志趣的执着追求等。

资优生在长期的发展过程中需要一个个激励平台，学校应不断促进资优生在长远目标引领下短期显性目标的达成。资优生的成长需要短期目标的不断激励，如竞赛拿高等第奖，进入名牌大学深造等。在志趣的引领下参加一些能凸显自身潜能开发的竞赛活动，学生能更加清晰地认识到自身的潜能并激发学习兴趣。能进入好的大学则是他们今后高起点发展的重要基础。由于目前影响资优儿童长远发展的指标体系尚不明确，理论指导系统尚未建立，容易造成因追求短期目标而忽视、掩盖了对长期目标的追求，应当加以关注与避免。

在资优生培育的过程中，应协调好资优生成长的短期目标和长期目标，过分功利的倾向危害大，如只看成绩和奖牌，不看潜能和志趣。作为学校，在资优生培育方面，应在兼顾短期目标的基础上，通过理论研究、课程开发、教学改革等，促进长远目标的达成，特别是在对资优生长远发展有重要影响的因素上下功夫。

显然，对资优生培育的关键点远不止以上三个方面，不同类型的资优生也有着不同的培育侧重点，这需要学校有针对性地加以探索、实践

与研究。从当前情况来看，资优生培育的目标与路径选择，尚缺乏契合我国实情的科学理论和经验支持。针对不同类别的资优生，提供合适的课程体系和培养模式需要深入探讨。对资优生的早期培育，中小学的力量是有限的，还需要大学、科研机构的早期介入。

（本文是作者在2009年"上海教育论坛·资优儿童的培育"分论坛上的发言摘要，收入2009年上海市教育委员会《上海教育论坛论文汇编》，又发表于《上海教育》2009年06B期，收入本书有改动。）

2.

数学英才的早期识别与培育初探
——基于案例的研究

> • 数学英才的早期识别可以从三个维度进行：一是对数学的领悟力与思维的深刻性；二是对数学的痴迷度与专注度；三是数学思维的缜密性与跳跃性。
>
> • 促进数学学习能力相仿的学生团队开展"学习风暴"式的合作交流，有利于学生的可持续发展。

　　数学英才的早期识别与培育是一个不断认识、探索、深化的过程，上海中学从 1990 年开始，每年从上千名对数学感兴趣、有较强学习能力的参加上海市数学竞赛的学生中选拔 40 多名学生组成数学班，创设专门的课程进行培育。从 1998 年开始，每年又从数学班挑选 10 余名数学领悟能力强的学生组成数学小班，进行小班化教育，并对其中涌现的 3—4 名具有数学强潜能、高天分学生进行个别化教育。本文重点对 1998 年以来在上海中学接受个别化教育的 20 余名高天分学生作个案分析与研究，通过对他们的学习过程、毕业后追踪与访谈调研，形成了数学英才早期识别与培育的一些带有普遍性的规律，且经过一定实践检验的认识。

一、数学英才早期识别的三个维度

对有可能成为未来数学英才的学生怎样进行早期识别，这是一个十分困难、复杂的问题。通过这些年对数学高天分学生的教育和发展的追踪调研，我们发现有三个维度值得在早期识别中加以关注。

1. 对数学的领悟力与思维的深刻性

通过对这些数学有高天分学生的分析，我们发现这些学生的数学领悟力与数学思维的深刻性，主要体现在四个方面的层次递进：

第一是模式的迁移。即对所学数学知识、数学公式、例题解法等，通过模仿运用到相关数学问题的解决中。在其他学科的学习中也存在这样的迁移，只是数学学习中模式的迁移可能更困难些，如将数学归纳法应用到数学的各分支中用于解决代数、数论、组合中的一些问题，甚至在平面几何中都有应用，需要有一些创造性模仿。

第二是方法的迁移。即将某种数学方法迁移到与之看似不相关的数学问题中，从而简洁地解决问题，有时这样的迁移恰好反映了问题的本质。下面的例子是 2008 年 IMO 金牌获得者张瑞祥提供给 2009 年西部竞赛的备选题：

对实数集 A，定义 $d(A) = \{|x-y| \mid x, y \in A, x \neq y\}$。是否存在正整数集 N^* 的一个由有限个集合组成的分划 $A_1, \cdots, A_m (m \geq 2)$，使得每个 $|A_i| \geq 2$，且对任意 $1 \leq i < j \leq m$，都有 $d(A_i) \cap d(A_j) = \varnothing$?

这是一个非常漂亮的问题（牟晓生语），张瑞祥给出的解答过于复杂而没有被选上。我们的指导老师将此题拿给学生做，唐志皓同学给出了一个利用抽屉原则处理的方法，对此问题给出了一个简洁而漂亮的解答。解答如下：

若存在这样的 $A_1, \cdots, A_m (m \geq 2)$，则其中必有一个为无穷集，不妨设 A_1 是一个无穷集，在 A_1 中取 m 个不同元素 $a_1, \cdots, a_m$。再在 $d(A_2)$ 中取一个元素 n，考察

$$a_1+n, a_2+n, \cdots, a_m+n。$$

由于 $d(A_1) \cap d(A_2) = \varnothing$，故 $n \in d(A_1)$，因此上面的每个数都不属于 A_1，它们都属于 $A_2 \cup \cdots \cap A_m$。因此，其中必有某两个数属于同一个 $A_k (k \geqslant 2)$，设 $a_i + n$，$a_j + n \in A_k$，则 $|a_i - a_j| \in d(A_k)$，导致 $d(A_1) \cap d(A_k) \neq \varnothing$，矛盾。

所以，不存在满足条件的划分。

这个例子是数学学习方法迁移的一个很好例证。

第三是思想的迁移。主要表现特征是为解决某个问题，从某一数学思想出发，创造性地给出一个方法，增加一个引理或其他，然后顺理成章地解决该问题。它不是简单的方法运用。

下面的问题是 2010 年中国数学奥林匹克（CMO）第一天的第 3 题：

设复数 a、b、c 满足：对任意模长不超过 1 的复数 z，都有 $|az^2 + bz + c| \leqslant 1$。求 $|bc|$ 的最大值。

聂子佩同学（当时是高二学生），在考场中发现：如果条件能改为"对任意模长等于 1 的复数 z，都有 $|az^2 + bz + c| \leqslant 1$。"那么就可以通过选取特殊的复数 z，利用坐标轴旋转、均值不等式等常规方法去处理了。这对熟悉"复变函数中的最大模定理"的人而言是平常的，但作为中学生并不知道，他在给出这个特殊情况下最大模定理的证明后，得到了完整的解答。他是该次考试中唯一完全解出此题的学生，整个解答过程并不是技巧的堆砌，而是思想的凸显。

第四是创新与突破。这里的一个标准是得到新的数学启迪，它往往形成于对某个问题的深入思考和各方面的探究，当然需要灵感的激发。

2009 届牟晓生同学在做题时碰到了下列竞赛题：

（1）若素数 $p \geqslant 5$，则存在模 p 的连续 2 个二次剩余；

（2）若素数 $p \geqslant 7$，则存在模 p 的连续 2 个二次非剩余。

问题不难，只须注意到 $1—p-1$ 中二次剩余和二次非剩余各占一半，稍加分析即可。解决后他想到：能否将题中的"连续 2 个"改为"连续有限个"这样的要求，此时对素数 p 会有要求，经过长时间的思考与研究，得到下列定理：

设 m 为给定的正整数，则对每个充分大的素数 p，也存在连续 m 个正整数，它们都是模 p 的二次非剩余。

这是牟晓生同学第一次发现的最有价值的结果，证明方法上的独创性和思路上的自然性统一得非常好，体现出他在数学（特别是数论方面）超人一等的才能。如果此结果不是前人已发现过，那么这会是一篇高质量的博士论文（吴忠涛语）。

2. 对数学的痴迷度与专注度

从 20 多位在数学方面具有高天分的学生身上，发现一个共同特点，那就是他们对数学学习特别感兴趣，而且十分专注，甚至达到痴迷的程度，这可以成为识别未来数学英才的一个早期迹象。他们对数学学习或数学问题的探索十分喜欢，而且从中能体验到乐趣，在学习、探索数学知识的过程中能持之以恒，达到"忘我"的境地。他们往往表现出以下四个坚持性：

第一是释疑的坚持性。对一个疑惑的问题进行长达数小时、数天甚至数月的思考（当然这个疑惑，在教师看来他是可以解答的）。第二是探究的坚持性。能自己提炼出某个或某些数学问题，并能进行持之以恒的探究。第三是不计成败的坚持性。在数学学习、攻克难题中，无论是获得成功还是经历多次失败，都能胜不骄、败不馁，依旧保持对数学学习的热情与执着。第四是对完美的坚持性。对数学问题尽自己最大努力去追求一个完美的解答方案，包括一题多解，寻求更漂亮的、简洁的、本质的解法等。

3. 数学思维的缜密性与跳跃性

在数学高天分学生身上，还有一个鲜明的特点就是他们在思维的缜密性与跳跃性上是紧密结合的。要想获得新的思路、想法，往往需要思维的跳跃性。这种跳跃性是需要思维的缜密性作基础的，这是与数学学科特有的严谨性密切相关的。跳跃性不仅包括思维步骤的跳跃，也包括利用数学不同领域的知识解答问题的交叉思维的跳跃。

数学思维的跳跃性，可能蕴含某些数学智慧或天分，但也有可能出现细节的错误，甚至是原则性错误。只有思维的跳跃性与缜密性结合，才能达到新的高度。2004届的林运成同学在高一、高二时就是因思路活跃、跳跃性大而在数学表达的严谨性方面一直不过关，不能上新的台阶。在高二下学期经过严格的数学缜密性训练后，终于在高三阶段一路过关，进入 IMO 中国国家队并获得国际比赛金牌。他进入大学后，我们留下了他的笔记本（有 7 本很厚的本子，其中的每个问题都有评注和进一步结果的思考，在思路跳跃的同时显现了数学思维的缜密性），这些资料展现了一个数学英才走向成熟的足迹，对林运成同学后面的学习有很大的帮助，后来他在斯坦福大学读博士，方向为代数几何。

一个有数学发展潜质的学生今后能否朝着数学英才方面发展，在早期识别上可能有许多外显的衡量标准，包括一次或多次的竞赛考试甄别或选拔。以一次或多次测试甄别的方法能选出较好的学生群体（如果测量公正、客观、效度高，一般也能将英才级、高天分的学生包含在里面）。但是，要真正识别数学方面英才级、高天分的学生，必须花一段时间进行考察。

通过基于实证的分析，我们认为以上三个方面应当是在数学英才早期识别中必须加以关注的。

二、数学英才早期培育的三大策略

对数学英才的早期识别是为了更好地培育他们，开展有针对性的教育，促进他们的数学潜能得到更大程度开发。在 20 余年的数学班教育实践与对高天分学生的培育中，我们发现以下三种策略的综合、适当运用对数学英才的早期培育可取得良好的效果。

1. 采用"1+n"的导师带教方式

"1+n"的导师带教方式是指对有数学高天分的学生安排一名数学教师作为长期带教的核心教师，同时整合校内数学教学团队成员和校外数学教授指导团队的智慧。这种带教包含有对数学高天分学生的专业引领与思想、心理引领两大内容。

专业引领要求核心教师在一个学期的教学周期中充分了解每个小班学生的特点、可能达到的高度，制订个性化培养计划，整体安排整个高中阶段的教学，高效率、高质量地完成教学任务。同时设计每一个时间节点，在恰当的时间段内邀请不同专业方向的专家教授进行专门指导。借助核心教师的经验，观察他（她）在高中阶段的表现与能达到的高度对学生未来作预测。这个模式的优势在于既有利于学生的基础又有利于学生的提高，让小班的学生接触不同专业教授，感受他们思考数学问题的不同习惯、切入角度等个性化特点，得到更大发展。

除了专业引领外，"1+n"的导师带教还有一个更重要的作用是帮助学生在成长的路上不断走向飞跃期，突破发展的高原期与迷茫期，加强对学生的思想与心理引领。在这一点上，对核心教师而言显得更为重要。高天分学生在成长过程中，经常出现在获得突飞猛进后，一段时间内水平难以提高，遇到学习瓶颈和障碍，即所谓的学习高原期；有些学生在学习达到一定高度获得一些成绩后，暂时失去前进的动力和方向，出现了迷茫和困惑，即所谓的学习迷茫期。如果学生陷入过长的高原期或迷茫期，且无法自拔，会降低他们的学习兴趣和信心，不利于学业发展和自我提升。教师要努力帮助他们尽快走出迷茫期，突破高原期，才能有更好提升，并形成有利于未来可持续发展的思想与心理基础。

2. 促进数学学习能力相仿的学生团队开展"学习风暴"式合作交流

集聚数学学习能力相仿、志同道合、各有特点的学生组成学习团队，开展"学习风暴"式合作交流。让多个实力相仿的高天分学生在一起学习，既相互竞争又共同合作，推进高水平发展。每块国际数学奥林匹克竞赛金牌的获得，不是一个学生在努力，而是得益于一组学生团队的相互激励。每个高天分学生都有几个志同道合、水平接近、各有特点的朋友相互交流与启发。

郑凡同学各门功课的成绩在年级组中均名列前茅，数学和物理两科竞赛尤为突出。他善于与同学交流，新知识一教就会，复杂的公式和定理一次就能记牢并能学以致用。这届数学班中高手不少，他们在教师的具体指导下，分别自学了不同专业的高校数学教材，在数学小班团队中打了一个自学经验交流的平台。代数强的阮丰同学自学了国外不等式证明的最新研究成果。例如，SOS 方法 I 和 II（Sum of square method I 和 II），代数方面的能力提高较快。郑凡同学知道后，向阮丰借了一本珍藏的英文版《不等式证明秘诀》，通过一个月的自学就运用自如。一次从协作体学习归来的几位同学带来一道全国众多高手都未能解决的不等式难题。

问题：设 a、b、c 是一个三角形的三边长，证明：$2\left(\dfrac{a^2}{b}+\dfrac{b^2}{c}+\dfrac{c^2}{a}\right)\geqslant$ $(a+b+c)+\dfrac{b^2}{a}+\dfrac{c^2}{b}+\dfrac{a^2}{c}$。请他解答，郑凡同学给出的解法是用上述参考书中学来的招数，这就是同学间相互启发与促进的典型例子，当然也体现学生自己的理解和创新。

3. 注重学生数学发展的可持续性

促进具有数学高天分的学生发展，我们还要关注学生发展的可持续性。首先要处理好这些学生一般智力发展与特殊智力发展的关系。在英才成长中，不排除有些英才是偏才、怪才，但对自然科学来说，更多的英才成长是在全面发展基础上的核心智能的不断升华与突破。我们既不能忽视学生的一般智力的发展，也要注重对学生特殊智力的开发。为此，我们在数学高天分学生的培养中，应关注学生在全面夯实知识基础上数学潜能的深入开发，这样的学生在当今时代可能会达到更高的高度。

其次要处理好这些学生数学学习与科技素养、人文素养共同提升的关系。我们在培育这些有数学天赋的学生过程中，既注重开发他们的数学潜能，也关注他们科技、人文素养的提升，包括探究精神、社会责任、思想境界的提升及良好的外语学习能力。这为他们今后把握更为宽广、良好的平台奠定了基础。

促进数学方面高天分学生的可持续发展，还有一个短期目标的达成与长期目标的定位选择问题。在他们培育过程中，应协调好高天分学生成长的短期目标和长期目标平衡，过分功利的倾向危害大，如只看成绩和奖牌，不看潜能和志趣。作为学校，在高天分学生的培育中，应在兼顾短期目标的基础上，通过理论研究、课程开发、教学改革等，增强学生可持续发展的长远目标引领，特别是在对高天分学生长远发展有重要影响的因素上下功夫，形成他们基于数学的人生发展追求。

（本文是作者 2011 年 2 月在中国数学会基础教育委员会数学英才教育国际会议上的发言稿，发表于《数学通报》2011 年第 3 期，收入本书有改动。）

3.

聚焦志趣：实验性示范性高中创新人才 早期培育初探

- 聚焦志趣是实验性示范性高中推进创新人才早期培育值得探索的一条新思路。
- 创新人才的早期培育还须正确处理好"志"与"趣"两者的关系，聚焦志趣与潜能识别、开发的关系，聚焦志趣与确立志向的关系，聚焦志趣与发挥非智力因素作用的关系。

在基础教育阶段（含高中学习阶段），即使到了大学学习阶段，也只能说是创新人才早期培育阶段，只是在推进的重点上有所区别（小学、初中应关注学生兴趣的激活，高中逐步聚焦志趣，大学注重确立志向）。实验性示范性高中在新的时代背景下，应在推进创新人才早期培育方面做出更大努力，聚焦学生志趣，突破应试教育藩篱与学科类竞赛的框架，突破一般意义上尖子选拔再加工模式，从学校实践的视角着力探索创新人才早期培育的新路。

一、聚集志趣应当成为优秀创新人才早期培育的新思路

聚焦志趣何以能成为实验性示范性高中推进创新人才早期培育的新思路？首先，要分析聚焦志趣的内涵及其力求突破的藩篱。对实验性示范性高中所集聚的资优生群体而言，应考虑激活他们成长过程中

的内在动力，应关注他们成长的"志"与"趣"两方面的结合。"志"让学生将自身的发展与对社会、国家乃至人类的理想、信念、责任联系在一起；"趣"让学生逐步认识兴趣与潜能的结合，努力建构个性化知识结构，形成一定的专业发展意向。

每个学生的精力与时间是有限的，学校拥有的教育资源也是有限的，如果这批资优生在高中学习的过程中，在全面提升基础素养的同时，逐步聚焦发展的志趣，就能主动地、充分地利用学习时间与各类资源，保持自身持续的内在的发展追求。从当前我国实验性示范性高中的发展状况来看，部分学生经过高中三年的学习后，有志无趣或有趣无志，对大学与今后发展的专业选择比较盲目，而欧美的一些高层次高中生在毕业时，对自身今后发展方向与感兴趣的领域相当明晰，这是一个在推进大中学创新人才早期培育有效衔接中必须引起重视的问题。

高考评价和传统教育观念的影响，以往学校更多地将学生在考试中取得高分或在竞赛中取得名次作为主要目标，这导致学校重书本、轻实践，重传授、轻实验，重校内、轻校外等现象的发生。学生缺乏持续的学习动力，忽视主动发展的需求，被动地接受学习，在知识学习上同质化问题严重，影响了个性发展与创新素养的提升。因此，以学生志趣聚焦为主的实验性示范性高中教育探索，突破应试教育藩篱与学科类竞赛框架，可以为创新人才早期培养提供一个全新的思路。

在学习导向上，强调志趣逐步聚焦而非应试分数与竞赛名次，强调学生对社会的责任，以及基于广泛兴趣上产生的对一定学科领域的指向性追求；在学习动力上，以可持续发展代替短暂功利的学习内驱力，强调以志趣为基础，提升学习意志力和坚韧持久的内驱力；在知识构成上，以围绕志趣推进个性化知识结构代替千篇一律的知识基础，强调学生以某一或某些学科领域的志趣为基础，主动涉猎相关知识，内化和建构每个学生独有的个性化知识结构与储备，为学生今后的创新夯实基础；在能力提升上，强调学生在聚焦志趣过程中的能量激活，提升领导、沟通、组织、交流等多种能力，主动获取发展志趣的丰富资源；在培育方式上，可以探索以中学为主、大学和科研机构早期介入的合作培育方式，促进学生在学科领域拓宽视野、实验探究与社会实践等多样化中逐步聚焦志趣，开发创新潜质。

从分数引领、竞赛引领走向志趣引领，能成为促进学生内在发展动力的创新人才培育新思路，就因为它是以实现人的发展为落脚点，是从尊重学生的个体差异性出发的。聚焦志趣能为创新人才今后脱颖而出夯实基础。知识经济时代背景下的创新型人才，不会只是具备单一学科或领域的突出能力。随着现代新兴产业的不断出现，以及社会分工日趋细化，一个岗位往往要涉及多部门、多领域，不仅要求劳动者掌握各学科的知识，具备相应的专业技能，更要有积极的态度、创新精神和能力、健康的体魄、开阔的视野及广博的胸怀，才能解决工作中随时可能遇到的问题，并取得有创造性工作的成果。具有全面素养的人才不可能凭空产生，必须从小就加以培养。

学校必须将学生的全面可持续发展作为教育教学活动的出发点和原则，为培养符合时代要求的新型人才奠基。有创新素养的人才，首先要具备厚实的个性化知识基础。个性化知识基础是学生具备多门学科或某一领域多方面的知识及应用知识的能力，保证今后学习的可持续性和创造性。其次，要开发学习潜能，逐渐聚焦志趣。学习潜能和志趣能使学生在某一学科或领域产生持久的学习动力和提升空间，促进他们产生创造性思路。最后，21世纪的高素质人才还必须具备较好的心理素质和健全个性。聚焦志趣的优秀创新人才早期培育的探索，注重学生的个性化知识基础、学习潜能、心理素质和个性健康发展，既是落实"以人为本"理念的生动诠释，也是实现学生全面而有个性的可持续发展的可行之路，更是在知识经济背景下对我国人才强国战略实施深入思考的一种尝试。

因此，以志趣聚焦为突破口的创新人才早期培育之路，应是可行的，且是值得探索的一条新思路。当然，这条新思路的探索需要一系列配套工程，对学校、教师和学生提出了许多新的要求和挑战。在现有高考体制下探索，学生既要获得高分，又要具备聚焦志趣的良好素养，需要花费更多的时间和精力。

二、聚焦志趣的创新人才早期培育应处理好的关系

聚焦志趣的创新人才早期培育探索，不仅涉及学校培养目标、办学形式、德育养成、课程设置、教学组织、教学内容、学习方式等多方面的创新，甚至还会涉及我国传统教育体制和现行考试制度可能存在的问题，需要实践者有足够的智慧和勇气去应对改革过程中可能产生的问题和阻力。学校应摆正志趣聚焦在创新人才培养中的地位和作用，认识到志趣聚焦是一个发展变化的过程，是人才培养模式的一个突破口，应正确处理好以下几方面的关系。

1. 聚焦志趣应处理好"志"与"趣"的关系

学生在高中阶段学习的过程中，认识自身发展的潜能、兴趣所在至关重要。在学校创设的良好环境与教师的积极引领下，学生要在全面提升自己素养的基础上，主动地认识自己对某一或某些领域的爱好所在，并提升自己的能力，挖掘自己的潜能。在此过程中不能忘记的是，"趣"的发展，是在"志"的引领下的发展与升华；在"志"的引领下去开发、发展自身的"趣"。学生将目前的学习、志趣与社会的发展、国家乃至人类的发展紧密相连，就能摆脱平庸而走向伟大。有"志"无"趣"，会学得很艰难、很痛苦；有"趣"无"志"，会越走越狭隘。只有将两者结合起来，学习、追求的过程才能充实而有意义。

高中阶段的资优生对自身志趣的认识与内化，是与认识自己未来所承担的使命密不可分的。对自身志趣的追求，需要民族精神的感召，需要文化认同感、坚定的信仰、团结互助精神、拼搏精神、自我牺牲精神，这些都应成为学生成长中需要锻造的要素。对自身志趣的追求，需要科学精神的支撑，敢于创新、永不言弃、坚持不懈、潜心科研、勤奋踏实是学生成长中应当内化的品质。对自身志趣的追求，需要社会责

任感的升华，默默奉献、感恩社会等，都需要在学生身上不断展现。志趣内化应与民族精神、科学精神、社会责任感的内化融为一体，其内在的价值将成为学生终身受用的财富。

2. 应当处理好志趣聚焦与潜能识别、开发的关系

志趣的形成不是一蹴而就、与生俱来的，是需要提供相应的成长环境，经过后天的学习和培养逐渐形成的，是与认识、开发自身的潜能的过程紧密联系在一起的。学生可能在科技、人文、艺术等多个领域产生兴趣，也可能局限于某一个领域，有的兴趣是与自身的潜能紧密相关的，有的只是一时兴趣，没有潜能支撑。学生的志趣聚焦强调的是既注重激发学生对某一领域或某些领域的学习兴趣，又使学生认识到可以持续发展的兴趣应与自身的潜能紧密相连，将兴趣的激活与潜能的识别、开发紧密结合起来。当一个人的兴趣、潜能发展到足以支撑其长时期进行某一种学习活动，并能克服其中的困难，形成一定的志向时，志趣也就逐渐形成了。

学校要注重引导学生在认识自己兴趣、潜能的基础上聚焦志趣。教育者应认识到，学生的志趣聚焦与潜能识别、开发是一个发展变化、不断升华的过程，要在充分研究学生发展特点和志趣形成规律的基础上，引导学生将兴趣与潜能紧密结合，并逐渐转化为志趣，将志趣升华为志向；要允许学生在志趣聚焦过程中可能出现的反复，帮助他们克服学习过程中遇到的困难，在他们遇到挫折时给予鼓励，过分骄纵时须给予适当的警示；要尊重学生独特的兴趣爱好，并使其逐渐认识到自身的潜能所在，不要仅以世俗或功利的标准来评判学生的选择；要比学生站得更高，看得更远，让学生将自我选择、发展潜能与社会发展、国家富强、民族振兴等更为远大的理想结合起来，这样才能保证未来的创新人才真正为"我"所用，真正发挥志趣聚焦在创新人才早期培育中的作用。

3. 应当处理好聚焦志趣与未来确立志向的关系

应试教育的弊端是将学生的"志"窄化，过多地关注个人前途，结

果将"趣"消融，造成学习被动，学习知识窄化，使学生容易感到外在给予的压力而感到"不堪重负"，难以形成持久的内驱力，进入大学后往往出现迷茫与学习动力减退的情况。聚焦志趣的探索与大学今后进一步确立志向是相互衔接的，既有利于学生在高中阶段保持学习的内驱力，积淀自身志趣发展所需要的全面而有个性的知识基础，基于志趣学习，动力足且不感到负担过重，他们进入大学后也能围绕自己的志趣继续探索专业发展，进一步确立志向。

在小学、初中阶段关注对学生兴趣的激活，高中阶段关注学生志趣的逐步聚焦，大学阶段应在志趣聚焦的基础上帮助学生确立志向，这是一条值得探索的从小学到大学相互衔接的创新人才早期培养新路，明确了在学生发展所处的不同阶段应当关注的重点。只有如此，资优生可持续发展的内在动力才能得到最大程度的激发。高中资优生聚焦志趣，能促进他们未来对大学专业的理性选择，避免因专业选择不当而产生的长期失落甚至对未来学习丧失信心。良好的大学专业选择建立在自身的志趣追求上，不但可以激发自身成长的内驱力，而且可以在大学学习中不断推进自己认清今后人生发展与事业追求的方向。

4. 应当处理好聚焦志趣与发挥非智力因素的关系

学校在推进学生聚焦志趣的过程中，不仅要关注他们的智力因素的开发，同时也要注重培养他们的非智力因素，让学生的非智力因素成为学生聚焦志趣的强大动力。非智力因素这一概念是相对于记忆力、注意力、观察力、思维力等智力因素提出的，是指不直接参与认知过程但对其产生影响的一切心理因素，包括需要、动机、兴趣、情感、意志、性格等方面。虽然在学习过程中不可避免地会产生有计划性和目的性的理性活动，但是非智力因素也直接影响学习过程，甚至会直接影响和制约智力因素发挥作用。本文所说的志趣正是智力因素与非智力因素的良好结合。

理想、信念和价值观是非智力因素中较高层次的重要组成部分，对学生的学习过程有广泛而持久的影响。意志是为了达到既定目标而自觉努力的心理过程。大多数失败是由软弱的意志造成的,坚定的意志是成功的一个重要因素。志趣是由非智力因素——兴趣发展而来的,兴趣属于个体个性化的心理品质,在个体生理或心理需要的基础上形成的,当需要得到满足时,就会产生愉快的情绪体验。广泛的兴趣能帮助学生获得更为丰富的知识,开阔眼界;稳定的兴趣能使学生在某些领域勇于探索,爆发出创造性潜能。兴趣向志趣的转化,特别需要学生在困境或挫折中顽强拼搏,培养坚韧不拔的意志、对真理的执着追求和对人类社会高度的责任感。

(本文发表于《上海师范大学学报(基础教育版)》2010 年第 1 期,又转载于《中小学教育》2010 年第 8 期,收入本书有改动。)

4.

基于"志趣聚焦"的创新人才早期培育实验

> • 学生的发展存在明显的飞跃期，采取群体激发策略来把握资优生成长的飞跃期至关重要。
>
> • 学生创新素养培育必须促进学生的兴趣与潜能的紧密结合，并聚焦一定的学习领域。

我们认为优秀创新人才所需要的科学的探究精神、严谨的治学态度、活跃的创新思维、对某些领域的浓厚兴趣等，都要从基础教育开始关注。为此，我们提出在高中阶段应以志趣聚焦为突破口，推进优秀创新人才早期培育的实验探索。2008 年开始，上海中学开始实施"创新素养培育实验项目"。在此之前，我们做了大量的准备工作，包括 1990 年开始的数学实验班探索，1993 年创办国际部（吸取国际主流教育在优秀创新人才早期培育方面的经验与教训），1999 年开始以学校课程开发推进学生兴趣的激活与发展潜能的识别，2003 年开始建立现代创新实验室来推进学生的科学探究等。我校的实验探索，注重"点""面"结合，整体推进。"点"上，在延续数学实验班的同时，设立科技实验班，从培育在科技方面有探究兴趣、发展潜质的学生入手。"面"上，面向全体学生，以构建学校课程图谱为抓手，为未来的创新人才奠定坚实基础。

一、招生选拔

学校按照上海市教委规定的实验性示范性高中招生政策选拔新生。经市教委批准，增加实验班自主招生名额，以选拔一批在数学、物理、化学、计算机、工程学（含机器人）等领域有兴趣的优秀应届初中毕业生。数学实验班自主招生主要看学科竞赛与综合素养。科技实验班自主招生注重探索性与研究性。以 2008 年科技实验班招生为例，主要有以下几个方面。

（1）加强与高校、科研机构等合作，69 位专家参与选拔具有扎实知识基础和一定科技素养的学生并开展探索。（2）将科技素养面试作为自主招生的重要衡量标准。上海交通大学派出 29 位副教授职称以上的教师分 4 组面试学生的科技素养，面试时主要考查学生的思维能力、知识视野、表达能力、学科意识。（3）关注科技素养与能力。上海市科技艺术教育中心派出 16 位专家参与"科技素养与能力测试卷"出题与考核，关注学生的科技探究兴趣、掌握科学知识的广度、用计算机进行实验数据分析的能力。（4）引入对学生的团体心理测试。上海师范大学应用心理系派出 14 位教师测试学生的团体心理素养，衡量学生的创造力、分析能力、人际沟通能力、领导组织能力等。该测试不作为录取依据，仅作为后续研究的参考。

二、课程设置

1."点"上的课程设置。实验班的课程设置注重基础课程、专门课程、探究课程三位一体。基础课程在一年半左右完成国家规定的学习内容，科技实验班专门课程分为生命科学、物理、化学、计算机与自动控制等五个专门领域，由学生根据自己的兴趣进行选择；探究课程注重专门学科知识学习与导师引领的探究。科技实验班的课程设置主要有下列特点：

（1）数理化学科采用"双语双课本"授课。数理化学科的国内教材与国外教材同时使用，选用由美国 Prentice Hall 出版社出版的系列原版教材，基于国内统编教材，关注学科前沿知识和热点的补充及拓展。采用全英语授课。

（2）专门课程、探究课程占学生学习总课时的 25% 以上。专门课程分五个方向，学生根据自己的志趣领域，第一学期可选两个方向，第二学期选定一个方向。之后的专门课程与探究课程，围绕选定的方向进行学习。

（3）专门课程由大学专家授课，总体上内容相当或略高于国外大学预科水平。重在给学生知识铺垫、方法指导、信息储存、思维训练和志向引导。以"生命科学导论"为例，就由交通大学两位院士与六位教授来我校授课。

（4）注重在导师指引下开展以学生为主体的科学实验与课题研究。强调个人探究与导师指导、个人学习与团队合作的相辅相成。学生提出或开展的实验项目、课题研究，配备专门的指导教师（由高校专家与学校教师共同引领）。

（5）对学有余力的学生开设 AP 课程（大学进阶先修）。对一部分学有余力的学生，在完成规定学习任务的基础上，开设相关领域的 AP 课程。

实验班学生还可以选学为整体推进实验项目而构建的学校课程图谱中的发展型课程科目、模块，以拓展自己的人文修养，拓宽自己的学科视野。

2. "面"上的课程建构。学校课程图谱不仅着眼于现在，而且着眼于学生将来的可持续发展，构建起有利于资优生志趣聚焦的学校课程体系。上海中学课程图谱分为资优生德育与学习领域两大板块，每年根据学生的需求不断更新。

资优生德育课程图谱重在立志。注重推进学生思、能、行的统一，注重培养资优生的社会责任、高远志向、坚韧意志与文化认同。从横向和纵向两个维度思考构建，横向分为认知类、实践类、体验类、反思类四个类型；纵向分成基础型与发展型，前者包括国家规定的科目，如学军、社会实践等和上中特色的资优生必修课程，如 CPS（创造、实践、服务）课程、LO（领导与组织）课程、48 小时适应性生存训练等；后者基于当前学校德育较多地关注认知而忽视实践、体验、反思的现状，推"四位一体"课程建设，含理想信念、民主法制等 39 个科目 150 个模块，供学生选学。

学习的课程图谱重在激趣。不拘泥于高中规定的学习内容，力求将学习领域的整体概貌展示给学生，促进学生更好地认识自身的潜能、志趣、个性。在学科群思想的指引下，共形成语言与文学、数学等七个学习领域，物理、化学等 14 个学科课程图谱。每个学科课程图谱由基础型和发展型两大部分组成。基础型——在普通高中各学科课程标准的基础上，根据上海中学学生的特点进行基础知识学习深度与广度的调整，形成上海中学各学科课程教学纲要。发展型——分知识拓展、视野开阔、解析探究、应用实践四个类型，共有 720 多个科目、模块供学生选学。立志激趣课程的图谱主要有下列特点：

（1）课程的高选择性。不仅呈现在发展型课程的选学上（每学期提供 200 多个科目、模块供学生选择），而且深入基础型课程中（在语文、数学等 12 个学科推进模块选择、层次选择及科目选择）。

（2）课程的现代性。一方面，注重对传统内容的现代化处理与学习，包括从科学发展的现代理解水平，对传统内容进行取舍、重点把握、阐述以及呈现等。另一方面，以学生可以理解的方式，适度介绍现代科技发展与学科发展的前沿知识，开阔学生的视野。

（3）课程的探究性。不仅注重在发展型课程中推进课程的探究性，而且注重在基础型课程中大力推进课程的探究性。如注重推进研究性学习与学科内容的整合。高一讲究大作业、小论文，注重问题意识收集研究资料，提炼研究主题；高二自选性课题，注重培养学生体验科学探究过程、了解科学探究方法；高三完善性课题，注重促进学生树立正确的探究态度与科学精神。

三、创新实验项目主要探索点

以聚焦志趣为突破口的创新人才早期培育实验项目，在培养目标、知识构成、办学形式、教学内容、组织方式、体验载体、学习方式等方面进行系统性改革与创新，为日后更广范围、更多领域的创新人才培养提供可识别借鉴的策略。主要探索点如下：

1. 注重发现与培育学生的创新潜能。力求从一般意义上的尖子选拔与再加工的旧模式中解脱出来，突破应试教育的藩篱，强调志趣聚焦而非应试分数、竞赛名次。在学生广泛涉猎兴趣领域的基础上，逐步识别其潜能的所在，并结合聚焦的学科专业，开发、培育其创新潜能。

2. 推进学生形成个性化知识构成。创新素养是以个性化知识构成作为基础的。如前所述，无论是实验班的课程设置，还是学校课程图谱的构建，都注重在夯实学生全面素养基础的同时，激励与支持学生形成基于志趣聚焦的个性化知识构成。

3. 加强与高校、科研院所合作，共同培育。我们已与上海交通大学等七所高校、中国科学院上海分院等科研院所建立了基于课程与项目的实质性合作关系。我们还将进一步寻求与其他高校、科研院所的合作，多领域推进学生创新潜能的开发。

4. 注重凸显理、化、生命科学等实验学科的本色。学校注重推进学生的探究实验与课题研究，有选择地建立了现代生物化学、激光与光纤基础等数字化创新实验室 24 个，能开展"微生物的形态结构观察"等近 200 个现代实验项目，提升学生的科学实验与探究水平。

5. 采用大小班制、走班制、导师制等多元教学组织方式。与课程高选择性匹配，突破现有的班级固定教学格局，并推进学分制、积点制评价改革，为学生创新精神、实践能力与个性潜能的发展提供更大空间。

6. 大力推进基于数字平台的学习、探究。不仅构建了选课信息系统平台与管理平台,实行学生网上选课及走班学习的 POS 机移动终端考勤管理,而且以现代数字化创新实验室等推进学生基于数字平台的探究。我们为科技班学生人手配备一台手提电脑,推进他们在数字化环境下开展学习、探究,一批较高水平的基于数字平台的探究成果脱颖而出。

四、创新素养培育实验的理性思考

通过实验,我们初步验证了以下几个理性思考:

第一,学生的发展存在明显的飞跃期。把握资优生成长的飞跃期至关重要,合适的群体激发策略(即把一批具有相同优势潜能的学生集合在一起学习,相互激励)是必要的。

第二,资优生可能存在"单核"(在一个学科领域有优异的潜能)、"双核"和"多核"知识构成。个性化的知识构成对他们未来专业取向与人生发展产生重要影响。

第三,志向的追求与意志的坚韧直接影响资优生潜能开发的深度。当学生的兴趣与优势潜能得到正确的认识后,志向树立的高低,以及对自身志向追求的坚韧程度,决定其潜能开发的深度。

第四,资优生志与趣的结合、兴趣与优势潜能的匹配是其可持续发展的强大内在动力源。这样激活兴趣,具有持久性,并有可能为资优生未来发展,达到一定的创新高度提供强大的支撑。

第五,促进数字技术与学生感兴趣领域专业知识学习的整合,可以增强学生创新的可能性。对数字化环境下青年学生的创新潜能应有充分估计。当他们有机会把信息技术、数字技术与一定的专业知识结合起来时,就有可能迸发出更多的创新火花。

(本文发表于《中小学管理》,2010 年第 5 期,收入本书有改动。)

5.

聚焦志趣、激发潜能

——上海中学高中生创新素养培育实验研究

> • 以聚焦志趣、激发潜能为导向的高中生创新素养培育实验，能激活学生发展与创新追求的内动力。
>
> • 培育学生以批判性与深刻性、跳跃性与缜密性为重要特征的创新思维，养成学生以钻研、痴迷、坚韧为主要特征的创新人格。

在建设人力资源强国与构建创新型国家的背景下，对高中生创新素养培育提出了新的要求与挑战。一批基础好、有条件的学校理应成为先行者，积极改革与探索，大力推进高中生创新素养培育。上海中学于2008年获准在上海市率先开展高中生创新素养培育实验，该实验力求从一般意义上的尖子选拔与再加工的旧模式中解脱出来，突破应试教育的藩篱与学科类竞赛框架，以聚焦志趣、激发潜能为导向。以促进学生志、趣、能交融的高选择性课程体系为载体，以发展型课程与课题、项目研究为主要途径，以全方位的数字平台、人力资源转化为支撑系统，大力培育高中生的创新素养。

一、激活学生发展与创新追求的内动力

高中生创新素养培育中一个十分关键的问题是如何在当前的教育

体制下激活学生发展的内动力。我们调查研究所关注的重点问题是实验在哪几个方面激活了学生的内动力。我们认为，在聚焦志趣、激发潜能的导向下，学生内动力得到激活；责任感与思想境界、志趣与潜能的匹配是激活学生发展内动力的重要因素；学生在基于志趣领域中的学习，主动性会更强；学生聚焦志趣、激发潜能的过程不是一次完成的，需要多次识别与选择，且存在高原期、迷茫期与飞跃期。

1. 志向、责任感、思想境界直接影响学生发展与创新的高度

培养厚实的人文素养可以提升志趣聚焦的境界，进而拓宽创新追求的视野。高中生的思想道德发展，首先要解决的是深层次的思想问题，而不是行为规范问题。对智力水平相仿的学生，志向、责任感与思想境界直接影响学生创新的内动力与发展程度。培养社会责任感与社会活动能力，可以提升学生志趣聚焦的能力与水平。

2. 促进志趣与潜能的匹配使学生自我发展与创新的动力持续增强

促进志趣与潜能的匹配，才能真正提升自我发展的动力。志趣聚焦程度越高，对志趣与潜能匹配的关注程度就越高。学生认为自己的发展潜力首先体现在对一定学科领域的悟性，其次是对兴趣领域的专注水平，再次是思考问题的深刻性，最后依次是学业成绩与参加竞赛获奖的层次。这说明学生已经逐渐改变了分数与竞赛主导的观念，更科学地认识自己的发展潜能，在学习过程中更好地发展自己的个性与潜能，从而将创新的动力稳固地建立在感兴趣的领域。

3. 志趣聚焦的领域选择对学生未来的学习及创新有积极影响

学生志趣聚焦与学校办学思路、学生的需求和发展密切相关。学生进入上海中学学习后知道了学校聚焦志趣、激发潜能的办学思路，认为自己在学习过程中能逐步聚焦感兴趣的学习领域，促进了自身的发展追求。在这一办学思路的引领下，学生从认识到动力都有了明显提升。志趣聚焦的人生发展追求，使学生乐于追求更高层次的学习平台。基于志趣聚焦的专业选择更有利于激活学生的内动力。

4. 学生深入体验并主动把握聚焦志趣、激发潜能

学生聚焦志趣、激发潜能的过程不是一次完成的，而是一个需要多次选择、相互激励、不断提升的过程。学校应采取多种方式激励学生走出迷茫期和高原期，持续产生飞跃期。在激发学生产生飞跃期的方式中，群体激发最重要。不同的激发方式（如创新激发、成败激发）对不同类型的学生产生的激励效能有明显差异。学生志趣聚焦的程度不同，突破高原期、走出迷茫期的动力就不同，对教师点拨的需求程度也不大相同，志趣聚焦程度越高（如科技班和数学班），学生内动力越足，对教师点拨的要求程度就越低。

二、促进学生在具有发展指向性的领域中，形成个性化知识构成

创新是个性化的。在创新素养培育实验中，我们认为学生的创新素养提升与个性化知识积淀是紧密结合在一起的，高选择性课程是促进学生形成感兴趣的、具有发展指向性领域的个性化知识构成的重要载体。千篇一律的知识构成，难以支撑不同学生的可持续发展与创新。

1. 不同的学生可以有不同的知识基础，只注重共同知识基础的传统课程难以支撑不同学生走向未来的创新发展

基于高选择性课程的学习，学生的知识构成会呈现出"单核"（在一个学科领域特别突出）、"双核"（在两个学科领域特别突出）、"多核"（在多个学科领域特别突出）等类型。学生个性化知识构成直接影响其未来对具有发展指向性领域的选择与发展追求（从对毕业生的跟踪调查情况看，单核的，往往选择与之紧密相关的领域；双核的更多地倾向于选择与应用相关的领域；多核的往往选择管理、证券、经济等领域）。

2. 选修课程与课题研究是促进学生形成个性化知识构成的两大平台

有利于学生志趣聚焦的学校平台集中于三类，即国家课程的加深拓展、校本选修课程或专门课程学习、课题研究性学习。选修课程或专门课程学习、课题研究性学习能极大地促进学生形成个性化知识构成及提升学生创新精神与创新能力。

3. 创造性地借鉴国际课程先进元素是促进学生形成个性化知识构成的有效途径之一

教育国际化要求我们用国际视野来办教育、办学校，创新人才早期培育的参照系已经不局限于国内，而是要对标国际标准。促进学生形成个性化知识构成，需要创造性地借鉴与运用国际课程的先进经验（尤其是课程的高选择性与现代性、探究性），加强国际交流。对数理化等自然科学学科开展一定内容的学科英语教学，能促进学生学科知识增长与国际视野的开阔。

这与学校创设的国际化环境（本部与国际部在同一校园，本部招收上海生源 1200 多人，国际部生源来自 60 多个国家与地区）及学生切身学习体会（科技班的数、理、化教材除采用国家规定的上海教材外，还选择部分英语版教材内容进行学科英语教学）密切相关。我们通过对高中国际课程的实践研究，深入认识国际课程并将其中的先进元素创造性地运用到学校本部的课程改革中，促进学生创新素养的提升，并为开阔学生的国际视野提供良好环境。

三、注重培育学生以批判性与深刻性、跳跃性与缜密性为重要特征的创新思维

在实验过程中，我们注重对学生创新思维的培育，引导学生基于感兴趣领域的学习来推进他们创新思维的养成。我们关注学生基于一定领域的创新思维培育，在实验研究中发现，思维的批判性与深刻性、跳

跃性与缜密性是培育有潜质高中生创新思维最重要的两组衡量指标，且在科技领域有潜质的学生身上显得尤为突出。

1. 思维的批判性与深刻性建立在学生感兴趣领域深而广的个性化知识积淀之上

知识基础的个性化是学生创新思维产生的源泉。有了个性化知识基础，学生思考问题就更为深刻，更容易在横向与纵向的比较中发现问题，更容易出创新成果。在学生感兴趣的领域中，思维的批判性与深刻性会得到更好的彰显与最大的发展。

2. 思维的跳跃性和缜密性是学生创新实践中最为积极和有价值的组成部分

一方面，思维的跳跃性是学生迸发创新火花的重要基础，而由思维跳跃性形成的观点与认识需要通过科学的方式去探究与论证，这就要求学生具备思维的缜密性，在这个过程中又不断有新的收获，循环往复，推进学生创新思维的螺旋上升。另一方面，课题研究是锤炼学生思维跳跃性与缜密性的重要载体。

四、推进以钻研、痴迷、坚韧为主要特征的创新人格养成

学生的创新人格显现在许多方面，包括意志品质、抗挫折力、对压力的调适能力等。在高中生创新素养培育实验中发现，钻研、痴迷、坚韧是高中生创新人格的重要特征。在调查中，我们对此有了更深入的理解，如创新人格是否与领域有关，是否存在阶段性等。学校将学生基于志趣聚焦领域的课题研究作为培育其创新人格的重要切入点，调研的数据清晰地反映这一做法的效果。

1. 学生在感兴趣的领域中往往显现出勇于钻研的精神与痴迷的态度

没有兴趣的强制性学习，会扼杀学生探求真理的欲望。学生对感兴趣领域的钻研与痴迷，还具有一定的阶段性，可能是一个阶段关注某

一个或几个领域，一段时期后集中于某一个领域钻研或因发现更感兴趣的领域而转向，也可能是一直钻研某个领域。对在感兴趣领域钻研与痴迷的学生来说，有志同道合者共同探讨，并加强团队合作、领导、组织能力十分必要，也是创新人格培育的重要内涵。

2. 对志趣之外领域的态度亦影响学生的发展趋向

除了志趣聚焦的领域外，学生对其他领域的态度表现出三种趋向：重视、正视与漠视，不同的态度亦影响学生今后的发展趋向。我们发现，对其他领域采取重视、正视的态度有利于学生形成宽厚的知识与人文基础，加上对感兴趣领域的积累专而深，易造就较为全面的人才；对其他领域采取漠视的态度，会使学生某一方面特别突出，其他领域相对薄弱，易形成专才。随着发展高度的提升，基础的偏颇会影响学生未来的可持续发展。

3. 创新人格的坚韧在感兴趣领域的学习和探究中得到持续彰显与锻炼

对优秀学生来说，来自各方的期望、压力很大，更需要加强坚韧与抗挫折力锻炼。兴趣聚焦程度越高，其创新人格中的坚韧成分越高。这种坚韧往往表现为对释疑的坚持（对疑惑的问题能进行长时期的思考）、探究的坚韧（自己提炼问题并持之以恒地探究）、不计成败的坚持（无论成功与失败均保持高度热情）、对完美的坚持（尽最大努力追求完美解答方案）。

五、重视学生基于数字平台的学习、探究与创新

适应未来数字化环境的挑战，大力推进当代高中生基于数字平台的学习、探究与创新显得尤为重要。当代高中生在数字技术运用方面具有自身的优势，重视学生基于数字平台的学习、探究与创新，是提升高中生适应未来发展需要的创新素养不可或缺的成分。在这方面的调研中，我们重点关注学生对数字技术运用的认识、对学校创设环境的认

可度及数字技术与专门领域的整合的学习给学生带来的影响。

1. 学生对基于数字平台的学习、探究与创新能力有着强烈的需求

学校非常注重数字化校园建设，包括建构基于统一数字平台的信息化管理系统与整合数字化设备的现代仪器分析实验室等 20 多个数字化创新实验室，推进发展型课程网上选课，实行走班学习与课题研究性学习的网络平台管理，引进桌面云系统，形成基于物联网的智能展示系统。促进学生基于数字平台（如创新实验室）的学习、探究。

2. 基于数字平台与专门领域的整合学习为学生开拓了更广阔的创新空间

首先，数字技术与专业知识领域的整合学习，更有利于学生迸发创新火花。其次，学生在自身优势领域与数字化资源整合后学习更为积极。例如，学生认为学校建立的数字化创新实验室，极大地促进了自己的探究兴趣。很多学生充分发挥自身运用数字技术的优势，在数字技术与专业领域整合创新上结出初步果实。

3. 基于数字平台的互动、探究与研讨成为学生实现创新的重要途径

在高中教育中应充分重视数字化时代的创新能力培育。学生基于数字平台开展资料检索、交流与数据分析变得越来越普遍。基于数字平台的生生互动与人机互动成为学生创新的重要媒介。

六、提升教师的专业素养并加强与高校、科研机构的实质性合作

高中生创新素养培育实验，对教师的专业素养提出了更高的要求，学校不仅应当注重校内教师的专业素养提升，而且要根据不同领域、不同资质学生创新素养培育的需求，加强与高校、科研机构的实质性合作（课程开发、项目研究、课题指导、实验室建设等可作为主要方式）。

1. 以聚焦志趣、激发潜能为导向的高中生创新素养培育对教师水平提出了更高的要求

在推进学生趣能匹配的过程中，学生对教师的专业水平（如学科功底、知识视野、持续的学习能力、校本课程教材开发能力）要求更高。学生最为钦佩的是教师素质学科功底，其次是敬业精神。除此之外，学生对教师还提出了一些新的要求，如对教师的学科英语能力、数字技术运用能力、校本课程开发能力。志趣聚焦程度越高的学生对教师的学科英语能力、敬业精神与人文底蕴要求越高。

2. 不同志趣聚焦领域和不同潜质学生的创新素养培育须实质性地利用校外资源

不同志趣聚焦领域、不同潜质学生的创新素养培育须实质性地利用校外资源，主要体现在三个方面：学生从个性化知识构成到发展性能力提升，除依靠校内资源外，还要更多引入校外资源；以课程、课题、项目为抓手，与大学、科研机构的合作对学生成长很有帮助；高校、科研机构的早期介入，能使社会对高中生的潜能有比较正确的认识，有利于创造对高中生创新更为良好的社会环境。

七、以聚焦志趣、激发潜能为导向的创新素养培育实验的效果与思考

以聚焦志趣、激发潜能为导向的高中生创新素养培育实验，让学生在选择学习中聚焦志趣，促进志、趣、能匹配而不是简单的应试分数提高，能激活学生内在学习动力，获得学生升学与创新素养提升的双赢。

1. 创新素养培育要以学生的可持续发展为出发点

以聚焦志趣、激发潜能为导向的创新素养培育实验，在一系列配套措施支撑下，能极大地激活学生的内动力。在这一导向引领下，学生发展的方向趋于多样性。我们认为志趣聚焦只有程度的高低，而不存在好坏之分。学生志向的确立是一个不断形成、建构的过程；学生兴趣的

培育是一个广泛涉猎、聚焦的过程；学生潜能的开发是一个不断认识、激发的过程。

2. 把握共性和差异性有助于对学生进行有针对性的早期培育

由于高中生志趣聚焦程度不同，在多个方面会存在差异，但其在聚焦志趣、激发潜能的发展过程中都存在高原期、迷茫期、飞跃期，把握这些共性和差异性有助于进行有针对性的早期培育。我们发现，志趣聚焦程度越高的学生（如数学班和科技班），对志趣与潜能匹配的认识越深刻，对个性化知识的需求程度越高，对教师的素质要求越高，对数字化环境的需求也越高，这些都应引起我们的高度关注。

3. 在学生兴趣聚焦的领域创新思维和创新人格的培育能取得更大成效

创新思维与创新人格的一般培育是重要的，但只有在其兴趣聚焦的领域，创新思维和创新人格的培育才能取得更大的成效。学生在不同领域的创新潜能不同，关键是要发现哪些学生在哪些领域有更强的创新潜能，并助其激发。基于一定领域的学生创新素养培育，有待学校课程在高选择性、探究性、现代性上获得突破。学校课程体系凸显高选择性、探究性与现代性，更有利于不同类型、不同潜质的学生得到更好的发展，促进不同类型、不同领域的创新人才早期培育。

4. 高中生创新素养培育应加强与高校、科研机构的实质性合作

在对校外资源的引入方面，学生的需求较高，这也是高中生创新素养培育的一个趋势。发展型课程与课题、项目研究是学生创新素养培育的重要载体，在这些方面校外资源可发挥的空间很大。为推进基于一定领域的学生创新素养提升，需要学校分领域、分类别地加强与高校、科研机构的实质性合作，避免一哄而上，关注办学个性与特色的彰显。

最后需要指出的是，在调查研究中我们还发现以下几个需要进一步思考的问题。第一，绝大多数学生认为在现有的高考体制下，既要获得高分，又要聚焦志趣和激发潜能，需要花费更多的时间和精力。这是

与我国当前教育评价体系密切相关的,如果能加快推进分领域、分类别的考试评价,就能使学生的创新素养得到更好发展。第二,在对突破高原期,走出迷茫期动力的认识上,随着志趣聚焦程度的提升,对教师点拨的需求反而下降,更多的是靠不断更新的目标激励及自身的不断努力。这就需要教师及时调整自己的教育策略,把握阻碍学生产生飞跃的关键因素,及时给予引导,促进他们形成个性化知识构成。第三,当今时代,数字化校园环境的创设给学生适应未来的创新发展带来更大的机遇与挑战。学校应大力推进数字化校园建设,促进学生基于数字平台与专业领域的整合创新。当然,高中生创新素养培育是一个需要根据地区实情和学校特点不断加以探索、深化的重要课题,需要同类学校共同关注并加以推进。

（本文发表于《教育研究》2012年第7期,收入本书有改动。）

6.

拔尖创新人才早期培育的八个核心要素

> • 学生如果没有责任感，只考虑个人的前途，不把眼光放在国家和人类的高度，没有远大的目标，是难以获得可持续发展的。
>
> • 是否敢于质疑、敢于发现并提出新的思路，是评价拔尖创新人才的一个重要指标。

我国在由人力资源大国走向人力资源强国、由教育大国走向教育强国的过程中，需要认真思考拔尖创新人才的早期培育问题。当前基础教育如何开展拔尖创新人才早期培育的实验，探求具有我国特点的拔尖创新人才早期培育基本规律，成为一个艰巨而紧迫的课题。上海中学在上海市中学系统中率先开展"创新素养培育实验项目"的基础上，形成了一些高中阶段推进拔尖创新人才早期培育的基本规律的认识与思考，并提炼出我国高中在新时期推进拔尖创新人才早期培育时需要关注的四个方面八个核心要素。

一、激活内动力

拔尖创新人才的早期培育，需要关注有潜质学生发展内动力的激活、养成。这方面主要包括以下两个核心要素。

核心要素一：责任与思想境界

学生如果没有责任感，只考虑个人的前途，不把眼光放在国家和人类的高度，没有远大的目标，是难以获得可持续发展的，所以我们非常强调促进学生基于责任与志趣的价值追求，从而极大地激活学生发展的内在动力。在智力水平与学业水平相仿的情况下，学生的志向、思想境界直接影响学生可持续发展的高度。许多学生的成长历程都可印证其正确性。

核心要素二：兴趣和潜能的匹配

学生的兴趣和优势潜能匹配，是学生可持续发展的内在动力源与未来发展达到一定高度的重要支持。但是，学生的兴趣领域不一定是他的潜能领域。发现每一个学生的潜能是一个摸索的过程，实际上，学生的潜能在哪里，家长和教师可能都不知道，包括学生自己也不一定了解。这就需要学校去探究，给学生提供有选择的课程学习，在选择学习的过程中逐渐认识其潜能，再找到潜能与兴趣的匹配点，我们的课程图谱就是基于这样的思考进行探索的。

二、创新思维养成

现在社会各界对创新思维的研究都非常重视，研究成果也层出不穷。但是，在实验过程中，我们认为有发展潜质的学生的创新思维，主要体现在以下两个方面。

核心要素三：思维的批判性与深刻性

思维的批判性专注发现问题。"学起于思，思源于疑"，是否敢于质疑、敢于发现并提出新的思路，是评价拔尖创新人才的一个重要指标。通过实验，我们发现，有发展潜质的学生在面对问题时，大多数表现出批判性思维。思维的深刻性是建立在感兴趣领域深而广的个性化知识积淀之上的。他们通常在质疑的基础上，根据积淀的个性化知识，然后以自己的思路去收集证据，直至运用证据证明猜想。这也是科学家获得发现、发明的一般思路。这里举个例子，平时我们做氢氧化亚铁实验时都会注意到，反应现象是从白色过渡到红褐色，但是在一次实验中有学生提出为什么在反应过程中有大概一秒钟的时间出现了绿色，老师也感觉很吃惊，在十几年的教学过程中没有注意过这个问题，然后这个学生就跟老师一起探索，最后终于成功解释了这一现象。

核心要素四：思维的跳跃性与缜密性

对有发展潜质的学生来说，发现问题与提出新的思路、观点都需要思维的跳跃性，但只有跳跃性还不够，还需要通过思维的缜密性来佐证。关于这一点，也可举一个实例，2010年国际数学奥赛冠军（且是当年全世界唯一的满分获得者）聂子佩同学，在国家集训队时，有一次考试中需要用到"复变函数中最大模定理"，他事先不知道这一定理，却在考场上推理出了这一证明，并把这个结论应用到解题过程中，整个考场中只有他一个人这样做，这就反映他的思维跳跃性与缜密性，与其他学生不一样。有发展潜质的学生并不是在每个领域都表现出思维的跳跃性与缜密性，而在其感兴趣领域中更容易得到彰显。

三、创新人格养成

要真正取得成功，天赋、兴趣固然重要，但更重要的是意志、毅力、钻研等品质，这也就是我们所说的创新人格。实验表明，有发展潜质的学生在创新人格养成上，有以下两方面值得关注。

核心要素五：钻研与痴迷

一些有发展潜质的学生，他们对感兴趣领域的钻研与痴迷，表现得尤为突出。在钻研与痴迷上，我们找到了两个关键点：一个是潜心于某一领域的探索精神，如2008届世界数学奥赛金牌获得者牟晓生同学，他对数学的执着不是一般学生能做到的，从"预初班"到"集训队"，从"冬令营"到"国家队"，凭借对数学的专注和学校以数学为特色的教育方式，最终获得世界奥赛金牌，而且在获得金牌后继续写数学方面的文章,其论文《模为素数的连续二次非剩余》达到一定的专业高度。

核心要素六:坚韧性

在对目标的追求过程中,意志品质起到了强大的支撑作用,意志品质包括抗挫折力、自制力、持久力等。我国著名数学家华罗庚说过:"根据我自己的体会,所谓天才就是坚持不懈努力。"我们的学生在学习、成长与进行课题探究的基础上,同样需要坚韧来促使他们发展。例如,原野等多位学生开展的"利用生物信息学手段寻找大豆可能的耐盐基因"课题研究就充分说明了这一点。为了寻找大豆中含有的耐盐基因,他们要对大豆中 211 个可能的基因进行逐个筛选,最后他们筛选到三个可能与大豆耐盐性状相关的基因,中间必然经历无数次失败与比较分析,这使意志品质的坚韧性得到了良好的锻炼。

四、基于兴趣聚焦的具有发展指向性的领域

未来的拔尖创新人才,必然有属于自己的领域。对高中有发展潜质的学生而言,在提升全面素养的同时,要努力促进他们在基于兴趣聚焦的具有发展指向性的领域学习。这方面有两个核心要素值得重视。

核心要素七:个性化知识构成

大多数资优生存在明显的飞跃期,并在飞跃期之前可能有高原期,之后可能产生迷茫期,作为教师要对这些具有发展潜质的学生加强针对性指导和引领。

有发展潜质的学生可能存在"单核""双核"和"多核"等知识构成。单核知识构成的学生虽然整体成绩不错,但有一个核心学科,可以围绕这个学科涉猎其他各科。双核知识构成的学生在两个领域兴趣特别突出,如数学和计算机、数学和物理、数学和英语等。多核知识构成的学生在三个或三个以上学科领域中兴趣非常突出。这种个性化知识构成是学生未来创新素质的基础,对学生未来的专业与人生发展产生重要影响。不同的知识构成没有好坏之分,要根据学生的意愿加强引

领。上海中学的学校课程图谱的构建与实践，极大地促进了学生个性化知识的构成。

核心要素八：基于一定领域发展的可持续性

一个人一生中最辉煌的时期不应是高中时期，而应是中学以后的学习和生活。对有潜质的学生来说更是如此，正所谓"一时之好难保将来之好"。那么，现代高中在拔尖创新人才早期培育过程中如何才能确保现在好、将来更好？这就需要为学生未来学习和可持续发展植下坚实的学习之根。在具体的实施过程中需要把握以下四个要点。第一，促进学生广而厚实的全面知识基础。基础知识是学生学习和再学习能力的基础与平台，没有广而厚的知识基础，只靠某一方面的优势潜能很难达到可持续发展，各方面的制约会接踵而来。第二，要关注学生基于一定领域的学科领悟力与智慧生成。第三，要能识别学生的优势领域与潜能，预测其可达高度。第四，关注数字技术与专门知识领域的整合与创新。

这里特别强调关于数字技术与专门知识领域的整合、创新。高中生在数字技术的学习与运用方面，比上一代具有明显的优势，他们基于数字技术与专门知识领域的整合，更容易迸发创新的火花。在当今数字化时代，具备良好的数字技术运用能力，并将之与自身感兴趣领域的专业学习紧密结合，将是他们提升未来核心竞争力与创新能力的一个重要素养。

（本文发表于《上海教育》2012 年第 06A 期，收入本书有改动。）

7.

构建拔尖创新人才早期培育链的实践探索

> • 拔尖创新人才培育链是指在拔尖创新人才培育中，各教育阶段环环相扣，把握不同侧重点进行的实质性合作。
>
> • 拔尖创新人才早期培育链，关注人才培养的延续性和教育的衔接性。

拔尖创新人才培育链的核心在于不同的教育阶段把握不同的侧重点。小学初中激活兴趣与创新意识，初步认识优秀潜能；高中聚焦志趣，识别与初步开发优势潜能，培育创新思维与人格；大学进一步确立志向，早期介入高中阶段有潜质学生并加以引导，形成早期专业意向与创新能力基础，为大学后教育营造良好的创新环境与机制。高中阶段学校应根据学校背景及所处地区的高等教育资源情况，在与大学、科研院所的合作方面发挥自身的积极作用。这一思路的形成有着深刻的社会背景与实践可行性。

一、拔尖创新人才早期培育链的构建价值

1．"链"的延续性：人才培养的延续性和教育的衔接性

关注学生可持续性发展，重视各教育阶段之间的衔接性是拔尖创新人才得以顺利成长的重要手段。《国家中长期教育改革和发展规划纲要（2010—2020年）》提出："探索贯穿各级各类教育的创新人才培养

途径；鼓励高等学校联合培养拔尖创新人才；支持有条件的高中与大学、科研院所合作开展创新人才培养研究和试验，建立创新人才培养基地。"目前我国的基础教育，尤其是高中教育很难让学生在进入大学之前对自身的志趣和潜能有清晰的认识，容易出现基于感性认识的、功利化的专业取向，这不利于人才的匹配，容易造成人才浪费，与我国现阶段构建人力资源强国的理念相背离。如果学生能在高中阶段就接触到大学教育，哪怕是初步了解大学的专业研究内容及未来发展，必将有助于学生树立起比较理性的专业取向，从而使学生的个性、潜能发展得以延续，有助于缩短人才培养的周期。

2. "链"的时代性：社会与科技发展对人才需求的迫切性

现代科技的发展，对人才培育的内容、方式与手段提出了挑战，尤其是在教育内容的及时更新、交叉整合及基于数字平台的教育教学方面。社会发展对人才培育的周期与层次、类型提出了新的挑战。对中学来说，具体的挑战主要体现在三个方面：第一，不同类型的学生需要个性化教育，由于其潜质不同，学校需要提供更多课程上的选择；第二，对学生感兴趣领域的专业知识，仅仅依靠中学教师的力量无法胜任；第三，仅靠一所学校的力量，无法给学生提供足够大的科学研究平台，尤其是现代课程对大量数字化实验室的需求。这就需要充分利用社会资源。这一点已是很多国际顶尖高中的共识，以美国托马斯·杰弗逊科学与技术高中（Thomas Jefferson School for Science & Technology）为例，该校的学生可以选择校外的指导教师，并实际参与导师的科研工作，导师的单位包括美国食品药品监督管理局（Food and Drug Administration，FDA）、国防分析研究所（Institute for Defense Analysis，IDA）、国家癌症研究所（National Cancer Institute，NCI）等20多家单位。

3. "链"的公平性：从物的公平走向人的发展的公平

以人为本的科学发展观提出，教育公平的立足点必须适时地从对物的关注走向对人的发展的关注。对具有发展潜质或已显露出良好发展潜能的优异学生、拔尖学生采取针对性的教育举措，包括提供适合他们发展需要的条件、辅导，让其较早地接触感兴趣领域的深层次的知识，也应当是推进教育公平的重要、关键环节，更是人力资源强国背景下推进教育公平的应有之义。拔尖创新人才早期培育链的构建正是推进教育公平的一个重要手段，可以促进每位学生获得适切的教育，通过这条"链"找到志趣和潜能的匹配点。

二、拔尖创新人才早期培育链的构建策略

1. 理顺"链"的基础：以课程为载体，开发学生的优势潜能

构建拔尖创新人才培育链最重要的支撑点是课程，不同的人才培养目标造就了不同的课程体系。对在某个或多个领域已经显现出一定潜能的学生来说，学校的基础课程已经不能满足他们潜能开发的需求，因此我们需要加强专门课程的开发。针对学生潜能开发的专门课程不等同于大学的专业课程，前者旨在让中学生对学科发展概貌有一个初步的认识，并大致了解学科的研究方法与发展方向。从专门课程开发的角度来讲，大学专家、教授可以发挥学科优势，对教材的选择或编写、课程目标的设定、评价方式的选择等给予指导，而校内教师对中学生的认知发展及基础知识掌握程度更为了解。因此，校内外教师的课程开发合作不仅有助于中学生理解专门课程，也有助于校内教师学科功底的提升，同时也加深了大学专家对中学生潜能的了解，实现合作双赢。从授课角度来看，大学教师对一些专门领域的发展近况及研究方法的理解较中学教师更为专业和全面。因此，由他们为学生讲授这些专门课程，可以让学生很快对该领域有较好的认识。

2. 指明"链"的方向：形成基于理性发展方向选择与持续动力

基础教育与高等教育的断层，以及现行的考试评价体系造成了一个假象，即只要学生的学习成绩好，上北大和上清华都是一样的，读哪个专业也是一样的。但是，这忽略了人才发展的方向匹配问题。如果

学生的学术兴趣、潜能、志向、个性化的知识构成、思维品质与未来专业、人生方向相匹配，其持续发展的内动力便会更加充足。拔尖创新人才培育链的构建对这一匹配起到了一定的推动作用，我们将此确定为"链"的发展方向。学生的"专业取向选择"（即专业方向选择），主要有感性的、初步理性的和基本理性的三个层次。基于感性的专业取向选择主要是出于单纯的兴趣或功利考虑，不清楚自己是否具备适应这个专业的兴趣和潜能。这就容易造成学生进入大学后发现自己对所学专业不满意或学习积极性不高等问题；基于初步理性的专业取向选择是通过对相应课程的选择学习，学生对某些专业领域有了初步认识而作出的专业取向选择。基于基本理性的专业取向选择即学生通过选择学习学校开设的专门领域课程或参与相关活动、项目、课题等，对自身志趣和潜能有比较理性的判断，并尝试提升自己趣能匹配领域的学习水平，做出与自身志、趣、能基本匹配的专业取向选择。实践证明，高中与高校、科研院所的实质性合作构建的拔尖创新人才培育链能很好地促进学生形成基本理性的专业取向。

3. 凸显"链"的内核：基于志趣领域探究的创新思维、人格提升

中小学如果要与大学的创新人才早期培养衔接，就应关注有创新潜质学生的创新思维与创新人格的提升，这也是拔尖创新人才培育链的内核。在大学、科研院所的专家指导下基于一定领域的探究性学习，对内化学生以批判性与深刻性、跳跃性与缜密性为主要特征的创新思维，养成以钻研、痴迷、坚韧为主要特征的创新人格具有重要价值。

4. 营造"链"的机制：早期介入、平台创设及资源的多元共享

一个完善的拔尖创新人才培育"链"机制对发挥"链"的作用、保障"链"的方向具有至关重要的作用。这一机制的建立主要从三个方面进行：早期介入、平台创设与资源共享。

第一，大学、科研院所对拔尖创新人才培养的早期介入，既有利于高校更深入地培养适合自己的学生，更深入地了解学生非学科领域的发展，也有利于引导高中的多样化办学，促进高中生更深刻地认识高校

的办学个性和志趣聚焦。这种介入方式可以是多元化的，如课程的开发、课程的教学、学生的测评、实验室的建设等。

第二，在平台创设方面，针对资优生的特点，学校需要创设多样的软硬件平台。在拔尖创新人才早期培育过程中，应着力促进学生基于数字平台和专门课程的整合学习与创新。在信息化社会成长起来的学生在数字技术学习与应用上比以往学生更有优势，他们往往会把数字技术与感兴趣领域整合，迸发出创新的火花。因此，培养当今科技方面有创新潜力的人才，就需要在数字平台创设与应用上尽早考虑。

第三，在资源的多元共享方面，考虑到中学的主要任务与大学不同，因此在科研领域的投入及配置肯定无法与大学相比。构建拔尖创新人才培育链中重要的一个环节就是资源的共享。大学的实验室、图书信息资源等均可提供给在某一领域中有需求的高中生，以弥补中学资源的不足。

三、拔尖创新人才早期培育链的构建思考

1. 关注"链"的阶段重点与学生的潜力、内力

在拔尖创新人才培育链中，不同教育阶段的学校承担的重点任务不同，激发兴趣、保持兴趣、在兴趣基础上的创新应是创新人才成长的几个必经阶段。因此，如果要让这个"链"真正环环相扣，需要根据各阶段学生的特点进行有针对性培育。从志趣、潜能角度来看，小学、初中阶段主要是激发兴趣、保持兴趣；高中阶段主要是聚焦志趣、激发潜能，并预测潜能的发展水平与可达到的高度；大学阶段主要是让学生在志趣与潜能匹配的领域中获得更深入的发展。对高中阶段学生来说，其潜力已经初步显现，要激发其内动力就必须对其潜力有准确的认识。但是，由于人们对高中阶段学生的传统定位，使得高等院校低估了高中生的能力，在很大程度上挫伤了高中生创新的积极性。因此，高校、科研院所等机构通过培育"链"这一形式的早期介入，能使科研

人员对高中生的创新潜能有更清晰的认识，有利于建设良好的拔尖创新人才培养环境。

2. 关注"链"的专业智慧与学校的活力、动力

创新是学校发展的不竭动力，中学与高校、科研院所拔尖创新人才培养合作模式的创新能为参与的学校带来更多活力。这种活力的彰显需要高等教育和基础教育的有机对接。在拔尖创新人才早期培育链的构建过程中，中学既要认识到自身作为基础教育阶段的重要组成部分，夯实学生学业、志趣、人格等方面的基础，也要考虑到他们的可持续发展，推进他们对感兴趣领域的聚焦、对优势潜能的识别与开发、基于一定领域的创新思维养成。高校、科研院所在专业知识教育上具有优势，中学可以通过邀请一些大学专家和学者参与高水平课程的开发、授课、参与对学生的评价等，在创新人才早期识别、专业智慧引领、非学术领域评价等方面提供助推力。

3. 关注"链"的激励平台与环境的张力、魅力

搭建多维的激励平台是拔尖创新人才培育"链"稳固的软性条件，对中学来说，宜构建好三类激励平台。第一，目标激励。学校在拔尖创新人才培育"链"的构建过程中，对学生成长过程中每个阶段所取得成就的评价要有明确的标准，根据目标达成度对培育"链"的运行有所掌控。第二，学校文化激励。培育"链"的构建需要多个学校的合作，因此每个学校的文化都是整个培育"链"所呈现出的价值的一部分。对学生来说，这是激励他们持续发展的一个重要途径；对参与培育"链"建设的学校来说，这也是一种能吸引更多资优学生的文化优势。第三，中学、大学、教育管理部门甚至整个社会都应着力营造适宜拔尖创新人才培育"链"发挥作用的环境。中学的环境营造包括学校的软硬件设施、校园文化、管理方式等的匹配；大学则需要以大师的风范、学术的魅力、专业的引领来感染学生；教育管理部门要给予营造宽松环境的政策。

加强与高校、科研院所的实质性合作，远不是招生阶段的介入，更

重要的是介入他们在高中阶段的优势潜能识别、开发与创新意识、思维的培育过程，这样才能更好地识别与培育在不同领域有创新潜质的学生，才能有效地推进不同志趣、不同领域的拔尖创新人才早期培育，才能更深入地促进学校的多样化办学与内涵发展。随着我校拔尖创新人才早期培育"链"构建的进一步深化，上海市及其他省市的许多兄弟学校已经开始认识到与高校、科研院所合作培育有潜质学生的价值，正在积极行动起来，这是学生多样化发展与高中多样化发展的福音，更是我国拔尖创新人才早期培育的福音。

（本文发表于《创新人才教育》2014年第1期，收入本书有改动。）

第三章　课程建设

1.

聚焦资优生志趣培养　建设学校课程图谱

> • 在高中阶段，创新人才的早期培育应关注资优生志趣的逐步聚焦，个性化知识的构成，良好人文素养的提升，探究精神的培养，对学生个体潜能的认识与开发。
>
> • 着眼于创新人才早期培育的学校课程建设，促进了学生的潜能开发、个性发展，为学生的可持续发展奠定了坚实的基础。

　　学校课程是落实教育理念、办学思想的主要载体。上海中学（以下简称"上中"）以"储人才，备国家之用"作为办学宗旨，以资优生教育作为核心任务，以聚焦学生志趣作为主要途径，并于 2008 年起承担了上海市教委关于开展创新人才早期培育的实验任务。上中正是在这些上位思想的引领下，进行学校课程探索的。

　　在高中阶段，创新人才的早期培育应关注资优生志趣的逐步聚焦，个性化知识的构成，良好人文素养的提升，探究精神的培养，对学生个体潜能的识别与开发。学校课程在注重夯实学生创新思维、创新人格的基础上，更强调学生专业知识基础和专业取向的培育。上中注重把握国家课程改革精神，经历了学校课程建设的长期探索，认识到应把握国家的战略要求、当前科技的发展趋势，进行整体、系统而非零散的学习与研究，着力构建学校课程图谱。

一、学校课程图谱的架构

考虑到上中学生大部分是资优生群体，学校一方面创造性地实施国家课程，另一方面大力推进学校课程开发，并注重汲取上中国际部实施国际主流课程（如 IB、AP 课程）的先进经验与元素。学校课程图谱不仅着眼于现在，而且着眼于学生将来的可持续发展，构建有利于资优生志趣聚焦的学校课程体系，大力推进课程的高选择性、现代性、探究性与基于数字技术平台的实施。上海中学课程图谱分为资优生德育与学习领域两大板块。

（一）资优生德育课程图谱

上中资优生德育课程图谱重在"立志"，注重推进学生思、能、行的统一和自我价值与社会需要的统一，从纵向和横向两个维度构建。纵向分成基础型和发展型两个类型，横向分成认知类、实践类、体验类、反思类四个类型。

1. 基础型

包含国家规定的科目，如"学军""学农""社会实践"；学校自主开发的学生必修的特色科目，如"48 小时适应性生存训练""CPS（创造·实践·服务）课程""双 I（自我认识与人际智能反思）课程""LO（领导与组织）课程"。

2. 发展型

基于当前学校德育较多地关注认知而忽视德育实践、体验、反思的现状，推进"四位一体"课程建设。分成"理想信念、爱国荣校""民主法制、道德修养""关爱生命、服务社会""健康心理、多彩生活"四大主题，形成"每周说法""青春的雕塑"等 39 个科目（含有 150 个模块），供学生选学。资优生德育课程图谱注重学生在社会主义核心价值观引领下的深层思想、外显行为、社会服务的统一，关注资优生的社会责任、志存高远、意志磨炼与文化认同。

（二）学习领域的课程图谱

学习领域的课程图谱关注学生的个性化知识构成，重在"激趣"，不拘泥于高中规定的学习内容，力求将学习领域的整体概貌展示给学生，以学生可以理解的方式呈现与编排，促进学生更好地认识自身的潜能、志趣、个性。在学科群的思想指引下，共形成语言与文学、数学、人文与社会、自然科学、技术、艺术、体育与健康等七个学习领域，语文、英语、数学、政治、历史、地理、物理、化学、生物学、信息技术、劳动技术、体育与健康、音乐、美术等14个学科课程图谱。学习领域的每个学科课程图谱也由基础型和发展型两大部分组成。

1. 基础型

在学科课程标准的基础上，根据上中学生的特点进行基础知识学习深度与广度的调整，形成上中的各学科课程教学纲要。如政治学科在广度上增加了"宏观经济学""比较政治制度""中西方哲学史"等内容，物理学科在"数字化物理实验"基础上进行深度拓展等。

2. 发展型

共有732个科目、模块供学生选择性学习，分知识拓展、视野开阔、解析探究、应用实践四个类型。知识拓展类有223个，注重学科知识的延伸，如"欧美文学史概说"；视野开阔类有249个，注重了解该学科的现代发展前沿，如"第四种存在——等离子体物理及其应用"；解析探究类有161个，注重学科及学科交叉领域的模块探究，如"化学与新材料"；应用实践类有99个，注重引导学生对知识的实践应用与生活运用，如"纳米材料的合成"。这四类课程科目、模块，根据学习时间的长短，分为大型（18—36节课）、中型（12—18节课）、小型（6—12节课）、微型课程（3—6节课），提升了课程开设的灵活性。

上中每个学科课程图谱的每个科目、模块都具体落实到相应年级开设，形成分年级实施的年级学习图谱。注重课程开设的规范标准，为每一个科目、模块的实施明确了八个要点：课程科目及模块的编码、名称与性质描述、使用教材、适合学生群体、教学目标、学时安排、具体内容、评价方式与参考资料。

二、学校课程图谱显现的三大特征

第一，课程的高选择性，促进学生形成个性化知识构成。学校课程的选择性，首先体现在学校根据课程图谱开设的发展型课程上。每学期能提供 200 多个科目、模块供学生多样化选择学习。更为重要的是，上中课程的选择性还深入必修的基础型课程中。例如，语文学科推进"核心内容＋模块选择"，数学、英语学科推进"核心内容＋层次选择"，信息技术、工程技术等实行模块选择，艺术学科实行美术、音乐任选一门的科目选择等。学校在选择类科目与模块中，推行走班学习与小班化上课，构建了选课信息系统平台与管理平台，实行学生网上选课及走班学习的信息化管理。与课程选择性相适应，在学习评价上推行了德育、智育、体育与发展型课程的综合分层评价体系。

第二，课程的现代性，激活了学生的求知欲与兴趣。一方面注重对传统内容的现代化处理与学习，包括依据学科发展的现代理解水平，对传统内容进行取舍、重点把握、阐述及呈现；推进基于数字技术的课程学习等。例如，借助数字技术的形象化、立体化、多媒体化、系统化处理，对考古这一领域进行生动、多角度的展示。另一方面以学生易于理解的方式，适度介绍现代科技发展与学科发展的前沿知识，开发"凝聚态物理"等前沿科技介绍类科目、模块 150 余个，让学生适度了解科技与学科发展的新成果，开阔学生的视野。例如，"宇宙结构和演化""飞秒激光""复合材料及运用"和"转基因"等前沿内容，被纳入相应的课程科目或模块中加以介绍。

第三，课程的探究性，增强了学生的探究能力。不但注重在发展型课程中推进课程的探究性（形成"纳米技术与纳米合成"等 260 个解析探究与应用实践类科目、模块），而且注重在基础型课程中大力推进课程的探究性。学校研究性学习自 2001 年开始，大力推进学科内容的整合，分年级层层推进：高一学科大作业、小论文注重问题意识、收集研究资料，聚焦提炼研究主题；高二自选性课题，注重培养学生体验科学探究过程、了解科学探究方法；高三完善性课题，注重形成学生正确的探究态度与科学精神。学校还建立了专门的研究性学习网络平台并及时升级更新，实现对学生研究性学习的实时多层管理，学生课题均能在网上完成申报、中期检查与结题手续，以及进行创新性核查筛选。

我们着眼于创新人才早期培育的学校课程建设，促进了学生的潜能开发、个性发展，为学生的可持续发展奠定了坚实的基础，有效地推进了学校以学生发展为本理念的落实，资优生教育的课程框架已基本形成，以志趣聚焦为突破口的创新人才早期培育取得了初步效果。

（本文发表于《上海教育》2009 年 11B 期，收入本书有改动。）

2.

实验性示范性高中构建学校课程体系初探
——以上海市上海中学为例

- 实验性示范性高中集聚了一批资优生，应在构建具有自身特点的、彰显学校办学个性的学校课程方面迈出坚实的步伐。
- 学校课程建设在志趣引领下，形成可供学生选择、具有现代性的课程科目模块系统与操作实施系统，并注重凸显学生优势潜能的学校课程专门开发。

实验性示范性高中集聚了一批资优生，立足不同类型学生潜质的开发，立足为构建创新型国家与人力资源强国所需要的创新人才早期培育奠基，这类学校应在建设具有自身特点的学校课程方面迈出坚实的步伐。创新是个性化的，学生的个性化发展需要学校的个性化为基础。实验性示范性高中要办出自身的个性，并且在促进学生选择适合自己个性发展上发挥引领作用，个性化课程体系建设是其中一个十分重要的环节。

实验性示范性高中所集聚的资优生既具有共性的特点，又具有个性的差异，学校课程建设既要关注所有学生与其他普通高中不同的基础知识准备，又要关注具有不同潜质学生的发展需要。实验性示范性高中的学校课程建设，应促进学生的志趣逐步聚焦（"志"与未来对社会、国家乃至人类的理想、信念、责任相连，"趣"是学生的兴趣发展追求、潜能激发、对某一或某些学科领域的爱好），与创新人才早期培育匹配，促进学生形成强大的学习内驱力。

实验性示范性高中如何根据学生与学校的特点整体思考学校课程系统构建，既关注学校文化的传承，又前瞻性把握现代发展需要？如何推进与学校课程建设有效匹配的实施系统？如何建构针对学生优势潜能识别、开发的课程系统？这些都是需要在实践中加以思考与解决的问题。

一、实验性示范性高中构建学校课程的整体思考

实验性示范性高中的课程建设，应与创新人才的早期培育紧密联系起来。在高中阶段，创新人才的早期培育应关注资优生志趣的逐步聚焦、个性化知识构成的形成、良好人文素养的提升、探究精神的培养，重视对学生个体潜能的识别与开发。实验性示范性高中课程建设应注重把握国家与学校课程改革精神，把握国家的战略要求和当前科技发展趋势，在注重夯实学生创新思维、创新人格的基础上，更强调学生专业知识基础和专业方向的培育，进行整体、系统而非零散的学习与研究。

实验性示范性高中的学校课程体系构建，首先思考学生应具备怎样的基础知识？既有国家与地方规定的共同要求的知识基础，又应有契合学校自身的个性化知识基础，这就形成了本校学生的知识基础与其他学校的知识基础的相异，推进学生个性化知识准备。也就是说，学校应思考自己的学生与其他普通类型学校学生对学习内容的广度、深度的不同要求。其次思考的是，考虑到不同的学生具有各自不同的知识构成、优势智能、发展潜能，他们的发展（包括激励他们发现自身的学习兴趣领域与兴奋点、认识他们的潜能及优势学科潜能、智能领域等）就应当有多样的、可选择性的发展性课程系统。学校在建设具有个性化学校课程体系过程中，必须明白的一个道理是学校课程开发从无到有、从少到多、从相对零散到自成体系，需要经历一个螺旋式不断发展、完善、提升的过程，我们还在进一步探索与完善之中。

二、实验性示范性高中构建学校课程的操作要点

实验性示范性高中构建学校课程，必须充分考虑如何实施的问题，以及怎样凸显自己的特点？因为学校课程科目、模块的建设只是第一步，还得思考怎样推进与落实，最终内化为学生的素养，促进不同类型学生个性潜能的开发。将学校课程的内容设想与构建落实到实施的各个环节上，才能真正将学校课程内容内化为学生的素养，这就涉及衡量课程实施效果的学生成长取向。实验性示范性高中需要在学校课程的构建与实施中形成相互匹配的有效机制。

实验性示范性高中由于各自的文化背景与优势不同，因而在创设适合不同潜质学生课程与实施上应有自身的特点，在操作上也应有自己的实施系统与实施特色，将课程设想有效地付诸实施。有的集聚人文见长，有的集聚理科优势，有的集聚艺术特长，有的集聚科技特色等。这就要求实验性示范性高中在设计学校课程建设的实施系统时，明确自身的侧重点。既要创设关注所有学生全面素养提升的实施条件，又要创设关注学生志趣聚焦的课程选择与开发空间。如果条件允许，一些实验性示范性高中可以在多个领域中促进有个性、潜质的学生成长开花结果，形成多个领域多个系列课程实施系统，尽可能满足多样的资优生发展需要。当然，这需要考虑因课程选择而带来的代价，选择的范围与数量越大就越要考虑选择的成本与代价。如果条件不够，一些实验性示范性高中完全可以先从一个点或一个领域寻求突破，在一个系列上形成相当完善的实施系统，在某个方面为有相关发展后劲学生的可持续发展提供个性化服务。

实验性高中在推进学校课程系统实施的过程中，应大力推进与开发课程科目、模块的多样化匹配，大力推进课程图谱实施的教学匹配、教师人力资源匹配、图书信息资源的匹配及相关教育教学设施的匹配等。

三、实验性示范性高中推进凸显学生优势潜能的课程建设

创新人才有许多类型，科技类、人文类、经济类、现代创意类等。实验性示范性高中在推进自身办学个性的形成过程中，可以通过双向选择，选择与促进一批具有某一类型优势潜能的学生成长，将他们的优势潜能开发与未来发展所需的创新人才早期培育紧密结合起来，而构建适合这些学生的课程就是重中之重。

实验性示范性高中根据双向选择，创设适合某一或某些类型优势潜能领域的"量身定制"的课程系统，既是学校推进不同类型创新人才早期培育的重要举措，也是学校办出特色，避免"千校一面"的重要路径。更为重要的是，学校在人力资源强国背景下加强探索，有利于推进未来创新人才的核心竞争力。美国、加拿大、韩国等在开发某一或某些方面优势潜能方面甚至建立了专门的学校与个性化的课程系统。例如，美国的史蒂文森高中、布朗克斯科学高中，专门培养有科学潜能的学生；韩国设立 16 个科学高中和 19 个外语高中，开办科学探求班，给予特别资助，推进大中小学衔接，以培育一批有可能在科技方面有所建树的人才或适应国际竞争力的外语人才。我国在推进培养具有优势潜能的学生方面尚缺乏系统、整体的思考。实验性示范性高中应当在这方面加强探索，从课程建设入手，认识与开发培养不同领域优势潜能的课程体系。

实验性示范性高中应建设具有自身特点的个性化学校课程体系，这既是提升学校竞争力与办出适合学生个性化发展、提升创新素养的必然选择，也是实验性示范性高中推进创新人才早期培育的重要基石。在这方面，我们还处于初步探索阶段，我们还有一条很长、很艰巨的路要走，但不管前面的道路有多艰难，我们必须坚定地走下去。唯有如此，国家与地方推进的实验性示范性高中在创新人才早期培育方面才更有基础与实力。

（本文发表于《课程·教材·教法》2010 年第 5 期，收入本书有改动。）

3.

以学校课程创新为突破　推进创新人才的早期培育

> • 在没有形成科学的创新人才早期识别、培育的体系之前，学校课程既不能忽视整体层面的激趣、挖潜思考，也不能忽视对已经显露出有可能成为未来创新人才学生的专门课程开发。
>
> • 创新人才早期培育的学校课程建设，其参照系不能局限于国内，而是要借鉴国际先进课程建设经验。

　　高中阶段（尤其是一批实验性示范性高中）推进创新人才的早期培育应关注学校课程的系统建构。由于不同领域（如科技类、人文类、经济类等）创新人才的成长规律不同，不同领域创新人才早期培育需要强有力的、有针对性的课程作为支撑。在没有形成科学的创新人才早期识别、培育的体系之前，学校课程既不能忽视整体层面的激趣、挖潜思考（否则有可能埋没有发展潜力的学生），也不能忽视对已经显露出有可能成为未来创新人才学生的专门课程开发。创新人才早期培育的学校课程建设，其参照系不能局限于国内，而是要借鉴国际先进课程建设经验，使我们的优秀学生尽可能地与发达国家优秀学生处于同一起跑线上，并彰显中国学校与学生的优势。

一、推进创新人才早期培育的学校课程创新：在观念更新中破冰前行

构建培育优秀学生的学校课程，是一项巨大的挑战。这需要从课程改革的视野出发，突破传统中学教学内容的框架；这需要摆脱应试的束缚，从学科现代发展的高度来思考课程创新，促进学生的成人成才与可持续发展；这需要课程实施资源的重新整合，在充分利用与提升学校自身资源的同时，广泛而充分地利用社会资源……这一切都需要创新。学校课程的创新，必须也只能在一系列观念更新中破冰前行。

首先是课程观与教学观的更新，以办学思想定位课程建设。上中的办学思想，明确了学校课程的定位：必须站在发展的最前沿，必须借鉴国际先进课程建设经验，必须建构在数字平台之上，必须关注课程的探究性与现代性，必须注重培育学生思维能力，必须具有很强的现代气息与人文底蕴，必须很好地发挥中国学校与中国学生的优势……新的课程观与教学观的树立，应当消除一些疑虑，如大量引进与高考无关的学习内容，会不会带来教学质量下降？会不会引起社会反响？我们边学习边准备边提升，经历了打破局限、开阔视野的蜕变，促进了教师专业素养与学科动力的持续提升。

第二是内容观更新，在课程内容中体现现代科技的发展。随着现代科技的发展（如基因工程）及许多高新技术进入人们的生活（如纳米技术），学生的可持续发展必须对现代科技发展的内容有所了解。那么，怎样讲授这些内容？深度、广度怎样把握？怎样考虑学生的可接受程度？怎样选择最典型、最有启发意义的内容？这些都是学校课程建设、教材开发必须思考的问题。我们经过长时间的讨论，得到一致的看法：有些需要学生拓展掌握，有些只要学生有所了解，有些可以激发学生进行专业领域主题探究，有些可以尝试运用于实践……从而形成学校发展型课程的知识拓展、视野开阔、解析探究、应用实践四个类型。

第三，资源观更新，充分利用社会资源，走开放办学之路。大量现

代、前沿的内容进入高中学习领域，本校教师不一定能完全胜任，这就需要充分利用社会资源。请高校、科研院所的专家来校做报告、做讲座易于做到，但请他们早期介入，进行长期、实质性合作培育的难度是很大的，他们毕竟有自己的科研、教学任务。我们注重多渠道开发社会资源，包括获得高校、科研院所的领导与部门的支持，广泛利用家长与校友的资源等。在与高校、科研院所的合作方面，我们注重以课程、实验项目为载体加以推进。所以，专家来校不是一两次，而是定期承担一门课程的教学或课题指导。

第四，技术观更新，积极创设数字平台。现代科目、模块的增加对学校设施硬环境相对滞后提出了挑战，这就需要思考现代数字化创新实验室的构建。然而，怎么建？建哪些？怎样确保高使用率而不是成为摆设？我们认为不能照搬高校的做法，必须考虑中学建设的效度，要对学生的可持续发展起到真正的推动作用。于是学校根据现代科目、模块开设与创新素养培育实验项目推进的情况，有选择地建设"现代分子生物学"等科技含量高的现代创新实验室，并建构在数字技术平台之上，在推进学生基于数字平台的探究、创新方面发挥了重要作用。

二、促进创新人才早期培育的学校课程图谱实施：在系统探索中深入

学校课程图谱由德育课程图谱、学习领域课程图谱与优势潜能开发课程期望图谱三个分图谱构成，三个分图谱都有基础型与发展型两大部分。三个分图谱既各有侧重，又相互联系。德育课程图谱重在"立德树人"，学习领域课程图谱重在"聚焦志趣与夯实个性化知识基础"，优势潜能开发课程期望图谱重在"志趣引领下的优势潜能识别与开发"。本文重点介绍优势潜能开发课程图谱。由于无法穷尽学生的探究领域与优势潜能领域，故在优势潜能开发课程"图谱"前冠以"期望"两字，强调其发展性与拓展性。

在面上，优势潜能开发课程期望图谱是学习领域课程图谱基础上的拓展，其发展内容主要是课题与项目，覆盖数学、物理、化学、生物、经济、工程、信息等多个领域，每个领域都有若干侧重点，如物理中的"激光与光纤"、生物学中的"信息生物学"、经济中的"金融"等。这是全体学生可以选择学习的。

在点上，得到上级的大力支持，学校开设了数学实验班、科技实验班，推进有数学、科技领域优势潜能学生的识别与开发，构建了基础课程、专门课程、探究课程三位一体的课程系统。基础课程将在一年半左右完成国家规定的学习内容，数理化学科采用"双语双课本"授课。全英语授课内容，选用部分英文原版教材内容，关注学科前沿知识和热点领域。专门课程、探究课程超过学生学习总课时的 25%。学生可根据自己的兴趣选择学习领域，由大学专家指导课程开发与授课，内容总体水平相当于或略高于国外大学预科水平，重在给学生知识铺垫、方法指导、信息储存、思维训练和志向引导。探究课程注重基于专门领域知识学习与导师引领的探究，在导师指引下开展以学生为主体的科学实验与课题研究，促进个人探究与导师指导、个人学习与团队合作相辅相成。对一部分学有余力的学生，在完成学习任务的基础上，开设相关领域的 AP 课程（大学进阶先修课程）。

学校课程图谱作为学校课程创新的重要体现，经历了从少到多，从相对零散到自成体系的螺旋式不断发展、完善、提升的过程。要把课程创新的目标，变成学生可持续发展的素养，必须大力推进课程图谱的实施。在教学改革上，推进"高立意、高思辨、高互动"教学。教学应在挖掘课程内容的现代性、思想性与培养学生的思维上做出新的探索。"三高"教学特色的形成，我们经历了三个阶段：第一个阶段是深化对"三高"含义的理解。高立意注重揭示课程内容中隐含的科学思想，把握学科前沿与方向；高思辨强调培养学生独立思考、探究能力和批判性思维；高互动注重在引导学生主动参与教学过程的同时，鼓励课后交流互动与思考延伸。第二阶段是关注"三高"与德育的无痕衔接。第三阶段是正确认识"三高"与课程改革"三维目标"（即知识与技能、过程与方法、情感态度与价值观）达成、学生核心素养培育之间的关系。"三高教学"使教师对课程内容的处理达到一个更高境界，使我校学科教学质量一直处于全市领先水平。

三、推进创新人才早期培育的要素：在学校课程系统创新中凸显

通过这些年的课程创新与探索，我们对创新人才早期培育的内涵有了一定的认识，可归纳总结为五个方面的要素，它们是：个性化知识构成，志向与意志、兴趣与潜能的匹配，发展中飞跃期出现的频率，专门知识领域及数字技术的整合程度。我校通过课程创新，促进了学生在五个方面可持续发展。

第一，促进学生形成个性化知识构成。个性化知识构成对学生未来的专业方向与人生发展会产生重要影响。围绕学生的知识构成，创设相应的课程载体，能促进他们个性化知识构成的形成与志趣逐步聚焦，提升他们基于志趣聚焦的大学专业选择能力。这两年我校学生在高校自主招生中，有一部分学生宁愿放弃与自己志趣专业不符的预录取，而选择通过高考去追求自己的志趣。

第二，注重学生志存高远与意志磨砺。在智力水平与学业水平相仿的情况下，学生志向的高低与意志品质的坚韧程度，直接影响学生可持续发展的高度。学校德育课程图谱的实施，关注学生的立志，使学生将自身理想信念的树立，意志品质的锻造，与未来国家、社会乃至人类的责任、使命联系在一起。他们主动关注社会、服务社会的使命感与追求志向的意志品质，并不是在中学就结束，而是延伸到大学及将来的工作中，它迁移到其所从事的专业领域，在期望目标、成功信心、坚韧程度、团队工作等方面都有反映。教育首先是育人，在他们身上得到充分体现。

第三，推进学生兴趣与潜能的匹配。学生的兴趣领域，并不一定是他的优势潜能领域，发现每个学生的潜能所在需要有一个摸索的过程。学生的兴趣与优势潜能的匹配，是学生可持续发展强大的内在动力源。我们通过图谱的实施促进了学生由广泛的兴趣逐步聚焦志趣，通过活动的开展、课题的研究帮助他们识别自己的潜能所在，促进他们兴趣与潜能的匹配。

第四，激发学生的飞跃期。学生在发展过程中存在飞跃期、迷茫期与高原期。学生的飞跃期不是自然出现的，需要点拨与激励。我们在课程的实施中，注重通过群体激发、目标激发、成败激发、创新激发等多种方式，激发学生不断产生飞跃期、尽快走出迷茫期、突破高原期，向一个个高峰迈进。例如，我校学生在全国数学联赛中每年获得一等奖的学生有近 20 人，那些进入国家集训队后出现明显飞跃期的学生，往往可以在更高的平台上取得良好成绩（在近五年里有三人获得世界数学奥林匹克竞赛金牌）。发现与激发成长的飞跃期，有助于学生在发展中加速攀登高一层次的台阶。

第五，激励学生基于专门知识领域整合数字技术。青年学生对数字技术的掌握与运用，具有独特的优势，尽管在专业领域知识掌握深度不够，但有可能在数字技术与专门知识领域的整合上迸发出更多的创新火花。因此，我们通过数字化创新实验室构建等数字化环境的创设，促进他们基于数字平台的学习与探究。

当然，促进创新人才早期培育的衡量指标远非这五个方面，我们还需要在学校课程创新中探求更多的、促进创新人才早期培育的指标与载体。在建设人力资源强国的背景下，一批有条件的学校如何构建适应本校学生实情的个性化课程系统，应当成为值得关注的重大课题。

（本文发表于《基础教育》2010 年第 7 期，收入本书有改动。）

4.

高中生专门课程的构建与专业取向选择

> ● 高中生专门课程是指不同于高中基础课程的一种针对高中生志、趣、能发展需求的课程。
>
> ● 引导高中生通过专门课程的选择学习，形成基于理性的专业取向选择，是当前高中多样化改革值得关注的重要课题。

普通高中阶段的学生面临着未来人生发展方向的初次选择。普通高中作为基础教育走向大学"专业教育"的重要时期，让不同兴趣爱好、不同潜质的高中生理性思考适合自己的最佳专业取向选择，是普通高中教育改革应当思考的重要课题。当前，普通高中毕业生从高中阶段的"基础教育"走向大学阶段的"专业教育"，并没有专业取向选择方面的引领与过渡。针对这个问题，少数综合性大学采取大一、大二不分专业，在加强人文、科学领域等通识教育的同时，让学生在这些领域的多样选择学习中识别自己的专业兴趣与潜能，从而选定适合自己的专业发展方向。这是一种有价值的探索，但远远不够。因为任何一所大学本身的定位是明确的，供选择的专业领域及优势专业领域总是有限的。为此，从高中阶段就应开始思考在夯实学生基础的同时，提供普通高中阶段基础教育与大学阶段专业教育之间的衔接，这需要构建一种适合高中生的专门课程。

高中生专门课程是指一种不同于高中基础课程的针对高中生志、趣、能发展需求的课程，该课程通过对某一专门领域的概括性介绍，有一定的学术性指向，可以在某一或某些点上深入，关注学生的兴趣、技能与情趣，或注重引领学生识别自己的志、趣、能及在志、趣、能匹配的初次尝试基础上初步选择专业发展取向，从而形成、促某一领域的感觉、悟性与潜能的课程。高中生专门课程能在顾及学生发展兴趣、技能与情趣的同时，促进学生在选择学习中初步认识自己未来感兴趣的专业领域。如何通过专门课程建设，促进学生比较理性地做出最佳选择，是当前高中多样化改革与内涵深化需要解决的难题。

一、高中生专门课程促进学生专业取向选择的内在机理

高中生专门课程的构建在当前学校课程体系中有良好的发展空间，可以从国家赋予学校自主开发的学校课程中深化内涵建设。在较长一段时间内，普通高中教育更多地强调学生品德修养、学业水平、身心健康等方面的培养，而对学生志趣爱好、优势潜能的识别与开发等方面缺乏应有的重视，这既不利于高中的多样化发展，也不利于学生对自身志、趣、能的正确认识及基于此的专业取向选择。因此，需要调整优化课程结构，减少必修课、增加选修课，提高课程的选择性。教育主管部门应指导和支持学校结合实际加强课程规划、建设，创造性地实施国家课程方案，有计划地开发、建设一批结构合理、富有特色的学校课程。

从高中到大学一二年级阶段，需要在学校课程建设中充分考虑契合高中生志、趣、能发展的专门课程建设，让学生通过专门课程的选择学习，形成适合自己的比较理性的专业取向。在构建专门课程时，有必要思考提供普通高中通识教育与大学专业教育之间的过渡安排和让学生形成比较理性的、阶段最佳专业取向选择的可能性。一些有条件的学校要首先开展实践，探索适合我国国情和学校特点的学校课程体系，在促进学生专业取向选择上开始"破冰"之旅。

高中生专门课程有效促进学生在志、趣、能探索过程中的专业取向选择有其内在机理。我们所说的学生"专业方向选择"，是关注学生在

专门课程选择学习过程中对某一或某些专业领域有较为明确的认识与体验，从而做出契合自身志、趣、能发展需求的方向选择。学生的"专业取向选择"主要有感性的、初步理性的和基本理性的三个层次。

第一层次是基于感性的。这类学生高中毕业时的升学专业取向选择主要是出于单纯的兴趣或功利考虑（如未来的就业前景、教育投资回报率等），在高中阶段并没有专门学习过相应的课程或参与相关活动，也不清楚自己是否具备适合这个专业的兴趣和潜能。当前，许多高中生在升学时做专业选择就属于这一层次。比如，很多学生都想学热门的金融，但对于金融究竟是什么、金融行业对从业者有哪些基本素质要求、各院校的金融专业实力如何等，学生并没有接触过，也没有深入了解过，仅凭大致印象或外在的影响（如家人推荐）就报考了这个专业。这就容易产生学生进入大学后对自己所学专业不满意或学习积极性不高等情况。

第二层次是基于初步理性的。通过对相应专门课程的选择性学习，学生对某一或某些专业领域有了初步认识而做出专业取向选择。比如，学生填报"金融"志愿时，他们对自己所选领域有过相应课程的学习或接触，学生报考金融专业前，在学校或机构学习过这方面的专门课程，对其要求的知识结构、金融行业的现状与前景、自己从事金融工作的兴趣与潜能等都有初步了解。当然，学生也可以通过拓展阅读、项目实践、专家研讨会等方式获得这种初步理性。专门课程给学生选择的空间，能为学生基于初步理性的专业取向选择提供帮助。

第三层次是基于基本理性的。学习或参与学校开设的针对高中生志、趣、能发展的专门课程、相关活动、项目、课题等，学生对自身志趣和潜能有了比较理性的判断，并尝试提升与自己趣、能匹配领域的学习水平，做出与自身志、趣、能基本匹配的专业取向选择。当前学校教育存在的一个普遍误解是，认为学生知识与能力达到一定水平后，读哪所大学、哪个专业并没有本质区别。其实不然，学生发展的可持续性与其自身的志、趣、能密切相关，学生的未来发展是否与其优势领域匹配，直接影响其发展高度。创新能力和优势潜能也是分领域的。高中阶段须努力创设有利于学生认识自身趣、能匹配的专门课程，促进他们形成基于基本理性的专业取向选择。

高中生进行契合自身志、趣、能匹配的专业取向选择与探索，是一个持续的、动态的过程。然而，在高中三年学习过程中，学生专门课程学习的时间是有限的，只能在经历这个阶段后，形成适合自己的最佳专业取向，今后还可能随着自身知识、阅历的积淀不断做出调整。但是，这个阶段的最佳专业取向，是在专门课程选学基础上形成的理性判断与思考，考虑到与自身志、趣、能的匹配度，学生自主学习动力就会增强，在未来的学习过程中就不会迷茫或不知所措，也不会因学生的盲目选择和后续的转向学习而延长人才的培养周期。因此，从区域、学校层面来说，需要在明晰专门课程与高中生专业取向选择之间的内在联系的基础上，进行系统、完整的课程设计与实施，促进学生基于志、趣、能匹配认识基础上的专业取向选择。

二、高中生专门课程促进学生专业取向选择的构建初探

促进学生专业取向选择的专门课程构建，怎样做才能科学、合理，目前还没有统一的认识与定论，只有边探索、边总结。促进学生从基于感性走向基于初步理性的专业取向选择，从基于初步理性走向基于基本理性的专业取向选择，学校课程有不同的构建立足点，在此结合上海中学的专门课程构建实践加以分析。

上海中学于 2008 年起在上海市率先开展"创新素养培育实验项目"，一方面在保持原有数学班的同时创设科技班、工程班（2011 年创设），进行点上课程建设探索，称为强化模式；另一方面对通常班学生，学校通过专门课程图谱的构建与实验组的专门课程建设，进行面上的改革，称为一般模式。强化模式建构的课程，侧重推进学生从基于初步理性到基本理性的专业选择探索；一般模式的课程建构侧重推进学生

从基于感性到初步理性的专业选择探索。

1. 专门课程促进学生从基于感性走向初步理性的专业取向选择的构建立足点

促进学生从基于感性走向初步理性的专业取向选择的专门课程构建立足点，主要关注以下几个方面：第一，促进学生兴趣激活。让高中生知道自己对哪些领域有兴趣，让学校课程成为学生兴趣激活的良好载体。让刚开始不知道自己对哪些领域感兴趣的学生找到突破点，或者刚开始有一两个感兴趣的领域，在学校课程的支撑下积极寻求更多感兴趣的领域。这需要学校课程在设计时充分考虑适应现代科技或社会发展的需要，提供多领域的多样科目让学生选学。

第二，促进学生对兴趣进行理性分类。让高中生通过课程学习，对自身多方面兴趣进行初步理性分类，如哪些是生活情趣，哪些是技能，哪些是可以思考的发展志趣，从而进一步明确拓展的方向。在课程选学中让学生理性地认识哪些只是自己生活上的兴趣（如喜欢玩棒垒球，就去选学棒垒球运动课程，但学生清楚这只是自己喜欢玩而已，以后不一定会从事这方面的专业运动）或提升生活技能所需（如选学社交与礼仪课程，只是想拓宽自己的交往能力等），哪些可以作为未来发展的专业志趣加以拓展与学习。学校课程需要提供这些领域初步的、概述性的知识。

第三，促进学生志趣逐步聚焦。让高中生对感兴趣的专业领域进行聚焦，并将之作为升学的初步专业志向。学校课程要提供该领域某一或某些点上的进一步学习体验。学生在学校课程学习中对自己感兴趣的专业领域逐步聚焦，如在对感兴趣的化学、信息工程等专门课程的选学中，认识到自己更喜欢信息工程这一领域或在这方面更有潜力。与此同时，在信息工程等方面的研究性学习或参与相关科技活动时，也能发现在这方面有一定的悟性，从而将信息工程作为升学的专业志向。

促进高中生从基于感性走向初步理性的专业取向选择的专门课程构建立足点实现，对学校课程建设提出了一系列挑战，包括学校如何根据学生、学科、社会、科技发展的需求合理地开发反映多领域、适合中学生的选修课让学生选学？在周课时有限的情况下，如何促进学生在夯实核心知识的同时，有效安排时间去体验自己感兴趣领域的课程，然后逐步聚焦志趣，并且不影响升学成绩？普通高中的教师能否胜任这样的课程开发与实践？

2. 专门课程促进学生从初步理性走向基本理性的专业取向选择的构建立足点

促进学生从基于初步理性走向基本理性的专业取向选择的专门课程构建，需要关注以下几个方面：

第一，促进学生努力探求志、趣、能匹配的领域。让学生通过对聚焦志、趣、领域的专门课程学习，认识自身在这方面是否有进一步发展的潜能匹配。学校提供学生志趣聚焦领域相对系统、全面的专门课程学习，然后让学生在学习过程中看自身是否有这方面的潜能，进一步识别自己志、趣、能匹配的领域。当然，这样的专门课程学习并不强调专业分化，更注重专业领域的综合介绍或整体认识。

第二，促进学生思考该领域深入学习的可能性。专门课程促进学生对该领域边学习、边探究，探索该领域深入学习的可能性。让学生基于该专门课程学习，思考与寻找对该领域感兴趣的探究主题并开展项目实践，不断夯实个性化知识构成，提升学生对学习该领域的优势潜能的识别与悟性，思考该领域学习与自身优势潜能的适合性。显然，这种适合性认识将直接影响其对该领域深入学习是坚持还是转向的态度选择。

第三，促进学生认识自身在该领域学习的优势潜能水平。学生基本明确把该学习领域作为自身的专业取向选择，专门课程为对该领域感兴趣的学生进一步开发优势潜能提供宽广的舞台，包括实验平台、活动舞台，让学生认识自身优势潜能开发的水平，促进学生将其优势潜能与升学专业取向选择联系在一起，有针对性地进行学习与提升，为今后进入该专业深造奠定坚实的基础。

促进学生从初步理性走向基本理性的专业取向选择，对学校推进适合高中生的专门课程建设提出的挑战主要有：怎样为某一或某些方面已经显现出志趣与潜能的学生提供相对系统的专门课程选学？怎样推进学生在相对全面的专门课程选学基础上，创设多样的探究课程平台，促进他们边学习、边探究？为提高学生的优势潜能开发水平，如何加强与高校、科研院所等校外专业机构的合作？

三、高中专门课程促进学生专业取向选择的理性思考

鉴于高中专门课程的构建与学生选择学习对学生发展方向的巨大影响，在承认学生专业取向选择具有层级性的前提下，如何构建高中专门课程来促进学生从基于感性转变为初步理性和基本理性的专业取向选择是需要认真思考的重要问题。在促进学生专业取向选择的高中专门课程建构过程中，有如下几个问题值得深入思考。

1. 人的发展有多种可能，通过高中教育能让学生初步认识到自己的阶段最佳发展方向

这需要从区域、省市层面进行整体布局与系统思考，实现优质资源共享，最大限度地满足学生的志趣聚焦与优势潜能的识别、开发需求，促进学生基于理性的未来专业取向选择。高中多样化发展给不同层面的学校探求如何通过专门课程建设促进学生专业取向选择提供了更多的空间与可能。不同类型的学校宜抓住机遇，从人的多样发展可能性出发，提供有利于促进学生志、趣、能匹配领域认识的、多样化的、分层次的专门课程载体，促进学生形成基于理性的阶段最佳发展专业取向选择。

2. 一所学校提供的专门课程不可能满足所有学生的需求，学校课程的承载能力也有限，可以在某一个或几个领域寻求突破

普通高中的任务，除了夯实全面发展基础外，更应在促进学生个性发展上寻求突破，这方面应包含让学生通过专门课程的选学，更好地了

解自己感兴趣的专业领域。这种了解不仅停留在关注和感悟的层面，更要认识到学生志趣聚焦领域与自身优势潜能领域的紧密结合，促进学生在某一或某几点上有所深入。普通高中在多样化发展引领下，应充分考虑自身的基础与特色，在具备系统开发专门课程的条件下，可以在某一或某几个领域的选学课程上寻求深化，明确亮出自己的特色与品牌，让学生在选择高中时就开始思考，在有限的时间内有更多机会选学自己感兴趣的领域。

3. 学生基于理性升学专业取向选择与学生个性化知识构成紧密相连

不同学生可以有不同的知识基础，注重共同知识基础的传统课程难以支撑每一个学生走向未来的创新发展。基于高选择性课程的学习，学生的知识构成会呈现出"单核"（在一个学科领域中特别突出）、"双核"（在两个学科领域中特别突出）、"多核"（在多个学科领域中特别突出）等类型。学生个性化的知识构成直接影响其未来对具有发展指向性领域的选择，也将对学生未来的创新发展提供更多的支撑。

4. 推进有条件普通高中的专门课程系统建构，为学生专业取向选择的尝试、体验、转换提供更为充实的发展空间

有条件的实验性示范性高中可以在学校课程系统建构上先行先试，在不影响自身优势学科领域课程进一步开发的前提下，尽可能地创设更为广阔的专门课程选择空间，促进学生专业取向选择不断走向理性，引导学生正确应对高中阶段的初次人生发展方向选择，尝试构建高中专门课程系统，有利于学生对未来专业取向深化认识，以及学生在认识自己的基础上对感兴趣领域作转换与发展，这也应成为高中多样化发展课程改革的着力点。

总而言之，高中阶段契合学生专门课程的构建，架设了学生从高中通识教育走向大学专业教育之间有价值的衔接桥梁，也能让学生对自身发展的"阶段最佳专业取向选择"有比较理性的思考，激活了学生成长的内驱力。在促进学生形成基本理性的专业取向的学校课程开发与

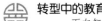
实施中，不能以降低对学生的基础人文素养与核心知识要求为代价，更不能将大学专业课程下放至中学。当然，高中专门课程的构建应始终着眼于学生全面而有个性的可持续发展，唯有如此方能筑牢推进高中多样化发展、特色化发展的根基。

（本文发表于《教育发展研究》2023 年第 18 期，收入本书有改动。）

5.

普通高中专门课程：一种特殊形态的新课程

> • 普通高中专门课程关注的是某一领域的概括性介绍，有一定的学术性指向，但不需要完整的学术性阐述。
>
> • 普通专门课程学习架设从高中阶段的基础教育走向大学阶段的专业教育的桥梁。

当前，普通高中毕业生从高中阶段的基础教育走向大学阶段的专业教育，除了学习常规的语文、数学、外语等 14 门基础课程与一些零散的选修课程外，并没有经过一定专业领域的学习而形成发展的方向和选择。这产生了一系列问题，如经历高中三年学习后，学生对未来发展的专业选择依旧感到迷茫，只知道要报考哪一所高校，但对哪一个专业适合自己、怎样选择感兴趣并与自身潜能匹配的专业还存在较大的盲目性；许多学生进入大学后，才发现自己选择的专业并不适合自己……

针对这些问题，少数综合性大学采取大一、大二不分专业，加强通识教育的方式。这是一种有价值的探索，但远远不够。因为任何一所大学本身定位是明确的，可供选择的专业和优势专业也是有限的。所以，如果能从高中阶段就提供与大学专业教育衔接的课程（我们称其为"普通高中专门课程"），将会帮助学生形成比较理性的专业选择。

一、引导学生形成阶段最佳发展取向

普通高中专门课程关注的是某一领域的概括性介绍，有一定的学术性指向，但不需要完整的学术性阐述。它高于现行的高中课程，视野更宽，可在某些领域的点上展开，适合在某一方面感兴趣或有潜质的高中生学习，引领学生识别自己的志趣能（学术兴趣、潜能、志向）以及在初次体验与选择尝试的基础上，产生对某一领域的感觉、感悟。通过专门课程的学习、体验，有利于引导学生识别与形成阶段最佳发展取向。

与欧美相比，我国高中生毕业时只知道考什么大学，对适合自己的专业方向并不清楚。国外同类学生则比较清楚自己适合的专业方向，他们不一定看重大学综合排名，但看重专业排名。这些区别与高中课程的设置紧密相关。比如，美国学有余力的高中生，可以选择学习大学先修 AP 课程（含 6 个类别 37 门课程），在选学这些大学预科课程后进一步明确发展方向；英国学生在完成中学基础的 CCSE 课程考试后，进入大学专业学习之前，先进行 A-LEVEL 课程的选择学习，共有 76 门大学预科课程供学生选学（选学三四门即可）；IB 国际文凭课程，提供了 6 个学科群 190 多门课程供学生选择其中 6 门学习，学生在选学中确定自身的发展取向。

目前，我国的高中考试评价体系并非基于专业取向。然而，人的发展有方向选择问题。为什么选择某个方向或专业，说到底是一个匹配过程。我们要解决的是学术兴趣、潜能、志向、个性化的知识构成、思维品质、未来专业和人生方向的匹配问题。如何促进学生将适合自己的发展方向与学习内容相匹配，成为普通高中面临的重要课题。在促进高中生专业取向选择方面，高中普遍缺乏专门的课程载体。要解决这个问题，必须提供一定数量、有一定专业指向的专门课程，让学生在选择中认识自身的兴趣、潜能，找到与自身发展匹配的专业学习领域，从而形成阶段最佳发展取向。

普通高中专门课程的构建，还促进了学生个性发展与创新素养的提升。创新是个性化的，创新人才也是分领域的，这就需要有将学生的个性发展，志、趣、能开发与基于一定领域的创新素养结合起来的课程载体。不同的高中生，兴趣、爱好不一，具备的潜能也不一样，他们需要通过专门课程的选择学习（包括对感兴趣领域的主题进行探究，边学习、边探究）与体验（包括项目实践、课题研究等），对自身发展的志、趣、能逐渐清晰，完成高中阶段人生方向的初次选择。

二、专门课程的特殊定位

由于我国普通高中教育的属性、学制和高考的特殊性，决定了普通高中专门课程是不同于国外大学预科、不同于大学专业课程、不同于当前高中基础型课程与拓展型课程的新形态。

何为新形态？就在于它自身的定位。基础型课程有完整的知识内涵、内容，对技能、方法有明确的要求；专门课程虽有一定的内容框架，但不需要学生系统、全面地掌握，它只提供某些领域专门知识让学生去感受、感知、感悟。专门课程对学生的技能要求不高，只须了解某一领域的概貌；如果学生感兴趣，就以活动、课题、项目、查阅资料等方式去了解，如果不感兴趣、没有感悟，也可以放弃或转向。

专门课程与一般意义上的选修课程之间也有区别。当下的选修课程往往根据学校的师资力量而开设，没有从社会发展和各行各业对人才需求的角度进行系统思考，多是基础学科知识的拓展，很少涉及专业领域。专门课程更多地从社会需求出发，从学科群、学习领域的视角考虑科目的设置与内容的组织，具有一定的学术与专业指向性。专门课程并非大学专业课程向高中下移。它需要针对高中生思维特点与知识储备进行新的开发，有一定的领域指向，但不要求过细的专业分化，其综合性、概述性更加鲜明。

例如，我校开设的普通高中金融学专门课程，供对金融感兴趣或想要弄明白金融专业领域干什么的学生选学，学制一学期，共计32课时。前半学期，集中学习宏观经济学和微观经济学等基础知识。后半学期，让学生根据自己的兴趣，再分成"资本市场利率形成实验""资本市场定价与投机泡沫实验""通货膨胀实验""货币创造实验"四个专题进行选学，并提供配有金融数据软件的实验室进行虚拟实验。学习重点是让学生对金融领域的概貌有初步了解。

作为一种课程新形态，普通高中专门课程有独特的属性。例如，在课程内容上，领域指向明晰，但重在概貌与某些点的深入介绍，及时更新适合现代科技与发展需要的内容，具有相对灵活性；在学习方式上，重在自主性和选择性学习；在教学方式上，重在师生双向互动，由于受专业领域的限制，教师不一定能诠释得透彻、深入，学生还可以主动寻求外力帮助（包括学校外聘教师或学生自主寻求专家指导）；在评价方式上，重在明晰方向，不强调学习结果。

三、在高中多样化改革中探索与升华

普通高中多样化政策的出台，为学校关注学生个性、兴趣、潜能创设了更宽广的舞台。因此，普通高中专门课程不能局限于单个学校来思考，要充分考虑社会发展、各领域人才多样性、大学特色化发展的需求，统筹思考规划。示范性高中，由于集聚了资优生，发展资源相对较多，与大学、科研院所等联系也更加紧密，完全可以在这方面先行先试。

普通高中专门课程大致分为两种类型：一种是促进学生专业取向选择由感性走向初步理性（学生对专业领域有初步的认识）的专门课程；另一种是促进学生的专业选择从初步理性走向基本理性（对某一领域是否与自身匹配有了较理性的认识）的专门课程。前一类课程，上海中学从2003年开始探索，历经10年，形成了人文与社会、自然科学、工程技术等7个学习领域的500多门专门课程供学生选学，称为一般模式；后一类课程，学校从2008年开始率先推出了高中生创新素养培育实验项目,先后创设了科技班(物理、工程、化学、生命科学、信息科技等五个专门领域)、工程班(土木工程与建筑、通信、环境、能源、海洋等五个专门领域)和节能汽车、金融、法学、主持与演讲、微电影等多个实验组专门课程供学生选学,称为强化模式。

在实践中我们认识到,适合高中生知识水平与思维水平的普通高中专门课程一般具备三个特点:(1)正确而不精确,没有系统性。(2)注重高选择性与点面结合。正因为其定位为引导学生形成阶段性最佳发展取向,学校开设的专门课程要尽可能覆盖更多的学科领域,给学生提供多样的选择机会,促进学生的兴趣激活与逐步聚焦,同时也要注重学生学习的点面结合,深入引导有潜质学生开发潜能。(3)注重实施的可操作性。由于高中生在校时间有限,如何在有限时间内让学生选学多样的专门课程,必须关注实施的可操作性。

作为未来高中走向多样化、特色化发展的一种新课程形态,普通高中专门课程的构建与发展是一个长期、系统的工程,需要不断深化与超越。它的系统性完善或将引发高中教育与大学教育、学生生涯发展规划与指导衔接的一次革命。

(本文发表于《人民教育》2014年第3期,收入本书有改动。)

6.

K-12 绿色可持续发展教育地区级课程构建

- 绿色可持续发展教育是世界各国推进可持续发展的重要内容，旨在促进经济、社会、环境可持续发展与人的可持续发展。
- 我国 K-12 绿色可持续发展教育地区级课程行动，在未来 5—10 年的时间内宜围绕绿色可持续发展教育的四个核心内涵——"生态与环境""人的价值观与能力""跨学科的课程与教学""科技与教育创新"进行课程建构。

　　绿色可持续发展教育是世界各国推进可持续发展的重要内容，旨在促进经济、社会、环境可持续发展与人的可持续发展。可持续发展教育是根据可持续发展需要而推行的教育，是以培养可持续发展价值观为核心的教育，其目标是帮助受教育者形成可持续发展需要的科学知识、学习能力、生活方式与价值观念，进而促进社会、经济、环境与文化的可持续发展。根据可持续发展教育的内涵，可以将 K-12 绿色可持续发展教育理解为：着眼于基础教育阶段的，帮助学生形成可持续发展需要的生态与环境知识、价值观、跨学科问题解决能力，以及能迎接智能时代挑战的科技创新能力的教育。我们基于"发展中国特色世界先进水平的优质教育"这一方向，形成了我国 K-12 绿色可持续发展教育地区级课程构建思路与行动建议。

一、我国 K-12 绿色可持续发展教育地区级课程构建思路

从一些国家在地区级绿色可持续发展教育课程的要素组合来看，未来课程建构的基本趋势主要包括：关注引导学生对生物多样性、海洋与河流、能源与环境、健康生活、绿色校园、全球公民、交通等课程内容板块的选择性学习；关注绿色可持续发展教育内容在科学、社会乃至艺术、语言、生涯教育等科目中的整合与渗透；关注生态学、社会学和经济学，自然环境和人造环境，可持续发展和公民责任三大领域的课程标准建立；借助地区高校的力量，强化对教师推进绿色可持续发展教育课程建构的培训，包括个人、社会与环境、人类活动对环境的影响以及生物多样性的保护；重视把地区环境教育的落实与人的全面发展结合起来，以人的发展来推进环境教育（包括节约能源、垃圾分类、废品再利用等）；关注在经济学教育中融入绿色可持续发展教育内容，包括经济生产中可能产生的负面效应问题，即生产给环境带来的空气污染、水污染、土地污染等各类污染，各种污染如何影响人们的健康，造成更多的社会问题，以及自然资源被过度开发会影响整个社会经济的长期可持续发展；注重绿色可持续发展教育内容形式多样的渗透，以跨学科的方式为切入口，如在语文教学中加入环境理解问题；组织野外环境保护活动；专业人员讲解垃圾分类和最终处理方式，让学生在实践中树立起认识环境、保护环境的观念；通过 STEM 课程，关注现代网络、信息科技与绿色可持续教育的融合等。

结合国内外研究与实践经验，我国 K-12 绿色可持续发展教育地区级课程构建基本框架应关注以下几个内涵：第一，生态与环境是可持续发展教育课程建设的重要内容。可持续发展教育源于环境教育，但又与环境教育不同，目前对可持续发展教育的理解大多数遵循环境保护思路。第二，可持续发展课程的本质是价值观与能力的教育。可持续发展教育课程目标应包括价值与能力的要求，使学习者正确理解人与人、人与自然的关系，树立可持续发展的自然价值观。第三，可持续发

展课程与教学的跨学科探究属性。可持续发展课程内容涉及各个领域，不是单一学科课程所能全纳的，其课程体系建设需要进行整体规划；同时可持续发展观具有区域性、阶段性和社会性。课程体系建设的目标、课程内容受国家教育可持续发展战略和区域社会政治经济现状所制约。实施可持续发展教育，应与区域传统、文化特色相结合。第四，可持续发展课程建设需要紧紧抓住科技创新这一推动力。经济和社会实现可持续发展的关键在于科技不断进步、创新，科技创新对可持续发展教育的影响体现在多个方面，其中最重要的两个方面为：科技创新不断重构可持续发展教育的理念和内容；科技创新让可持续发展教育手段更多样，课程形式更丰富。

二、我国 K-12 绿色可持续发展教育地区级课程行动建议

1. "生态与环境"课程的行动建议

（1）参照国内外生态与环境基础教育课程的要求，各地区、学校在设计生态与环境基础方面的主题课程时，应考虑如下思路：

① 结合地区地理与人文环境特点，构建校本课程体系。K-12 生态与环境教育课程要取得实效，须重视因地制宜，形成地方特色，与本地区甚至本校的生态环境、人文环境相结合，从而保证国家所倡导的生态环境保护理念有机融入相关课程，既体现其公共性，又尊重地区的实际与差异。各地区与学校可以充分发挥办学优势，利用周边生态教育资源，积极开发生态保护、节能减排、绿色出行、循环利用、低碳生活等方面的校本课程。

② 生态与环境主题课程应向学前教育阶段延伸。在开发 K-12 环境教育课程方面，应重点关注四个方面：选择适合学生探究的环境；重视学生自发的好奇心；活动主题选择及角色分配应贴近自然；应随时补充有关环境的基础知识。

③ 建设符合区域特点的环境教育社会实践基地，形成校内环境教

育合力。环境教育仅依靠课堂教学还远远不够,需要学生走出教室,与自然环境真实接触。国内很多地区也结合区域特点开展了各种类型的生态环境社会实践项目。例如,2018 年 8 月海南省教育厅印发文件,推进开展"生态文明研学旅行",引导学生和家长亲近自然,增强生态文明教育的参与感和实践性。

④ 生态环境教育课程与生命教育课程相互渗透,升华生态环境课程的实践效果。例如,1—2 年级要求"亲近大自然,爱护人类赖以生存的自然环境";3—5 年级要求"初步掌握突发灾害时的自救能力";初中阶段要求"理解地球是人类共同的家园,珍惜水资源和其他自然资源,保护生态环境";高中阶段要求"关心人类生态危机,理解生态伦理,自觉参与环境保护"。

⑤ 因地制宜地开发 K-12 系统化的生态环境教育课程。从目前的实施情况来看,还存在内容系统性、衔接性不强,缺乏可操作性的课程评价机制等问题。

⑥ 加快制定区域级环境教育政策法规。各地区可以结合地方环境问题,有针对性地制定地方性法规,统筹教育资源,以提高环境教育实效。

(2)"生态与环境"课程图谱建构可以考虑以下方式推进:

① 根据地区生态环境特点,充分考虑学前教育阶段学生的身心发展特点及活动水平,形成针对学前阶段特点的环境教育。

② 开发适用于 K-12 各学段教师生态环境教育培训的教材,对教师进行专业的生态环境知识及教育教学方法的培训。可根据地区实际情况建立年审制度,通过听课、查阅教案、交流展示等形式对生态环境类课程及渗透课程进行评估,并选择优秀案例予以表彰、推广。

③ 建立多方利益相关者共同配合的全机构生态与环境教育合作机制。生态环境教育需要政府、学校、社区、企业、社会的全方位合作。还须完善地方性生态教育基地的规范化管理,将教育基地作为学生校外环境教育的重要载体,引导学生依据所在地区生态环境的数据与资

料,将知识学习与社会实践相结合,关注区域环境问题,思考作为一名市民应如何更好地守护和建设家园环境。

④ 多领域合作开发生态与环境地区级教材,保证生态与环境教育课程教材的质量。充分尊重生态与环境教育的跨学科、社会化属性,在与地区的经济水平、文化背景、资源状况、环境条件等匹配的同时,又能将地方问题放在全球背景下思考,站在全人类发展的角度树立生态环境价值观。

⑤ 积极推进儿童友好型城市建设,营造以人为本的可持续发展城市环境。儿童友好型城市建设是集教育、卫生、建筑、规划等多学科于一体的系统工程,"儿童友好"的相关理念和要求应体现在城市建设的各方面。

2. "价值与能力"课程的行动建议

可持续发展教育最终要促进学生的可持续发展,培养学生在这方面的价值观与能力,形成良好的核心素养。结合国内外相关研究及联合国教科文组织发布的一系列报告,可以将可持续发展素养分为"价值观""知识""能力""行为方式"四部分,其中"价值观"处于统领地位,"能力"则是"知识"与"行为方式"之间的重要衔接。因此,"价值观"与"能力"是地区级绿色可持续发展教育课程建设中的首要问题。在"价值与能力"课程图谱建设中,应关注学生收集与加工相关信息分析可持续发展事件的能力、准确有条理地阐述自己的价值观及评价他人观点的能力、多维视角分析可持续发展问题的能力、团队合作探究可持续发展问题的能力、关注可持续发展实际问题并提出创新性解决方案的能力等多方面的可持续发展素养。参照国内外生态与环境基础教育课程的要求,可持续发展教育的价值观与核心能力的课程分为两类,一类是直接以可持续发展社会主义核心价值观及能力为主题的教育;另一类是在其他课程中渗透核心素养价值观与能力的教育。可持续发展价值与能力课程建构应关注学生心理认知的内化,将学生的可持续发展教育与学科核心素养的落实相结合,关注全球化时代的国际理解教育。

"价值与能力"课程图谱建构可以从如下几个方面入手：

（1）结合学科核心素养，探索符合地区特点的可持续发展的价值和能力落实路径。地区教育部门可结合可持续发展的价值观及核心能力，根据本地区经济发展、环境特点等情况确定可操作性的落实路径。

（2）将可持续发展的价值、能力教育和学生的研究性学习相结合，提高学生对环境可持续性发展重要性的认识和行动能力。

（3）通过主题课程提升学生对可持续发展实际问题的关注和参与度。学校可以通过主题课程或社会实践活动引导学生关注和思考可持续发展的实际问题，并根据自己的探究，逐渐形成合理化建议。

（4）加强国际理解教育，树立"世界公民"意识，增强文化自信。国际理解教育课程体系建构难度较大，需要从区域层面整体规划，自上而下推进。由于目前我国并未制定统一的国际理解教育课程标准，各区域可根据自身特点制定区域层面的中小学国际理解教育课程标准，形成 K-12 阶段国际理解教育系统机制。还须进一步加强职前和在职教师国际理解素养的培养，并建立科学合理的国际理解教育课程评价机制。

3."跨学科课程与教学"的行动建议

（1）我国 K-12 可持续发展"跨学科课程与教学"图谱构建可以采用如下四种方式：

① 跨学科式。聚焦某一主题在各领域中选取有关的概念、内容，将它们融合发展成为一门独立的课程。

② 学科渗透式。将可持续发展内容渗透到各门学科课程中，通过各门学科的课程实施，化整为零地实现教育目标。

③ 主题教育式。通过综合实践活动、班团队活动、学校日常生活及管理等形式开展可持续发展主题教育。

④ 融入主流课程式。将可持续发展教育的某一或某些内容与传统学科结合，使该传统学科课程以新的课程形式出现。

（2）在实际推进过程中可以遵循如下思路：

① 可持续发展教育地方课程与校本课程体系应具有跨学科探究性。可持续发展教育的基础教育课程建设要以学习者为中心，在地方课程与校本课程体系建设中，要把握两个基本原则，即跨学科性和探究性。

② 在学科教学中渗透可持续发展教育价值观及核心能力。分学科的课程设置及教学是目前中国基础教育领域最重要的课程组织方式。可持续发展的跨学科课程与教学最有效的方式便是渗透到各学科的教学中。

③ 将社区理念与 STEM 教育融合，形成广泛、多样的社区参与。大规模、高质量的 STEM 社区有助于学生积极参与各种正式或非正式的 STEM 教学活动，促进学生、社区成员的全面发展和社区的可持续发展。

（3）对可持续发展"跨学科课程与教学"建构有如下几个建议：

① 将可持续发展教育的理念与学校课程体系深度融合，借助校外资源，构建校本课程，形成一批可持续发展课程试点校。各地区可利用区域名师资源，自主开发符合区域可持续发展特点的线上课程。可先由区域重点中学承担部分课程的开发，逐渐扩展到整个区域，甚至实现跨区域线上资源共享。

② 开发教育课程与教学资源，探索形成可持续发展地方课程及校本课程的评价体系。以地区教育行政部门为主导，开发或收集有关可持续发展的材料供教师、学生和家长使用。通过开展教师培训、教学展示活动等，指导和鼓励教师在教学中有效使用。

③ 整合区域优势资源，打造 STEM 教育区域共同体。区域教育政策制定部门确认区域所拥有的优势教育资源，对其可利用程度及教育效能进行评估，形成教育资源数据库。在内容的选择上应考虑适切性，结合 STEM 模式开展区域教育。

④ 建立可持续发展课程教师培训体系，选拔具备一定可持续发展

教育能力的青年教师,通过培训打造骨干教师团队。

4."科技与创新"课程的行动建议

（1）人工智能、大数据和区块链技术的发展深刻地改变着人才需求和教育形态。

智能环境不仅影响教与学的形式,更影响全球的文化与生态,是可持续发展基础教育课程建设的重要影响因素。"科技与创新"课程图谱构建思路如下:

① 推进学校教育信息化,在学校营造资源的数字空间、教与学的数字空间、管理的数字空间,促进课程与教学重构。

② 基于数字化创新实验室的课题研究和体验,促进学生可持续发展学习力。

③ 高校、研究机构参与基础教育阶段可持续发展课程开发与教学是可持续发展教育的重要路径。可持续发展是基于传统经济发展所造成的经济、人口、资源、环境与社会各要素之间的相互隔离、彼此冲突而提出的,它的实现从根本上必须依赖可持续发展系统内部各要素之间的相互协调和沟通。

④ 将可持续发展理念与校园环境融为一体,提升师生甚至周边社区居民的可持续发展意识。将可持续发展的理念融入学生周围的学习环境,产生的浸润式影响,可以使学生在知识学习和实践经验之间建立直接的联系,获得直接的体验,这是可持续发展课程目标的催化剂。

（2）"科技与创新"课程图谱构建行动建议:

① 梳理区域内创新实验室,包括高校、科研院所的高端实验室资源,形成创新实验室共享机制,给学生提供参与可持续发展关键领域课题研究的机会。

② 线上课程资源可以作为学生可持续学习力提升的有力补充。在线学习是可持续发展基础教育课程的有力补充,在线学习的一大优势是课程活动可以随时随地发生。

③ 加大教师培训力度,通过针对性培训,提升教师的数字化素养,

重塑教师角色。在可持续发展教育的理念下，教师不应只是知识的传递者，而应定位于教学的协调者、支持者、指导者，应具备帮助学生在信息时代更好地思考、学习、成长的教学能力。

④ 利用与教育结合的新生长点，推进学校教育模式变革。思考未来五年重要技术进展（创客空间、分析技术、人工智能、机器人、虚拟现实、物联网）对基础教育的影响。

⑤ 校园建筑设计关注新能源的使用，建设生态校园，营造适合可持续发展教育的环境氛围。生态校园的建筑设计融入并体现环保及社会经济的可持续发展理念，蕴含可持续发展文化，可为学生提供健康、安全、和谐的成长空间。以芬兰为例，很多学校建筑和学习环境体现了环保理念。例如，沃里克森学校的主体建筑物的大堂内最显眼的是电子显示屏，屏幕即时显示室内外的温度、能耗信息，同时还显示有多少能量来自电力，有多少能量来自风能或太阳能。学校的垃圾处理系统做到整个学校的垃圾零排放，直接把垃圾再利用，制成液态焚烧原料送往发电厂，充分体现了环保和可持续发展的理念，学生每天都在接受真实生动的环境教育。

综上所述，发展具有中国特色、世界先进水平的现代可持续发展教育，中国 K-12 绿色可持续发展教育地区级课程构建思路与行动建议，可以从"生态与环境""人的价值观与能力""跨学科课程与教学""科技与教育创新"四个方面深入推进，这是一个长期的、立足于我国地区发展的探索。

（本文发表于《现代基础教育》2020 年第 1 期，收入本书有改动。）

第二辑

教育思想与教育教学篇

　　时代变迁，每个时期都有对教育的不同诠释，这要求教育者的思想必须跟上时代的潮流，适应社会变革和科技发展的需要。"学博为师、德高为范"，要使教育者的思想走在时代前端，必须不断提高教师自身的专业素养，明确作为教师肩负着对国家对人民的历史使命，坚定信心，勇于面对文化激荡、时代变革带来的挑战。

　　其实说到底，教师思想是在学校环境熏陶下培养的，如果把学校的运行比作一艘在大海中航行的巨轮，那么校长无疑是掌舵手，他的高瞻远瞩、他的洞察力、他的执行力将直接左右着学校这艘巨轮是否能穿透层层迷雾，向着正确的方向航行。当然，其中最核心的是校长的文化自觉，这是一种"海纳百川"的智慧，是一种"厚积薄发"的精神，它不局限于现实的体制机制、不局限于行政力量的推动、不局限于世俗压力，审时度势，做出适合学校教育观念、行为方式的选择，推动学校教育的不断创新，而不至于产生文化迷失。

　　校长文化的外在表现是学校文化，而学校文化与时代发展相辅相成，时代的变革是推进学校文化的生长动力，学校的先进元素又能为时代进步作出贡献。推进全面发展的素质教育、了解和研究国外的优质教育、构建与开设国际课程体系、汲取国外教育中的有益养分和合理元素、培养学生的"世界公民"意识成为新时代学校肩上承担的责任。

当今的基础教育若能更多关注以学生为本的发展理念，立足于学生未来的可持续发展，与现代科技发展相适应，注重教学质量提升的国际视野，必能在新质量观的牵引下进入国际一流教育的行列。居安思危、与时俱进、传承经典、把握前沿能使学校自身的地位和价值日益凸显。追求现代学校发展的中国特色，是我们教育改革前行的责任使然，是提升中国教育国际竞争力的大势所趋，只有这样我们才能在国际教育领域中拥有话语权。

中国特色的现代学校发展之路如此不平凡，在探索中行进，直到拥有明确的行动指南，才彰显出先进文化的力量，彰显出科学发展的内涵。随着时代的发展，学生的个性和价值追求也日益凸显。

转瞬之间，90后正青春洋溢地活跃在各类舞台上，成为值得关注的一代，他们视野开阔，对多元的世界表现出更强的包容性；他们接收的信息多，在交流的时空上更趋多元；他们善于运用新兴技术，关注自身的个性张扬。这意味着我们已不能用"老眼光"来看待"新问题"。意味着家长不能用自己成长的经验过多地约束孩子的想法，学校也应在教育方式上有所创新，引导他们将个性的追求与国家、社会的发展方向保持一致。我们有理由相信这一代青年人的未来必将无可限量。

这群学生，对学校环境的信息化水平提出了挑战。超越课堂与创新管理成为数字技术应用于教育领域的两个新的增长点。超越课堂主要表现在超越课堂的物理空间、超越课堂的教学空间、超越课堂的教学手段、超越学生的知识基础。创新管理是实现从"孤岛"到"联通"的桥梁，是统一性与个性化之间的一个平衡点，这种管理方式点面结合，主要包含全域管理、全程管理和即时管理。但是，随着科技的发展，海量信息挖掘技术、云计算和虚拟化等技术的应用也将成为学校思考的主要问题，这也是转型中的教育面向智能社会推进创新人才早期培育应当认真思考的关键问题。

本辑主要收录一些反映上海中学在教育强国视野下快速发展的相关文章，侧重现代学校发展过程中教育观念更新、学生成长、教师专业发展、学校管理等方面的思考，主要从教育走强、教书育人、数字校园、教育治理等四个方面进行阐述。

第一章　教育走强

1.

中国特色：现代学校的发展抉择

> • 现代学校的发展，育人的现代化是灵魂。在锻造现代公民素养的过程中，学校应坚持社会主义核心价值观，传承与发展儒家文化，了解时代和国情，找准学校德育的突破口。
>
> • 现代学校的发展，必须把握国际化机遇，并寻求变革。

　　1978 年，中国教育迎来改革开放的春天，上海中学复校重生。改革开放 30 年间，上海中学从复校发展为一所具有鲜明中国特色的真正意义上的现代学校，诠释了现代学校建设走中国特色之路的成功抉择：现代学校的发展，必须牢牢把握中国特色这一主线，才能显示中国学校的现代魅力、发展活力、竞争实力。

　　现代学校的发展，育人的现代化是灵魂。在锻造现代公民素养的过程中，学校始终坚定不移地彰显中国特色，以社会主义核心价值观为主线，强调对儒家文化的传承与发展，在了解国情的基础上，找准学校德育的突破口。为此，上海中学把握时代发展的需求，创造性地提出与实践了"资优生德育"，构建平台引导学生主动地去了解社会、体验社会、融入社会，创设了诸如 LO（领导与组织）、CPS（创造·实践·服务）、48 小时适应性生存训练等德育特色课程，锻造学生的社会责任、爱国情怀、意志品质与社会能力。

现代学校的发展，课程的现代化与高选择性是重要特征。30 年前的"大一统"课程体系被如今的国家、地方、学校三级管理所替代，为学校课程的现代化带来了广阔天地。上海中学在构建现代学校课程的进程中，以国家的现代化建设为背景，着眼于学生终身可持续发展，在奠定学生扎实的科技功底与深厚的人文底蕴的基础上，强调凸显学生的个性与潜能开发。我们构建了学校课程图谱，提供了上千门科目与模块供学生自主选择，既拓宽了学生的视野，也促成了学生的志趣聚焦；既与国际上课程现代化进程同步，又彰显中国特色的现代学校课程正在逐步成形中。

现代学校的发展，教育信息化是强大动力。30 年来，在改革开放的推进下，我国的教育信息化环境得到了飞速的发展。由于我国的教育背景、文化积淀与西方国家有很大差异，我们的教育信息化之路，必然带有明显的中国特色。上海中学作为国家级教育信息化的实验校，始终强调信息技术应用要契合我们的国情、市情与校情。基于我们的财力，提出了滚动推进的发展方略；基于我们的教学模式，强调如何通过信息技术的使用，大幅度提升接受学习的有效程度并构建探究学习的新模式；基于当今课程改革的实践，强调信息技术与新课改的匹配、融合……数字化校园初具规模，信息化、数字化的氛围，使学校更显现代气息。

现代学校的发展，必须把握国际化的机遇并寻求变革。1992 年邓小平发表南方谈话，1993 年中共中央、国务院颁布《中国教育改革与发展纲要》，使我国教育领域的改革开放进入一个新的阶段。在这样的机遇面前，上海中学首创了上海中学国际部。我们首先考虑与国际主流教育的衔接，但如果没有中国特色，这样的外国人士和境外人士子女学校，就不会有强大的生命力与竞争力。于是我们用优异的教育质量，用在 IB 与 SAT 测试中取得的满分与极高的平均分，展现了我们数学与自然科学教学的高水平；用渗透儒家文化内涵的人文关怀与丰富多彩的文化活动，赢得了外国人士和境外人士与学生的认同；用博大精深的中华元素，彰显了中国的文明与价值，也为上海中学的发展创设了世界一流的参照系，探索中国特色的优质高中发展之路，取得了宝贵经验。

追求现代学校发展的中国特色，不仅是我国教育改革前行的责任与使命使然，更是提升中国教育国际竞争力所需。只有形成自身的特色，才有交流、对话的空间，才有人才竞争的实力。中国特色的现代学校发展，走过了一段不平凡的道路，明确了面向现代化、面向世界、面向未来的行动指南，诠释了先进文化的力量，践行了科学发展的价值。30 年只是弹指一挥间，但其间的抉择、实践与作用，对现代中国教育的影响将持续很久。

（本文发表于《人民教育》2008 年第 23 期，收入本书有改动。）

2.

新质量观引领下的学校教育创新

> • 基础教育教学改革的新质量观对提升学生的创新素养、逐渐聚焦学生的志趣、促进学生主动学习与正确探究等方面提出了新的要求。
>
> • 新教学质量观的推进与落实，要促进学生正确领悟探究方法、科学精神，积极开展创新素养培育实验。

在建设人力资源强国与教育强国的背景下，基础教育教学需要有新的质量观来引领。当前的教学质量观更多地与学生的考试成绩、升学挂钩，着眼于现实。新的教学质量观应考虑以学生发展为本理念的落实，立足学生未来的可持续发展，与现代科技发展相适应，注重教学质量提升的国际视野，适应建设人力资源强国需要，促进学生创新素养培育等多个方面的维度。

新的质量观有以下几个关注点必须深入思考：第一，注重提升学生的创新素养。从创新基础（如良好的学科基础知识与外语、人文基础，宽阔的科学视野与良好的科学素养）、创新思维（如批判性思维，深刻性、灵活性等良好的思维品质）、创新人格（如坚韧的意志品质、为社会服务的意识）三个方面予以落实。第二，逐渐聚焦学生的志趣。基础教育在小学与初中阶段要关注学生兴趣的培育，在高中阶段应逐步聚焦学生的志趣，让学生在宽阔视野基础上逐渐产生对某些领域的浓厚兴趣，如对某门科学的原理、方法、思想和理论有了初步、正确的理解，形成一定的专业指向性意向。学生志趣的发展应与国家发展、时代发展紧密联系起来。第三，促进学生主动学习、正确探究。学校要促进学生主动学习，着眼于学生提升课程学习的效能与可持续发展的需求，让他们初步学会正确地进行科学探究与实验。需要指出的是，以上几点主要是从智育角度加以分析，关于德育强调的社会主义核心价值观等问题本文不做阐述。

新教学质量观的提升是寄予高期望的，它的推进与落实有一个分阶段、分类别、分层次实施的问题，对不同类型、不同层级的学校有着不同的实施要求。在此主要结合上海中学的实践谈谈新质量观引领下基础教育教学改革的一些看法。

一、注重教学内容的变革，着力构建学校课程图谱

以学生发展为本理念的落实，必须要有适当的课程载体做支撑。现行统一的课程体系是远远不够的。国家课程比较多地关注学生发展的"普适性"，而每个学生的个性潜能与学校特点是不同的，需要契合学生发展的"特适性"，学校课程图谱建设成为必需。课程图谱不能只着眼于现在，更要着眼于学生未来的可持续发展，从学生、学科、学校、社会发展四个角度来分析社会与学生的需求，从而架构起有利于学生志趣聚焦、适应现代科技发展需要的学校课程体系。

学校课程图谱建设，必须把握好学生个性潜能开发与现代科技发展两大方面。每个学生的智能"光谱"与优势智能是不一样的，为满足学生个性潜能开发的需求，学校课程必须大力推进内容的高选择性。当然，每所学校不可能提供满足所有学生的课程内容，但至少可以在某一或某些方面就如何建设适合学生发展的课程进行实质性探索，推动学校办出个性、特色，让有这方面需求的学生有所选择，从而为学生的志趣聚焦、创新基础夯实提供良好的载体。与此同时，学生的发展是面向未来的可持续发展，课程载体应反映现代科技发展的趋势，将现代科

技发展的部分知识或前沿知识以学生可以理解的方式置入课程，或用现代技术手段深入浅出地诠释传统内容。教学内容的现代化，包含表述的现代化与内容的现代化。学校课程图谱的构建，应力所能及地提供适合学生个性潜能发展的良好选择平台与反映现代科技发展的内容，推进教学内容的高选择性与现代性。

不同类型的学校应根据学生特点与学校特色、个性进行课程建设，真正将教学内容的变革转化为学生素养的提升。尤其是一些高层次的实验性示范性高中，更应在这方面迈出实质性步伐，这也是办好国际一流高水平学校的重要标志。

二、基于国际视野，加强中外教材教法的比较研究与合理元素汲取

建设人力资源强国的"强"，是以世界一流为参照系的。基础教育教学的质量提升，也应基于国际视野，认真研究国际主流教育达到的高度与发展的趋势，分析我们教学的优势与不足，汲取合理的国际教育先进元素，形成自身的特色与竞争力。当前有关基础教育的比较研究，大学专家从理论层面上所作的思考与探索比较多，而真正立足实践层面、基于学校运用的研究与整合比较缺乏。

通过基于实践的比较研究，可以找到提升学校教学质量的"他山之石"。上海中学本部与国际部在同一校园，上海中学国际部提供了研究国际主流教育的基地与开展中外教材、教法比较研究的实验平台。通过比较，我们发现国际主流课程教材，在实施上有三个关键点须引起重视：第一，课程结构具有高选择性，包括学科群思想指导下的学科选择、学科中的科目选择、同一科目不同水平的层次选择等。第二，教材内容注重及时更新。教学内容一两年即作更新，以对学科的现代理解为纲。高新科技内容，以学生可以理解的方式大量进入高中教材。第三，促进学生基于数字平台的探究性学习，注重全方位培养学生数字环

境下的学习与研究能力。探究性学习贯穿学科教学全过程，贯穿实验设计、课程研究、问题解决等环节中。

对国外主流课程教材的指导思想、编写目的、选材标准、追求目标、教学要求的深入研究，可以发现一些值得借鉴的元素（由于人文类学科与意识形态有关，在此主要谈实验学科教材的比较）。国外实验学科教材十分强调科学素养、研究能力的提升，开篇就讲如何进行实验测量，科学方法放在第一位，知识放在第二位。物理、化学、生物学等实验性较强的学科，国内更多的是验证性实验，教师给定步骤，有明确的预期；国外更重视由学生自己制订实验计划、选择数据处理方式、自行分析实验结果，哪怕最后结果与设想完全相反，也认为是一种有价值的过程。这就有利于学生创新素养的提升。欧美实验学科对学生实验非常重视，占课时的 35%，我国高中同类教材一般为 10%—15%。在生物学教材设计上，欧美国家在训练体系中每一单元的练习有基础性要求，也有拓展性、探究性要求。教材注重及时更新，分子生物学等现代科技内容与 DNA 指纹图谱等现代实验广泛进入教材的选择范围，有利于引导有潜能学生的探究兴趣。

为提升学生基于国际视野的创新素养，学校积极、主动地开展实践层面的中外课程教材、教法的比较研究是十分必要的。它有利于学校从学生创新素养培育角度进行课程教材设计，安排更符合学生发展、时代发展要求的教学内容与方式，激发学生内在的学习潜力。

三、构建"三高"教学模式，激活学生内在学习需求、促进志趣聚焦

在学生兴趣培养与志趣聚焦方面，如果说教学内容的革新主要解决了载体问题，那么教学模式的改革将推进其内化为学生的素养。教学模式改革的核心在于激活学生内在的学习需求，使学生在广泛涉猎自己感兴趣的科学与人文知识的过程中，形成深入思考问题与发展的

指向性意向，逐渐聚焦志趣。开发学生的潜能与促进学生志趣聚焦，不仅要解决教学方式的问题，更要解决教学内容、教学手段的问题。教学模式的改革要促进教学对象、教学内容、教学方式、教学手段、教学环境的完美结合。

基于这样的思考和上海中学学生学科基础较好、学习能力较强、学生之间在学科兴趣和智能优势上存在着巨大差异的特点，学校提出"三高"教学模式。"三高"是指"高立意""高思辨""高互动"。"高立意"强调教师在通晓学科结构的基础上，高屋建瓴地把握学科教学内容，深入挖掘教学内容中隐含的思想精髓与思维高度。"高思辨"强调教师在教学中注重启迪学生的智慧，激活学生的内在学习需求，促进学生对所学内容进行批评性思考、创造性反思，提升学生思维的原创性与灵活性。"高互动"是让学生积极主动地参与教学过程，在感兴趣的领域进行深入、多方面的研讨。在互动对象上包括师生互动、生生互动、生机（电脑）互动等；在互动内容上包括高效率的认知、情感、思维等；在互动范围上包括课内与课外互动，家校互动等。

"高立意"是导向，"高思辨"是纽带，"高互动"是手段。"三高"教学是为了发展学生的"高素质、强潜能"，鼓励学生在夯实基础的同时，逐渐发现自身的志趣。"三高"教学的深化，既要注重根据时代的变化，及时更新与补充教学内容，适时引进"活水"，让学生的发展找到有效的载体，又不忽略教学方式与教学手段的变革，有效地引导学生积极主动地参与教学过程，促进教与学的高层次思维交锋及互动。

随着高新技术发展、科技创新步伐的加快、电脑网络技术的迅速普及，基于数字平台的教学作为"三高"教学的重要方式，极大地促进学生对自身发展志趣的认识。学校注重用"五个有利于"的思想，推进教学与数字技术的整合，即有利于学生对学科知识的全面、清晰、深刻的理解；有利于发展学生相关的学科能力；有利于促进学生探索、研究的学习态度；有利于培养学生积极主动、进取创造的情感；有利于教师教学工作的精益求精。"三高"教学极大地推进了学生的主动学习，培养了学生的问题意识和创新意识，引导学生在奠定宽而厚实的基础上，逐步形成发展的指向性意向与志趣聚焦。

四、逐级开展研究性学习，促进学生正确领悟探究方法、科学精神

学生的创新素养提升，在学习方式上需要有一个新的突破，被动的接受学习是难以培育创新素养的。研究性学习作为新一轮课程改革关注学生创新素养提升的重要内容来提出与实施，为学生的创新素养提升与志趣聚焦的实现创设了良好的机遇和空间。如果说教学模式的改革重在激活学生发展志趣，那么研究性学习为学生志趣聚焦的实现提供了宽广的平台，两者是学生志趣聚焦的"两翼"。然而，研究性学习对相当一部分学校而言，只能说是一种理念，难以得到有效、真正的落实。即使通过课题来实施，往往游离于学科教学之外，不能形成从高一到高三逐级提升的系统，这是一个很大的误区。

上海中学坚持推进研究性学习，内容与要求逐年级递升，课程、教学和管理多管齐下，保证研究性学习的有效实施。高一注重培养学生发现学科问题的意识、收集研究资料、学会提炼研究主题。高一第一学期完成两篇学科大作业，一篇学科小论文；高一第二学期在学科大作业与小论文的基础上，完成一个指导性课题。高二注重引导学生体验科学探究过程，明确科学探究方法。要求学生提出自选性课题进行研究，重在学生发现问题与解决问题的能力培养，鼓励学生提出自己独特、富有创造性的想法。高三注重学生形成科学的探究态度与精神。推进完善性课题的研究，特别提倡研究中的团队合作，激发学生的创新精神。整个过程注重创新素养三个方面（创新基础、创新思维、创新人格）的层层落实。

在课程平台、实验平台、管理平台的多方配合下，学生的研究性学习得到有效的落实并取得切实的成效，"让每一个学生都学会做课题"

成为现实，学生的创新素养得到持续提升。

五、着眼创新人才早期培育，积极开展创新素养培育实验

在构建创新型国家与建设人力资源强国的新背景下，对怎样进行创新人才早期培养应有一个系统的思考，包括理论基础（如早期识别、人才领域分类）、实践要点（培养目标、办学形式、德育养成）、制约因素（思想观念、教师水平、硬件环境）等。这就需要不同层次、不同类型的学校从自身特点出发，积极开展创新素养培育的探索。创新人才是有层次的、多样的。对基础教育来说，提升创新人才早期培养的水平是广大学校都需要面对的、带有普遍性的课题。不同类型的学校应根据自己的实情、特色有所选择，有所作为，积极加强探索与实验。

创新人才早期培育的探索与实验，要着眼于学生将来可能达到的高度与取得的创新成果，不仅要解决过分功利的问题（如只以竞赛获奖来衡量），而且要突破思维定式。学校的实验探索要跳出仅从教育学、心理学视角研究创新人才培育的藩篱，从脑科学、认知科学等更为宽广的科学领域研究与推动创新人才的创新思维、创新人格与专业发展（专业高度、专业智慧、专业执行力）三个维度的提升。

诚然，基础教育教学改革与质量提升是一个系统工程，需要多方努力才能取得实质性突破。但是，需要指出的是，在世界各国普遍关注占领人才与科技竞争制高点的新形势下，在构建创新型国家、增强自主创新能力的新背景下，在建设人力资源强国与教育强国的新要求下，基础教育必须立足于学生未来可持续发展与推进创新人才早期培养，重新确立新的质量观，引领基础教育教学改革进一步走向深化。

（本文发表于《中国教育学刊》2009 年第 3 期，收入本书有改动。）

3.

时代变革与学校文化

> • 时代变革是推进学校文化发展的生长动力，学校文化中的先进元素又能为时代进步作出贡献。
> • 学校必须居安思危，与时俱进，弘扬学校文化中适应时代发展要求的部分，在传承的基础上应对时代变革的挑战，推进学校文化革新，努力创设先进的文化元素，在时代发展的过程中日益显现自身的地位与价值。

时代变革深刻影响着学校文化，学校文化追求先进性的合力可能成为时代变革的一支力量，这是学校文化在不同时代背景下进行传承与创新的一种内在能量。作为学校，需要通过不断改革，主动应对时代变革的挑战，在传承的基础上形成符合时代发展要求的、有个性的学校文化，从而获得更好的、可持续的发展。

不少学者对学校文化进行了深入的研究。通常被引用的学校文化概念是教师、学生和校长的共同信念，这些信念支配着他们的行为和方式，同时与学校传统紧密相连（Heckman, 1993）。简而言之，学校文化是体现在学校教育实践中的思想、行为等共识，是"我们在这里做事方式"的一种更具深度、厚重的描述（Deal, 1985）。根据以上定义，学校文化应包含学校所实践的教育思想、教育观念与教育行为，学校所具有的独特气质与氛围，学校所遵循的规章制度与习惯，学校作为整体的价值取向与行为方式等。不可否认，学校成员做事的价值取向与行为方式都会受到所处时代变革的挑战，如工业时代对学校标准化的要求，信息时代对学校现代化的要求。

学校文化建设在时代变革中，学校管理者需要认真思考哪些悠久的良好传统不因时代变迁而消逝？学校在不同时期发展过程中形成的符合时代发展要求的阶段性共识，是如何成为学校固有的属性并得以延续？在新的时代背景下学校文化要素又应怎样进行重组、转型、创新？这些都是分析学校文化与时代变革关系时必须深入思考的问题。这些问题的妥善解决，必须把握好两者之间的内在联系。

一、时代变革与学校文化的内在联系

学校文化在时代变革中发展，又反过来为时代进步作出贡献。将学校文化放在时代变革的背景下考察，可以实现学校文化基于历史传承与现实反思的超越，了解学校文化传统中哪些值得继续发扬，哪些必须根据时代的要求进行变革，推动学校文化进行有价值的创新。如果学校文化创新所显现出来的先进元素，在一定范围内被广为接受，成为这一时期许多学校共同遵循的价值取向与行为方式，就可能为时代发展与进步作出自己的贡献。

1. 时代变革是推进学校文化发展的重要生长动力

社会的每个发展阶段都有其独特的政治、经济、文化和意识形态，并形成一定的时代特征，会通过思想观念、法规政策等传达给学校。学校作为个体社会化的专门教育机构，其教育目标、内容、方法、制度等，必然受到当时社会的深刻影响，这充分体现了宏观社会环境对微观教育领域的作用。学校文化中必然有一些不因时空而改变的固有元素，成为学校的个性，如上海中学160多年来的发展历史（1865年创始至今），经历了晚清时期、民国时期与新中国时期，学校"自强不息、乐育菁英、创新不断"的文化一直在延续。学校文化在每一个历史阶段展现不同的时代风貌，说明学校文化会随着时代变迁而不断发展变化，并深深地打上时代烙印。

2. 先进的学校文化元素能在时代变革中作出特有的贡献

学校文化的先进与否，在于它能否反映时代变革的主流，能否把握住社会发展与教育发展的主要规律。顺应时代变革的主流，是学校文化得以延续的生命力所在，也是学校文化先进性的体现。学校文化在优化或创新中形成的先进元素一旦成为教育共识与社会共识，就能对时代变革起到正向的推动作用。这体现了微观实践层面对宏观社会结构的反作用力。例如，素质教育的文化内涵，最初是在基础教育中的一些学校实践层面上形成的，后来成为国家政策，并从基础教育扩大到高等教育、成人教育、社会教育乃至终身教育等整个教育体系，为提升国民素养，进而推进时代变革作出了贡献。可见，学校如果能把握当今时代变革的主要特征，遵循教育发展的客观规律，适时地进行学校文化传承与创新，不仅会给学校带来广阔的发展天地，还有可能在一定程度上成为推进时代变革的重要元素。

3. 当今时代对学校文化影响的程度是以往任何时代无法比拟的

当今世界，经济全球化带来的社会分工细化和国际交流频繁，科学技术的迅猛发展加快了知识、信息的更新和传播速度，政治多极化和文化多元化对单一的价值观、生活方式带来了极大的冲击和挑战等。学校作为培养人的专门教育机构，在教育对象、教育内容、教育理念和教育方式上都首当其冲地受到影响，学校文化作为这些方面高度确立的抽象精神，必然面临着前所未有的巨大挑战。例如，经济全球化对学校在推进教育国际性与民族性方面的挑战，科技发展对人的现代素养与创新素养的要求，文化多元化对人的价值观、人生观、世界观的冲击等。学校必须居安思危，与时俱进，弘扬学校文化中适应时代发展要求的部分，在传承的基础上把握时代变革的挑战，推进学校文化革新，努力创设先进的文化元素，在时代发展的过程中日益显现自身的地位与价值。

二、当今时代变革的主要特征与学校文化的创新使命

理解当今时代变革对学校文化建设带来的严峻挑战与创新机遇，需要对当今时代变革的主要特征有准确的把握。笔者认为，当今时代变革中有许多内容，对学校文化建设产生了巨大的挑战。在此，主要分析以人为本的理念、数字化浪潮势不可挡、创新成为社会发展的主要动力、经济全球化带来的资源流动国际化等对学校文化建设的挑战，以及学校如何把握这些挑战与机遇，寻找文化创新的空间和方式。

1. 以人为本的理念与学校文化建设

当今时代，人力资源逐渐成为现代社会最为重要的生产要素。"以人为本"的理念及其落实，成为社会文明进步的重要标志与动力。在符合社会基本规范的前提下，尊重人的发展需要与创设人的发展更多的可能性，就成为学校在促进人的发展、为人力资源开发奠基必须思考的课题。这一要求对当前学校教育体制中过多地强调学生的社会化过程，往往以社会和学校发展的要求实施教育活动带来了冲突和挑战。冲突、挑战正是学校文化创新的起点，学校文化建设，就要考虑"以学生发展为本"理念的落实，研究学生发展的规律和需求的差异性，促进学生的个性化与社会化的统一。

2. 数字化浪潮与学校文化建设

信息技术与数字技术的发展是第三次科技革命中最具影响力的元素，数字化浪潮成为当今时代发展的重要助推器，它改变了人们的生活方式、思维方式、工作方式与学习方式。信息技术与数字技术的迅猛发展，对学校文化建设提出了许多新挑战。譬如，我国许多学校没有经过工业化时代的锤炼，如何走出一条属于自己的路，实现学校信息化的跨越式发展。在传统技术平台支撑下的学校课程内容、教学手段和管理模式，难以适应数字时代发展的要求。如何有效应对接受学习和探究学习背景下使用信息技术、数字技术的挑战，培育具有良好信息素养的学生，适应未来数字化环境的生存、发展与创新。教师与学生相比，在

信息素养上并没有明显的优势，这对教师的专业化发展提出了新命题。

学校能否主动应对数字时代挑战，在构建数字化校园上走出自己的路，是学校文化创新应当思考的范畴。在推进数字化校园建设的过程中，学校文化的数字化元素不断深化，形成了许多被同行认可的价值追求。例如，在数字化大环境整体相对落后的情况下，学校小环境可以先期实现优化；让教育发展的内在需求引领数字技术的运用与教育教学软件的开发，而不是被动地去适应数字技术的发展。总之，提升学生的信息素养，已经成为学校教师与管理者在学校数字文化建设中的基本内涵与核心追求。

3. 创新人才培养与学校文化建设

知识经济时代的到来，创新意识与能力不仅成为现代人竞争实力的关键要素，且成为国家之间竞争的核心要素，这对学校教育在推进创新人才早期培育上提出了新的挑战。在中国"以和为贵"的文化和教育传统中，创新并不是最有光芒的部分。长期的应试教育的惯性影响，对创新人才的早期培育也是一个巨大的障碍。在这种双重影响下，我国创新人才的培养比其他国家面临着更大的挑战。在这种文化特性的影响下，探索创新人才早期培养的新路，提升创新在整个学校教育中的比例，必须对现行学校教育的体系和做法进行深入反思和深层变革。

我国现行的示范性高中，在客观上集中了大量的资优生，拥有较为先进的教育资源，应主动承担起探索创新人才早期培育的使命，着力推进旨在创新人才早期培育的学校文化生成。学校以"志趣聚焦"为突破口，为文化创新开辟了新天地。许多理念与做法不仅成为学校成员的共识，而且正在影响着教育行政部门的决策，如学校提出的"小学、初中注重激发学生的兴趣，高中让学生在广泛兴趣基础上逐步聚焦志趣，大学在志趣聚焦基础上提炼志向"的创新人才早期培育思路，被国家中长期教育发展规划"素质教育调研组"写入深度调研报告。

4. 国际化背景与学校文化建设

经济全球化使人力、物力、技术、信息资源流动逐步走向国际化，多元文化的冲击也日益显现。在国际化背景下,"洋为中用、以夷制夷"与"过分崇洋媚外"均难以使学校文化建设走入正常轨道。学校文化既不可能"闭关自守",也不可能"因循守旧",在汲取国外先进经验的同时,坚持本民族的优良传统,探索具有中国特色的学校发展之路成为必然。学校只有正确处理好国际性和民族性的关系,才能真正促进学校文化的改革和发展。

正确认识国际教育的先进经验,需要在实践中寻求突破,探求国际视野与中国元素的理性结合点。学校抓住中国改革开放与上海浦东开发,来沪国际友人的人数增加的契机,创设了适合外籍人士与我国港澳台人士子女入学的上海中学国际部。学校国际教育的成功,在于既注重与国际主流教育接轨,又关注渗透中国优秀教育元素,如注重数理化基础学科优势的发挥,注重关爱优势、效能优势,形成法、理、情结合的中西交融管理机制,培养了上万名国际部毕业生和家长的中国情结。更为重要的是,学校在国际教育实践中认真研究国际主流教育的基本思想、内涵和做法,将其中的先进元素整合到我国学生的教育教学实践中,开阔了办学与育人的国际视野,提升了教师的专业化水平。

以上分析的当今时代变革中四个主要特征给学校文化建设带来的新挑战,以及由此带来的学校文化创新机遇,并不是当今时代变革对学校文化影响的全部,还有许多值得探索的空间。不同类型的学校在时代变革中形成的学校文化先进元素,很可能为时代的变革作出新的贡献。

(本文发表于李进主编的《教师教育与教育领导》,北京大学出版社2009年10月出版,收入本书有改动。)

4.

基础教育要实现从"大"到"强"的超越

- 上海义务教育的发展，应当是高位、优质的均衡发展。这种均衡发展更应追求相对全国而言更高要求的均衡化，强调对质量进一步提升的追求，既要"填谷"，也要"建峰"。
- 上海高中教育，应当在"适合"两字上狠下功夫，通过观念的更新，促进高中办学体制的多样化，推动培养模式的多样化，促使更多的高中彰显自身特色，满足不同潜质学生的发展需要。

在未来的十年，我国教育应怎样发展？朝着什么方向发展？强国必先强教，这是全社会的共识。加快从教育大国向教育强国、从人力资源大国向人力资源强国迈进，为中华民族伟大复兴和人类文明进步作出更大贡献。从教育大国走向教育强国、从人力资源大国走向人力资源强国，我们必须清晰地意识到使命的光荣性、任务的艰巨性、努力的长期性。从"大"到"强"的参照系，不是国内教育发展的纵向比较，而是我国教育与国外先进或一流水平的横向比较，是以国际先进水平作为参照系。从"大"到"强"的规划与实践行动，都需要广聚各方智慧，凝聚全社会力量。

上海作为全国改革开放的排头兵，作为全国教育综合改革的实验区，理应在教育改革与发展中大胆探索、先行实验，在推进从"大"到"强"的超越中作出新的贡献。上海的基础教育，应积极主动地按照教育强国与人力资源强国的要求进行探索，立足于上海国际化大都市的教育期望，在新的时代背景、新的历史使命、新的发展机遇面前，通过改革与创新显现自身的优势与特点。我个人认为上海的基础教育应当在以下四个方面进行实质性探索、改革与创新。

一、大力推进义务教育高位、优质的均衡化

上海义务教育的发展，应当是高位、优质的均衡发展。这种均衡发展，既包括对教育公平的大力推进，努力实现教育公共资源配置在区域间、城乡间的均衡，更应追求相对全国而言更高要求的均衡化，强调对质量进一步提升的追求，既要"填谷"，也要"建峰"，形成一批在全国有影响、有示范意义的学校和教育改革项目，彰显自身的品位、亮点、特色。高位是立足于国际先进水平，相对全国标准、已有基础的进一步提升。优质是大力促进教育内涵发展，全面提升义务教育质量，增加优质教育资源的供给。

上海义务教育均衡化，经过这些年的发展，已处于一个较高的水平。今后的改革与发展是要在高位、优质上挖掘新的内涵、寻找新的突破、迈向新的台阶，注重内涵发展，通过机制、体制创新，大力提升学校办学水平，尽可能多地满足人民群众日益增长的对优质教育资源的需求。

二、大力推进普通高中的多样化发展

高中阶段教育是学生个性发展、自主发展的关键时期，对提高国民素质和培养创新人才具有特殊意义。因此，我们专门强调"推进普通高中多样化发展"的问题。长期以来，在应试导向、升学导向的驱动下，高中教育的同质化、"千校一面"的问题比较突出。上海高中教育改革，在实验性示范性高中的建设与引领下，高中教育发展已初步显现多样

化趋势，然而要实现"为每个学生提供适合的教育"这个目标，还有很长的路要走。

我认为上海的高中教育，应当在"适合"两字上狠下功夫，通过观念的更新，促进高中办学体制的多样化，推动培养模式的多样化，使更多的高中能彰显其自身的特色，满足不同潜质学生的发展需要。上海不仅需要有一批适合学生数理、科技潜质发展的特色高中，而且也需要有一批发展学生人文、外语方面的优质高中，还需要一批促进学生艺术、体育方面特长发展的高中，以及能满足多种类型学生潜质发展的综合高中。只有如此，才能为学生创设更为广阔的选择空间，推进不同类型学生的潜能开发。

三、大力推进创新人才早期培养的体制改革

为建设人力资源强国的人才培育奠基，将"人才培养体制改革"放在十分重要的位置来认识，对基础教育促进创新人才的早期培育工作提出了许多新的要求，如改进优异学生的培养方式，探索高中拔尖学生的培养模式等。上海已经批准了一些中学开展"创新素养培育实验项目"，并着手制订"上海市创新人才培育基地建设方案"，在创新人才的早期培育上走出了扎实的一步。

对创新人才的早期培育，我认为首先要突破过去的"应试教育"的藩篱与"学科类竞赛"的框架，更新观念、明确导向，从创新人才类型的多样化发展需求出发，努力探索适合的新路，创设新的动力机制。其次，要从学生的不同优势潜能出发，建构不同类型的、有利于学生兴趣激活与潜能开发的选择性课程体系，以课程为载体推动学生的创新潜能开发。此外，还须特别关注创新人才早期培育的社会资源充分调动与合理利用，进一步建构高中与大学、科研院所持续合作开展创新人才培养研究和实验的运行机制，努力营造创新人才早期培育的良好社会认可和支持激励环境。

四、大力推进教育的国际化水平

基础教育也要加强国际交流与合作,提高我国教育国际化水平,培养国际化人才。上海在这方面应当说具有得天独厚的优势与条件,上海基础教育必须坚持不懈地继续大力提升国际化水平。上海基础教育在继续扩大教育开放上必须做好两篇大文章,一是探索多种方式了解与研究国外优质教育,从而进一步推进具有中国特色的现代化教育体系的建构,为培养学生具有国际视野创设良好的环境。二是作为国际化大都市建设的重要支撑力量,上海的基础教育不仅要努力使自身成为国内优质教育资源辐射的高地,更要使自己成为优质国际教育资源的辐射高地,扩大中国教育在国际教育领域的影响。我们应以开放的姿态研究国际主流教育的发展趋势,在研究、引进、实践分析中挖掘能为我所用的元素,结合我国的优势与国情,打造自己的特色,进一步增强自身的国际地位、影响力与竞争力。

基层学校,在推进从"大"到"强"的思考与行动中,也应当积极参与,根据自身的特点、时代发展的要求、学生身心发展规律与阶段特点,有针对性地进行教育改革与试验。对上海中学来说,最为重要的是力争在两个方面的改革与实验中取得实质性进展。

需要强调的是,实现从"大"到"强"的超越,无论是从国家战略层面,还是基层各类学校,以及社会的方方面面,都需要为之做出新的、不懈的努力,为推进我国教育、人力资源开发从"大"到"强"作出新的贡献。

(本文发表于《上海教育》2010 年 4A 期,收入本书有改动。)

5.

学校走"强"的四个视角

> · 学校发展要走"强"，必然有自己的个性化发展定位与追求。
> · 学校走"强"，要努力挖掘教职员工的专业潜能，促进他们朝着"强"校的方向、目标可持续发展。

一所学校，要真正成为"强"校，是有一定标准可以衡量的，而且这个衡量标准从一定意义上说，应当与社会上一些"强"的行业标准有共通之处。学校要走"强"，可以借鉴社会其他行业，找出属于自己的"强"的标准。我们认为，学校走"强"，有四个视角应当充分关注。

一、要对生源有强大的吸引力

学校走"强"，需要对某一批或某一些有潜力、个性、特长的生源有强大的吸引力。这包含三方面要素。

1. 优质生源

优质是一个相对的概念，是相对于学校发展定位与追求而言的合适的优质生源。学校发展要走"强"，必然有自己的个性化发展定位与追求，没有一批适合学校发展的，有个性、潜力、特长的生源，学校走"强"就难以获得更大的突破。

2. 丰足生源

在优质教育资源相对紧张的情况下，学校能持续吸引一批有发展个性与潜能的生源,是学校持续走"强"的重要基础。

3. 对教育高度关注的家庭

社会其他领域可能看中的是家庭富裕、父母在文化或政治上有影响力。对学校教育而言,更看中的是父母对孩子的教育关注程度与良好的家庭氛围。

二、要提供优质的教育服务

学校走"强",仅有好的生源只是第一步。一批有潜力、个性的生源吸引过来后,只有他们在学校得到更好的发展,获得更优质的教育服务,他们的个性、潜能才能获得更好的发展,学校走"强"才有信服力、说服力与实力。学校优质的教育服务,包含三方面标准。

1. 高水平、高规格的服务

学校的高水平、高规格的要求,关键是看教育服务的品位。高水平、高规格的服务,关键是看管理,要凸显品位与底蕴,这涉及教育服务的眼界与对教育内涵理解的境界。

2. 个性化的服务

学校对每个学生的成长,能否做到个性化关注与服务,使每个学生在原有基础上得到更大的个性化提升,这就需要提升教育艺术。教师能否根据学生的发展进行因材施教,这也是学校走"强"需要认真思考的问题。

3. 丰富、多元的服务

作为学校,每个学生的潜质与优势智能不同,他们的发展兴趣、需求也各有差异。学校应当为学生创设广阔的、可供选择的学习空间,开展有利于学生兴趣激活与潜能开发的社团活动、才艺活动,提供全面发展的多样资源等。

三、要有显著的教育特色

这个特色反映在学生成长上，反映在某一方面或某些方面的教育质量上，有特色地推进学校学生的发展，并且发展持续处于高位状态。这个特色应对同类学校教育的发展起着引领作用，且有制订某种规则的能量与权利。学校形成了鲜明的特色，就应当在这些方面发挥引领作用，并具有一定发言权。

特色的形成，不是靠自吹自擂，必须获得社会或行业的公认。学校教育特色的成型，一定是在某个领域或某些方面取得被同行或社会广泛认可的业绩，培育的学生在某些方面具有鲜明的气质与特点。

四、教职员工要有涵养

学校走"强"，人是第一资源。强者就要有强者的行事规范、行为、价值、气度、风范。在什么场合穿什么样的衣服，言谈举止，都很重要。

学校育人者的价值观念直接影响学生的价值追求。对待学生能否一视同仁与包容，对学生的承诺是否做到，处理同事关系能否做到诚信，是否对学校教育有责任心，这些都是做"强"所必需的。作为教书育人者，其价值取向能否做到这些，也是学校能否做"强"的重要因素。

学校走"强"，对教师的气度、风范提出了高标准的要求。良好的心态、独特的气质、优雅的风范、大气的心胸，都成为"强"校中"强"师的重要标准。

学校要发展成有特色的、提供多样个性化优质教育服务的"强"校，培育一批有特色、专长、良好专业功底的教师不可或缺。学校走"强"，要努力挖掘教职员工的专业潜能，促进他们的专业朝着"强"校的方向、目标可持续发展，或彰显教学个性，或提升学生指导水平，或

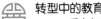

强化研究能力等，让教师的专业修养与学校走"强"匹配。

学校走"强"，离不开教职员工的共同努力与教育教学个性的彰显，离不开教职员工基于学校特色定位、服务创"优"的可持续发展，离不开学校的影响力、引领力、文化力、凝聚力的不断提升。

（本文发表于《上海教育》2012 年 05B 期，收入本书有改动。）

6.

从 PISA2012 测评数据看我国教育

> • 通过 PISA 测试既能看到自身的成绩，也能发现诸多需要引起关注的问题，在建设人力资源强国与教育强国的今天，我国教育需要不断寻找新的参照系来确定自身的位置。
>
> • 内容领域的测试结果与我国课程标准在内容领域各分量上的要求高低，呈现高度的正相关。

上海学生继 2009 年后再次吸引了全球目光，在 PISA2012 测评中又获数学、阅读、科学三项第一。对这一成绩，我们要进行客观深入分析，从数据背后挖掘一些有利于我国教育教学改革的因素，并在大数据基础上进行教育决策。本文主要进行三点分析：课程标准的执行、文化价值的影响、教育政策的引领。

一、课程标准的执行

要研究上海学生为什么在 PISA2009 测评与 PISA2012 测评两次测试中夺冠，必须研究课程标准在其中所起的作用。考虑到 PISA2012 测评是以数学为主要测评领域，在此主要分析数学课程标准。参加 PISA2012 测评的学生来自 65 个国家（地区），依据的是各自的数学学习目标与标准，学习的数学内容不尽相同，经历的数学学习过程不尽相同，各自的导向与评价也不完全相同，PISA 测试是用同一把标尺对这些不尽相同的学习者进行测评，其结果主要反映的是数学教学目标、导向、标准、内容、经历与评价的不同。现主要从内容维度、过程与情景维度、情感与态度维度进行分析。

1. 内容维度

上海学生在"空间和图形"这一领域领先最多，平均为649分，高水平学生的人数占总体的66.7%。我国的数学课程标准与其他国家相比，在几何特别是平面几何方面要求最高，系统性最强，PISA测试的结果也领先最多。在"变化和关系"领域，平均分为624分，高水平学生人数占比为58.0%。这是我国数学课程标准中十分强调的内容，要求也很高，而相比其他国家的标准，深度与广度差距没有"空间和图形"部分那么大。因此，PISA测试结果领先幅度较小。在"数量"领域，我国的数学课程标准与国际相比，要求不高。"不确定性和数据"包括概率、统计现象和关系，是近几年才逐步予以重视的。我国的数学课程标准与国际上其他国家或地区相比基本相当。这表明，内容领域的测试成绩高低与我国数学课程标准在内容领域各分量上的要求高低，呈高度的正相关。

2. 过程与情景维度

PISA测试对问题解决过程从数学的表述、运用和阐释三个阶段进行考察。在我国数学课程标准中，对问题解决提出了四个方面的要求：（1）初步学会从数学角度发现问题和提出问题，综合运用数学知识解决简单的实际问题，增强应用意识，提高实践能力；（2）获得分析问题和解决问题的基本方法，体验解决问题方法的多样性，发展创新意识；（3）学会与他人合作交流；（4）初步形成评价和反思的意识。我国的数学课程标准对数学表述与应用的要求明确且具体，并有一系列落实举措，而对阐释能力仅是提及而已，在实施环节，也未作更多要求。这些反映为PISA测试结果：表达与运用能力分别为624分与613分，而阐释能力仅为579分。

3. 情感与态度维度

PISA测试对学习者的特征进行了全面深入的考查，特别考查了数学学习的动机和信念等方面。我国的数学课程标准,特别在数学学习总目标中,列入了情感与态度的要求。在 PISA 测试结果中,上海学生的学习坚持性,显著优于 OECD 平均水平,指数均值为 0.25。在"内部动机"(即学习兴趣)一项上,上海学生指数平均值达 0.43,显著高于 OECD 平均水平,在主要反映学习信心的数学自我效能感方面,指数值达 0.94,比 OECD 平均高出 1 个标准差。

综上所述,上海学生 PISA 数学测试取得好成绩,与我国对数学教学的科目设计、课程标准与教学实施,特别是与数学教学改革的深化有着高度的相关性,这是上海学生"高表现"的一个重要原因。PISA 测评得到的 28.2 小时的周授课时间、13.8 小时的周作业时间,对上海学生的"高表现"究竟起多少作用,还没有证据证明高学业负担是学生"高表现"的唯一或主要原因的论点,这需要我们进行深入研究才能做出回答。

二、文化价值的影响

教育文化的价值取向对 PISA2009 测试、2012 测试上海学生成绩的影响,既包括我国传统教育文化对学生成绩的影响,也包括上海本土文化对学生成绩的价值影响。这里主要从高期望值、学习环境、认知激发、师生关系等四个方面进行分析。

1. 高期望值

OECD 的报告显示,上海每年教学计划的时间为 793 小时,在 65 个参与国家(地区)中处于中等水平;平均每周校内上课时间为 28.2 小时,排名第九;平均作业时间为每周 13.8 小时,排名第一,多于每周 11 小时的合理作业时间,这些与学校对学生表现的高期望值有关。PISA 测试结果还显示,上海学生平均每人参加家教时间为每周 1.2 小时,高于其他国家(地区),这也与家庭对孩子学业发展的高期望值有关。调查表明,83.6% 的中学生家长要求自己孩子的考试成绩在班级中处于前 15 名。76.4% 的小学生家长要求自己孩子的考试成绩在 90 分以上，较高的期望值，导致大多数学生将提升考试成绩作为主要的学习动力，所以只能增加学习时间。除了学校、家庭对学生的高期望值之外，学生对自身的期望值也很高，在测试中问学生"我数学考试的成绩或等级很高"一项时，上海学生的回答仅有 34.1% 认同，OECD 的平均比例为 58.9%。正因为学校、家庭对学生及学生对自我成长的高期望值，使学生对学校教育的期望值也非常高。在上海学生对学校的认同度方面，对学校学习结果的态度指数和对学校学习活动指数分别为 -0.32、-0.30，显著低于 OECD 的平均指数。他们在"学校教会我工作中用得上的东西"这一项的认可比例仅为 75.3%，而 OECD 平均为 87.1%。PISA 测试数据显示社会对学校的高期望值。

2. 学习环境

学习环境包括学校学习环境和家庭学习环境。其中学校学习环境主要包括纪律风气和课堂教学风气，PISA2012 测试显示上海学生的数学课纪律风气指数均值为 0.57，显著高于各国（地区）平均水平。大多数上海学生（85%）"没有或几乎没有"感到有吵闹声和捣乱情况发生等。这与我国教育文化中重视严于律己和注重行为规范有着密切联系。在家庭环境方面，上海学生 ESCS 指数（经济社会地位指数，综合父母的最高职业地位、父母最高学历和家庭拥有物三个指数后得到）对接触正式数学指数的解释率为 7.9%，与 OECD 平均水平（8.7%）没有显著差异，说明学习机会均等程度相当。与此同时，家庭背景相对较好的学生在参加校外辅导班的时间与教师布置回家作业时间相对较多，上海学生 ESCS 指数对回家作业的时间和参加校外机构有偿补课的时间差异解释率为 6.6% 和 4.8%，都显著高于 OECD 平均水平（2.2% 和 0.6%），说明家庭背景对学生在家学习环境与校外学习环境的营造有很大影响，与上海家庭重视教育的文化氛围有关。

3. 认知激发

认知激发主要表现在教师对学生的数学认知激发及学生对学习数学

的坚持性上。在教师对学生认知激发程度指标方面，上海学生平均值为0.40，显著高于OECD的平均水平，表明上海15岁学生对教师教学方法的整体评价较高，尤其在帮助学生"从所犯的错误中学习"和"把所学知识运用到新情境中"方面表现优异。在学生数学学习坚持性方面，72.7%的学生表示认同"对自己开始做的事，我会始终饶有兴趣"，而OECD平均值仅为48.9%。上海学生在学习的坚持性上显著优于OECD的平均水平，平均值为0.25；在数学学习动机上，内部动机显著高于OECD平均水平。从文化层面可以解释这些数据：一是数学作为我国的主要基础学科之一，在考试评价中所占的分量较大，学生将提升考试成绩作为主要动力，必然重视程度高、自我要求高。二是高期望值与学校的考核评价压力转移到教师身上，导致学校校长对教师教学提出了更高要求〔如在PISA有关上海地区校长的问卷中，校长对数学教师水平的评价是各国（地区）中最低的〕，这些是促进学生认知激发的重要因素。

4. 师生关系

PISA2012测试显示上海学生的师生关系指数均值为0.46，显著高于各国（地区）平均水平，而且上海学生的师生关系指数与学生的数学成绩显著呈正相关。这与我国教育文化传统中对教师的定位密切相关，师生关系的和谐程度是教师"师德"考评的重要依据。当然，在测试中我们也看到了一些在师生关系上应注意的问题，如学生对"我的大多数老师都认真倾听我要说的话"表示同意的比例相对较低（80.7%）。这与我国传统文化中重视教师的权威有关，中国的教师比较看重自己的威严，导致师生之间沟通缺乏对等性，在形成更为民主的师生关系方面还需要进一步努力。以上分析表明，在高期望值方面，文化影响既是PISA测试"高表现"的部分原因，也提示我们进一步反思与改进的方向。

三、教育政策的引领

在整个国家关注教育公平与质量的大背景下，上海市既注重大力推进义务教育的优质均衡发展，又注重为一批学有余力的学生创设良好成长环境的政策导引，形成了良好的支撑体系，促进了上海学生在PISA2012测试中的表现。

1. 教育政策与校际均衡

上海参加PISA测试的15岁学生分布在初中、高中两个阶段。调查显示，在数学成绩的校际均衡上，初中阶段数学成绩校际差异29%，高中阶段数学成绩校际差异58%，而OECD平均为37%；在学习机会的校际均衡上，上海初中学习机会校际差异11%，上海高中阶段学习机会校际差异29%，而OECD平均为20%。上述数据表明义务教育阶段学生数学成绩及学习机会的均衡程度高于OECD平均水平，而高中教育阶段均衡程度低于OECD平均水平。在数据背后，显现上海市基础教育政策的引领作用。在义务教育阶段，上海推进城乡基础教育一体化建设，提高义务教育优质均衡发展水平，而高中阶段大力推进多样化发展政策，校际差异相对明显。

在义务教育方面，上海出台了一系列政策支持学校优质均衡发展。目前，上海义务教育已经基本跨过了外延式条件均衡阶段（即办学基本条件的标准化），迈进注重教育过程、提高教育质量、关注学生差异、促进学生个性发展的内涵发展阶段。在高中教育阶段，校际差异非常明显的两个主要原因在于示范校与普通校之间发展的不均衡及普通教育和职业教育之间的不均衡（测试对象中也包含中等职业技术学校的同龄学生）。PISA2012测试结果与上海对初中阶段、高中阶段的不同政策导向呈高度相关。高中阶段学校发展的不均衡性究竟利弊如何，需要进一步研究与讨论。

2. 教育政策与教育公平

PISA用ESCS指数与学生数学成绩的关系来衡量教育结果的公平，上海学生的ESCS指数平均值为-0.36，OECD均值为0，而上海大约有60%的学生家庭社会经济文化程度低于OECD各国平均水平。上海ESCS指数最低的1/4学生数学平均成绩却达到了562分，比OECD

平均值高出 110 分。2012 年，上海已对 53.8 万名在沪外来务工人员子女实现了以公办学校为主的义务教育。上海还逐步建立了普通高中家庭经济困难学生的国家资助体系，力求从学前教育到研究生教育，各级各类教育的家庭困难学生都能获得资助。这一测试结果显示，上海教育政策已关注到不同家庭背景的学生，较好地做到机会均等，促进了教育公平。

3. 教育政策与资源配置

教育政策引领下的资源配置对 PISA 测试的影响，可以从两个方面进行分析：一是人力资源配置；二是设施设备等物力资源的配置。在人力资源方面，上海学生 ESCS 指数对学校生师比和本科学历教师比例差异的解释率分别为 2.5% 和 2.3%，与 OECD 平均水平（1.7% 和1.9%）没有显著差异。这与上海教育政策非常注重对教师的培养、流动和在职培训有关。上海教育以教师专业水平的提升（如对教师采取多元化在职培训，包括名校长、名师后备人选培养工程，中小学教师校本研修计划等）带动了学生全面素养的提升。在学校教育设施方面，PISA测试未涉及，但这是保证教育均衡和高质量发展的重要基础，上海的教育政策也给予了有力的支持。

4. 教育政策与质量保障

在 PISA2012 测试新出现的教育管理方面的题目中，有九个问题是关于学校所采取的保障和提高教育质量措施的。测试结果显示，在具备各项措施的学校就读的学生比例为 86.2%—100%，显著高于 OECD各国（地区）的平均水平。并且，所有学校都报告说他们具有"关于学校课程计划和教学目标的明文规定"和进行"内部评估 / 自我评估"，分别比 OECD 各国（地区）平均水平高 13.8 和 12.9 个百分点。这表明上海采取的保障学校办学质量的积极措施也取得了良好的效果，尤其是推进了学校课程的领导力与执行力。2010 年，上海市教委发布了《上海市提升中小学、幼儿园课程领导力三年行动计划（2010—2012）》，并在大量基地学校开展"以校为本教学研修"项目，提高了校长的课程领导力和教师的课程执行力。2010 年，上海市教委实施了"新优质学校推进项目"，重点研究一批教育质量一般甚至较低的中小学如何走向优质的轨迹。2011 年，上海市教委启动实施《上海市中小学学生学业质量绿色指标（试行）》，引领学校发展分类落实。

政策落实的效果在 PISA 测试中鲜明地表现出来。当然，教育政策的制定与执行，往往强调某一个方面而可能忽视或造成另一个方面的困惑，如高中阶段的多样化发展而造成普通校与职业校、示范校与普通校的不均衡。对此如何面对，应当加以认真思考与研究。

总而言之，在 PISA 测试中既能看到自身的成绩，也发现了诸多需要引起关注的问题，在建设人力资源强国与教育强国的今天，我国教育需要不断寻找新的参照系来明确自身的位置。我们应冷静客观地分析，不能自我陶醉，也不能妄自菲薄，要以"海纳百川"的气魄去发扬自身的优势，不断吸收来自国际比较中的新养料，促进教育的改革与突破。

（本文发表于《人民教育》2014 年第 3 期，收入本书有改动。）

7.

高中教育的未来走向

> • 学生的社会性发展必须跟社会进步，特别是与我国社会主义发展的要求相匹配。
>
> • 只有像 30 年前关注义务教育那样关注高中教育，才有可能使我国整个教育事业更加兴旺发达。

30 年过去了，义务教育确实取得了巨大成就。30 年后从教育内部看，问题在哪里？

第一个问题：学制。学制主要有两大模式，一种模式是 12+4，也就是义务教育 12 年加大学教育 4 年，以美国为主。欧洲为主的是 13+3，即基础教育 13 年加大学教育 3 年。与我国比较接近的是 12+4 学制模式。美国现在高中阶段大部分为 4 年。为什么从 3 年变成 4 年？因为既要考虑学生将来走经济技术道路的可能，又要考虑走学术研究的可能。这两种出路在高中课程中都加以体现。比如，美国高中先修（AP）课程跟大学衔接得非常紧密，高中修的学分大学承认。西方的趋势是，高初中、小学逐渐被淡化，更多考虑的是学生将来往哪个方面发展。我们的学制已经面临相当多的挑战，中考及九年义务教育体制被强化，使初、高中有明确的分界线，社会上甚至存在技术型大学没有出路，高中生是被迫选择等错误观念。

第二个问题：高中阶段的学校课程。学科教育水平需要和每个学生发展的需求相匹配。一是个性发展，个性发展必须建构在整个学校

— 153 —

课程高度选择性的基础上，没有高度的选择性，培养学生个性就成为一句空话。二是学校类型的选择性。三是学科水平层次的高选择性。四是高中阶段教学现代化问题迫在眉睫。

第三个问题：学生的社会性发展必须跟社会进步，特别是与我国社会主义发展的要求相匹配。强调人文教育的重要性，强调培养学生的学习技能，美国提出的 21 世纪技能中包含三个领域：学生的批判、探究与创新能力；数字信息技术的掌握、应用能力；各类文化社会适应和实践能力。这些技能在高中阶段特别重要。

为此，面向未来的高中教育在下面几点比较容易达成共识。第一，在高中阶段，不同学生可以有不同的知识结构。普通高中提供的课程不再局限于传统的 14 门学科，这在绝大部分发达国家已经解决。我国也要加速推进。第二，除 14 门课以外，其他课程经过专门机构认定后，也应被大学所认可。第三，学生可以根据自己的条件、兴趣与潜能选择不同类型的学校，在一定的课程架构下，选择希望学习的学科与学科水平。第四，为了应对伴随高选择性而出现的多元、多维度的评价问题，需要建设一批高水平的专业评价与认证机构。

从学生个性发展角度来讲，实际上在高中阶段已经出现了一批新的值得我们思考的现象。

第一，高中阶段教育是各国基础教育改革关注最多、变化最大、发展最快的领域。其他国家提出的一系列思想、举措与办法，遇到的许多争论与问题，也需要我们认真思考。

第二，我国地域广阔，情况复杂，高中阶段的教育改革与其他国家相比，复杂程度与困难程度都无以复加，必须寻找适合中国国情的高中阶段新模式，或者说基础教育整体改革的新模式。

第三，这几年，特别是《国家中长期教育改革与发展规划纲要（2010—2020）》实施以来，高中教育发展多样化的思路正迸发出巨大的活力，考试制度等一系列改革措施的不断推进，对高中教育改革产生了倒逼效应。

　　第四，高中阶段教育承上启下作用的客观现实，需要扎实的理论研究和实践探索作为支撑，高中阶段的课程改革直接影响义务教育阶段的课程，并反作用于高校的教育教学改革，创新人才的早期培养如何在高中阶段实施等一系列新问题都摆在我们面前，并且需要我们回答。

　　第五，高中阶段是学生成长关键期，价值观、人生观在这个时期成型，个性性格特征逐步确立，兴趣潜能与未来存在的方向逐步呈现。我们必须要对这些问题进行探索。

　　如果以上是共识，那么得出的结论就是要提升我国教育现代化水平，特别是基础教育现代化水平。只有像30年前关注义务教育那样关注高中教育，才有可能使我国整个教育事业更加兴旺发达。

　　（本文发表于《未来教育家》2015年第7—8期，收入本书有改动。）

第二章　教书育人

1.

略论教师专业发展的五个视角

> ● 特殊学校教师专业发展要根据特殊学校的办学目标、课程目标与教学目标进行思考，从满足特殊儿童的独特需要出发进行探索。
>
> ● 特殊学校教师专业发展要在扩展教师国际视野上有所作为，这就需要了解国际上对特殊学校教育的基本动态、主要经验，加强不同国家、地区特殊学校之间的相互交流。

受邀参加 2008 年全国特殊教育年会，上海中学集聚的学生资质相对优异，他们也是一种特殊的学生群体。从这个意义上讲，我也是从事特殊教育的工作者。这里，结合上海中学的实际，谈谈一般意义上教师专业发展的五个方面。

一、教师专业发展要符合学校的办学目标

学校的办学目标要建立在自身的具体情况和学生发展特点的基础上。不同类型学校在办学目标上存在明显差异。上海中学的大部分学生，资质相对优异，学习自主性较强。学校从学生的特点出发，立足于

培养国家栋梁的未来菁英，提出了"乐育菁英"的办学目标。要培养"菁英"学生，首先需要相应的"菁英"教师，学校的办学目标对我校的教师素质提出了许多要求。因此，学校对教师提出了"四基一特"的专业发展目标，从学科基本功、外语基本功、计算机基本能力、人文素养基本要求与专业特长等方面提出具体的要求。为此，学校还建立起灵活多样的教师培训体系和综合分层的多元评价制度，为教师的专业成长和发展提供了广阔的平台。

教师专业发展要与学校的办学目标、课程目标、教学目标的实现保持同向。办学目标的实现在某种程度上是能衡量与测定的，具体来说就是学校将开设怎样的课程，通过哪些教学活动加以实现等。课程目标和教学目标的实现都离不开教师专业发展的支撑。上海中学高选择性课程要求教师具有开发课程与进行课程设计的能力，而高密度、快节奏的教学活动更是对教师的学科功力提出了很高的要求。特殊学校作为教育系统的一部分，学校的办学目标、教学目标同样决定教师专业的发展方向。

从普通学校教师专业发展视角延伸，特殊学校的教师专业发展也要根据特殊学校的办学目标、课程目标与教学目标进行思考，从满足特殊儿童的独特需要出发进行探索。比如，智障儿童学校可定位于帮助学生自立，变得更为自信。那么，就要求教师在学生的生存教育和生活技能教育方面进行更好的专业学习。特殊学校教师专业发展同样要思考教师自身的发展能否适应学校的课程目标和教学目标的实现。

二、教师专业发展要建立在对学生群体研究的基础上

学校教育要真正促进学生的发展，必须首先了解学生在生理、心理与社会等方面的成长特点。青少年阶段是个体社会化发展的关键期，家庭环境和社会环境对学生成长的影响作用很大。目前，大多数青少年青春期提前，早熟现象明显，以及独生子女可能存在的性格问题和社

会适应不良问题等，这些都要引起教育工作者的重视。教师的素养与能力提升必须考虑学生生理、心理特点，把握规律性诉求。

上海中学十分注重对学生成长的多因素研究，并将教师专业发展建立在学生特点的基础上。面对我校学生资质相对普遍较高、自我意识较强等特点，学校对资优生学生群体的资质与潜能的开发予以充分的关注，建立了"三高"的教学模式。此外，上中学生可能存在自我期望过高，从而产生抑郁、自闭、焦虑情绪，以及来自家庭或社会的要求较高，承担的压力和社会责任较重等情况。因此，学校十分重视对他们心理压力的疏导，在资优生德育和"德智交融"方面对教师提出要求，帮助他们达成社会期望与自我期望的平衡，取得了良好的效果。

特殊学校的学生群体有其自身的特点，这也决定了他们的教师在专业发展上也要充分研究特殊需要学生的群体特征。比如，特殊儿童因生理缺陷而带来的自卑感、孤僻、暴躁易怒等心理特点及较低的生活能力、社会适应不良问题，更需要特殊学校教师把握他们的生理、心理与社会成长因素的特点，并考虑自身的专业成长问题。教师必须掌握生理学、神经科学、医学、教育心理学、特殊儿童心理学等专业知识，以便在教育过程中更全面地把握学生的情况；要掌握与特殊儿童交流的方式（如手语、盲文）；要掌握一定的心理咨询和治疗方法，在特殊情况下还要求助于医学模式。

三、教师的专业发展要能提高教学活动的有效性

教师的专业发展要将学生的学习作为重要领域，注重把握学生的学习规律和思维发展特点，推进教学的有效性。普通儿童的思维发展存在阶段性特点，在初中阶段侧重知识的积累，以形象思维为主；在高中阶段则注重综合分析能力的形成，抽象思维逐渐增强。不同类型学生的思维发展特点与学习特点，对教师有效教学能力要求是不同的。上海中学根据学生逻辑思维基本形成，学习上分析、综合能力有所提升

等情况制定了高立意、高思辨、高互动的教学原则，从学科功力、教学研究能力等方面对教师的专业发展制定了严格的标准，保证了教学活动的有效开展。

特殊学校教师需要根据特殊儿童的学习特点和思维发展特点，思考自身的教学有效性特征，制定相应的专业发展规划。特殊儿童在接受学习方面存在一定的思维障碍，在学习规律上也有自己的发展特点，因此特殊学校的教师专业发展更需要对学生进行深入研究，根据不同类型学生不同的学习规律和思维特点来选择有效的教学方法，以保证教学的有效性。

不同类型的特殊儿童在接受学习方面存在明显的差异。例如，特殊儿童的语言接受学习有障碍，根据多元智力理论，这些儿童可能在某一或某些方面的智力比较发达，教师要关注他们在不同发展阶段的教育关键期。教师在特殊学校的教学中，要适当利用学生的优势智能，来发展他们的语言智能，或以语言智能为基础来发展他们的其他智能，同时化抽象为具体、变枯燥为有趣，就能取得良好的教学效果。同时，智障儿童存在智能发展不平衡的特点，可能在某一领域有很大的发展潜能，特殊学校的教师必须学会鉴别，并给予某一领域的辅导，从而提升教学的针对性与有效性。

四、教师的专业发展要具备一定的国际视野

教师除了从学校目标、教学活动、学生特点等角度思考自己的专业发展外，还迫切需要提升国际视野，了解自己所从事的学科或专业领域的国际发展趋势与基本走向，以进一步提高自身的专业水平。

目前越来越受到重视的多元智力理论和个性化教学理论，不仅对教育教学活动起到一定的指导作用，能更好地满足学生差异性学习需求，而且对教师专业发展也提出新的要求。例如，用多元智能观认识学生，能扫除种种偏见，承认学生智能的差异性、特殊性，以及个体在不

同领域中认知能力发展的非同步性，这对个性化教学和差异性教学是十分重要的。因此，及时汲取国际教育领域中的先进理论和实践经验，帮助我们进一步反思教育工作中遇到的问题，提升教师专业发展能力是必要的。当然，学校在促进教师专业发展的过程中，要让教师积极思考教育国际性与本土化结合，从我国的实际情况出发，最大限度地促进学生的发展。

这里所说的教师专业发展要具备一定的国际视野，既包括普通学校的教师，也包括特殊学校的教师。特殊学校的教师专业发展，同样需要了解国际上对特殊学校教育的基本动态、主要经验，以及加强不同国家、不同地区特殊学校之间的相互交流，其中就包括利用数字平台对特殊需要学生的教育经验，充分利用数字平台的多媒体性、形象性、虚拟性来提升特殊需要学生的感悟、体验能力。

五、教师专业发展要考虑消除教师发展中的一些制约因素

虽然我国教师专业发展已经得到广大教师和教育管理者的重视，并取得了一定的成绩，但在我国依然存在着一些制约教师专业可持续发展的因素。对这些因素进行一定的反思和梳理，并找到切实有效的途径加以消除，就有利于进一步推进教师的专业发展。

一方面，过多地以教育的知识维度评价制约教师发展。事实上，知识的含量与难度只是评价教师的一个方面，从学生发展的维度来评价教师同样重要。在日常工作中，家长和管理者，甚至教师都容易忽视从学生发展角度来评价教师，更多地以学生获取知识量的多少来衡量。仅以知识维度评价教师或进行自我评价是远远不够的，这种有失公平的思维方式不利于在真正意义上促进学生的全面发展，不利于教师专业发展的进一步提高。要综合考虑知识的含量、难度以促进某阶段、某类型的学生获得最大发展，并建立教师职业评价体系。对特殊学校教师的评价就更不能只看其在该领域拥有的知识量，还要看在教师的引

导下，特殊学生是否获得应有的发展。

另一方面，职业倦怠现象是制约教师专业发展无法回避的问题。经过一段长时间的工作而产生的职业倦怠心理和不良情绪，不仅在教师行业中存在，而且在其他一些工作环境和性质比较特殊的职业中同样存在，特别是特殊学校的教师。他们用爱心和耐心细致重复的工作比一般教师要多得多，在工作中更容易产生职业倦怠、审美疲劳甚至职业伤害问题。学校要为特殊学校教师创设更为宽松、更为有利的环境，采取各种激励措施提升教师的工作活力，开展多样的教师集体、个体激励活动，持续激活教师内在的工作动力，更好地促进教师的专业成长。

以上是我从一般意义上的教师专业发展延伸到特殊学校教师专业发展的看法，可能不是很成熟。但是，或许可以启发我们从另一个视角来关注特殊学校教师的专业发展。在当今文明进步的背景下，在科学发展观与社会主义和谐社会的支撑下，各级教育部门与社会应给予特殊学校更多的支持，为特殊学校教师专业发展创设更为宽松、更为有利的环境。

（本文为作者2008年11月在上海市特殊教育论坛上的发言，收入本书有改动。）

2.

使命在肩

> • 教育是为明天的社会培养人才的事业，每一个学生都会经过今天的教育，去建设明天的社会，并从中找到自身的定位，演绎人生的意义。
>
> • 教师是用今天的文化去造就明天的人才，他们的积淀越深厚，他们的思维越开放，他们的态度越进取，他们对学生的正面影响就越深远。

时隔数年，表彰会上激动人心的时刻还时常清晰地浮现在我的眼前……

2003年9月10日，第十九届教师节。作为主会场的上海电视台演播厅变成了鲜花的海洋，所有的灯光、照相机、摄像机都对准了舞台的中央，上海市以"引领春风"为主题的庆祝教师节晚会暨"上海市教育功臣"的颁奖晚会在这里举行。

那一年，上海教育史上第一次在教育界评选功臣，并且是将普教（大中小学）、职教、特教放在一起评选，参加评选的有中国科学院院士、中国工程院院士，有名牌大学的名校长、名教授，也有来自基础教育第一线的校长、教师。我荣幸地成为九位功臣中的一员，并第一个走到舞台中央，接受祝福……

每当我回忆起这一幕，在激动之余，我会更冷静地审视自己从教的心路历程。面对这份厚重的礼遇与信任，我更感到了一份沉甸甸的责任。

作为基础教育第一线的校长，我思考更多的是如何在基础教育阶段为学生的一生打下坚实的基础。

从某种意义上讲，上海的教师节主题活动，既是一个上海教师自身奉献与求索得以集中展示的舞台，也是一个架设在教师与社会之间的沟通桥梁，让我们更好地认识时代赋予的使命，也让社会更好地理解教师的职业情操。

每次参加庆祝教师节晚会，或被邀参加教师节相关的主题活动，甚至观看电视中教师节文艺演出，获得的是不一样的感受与激励，自身也被某种"情结"所萦绕。正是在这种情感激励下，近年来，学校课程期望图谱的构建、数字化教育平台的创设、具有中国特色国际教育的发展壮大、率先开展创新素养培育的实验……一个个富有挑战性的发展蓝图在上海中学付诸实施。

我想，使学生获得应有的发展，为他们今后可能达到的高度打下基础，多培养一些能成为国家栋梁的人才，这是我最大的心愿。

教育是为明天的社会培养人才的事业，每一个学生经过今天的教育，去建设明天的社会，并从中找到自身的定位，演绎人生的意义。如果用两个词语来概括这些年来上海教师节主题活动的意义，那就是"感召"与"凝集"。让更多的人了解教师，让更多的优秀人才加入教师行列，让更多的教师认识到自己肩负的使命，让所有上海教师的力量汇聚成一股洪流，为上海实现四个率先、构建创新型国家、建设人力资源强国而守望相助，奔流不息。

教师是用今天的文化去造就明天的人才，教师有他自身的经历与背景，自己的价值观与道德观。他们的积淀越深厚，他们的思维越开放，他们的态度越进取，他们对学生的正面影响就越深远。只有自己的人格高尚，才能塑造高尚的灵魂；只有自己的见识高明，才能造就创新的巨匠。因此，教师只有充分汲取古今中外文化的精华，才能德才兼备；只有不断提升总结，才能提炼出明天人才之所需。

教师节主题活动正在传播这种思考，正在理解这种属于教师本身的发展精髓，其弘扬的是传承教育规律和理想，具有与时俱进的气魄。

　　在 2006 年庆祝教师节的"不负使命"主题晚会与 2007 年庆祝教师节的"老师，你我共同的名称"主题晚会上，作为领誓人之一，我与在晚会现场的千余名教师共同举起右手，许下了郑重的诺言："忠诚人民教育事业，依法履行教师职责。为人师表，敬业爱生，严谨治学，修身立德。启智求真，恪守有教无类；因材施教，注重创新发展。为科教兴国上下求索，为民族复兴广育英才。"

　　把自己的青春奉献给教育而无怨，选择从教作为自己终生的事业而无悔。这就是我从教的座右铭。

　　　　　　　（本文为作者庆祝 2009 年教师节的感言，收入本书有改动。）

3.

在"强"冲击波中明确挑战、昂首向前

> • 在迈向"强国"的过程中，我们应该思考以下三个问题：总量与人均、结构与高度、物质与精神。
>
> • 应对国家从大走向强过程中的三大问题，青年学子在自身成长过程中也应注意三个问题：总分与个性、构成与高度、思想境界与价值追求。

2010 年是具有"强"冲击波的一年。全国人才工作会议的召开与《国家中长期人才发展规划纲要（2010—2020）》的颁布，向我们传递了一个强烈信号：加快推进我国由人力资源大国向人力资源强国的转变。全国教育工作会议的召开与《国家中长期教育改革与发展规划纲要（2010—2020）》的颁布，向我们传递了又一个强烈信号：我国要从教育大国走向教育强国，到 2020 年基本实现教育现代化。中国 2010 年上海世博会召开。中国第二季度国内生产总值（GDP）超过日本，意味着中国有可能在今年一举超过日本成为世界第二大经济体等。这些强烈的信号向我们显示，2010 年爆发了一股股推进我国从大走向强的强烈冲击波。

然而，我们必须明白"强"意味着什么？我想，至少在以下三个方面值得关注：第一，总量与人均。从 GDP 总量而言，我们逐渐显现了优势。但是，由于我国人口数量多，从人均来说还不及日本的 1/10，世界排名在 100 位左右，怎么称得上强国？第二，结构与高度。我们的

经济增长方式在集约型、内涵增长方面基础薄弱，在高端科技、核心技术、创新产业等方面的高度与发言权还不足，因此我国的发展在结构调整与提升高度方面还面临巨大挑战。第三，物质与精神。真正的"强"国，既要在物质文明方面不断丰富，又要在精神文明方面显现较高的水准，包括思想境界、道德水平、社会和谐、诚信与凝聚力、公平与责任等方面，都是衡量是否达到"强"的重要元素，我们应意识到这方面还有许多问题需要解决。在我国从大走向强的征程中，以上三方面的内涵要求，对青年学子的成长提出了三方面新的挑战。

第一，总分与个性。上海中学的学生，从总分来看，是高的、领先的。但是，对应到每个人身上是否也如此之高呢？是否每个人的个性得到了应有的充分发展？是否每个人的个性发展、潜能开发找到了与未来国家、社会发展需要的结合点呢？这是一个巨大的挑战，也是我们努力的突破口。从国家走"强"的需求出发，审视自身个性发展与潜能开发的方向、路径、高度，应该是今后学校、教师、学生的关注重点。

第二，构成与高度的问题。我国要走强，结构的调整、高度的提升，涉及一个个领域、项目的突破，尤其是"薄弱"环节的突破，需要各行各业高端人才与一大批拔尖创新人才去实现，这从另一个角度对学校教育的个性化发展提出了挑战，也对每一个学生在聚焦志趣的引领下形成个性化知识构成提出了期望。如果所有的学生，都是雷同的知识构成，怎么能应对不同领域、不同方向的挑战呢？因此，学生个性化的知识构成是经济结构调整、创新型国家建设要求下教育必须做出的选择，每位学生只有顺应这种趋势，在广泛激发兴趣的基础上，发现与发展自己的优势潜能，不断学习、不断探索、不断积累，才能逐步形成不同于别人的、富有个性的、独特的知识构成。由于中学教育是基础教育，这一知识构成只能是基础性的，还需要可持续发展。现在的高度，只是相对于中学生、相对于同龄人而言，今后达到的"高度"，需要今天在思维方式、知识基础、钻研精神等方面打下更加牢固的基础，为今后的冲刺与攀登做好更充分的准备。

第三，思想境界与价值追求。实现我国从大到强的跨越，精神文明的提升往往比物质文明的提升需要付出更为艰辛的努力。精神文明的提升，能为国家、民族的发展带来更为强大的凝聚力与持续的内驱力。对青年学子来说，提升精神文明素养，涉及思想境界的提升、社会主义核心价值观的确立与强大内驱力的形成，需要为之付出不懈的努力，不断在认知、实践、体验、反思中改造内心世界，提升思想觉悟，磨砺道德品质，树立社会主义核心价值观。只有这样，才能产生更为强劲、持续的内驱力，在今后的人生发展道路上走得更好、更远。

面对国家从大到强的转变，我们肩负着不可推卸的历史使命、责任与挑战，我们唯有昂首前行。学校将在新学期为学生今后发展得更快、更高、更好、更远、更强，创设一系列、多样化的发展平台。学校将进一步拓展、深化与高校、科研院所的合作，寻求更多的社会资源；学校将进一步提升各类课程的质量与水平；学校将作更大努力，提升数字化环境的品质；学校将认真地做好科技创新人才早期培育的实验项目……当然，学校创设的各种平台只是促使学生发展的外因，真正发展的内因是学生自己。只有每一位学子主动运用好学校创设的平台，勇于迎接挑战，努力提升自己，才能在新学期获得更大的收获。

青年一代，已经在上海世博会、抗震救灾等舞台上对自身担当的社会责任给出了多样的诠释。我一直坚信，青年一代特别是上中学子，在未来的成长道路上，在推进我国从大到强的征程中，必将迸发出更为强劲的火花与力量。为了祖国的发展与昌盛，今天进行更多的积累，明天才能作出更大的贡献。

（本文发表于《上海教育》2010 年 09A 期，收入本书有改动。）

4.

90后给予责任担当更多诠释

> • 由于现代科技发展的速度加快、文化的多样性、世界文明的丰富性及由数字技术的发展带来的时空准无限性等，90后在责任意识、社会交往、个性张扬、价值观念、理想信念、社会道德规范等方面表现出自身的特点。
>
> • 对社会责任的理解更趋多元；在交流的时空上更趋多元；关注对自身个性的张扬，在自我价值实现追求上更趋多元。

90后（1990年以后出生的学生，下同），他们正以其青春的活力活跃在各类舞台上，又成为值得关注的一代。由于他们所处的时代、文化背景与80后相比，有着自身的特点，如现代科技发展的速度加快、文化的多样性、世界文明的丰富性及由数字技术的发展带来的时空准无限性等，使他们在成长的道路上，在责任意识、社会交往、个性张扬、价值观念、理想信念、社会道德规范等方面精彩纷呈。90后，正逐步显现为多样化的一代。

一、接受信息更广，视野更开阔，对社会责任的理解更趋多元

90后，生活在物质世界得到空前发展的年代，现代科技发展与生活紧密相关度十分鲜明，国与国的交流、地区与地区的交流不断拓展。

他们被各种新鲜信息包围着，信息更广，视野更加开阔，在社会责任的担当上有着多样的诠释。他们中有许多积极主动地去担当社会责任，如上海世博会的一个个90后的"小白菜"志愿者成为"迎世博""奉献世博"中不可忽视的力量；上海中学的90后学子在关心艾滋病孤儿、关爱少数民族、关注农民工子女教育、支援西部、保护非物质文化遗产等方面开展了许多社会实践活动，组织了"同一社""藏援社""文欣社"等关爱社会的社团，受到了广泛的关注。90后中也有在社会、家庭责任意识方面比较薄弱的，更多地考虑自身的物质享受。当然，除了上述说到的两极现象外，还有许多在不断经历磨砺的过程中逐渐认识到社会责任的重要，他们是不断发展的个体，自身的可塑性很强，从而为社会责任担当提出多样性诠释。

二、交往面广，在交流的时空上更趋多元

90后更多的是独生子女，而且是前一代独生子女孕育的新一代独生子女，这或许给他们的交往带来社交面的局限与交往圈的相对狭窄。其实不然，他们在交流的时空上更趋多样，由于家庭经济条件的许可与学校国际交流平台的创设，他们有更多的机会参与友好学校的国际交流，如上海中学的学生因学校与美国、德国等十几个国家、地区的学校建立了友好伙伴关系，每年定期有一批学生参加国际交流活动。他们处于一个信息化高速发展的时代，因数字技术与网络的发达，加上90后在信息技术与数字技术的掌握上有着独特的优势，他们通过数字技术与网络等现代技术手段，使跨区域、跨国界甚至跨时空的交流变得更加容易，使他们的交往面在不断扩大。在交流的范围上，他们不仅有现实世界的碰撞与紧密接触，而且有网络中虚拟世界的交流及对理想世界的追求，由于90后对两个世界处理方式的不同，交流也就呈现多样化特征。

无可否认，90 后一代在新的时代发展环境中有更多元的选择，在个性、价值、责任、信念、交往等方面呈现多样化，绝不是"垮掉的一代"，总体上讲是追求上进、充满激情、在实现自身发展志趣方面表现出强烈的主动追求。世界的多样化、文化的多元化、信息传递的多空间，直接影响 90 后一代，促使社会的多样化发展。正确引导 90 后多样化发展与国家、社会的科学发展、和谐发展、创新发展方向相一致，这一代青年人的未来将无可限量。

（本文发表于《东方早报》2010 年 7 月 8 日，收入本书有改动。）

5.

树楷模：弘扬五种精神、激活五种动力

> • 树楷模，能为教育的改革与发展凝聚一股更为强大的推动力，为教师的职业精神塑造、师德师风建设提供更为鲜活、丰富的养料。
>
> • 在我国教育从大走向强的征程上，我们要树立楷模教师，弘扬无私奉献、敢为人先、勇于改革、探求教育本质、严谨治学等五种精神；同时也要激活楷模教师身上的师德感召力、精神引导力、育人内驱力、文化生长力、带教影响力等五种力量。

"全国教书育人楷模"的表彰、学习，无疑进一步营造了举国上下尊师重教的良好氛围。树楷模，能为教育的改革与发展凝聚一股更为强大的推动力，为教师的职业精神塑造、师德师风建设提供更为鲜活、丰富的养料。

一、弘扬五种精神

在我国教育从大走向强的征程上，在育人为本的探索上，有许多诸如教育优先发展战略的落实、素质教育的全面推进、教育结构的调整、创新人才的培育等改革与发展的难题需要去攻关、突破。

这些难题的攻关、突破，需要弘扬教书育人楷模的伟大精神。从全国教书育人楷模的身上，我们可以看到应当弘扬至少以下五方面的教师职业精神：

一是无私奉献精神。为了教育事业、为了学生的健康成长，乐于奉献、甘为人梯，为学生的成长、成才搭建尽可能好的发展平台。

二是敢为人先的精神。能紧紧地把握时代发展的脉搏，不断推进教育的创新，关注学生的创新精神与实践能力的培养。

三是勇于改革的精神。无论处于怎样的艰苦环境，教师要以学生发展的需求为突破口，大胆地进行教育教学实验，推进教育教学改革。

四是探求教育本质的精神。努力探求教书育人的本质规律，按教育教学规律育人，让学生的成长获得更持续、更长久的动力。

五是严谨治学的精神。对待自己的教育教学工作要一丝不苟，讲求真正的学术精神，严于律己、宽以待人。

这些教师职业精神的树立与弘扬，必将为我国新时代的教育改革与发展凝聚更为强大的推动力，必将激励全体教师在新时代教育改革与发展的道路上披荆斩棘、建功立业。

二、激活五种动力

"师者，人之模范也"，而教书育人楷模，更是"师之模范、典范"。新时代推进教师的育人与成长，要注重激活楷模教师的五种力量。

第一是楷模的师德感召力。从楷模的身上，我们可以看到他们对教育事业的热爱，对学生的关爱胜过爱他们自己，将立德树人作为不悔的追求，显现强烈的师德感召力。

第二是楷模的精神引导力。从楷模的先进事迹中可以看出，他们身上体现了作为一名优秀教师的许多可贵精神，如鼓励创新、言传身教、爱岗敬业等，为教师专业精神的培育提供了不可或缺的引导力。

第三是楷模的育人内驱力。每一位楷模，都将教书育人、育人为本看成自己生命中最重要的事情，并且根据时代发展的需要与学生发展的需求不断发展自己、提升自己。这既是教师的使命，更是教师的荣耀，激励教师不断增强主动发展的内驱力。

第四是楷模的文化生长力。楷模身上所体现的，不仅是个人的力量、个人的价值，而且还体现教师的内在气质、信仰，是一种教师文化精髓的显现，是促进教师可持续发展的文化生长力。

第五是楷模的带教影响力。他们不仅影响了一届又一届学生，更带出了一个又一个不断奋发向上的优秀教师团队，从而推进教育改革与发展不断迈向新的高峰。

无论是全国教书育人楷模，还是各级各类教师楷模，这一集体形象展现的不仅是教师集体内在的价值追求，更展现了教师在推进教育事业发展中所发挥的不朽作用。新时代的教育，只有认真弘扬教书育人楷模的伟大精神，不断激活教师育人与成长的内在动力，才能更好地为构建创新型国家与建设人力资源强国奠基。

（本文发表于《中国教育报》2010 年 9 月 14 日，收入本书有改动。）

第三章　数字校园

1.

从"孤岛"走向"连通"

> • 教育教学软件大量重复开发是校园信息系统发展的误区，基础、资源和能力是数字化校园信息系统构建的三要素。
>
> • 构建数字化校园信息系统促成从"孤岛"到"联通"的转变，应抓好四个环节：身份认证——安全的系统入口；门户服务——灵活的需求配置；应用支撑——齐全的功能操作；共享平台——畅通的数据保障。

　　"数字化校园信息系统"（Digital Campus Information System，简称DCIS）是学校在一定范围内的网络信息门户，整合学校教学、管理需要，提供师生各方面服务与信息资源，使用统一身份认证的学校信息系统。随着教育信息化的推进，大多数学校已经完成了在硬件和网络基础上的构建，并尝试开发了许多促进学校教育教学、教育管理信息化的软件和系统，为学校的管理和教学注入了极大的活力。由于信息化发展是有阶段性的，在计算机应用的初级阶段，围绕一项项业务工作，开发或引进了一个个应用系统。这些分散开发或引进的应用系统，一般不会统一考虑数据标准或信息共享问题，从而出现了一个个"信息孤岛"，即在一个单位的各个部门之间的信息彼此孤立，各种信息（如财务信息、各种教学与管理信息等）无法顺畅地在部门与部门之间流动。这就要求高一层次的学校思考如何基于统一的数据平台，在建成比较完善的校园网基础设施与积累了大量的数字资源的基础上，构建数字化校园的信息系统，促进校园各类数字信息的共享，在现有"孤岛"的基础上把它们"联通"起来。

一、教育教学软件大量重复开发是校园信息系统发展的误区

教育信息化的大幅度推进和校园网的激增引发了对教学软件和教育管理系统需求的激增。然而，在数字化校园信息系统的构建中必须思考的一个问题是，教育教学软件是否越多越好呢？必须明确，教育教学软件大量重复开发是校园信息系统发展的误区。教育教学软件的开发在市场和需求的驱使下，呈现出相当多的问题，有些软件不符合教育行业特点，有些软件重技术轻需求，有些软件过度开发形成不必要的功能重复，还有些软件只考虑管理功能而没有考虑到教育中教学的功能，为校园信息系统综合功能发展带来了很大的误区，有以下几点需要学校在开发数字化校园信息系统过程中及时厘清。

1."个别"不是"普适"——教育软件缺少标准

从学校教育信息化发展角度来看，我国目前开发的大多数教育软件是个性化的，不具有普适性，这是由我国国情造成的。与西方不同的是，我国教育软件发展至今，没有经过一个标准化阶段。美国、英国等经济发达国家都非常重视教育标准化工作，他们对教育软件都颁布了明确的标准，如美国颁布了教育软件设计指南，英国颁布了学习和培训技术及教育多媒体软件的标准化工作程序、计划等。我国缺少这样的软件标准，许多教育软件在适用功能、适用范围上，在不同类型的学校间产生了较大的差异，导致软件只能"个别"适用，软件功能"个别"适用，甚至是学校"个别"适用。

2."活用"不要"拿来"——教育软件使用不当

就教育软件的种类来看,粗略地就能列举很多,有资源库类、教学课件类、题库类、管理类、平台软件及目前发展火热的基于网络环境下的信息技术与学科课程整合类教育软件。其种类繁多、特色各异,为学校教育软件的选择带来了极大的空间,然而学校在选择、购买这些软件时,是否也经过了因地制宜式的需求分析、功能选择,甚至软件改造?这都是学校教育软件能达到促进教育教学作用必须思考的问题。在当前教育软件发展形势下,学校不能只靠"拿来主义",期望软件不经改造就可以直接进入学校、进入课堂。要避免软件购买的盲目性与使用的不当性,提高对现有公共平台的使用效能,还可以开发有特色的软件,用"活"教育软件。

3."参与"还须"深入"——软件企业认识不够

在教育软件开发过程中,我们发现有相当一部分开发教育信息平台的公司并不懂学校教育教学规律,而不懂教育教学规律的必然结果只能是闭门造车,这样开发的软件如何满足教育的需求?软件公司对教育行业认识不够主要表现在需求分析上,需求分析是产品开发成败的关键。另外,即使需求分析做好了,可是软件开发者对教育教学内容的理解距离教育软件应用的需求还很远。这就需要学校充分认识教育软件功能实现的有限性,要求开发者全过程深入进行学校需求分析,提升教育软件开发的效能。

4."需求"还是"产品"——技术本位思维严重

技术本位的产品开发思维在教育软件公司中影响非常大。由技术本位引起的产品开发失败的例子不胜枚举。相当多软件公司只关注教育软件产品运用的技术有多先进,如采用了 Java 技术,可以跨多种平台,系统完全采用 B/S 模式,功能模块非常丰富等,而对于如何满足学校、教师和学生的教育教学需求,却疏于考虑。在技术本位的思维下,开发出的软件系统虽然在技术上非常先进,但由于不符合教育教学的实际需求,而走入了一个很大的误区。

5．"一个"还是"多个"——管理系统开发凌乱

从教育软件开发的整个发展过程角度来看，我们可以发现，一开始软件公司的切入点是各个小的应用系统，如学生管理系统、自动排课系统、宿舍管理系统、图书管理系统等。这些应用软件都比较侧重教育管理和服务中的某个具体功能模块，而随着信息化的发展，学校的信息化道路越走越宽，需要的软件模块越来越多，不断地购买和开发基于功能模块的软件就会造成整个管理系统陷入复杂而凌乱的状态。各个软件公司提供的应用软件之间缺乏互操作性，无法共享信息和交换数据。各种应用软件把各自的数据锁在"数据坟墓"中，即使是同一家软件公司提供的软件之间也往往会出现因开发平台和支持数据库不同而难以实现数据的共享。

6．"管理"还需"教学"——综合平台相对缺乏

随着我国教育改革的不断深化和教育管理现代化的推进，原有一些零散的软件已经不再适合教学管理需求，因此综合管理平台的开发成为必然。一般这些管理平台都由软件公司为教育部门定制完成，集学生管理、教务管理、人事管理、教学管理等于一体。但是，我们发现目前大多数的教学平台建设还处于资源库建设阶段，而对教学平台的教学功能缺少研究开发，能集教育管理和教学功能于一体的综合性平台更是缺乏。因此，能实现信息的共享、联通，并构建数字化校园信息系统就显得尤为必要。

二、基础、资源和能力是数字化校园信息系统构建的三要素

数字化校园信息系统的环境构建包含三个非常重要的因素，第一，系统构建的基础，即目前学校信息化硬件条件、软件条件和与此相适应的管理服务。只有在相对匹配、安全、稳定的基础上，才能保证校园信息系统正常工作。第二，需要考虑的是学校资源的建设情况，校园信息系统不仅包含教育管理内容，还应是一个集管理、教学、服务于一体的

大型数字化系统。数字化资源是校园信息系统的"血肉",管理层可以使用数字化资源进行决策,教师和学生使用资源库来满足教学和学习的需求。信息系统环境能否得到合理的应用,发挥预期的效果,最大的影响因素是人的参与,因此维护和使用人员的能力是第三个需要考虑的因素。

1. 基础:完善网络基础建设,提升网络服务质量

校园网基础建设是数字化校园信息系统的硬件平台,是最基础的部分,其建设质量的好坏将直接影响数字化校园信息系统使用性能。校园网络基础建设不是买一批计算机和网络设备等硬件产品,然后连起来就行了,而是必须结合学校自身特点,本着实用性、开放性、先进性等原则规划出一套设计严谨、成熟先进、行之有效的建设方案。

目前大部分学校都已经完成了基本的网络基础建设。但是,随着学校信息化的不断推进,必须对校园网基础设施进行优化、改造和升级。早期网络建设的设备性能可能已经难以支撑数字校园信息系统的运行,与硬件相匹配的软件也无法满足多用户、多功能的需求。此外,信息技术本身的进步也推动校园网络的变革,新的多媒体应用和安全管理都对网络平台提出了更高的要求。要保证校园网络环境的正常运转和安全管理,必须建设一支具有一定技术水平的人员队伍,从日常维护、突发处理、更新换代、功能建设和校园网络整体规划设计等方面着力提升网络服务质量。

因此,进一步完善校园网络的基础设施建设、提升网络服务质量,实现整体校园网络高速畅通、安全可靠、稳定便利,是校园信息系统构建的重点工作之一。

2. 资源:建设有特色的数字化资源体系

信息资源与材料、能源一起构成了现代文明的三大支柱,它属于生产要素、无形资产和社会财富,在社会资源结构中具有不可替代的作用,成为经济全球化背景下国际竞争的一个重点。当前信息资源的发展趋势为资源数字化、传输网络化、管理自动化、分析智能化、分工专

业化、服务个性化和方式多样化。随着信息需求和应用的多样化,教育信息化领域中的信息资源应用越来越广泛,建设有特色的教育信息化资源越来越受到人们的关注,也成为数字化校园信息系统构建的必要因素之一。

教育信息化中的数字化资源是指将文字、图像、语音、影像等内容,运用数字化技术手段和信息技术进行处理,能以数字信号形式进行传输的教育信息资源。它包括图书、报刊、录像带、录音带等数字化后以一定的格式和组织方式存储在计算机中或服务器上,便于人们检索、下载和处理的教育信息资源,还包括教学过程中产生的信息,如教学过程中学生与教师互动产生的信息。在基础教育领域,数字化资源有诸多不同的表现形式,我们可以把校园信息系统中的数字化资源理解为教育软件、数字图书馆、教学资源库和教师学生个人资料库等。

数字化资源体系是教育软件、数字图书馆、教学资源库和教师学生个人资料库四种资源类型的有机结合,教育软件依托数字化的特点为课堂教学带来了生机活力;数字图书馆为教师和学生课后补充能量、开阔视野;教学资源库以科学的资料汇集方式,为教师和学生提供丰富的资料来源;教师和学生的个人资料库是数字化校园信息的重要基础。合理构建有特色的数字化教育资源体系是数字化校园信息系统构建的关键。

3. 能力:提高师生、职工信息化应用水平

推动校园数字化、信息化建设发展的主体是人,是人起关键作用的,因此,在数字化校园信息系统构建中,我们需要一支观念新、素质高、勇于创新、善于运用信息技术的教师、学生和职工队伍。此外,还要提高全校人员的信息素养,达到会用并喜欢用信息技术手段来完成工作。否则,即使数字化校园信息系统建设完成,也将是"空架子",不会对教育教学起到任何促进作用。

要优化数字化的环境,提高全校人员的信息素养,必须抓好师生、职工信息化应用的培训工作。由于每个人对计算机和校园网知识掌握

程度不同，需求也不同，应该按需分层次进行培训，密切结合工作实际。目前，由于数字化技术的社会化渗入，绝大多数青年教师已能熟练使用，这类人群需要解决的是如何合理使用信息化系统对自己的教育教学工作起促进作用，能切实帮助课堂教学的优化；对中年教师，学校需要尽快让他们在使用的环境中提高信息技术使用能力；对学生，学校不仅要教会他们如何使用和操作，而且还要促进其学习和生活；对各管理部门和职工，学校则可以有针对性地开展技巧与心得交流，以强带弱，以强帮弱，共同提高。

此外，为了促进全校人员的信息技术使用，学校应加大力度，健全信息技术应用的评价激励机制。通过评价和激励双向措施促使他们用好信息技术。随着数字化校园信息系统的构建和对各类资源的集成，会让校园中的每个人都会体验到离开这个平台很多事情就难以完成，甚至无法完成。因此，抓好全校人员信息化应用水平的能力是迫在眉睫的。

三、促成从"孤岛"到"联通"的转变

构建数字化校园信息系统能在一定程度上改善学生、教职工的教学、工作、学习和生活环境，提高管理人员的工作效率，推进"信息化校园"建设的步伐，实现校园各类数字化信息从"孤岛"走向"联通"。基于这样功能的数字化校园信息系统的构建需要把握好以下几个环节。

1. 身份认证——安全的系统入口

统一身份认证是指用户经门户登录校园信息系统，系统会根据用户的角色，完成对用户的一次性身份认证，用户无须多次输入用户名和密码便可以直接进入平台的服务和应用系统或登录门户平台外接的（集成的）各应用子系统，真正实现单一登录。系统平台将依据用户的角色与权限，提供该用户相应的虚拟活动"场所"、信息资源和基于其权限的功能模块及工具。在学校工作人员调岗、调级、调职等变更后，

或者学校体制改革、组织机构变动后，使用户的身份和权限在各系统之间协调同步，保证信息的统一。在数字化校园信息系统建设中实现一个实用、高效的统一身份认证系统是必不可少的。

2. 门户服务——灵活的需求配置

门户网站是一个覆盖全校的、统一的及满足用户个性化需要的信息服务门户，为校内外各类用户提供多种信息查询。门户网站集成学校各种信息资源，将各系统的信息服务（包括办公、教学、科研、人事、财务、设备、后勤等）整合起来，为不同类型用户提供个性化信息发布和服务。校内的各类用户只须通过一个统一的界面登录，系统即可按该用户身份和授权，定制出他可以访问的信息范围。系统为用户提供多种查询逻辑与灵活的查询条件，以满足学校用户对各系统数据的查询需要。门户网站将分散异构的信息资源集成，提供一个支持信息访问、传递，以及协作的集成化工作环境。

门户网站提供灵活、个性化服务，有效盘活校园应用系统中的信息资源，为师生和学校管理者提供面向个人、个性化的自助式服务。数字化校园信息系统建成后，校内的用户都可以享受到安全、完善的信息化服务。通过门户网站，学生可以不受时间、地点的限制访问学习资源，或与其他同学、老师进行交流和协作；教师可以利用它进行教学、开展教研活动，还可以查询个人的履历、奖惩、教学情况（开设科目、课表、所授学生、成绩等）、学术信息（项目、成果等）、校内生活信息（借阅、停车等）；管理人员利用它提高工作效率，并通过数据中心汇总的数据形成更有效的决策依据。

3. 应用支撑——齐全的功能操作

从学校信息化启动以来，应用系统开发的脚步就从未停歇过。从一开始开发小功能小模块（如成绩输入系统），到后来较为复杂的用于数据收集、传递、存储、加工、维护和使用的基于 Web 的功能系统（如学生信息管理系统），都在不同层面上逐步规范和提高学校各部门工作的流程、效率。但是，由于相对独立的建设模式和思路，各应用系统间难以实现有效的信息共享，容易形成信息"孤岛"，全局性的数据分析、决策支持更是难以达成。

因此，应用系统是数字化校园信息系统中具体业务实施的系统。应用系统应建立在一个庞大的公共数据平台上，统一数据规范，调用平台上的公共基础数据（如学生、课程等信息）。当应用系统采用了统一的数据规范后，各应用之间的互通得到了基本的保障。另外，通过应用系统产生的数据资源也是公共数据平台的基础数据，可供平台共享使用。在整个系统中，应用系统也必须基于统一身份认证平台构建，通过门户网站进入系统平台的用户在应用系统中无须再次进行身份认证，就可以获得与其身份、角色相符合的功能和权限。这样的"透明"在各应用系统间的转换也会类似。对于原有开发的，尚能使用的应用系统而言，则可以通过数据共享的方式接入整体应用系统中。

应用系统保障了学校基础数据的实时准确维护，还扩充了这些基础数据的内容，使信息资源更加丰富。对应用系统本身的设定而言，除了需要满足学校的日常教学和管理需求外，应充分支持门户平台为用户提供的各大服务。

4. 共享平台——畅通的数据保障

共享数据平台是指在校园内搭建的一个面向应用、安全可靠、操作便捷、技术先进、规范统一、灵活可扩展、内含交换工具及数据库，为学校教学科研提供交流、通用的服务平台，为学校的管理提供高效、共享的管理平台，满足校内各类人员的查询要求。建设共享数据平台是校园信息化各应用系统之间实现数据共享的基础，为整个学校的信息查询和决策分析提供全面的数据。建设共享数据平台，对数字化校园建设有着重大意义。首先，能规范全校的信息编码，整合各应用系统的数据，实现系统间的数据交流与共享；其次，可以实现集中管理学校的数据资源，为全校教学和管理提供信息服务；再次，基于相对丰富、完整的数据，可以提供数据分析和数据挖掘服务，来支持学校管理决策；最后，也为未来的业务流程整合提供良好的基础。通过建立共享数据平台，解决各业务系统之间数据的共享问题，可以避免业务系统间使用的数据不一致，同时为以后整个学校的信息查询和决策分析提供全面数据。

当然，要真正构建完善的数字化校园信息系统，实现基于统一数据平台的信息共享、科学决策与学校管理，我们需要走的路还很长，但可以预见这是未来学校教育信息化建设的新方向。它有利于进一步促进教师基于数字平台的教及学生基于数字平台的学，值得我们不断探索。

（本文发表于《中小学信息技术教育》2010年第1期，收入本书有改动。）

2.

创新管理——学校运用数字技术的方向

> • 以信息为中心的数字技术对学校的课程设置、教学方式、学校管理等方面都产生着巨大的影响。
> • 基于数字技术的创新管理方向主要体现在全域管理、全程管理和即时管理。

随着知识经济时代的来临，数字技术已渗透于中学教育的各个领域，能否在数字化环境下生存、发展、创新，不仅是现代社会中的个体必须面临的问题，也是一个学校，甚至一个国家、一个民族在未来竞争中处于不败之地的关键。反观我国传统的学校管理，"信息不对称"及"搜索成本"问题普遍存在，制约着现代学校的可持续发展。因此，如何操作好数字化技术这台强有力的"发动机"，实现学校高度信息化的创新管理机制，理所当然地成为我们探究与实践的一个核心问题。

一、数字技术运用于学校管理的回眸

社会信息化的重要标志是信息处理及传输技术的广泛应用，并表现为信息公开程度、膨胀速度的加大及人类的信息意识不断增强。在这个"信息"成为主角的时代，我们应该积极探索数字技术与学校管理结合的新方向。曾获得诺贝尔经济学奖的"信息不对称"理论及关于"搜索成本"的问题，在某种程度上揭示了我们在管理上要解决的最核

心、最根本的问题。

1. 信息不对称问题

信息不对称是指信息在相互对应的组织和个体之间呈不均匀、不对称的分布状态，即有些组织和个人对某些事的信息比另外一些组织和个人掌握得多一些。教育的信息不对称问题究其原因主要是教育教学分工不同、对信息的认识不同和人员在利益上的冲突。信息不对称的表现多样，举例来说，有时学生中发生的很多情况，我们不了解，而家长需要了解的很多信息，我们没法提供。这种信息不对称还体现在管理者与教师之间、教师与学生之间。上述情况不仅会影响教学的质量、教学管理的效率及学校对各项目标的实现，也会使教学水平的提高受到相当大的制约。数字化技术平台的出现则能有效弥补信息的采集、加工、交流、分享、发布、反馈整个过程中的不对称性，增强学校管理的有效性。

2. 搜索成本的问题

这个问题在我们的现实生活中是普遍存在的，举一个通俗的例子，我们经常看到的"剩男""剩女"问题，实际上就是一个搜索成本的问题。非常优秀的女性，找不到男朋友，为什么？当然不是不存在符合条件的男性，而是要搜索到这个合适的男性成本太大，一般很难遇到。我们的教学管理同样存在搜索成本的问题，今天讲的个性化教育，其关键在于找到学生的兴趣点、潜能点。这个兴趣和潜能不是泛泛而论的，对每个学生个体来说，他有哪些兴趣？哪个兴趣是他的潜能所在？我们不清楚。这就是搜索成本的问题。学校管理的目的不是对学生进行严格要求，而是使学生得到更好发展。因此，只有通过数字化数据来了解他们的兴趣和潜能，整个教育管理才能达到更高的水平。

二、数字技术推进学校管理创新的方向

对于如何应对上述提到的一系列问题，尤其是如何处理高度统一与个性化发展这一核心矛盾，我校在十几年实践的基础上逐渐找到了

一些解决思路，主要有三个方面：全域管理、全程管理、即时管理。

1. 全域管理

信息技术广泛使用之前，学校进行全方位的管理几乎不可能实现，而数字化发展为我们带来了新的可能性，这就产生了全域管理这一概念。全域管理要在不同场合面对不同的人群，从不同人群角度出发。比如，我校构建的动态信息结构，就以不同角色为中心，构建了学校管理中各部门、角色信息和反馈情况的三维网状结构。对这一结构我们可以从课程角度来看，也可以从教师角度来看，还可以从评测角度来看，再基于统一平台，从不同角度利用同样的数据得到更多的信息。这是我们正在努力的方向，也取得了一定的成果。

2. 全程管理

全域管理在维度上是横向管理，对应的是对时间的管理，是一种纵向管理，是在发展的全过程中对每个阶段进行的有力管理。基于数字化技术的全程管理可以记录整个学校活动过程中不同角色的过程信息，可以对学生发展的全过程进行追踪，对信息、数据进行分析，支持决策。

3. 即时管理

一些问题不能及时解决可能会引起更大的问题，所以对管理来说，最重要的是即时性。对现代学校来说，基于数字化平台的即时性管理就是采用数字化技术及时发现学校管理中出现的问题，并迅速处理。

三、学校管理创新要进一步思考运用新手段

学校管理创新在新时代背景下需要有新的思考，随着新技术、新手段的使用，我们面对的信息量越来越多。海量数据挖掘技术及云计算、虚拟化技术的运用成为学校管理创新中必须研究的重大课题。

1. 海量数据挖掘技术

需求分析从"定性"发展到"定量"。需求分析是海量数据挖掘的

首要步骤。最早的需求分析方法是定性分析，随着社会发展，数据分析手段以其先进、快捷、高效成为现代社会需求分析的常用方法。考虑到现代学校的办学规模，学校的决策更依赖大规模的数据分析，因此需求分析技术"定性"到"定量"的转变是现代学校管理科学决策的必然趋势。

主成分分析和因子分析从"单个"发展到"多面"。影响事物发展的因素是多方面的，我们不能依据单一指标去做评价。当我们收集到关于某一事物的海量数据后，为了更科学地做出判断，在决策之前，需要考虑尽可能多的因素，学校管理同样如此。这必然会产生一个问题，由于事物中包含的变量之间的相关性，数据会出现重叠，因此需要进行主成分分析与因子分析。这两种分析方法用于教学管理，既能获得指标之间的关联性，又可以尽可能多地消除重叠及其他影响，增强了评判的客观性。

2. 云计算和虚拟化技术

云计算和虚拟化是当今信息技术领域的两大新技术。以下简单介绍两大新技术的特点及虚拟化的发展趋势，以期为学校创新管理开拓新思路。

云计算和虚拟化的三大特点。虚拟化是实现云计算的基础，主要体现在三个方面：一是服务器的虚拟化，二是存储的虚拟化，三是应用的虚拟化。实际上，无论是虚拟化还是云计算，都具有三个核心价值：第一个是提高了资源利用率，避免单个机器容易闲置的问题。第二个是系统的可靠性。第三个是高成本问题，即购置的成本较高。我们今天使用的云计算软件及硬件，成本都很高，但我个人认为，这种高价位不会持续很长时间。随着技术的成熟和发展，其价格会大幅下降，到时候成本也会保持在一个较为合理的范围内。

虚拟化技术发展趋势。在此我简单梳理一下虚拟化技术的发展过程，20世纪七八十年代是大机器时代，到了20世纪八九十年代就出现了客户端和服务器，而今天通过虚拟化实现的云计算成为新的发展方向。对于虚拟化技术与学校管理的结合，目前我校正在探索阶段，还没有迈出实质性步子。但是，如能充分把握其发展方向也就把握了学校实现管理创新的契机，相信在不远的将来学校的管理创新会在虚拟化方面出现实质性突破。

最后，关于数字技术在学校管理创新中的应用我认为主要应从以下两个方面进行考虑：第一，数字技术的更新速度非常快，这就需要学校管理者在技术飞速发展大背景下对课堂教学、学校管理不断进行反思。时代在进步，技术在进步，如果我们的教育和管理跟不上时代的步伐，就不可能成为数字技术的真正驾驭者。第二，我们的发展方向是实现管理的创新，要实现这个目标，除了硬件设施要跟进，还有一个核心要求，就是增强学校人员运用数字技术的敏感度与能力。只有学校人员计算机使用水平提高了，他们的数字应用能力、素养、职业敏感度才会大大增强，我们在数字技术方面的"投资"也会有丰厚的回报，下一代学生也将更好地发展和成长。

（本文发表于《中小学信息技术教育》2011年第6期，收入本书有改动。）

3.

学校运用数字技术的方向：超越课堂

> · 数字技术运用于课堂教学实际上有三种形态：帮助课堂、替代课堂、超越课堂，超越课堂将成为未来学校运用数字技术的发展方向。
>
> · 基于数字技术的探究学习、教学互动是培养新时代有创新能力的高素质人才的重要途径。

我国正从教育大国向教育强国、从人力资源大国向人力资源强国迈进，而创新是实现教育强国与人力资源强国的核心关键。新型创新人才的培养与教育，特别是数字化环境下的教育创新，理所当然地成为学校探究与实践的一个核心问题。当今天的中学生明天踏进社会时，他们能否具有适应数字化环境下的生存、发展和创新能力，能否应对数字化环境中的学习与挑战，能否拥有先进技术和最新知识，这是具备创新能力的人才决定性的要素之一。一个十分重要的发展方向是推进数字技术与学科的融合。例如，航天领域中发射轨道变更与追踪技术高度依赖数字科技，医学卫生领域中先进的微创手术、微型外科治疗依靠数字技术，这些必将深刻影响学校运用数字技术，推进课堂的超越。

一、超越课堂将成为学校运用数字技术的发展方向

21 世纪以来，数字技术的推广在诸多领域中掀起了数字化革命的

浪潮。同样，数字技术也给教育领域带来了深刻的变革，现代学校应努力在数字平台之上，无论是课程、学习方式，还是教学与管理手段，数字技术在都应有所作为。未来课堂教学运用数字技术，应该做些什么？可能做些什么？需要我们进行一系列思考，寻求新的发展方向。近十年来，数字技术运用于课堂教学，先是计算机辅助教育，接下来是信息技术与课程整合，实际上有成效的主要是技术应用和辅助课堂教学。目前为止的努力大多数局限在技术应用和辅助课堂教学，数字技术与教学结合的真正出路在哪里？需要我们做深入探索。我们先来分析学校运用数字技术的三种形态，然后研判学校运用数字技术的发展新方向。

（一）数字技术运用于课堂教学的三种形态

从课堂教学和数字技术两者的关系角度来看，数字技术运用于课堂教学实际上有三种形态：帮助课堂、替代课堂、超越课堂。

1. 帮助课堂

帮助课堂的内涵是以辅助的角色运用于课堂教学，如把电子板书、教学资料等以文字、声音、图表、视频、动画等多媒体形式运用于课堂讲解和知识学习的各个环节。中国教育主要采用以认知为主的教育方式，所以现在数字技术对教育教学基本上是一种辅助的角色，如电子板书、PPT使老师的讲解更加清晰，用文字、声音、图画、多媒体的形式，使数字教育得到更好展示，并取得相当不错的教学效果，确实使教学得到了一定程度的改变。但是，根本性教学成本问题随之而来，如各种投影仪、即将面世的电子白板技术、电子书报技术等，使我们的教学成本大幅度提升。如果这些技术只能起辅助作用，那么相应需要巨大的经济投入，这不符合我们的国情，其使用范围与效能也必将受到很大限制。

2. 替代课堂

替代课堂是利用网络（远程）教育等方式替代传统的由教师亲临课堂授课，以多媒体技术为主要媒体，用屏幕或互联网进行跨时空、跨地域交互教学。它的优点在于灵活方便、便于管理、资源共享、个性化服务。缺点是与受众的需求不一定匹配；需要学生具备良好的学习自觉性和独立性；完全虚拟的教育环境遗漏了大量有价值的教育经验；课堂的德育功能存在明显不足。所以，现在主要适用于业余学习、课外学习。远程教育中有个显而易见的例子：MIT（美国麻省理工学院）的网上公开课，最近在国内受到热捧。虽然这种教育方式、教学模式是新鲜的，但如果把它作为教与学的主要形式，就很难得到真正的落实。教学本是教师与学生之间的互动，这种课堂形式缺少了感应和激情，缺少了上课时针对学生实际需求的回应。很多教育网站都希望能替代课堂，实际上效果不佳。我们认为完全意义上的替代是做不到的，只能用数字技术来部分替代我们的课堂。

3. 超越课堂

很多现代西方国家采取的最主要的教学模式是基于探究的学习（Inquire based Education），而中国多是基于认知的学习（Cognition based Education），教与学的主要任务是认知。在认知学习背景下课堂教学使用信息技术、数字技术与在探究学习背景下使用有很大差异。素质教育发展到今天，课堂教育改革已经受到强烈的挑战，数字技术对原有教学环境的大大突破，使大规模的个性化教育成为现实，可以实施更加灵活多样的学生的探究性学习。并且数字技术为教学提供开放的、多样的、个性化的互动指导，这将直接推进超越课堂的显现。超越课堂有三个主要方向：第一个方向是推进个性化教育。第二个方向是推进探究性学习。第三个方向是借助数字技术运用的教学互动。对教育来说，根本性问题是互动，借助信息技术、数字技术，我们的教学互动才能达到一个更高的高度。这个互动，不只是人和人之间的互动，也包括人机互动；不仅是老师和学生的互动，也包括学生与学生之间互动。超越课堂应当成为我国学校运用数字技术的新方向。

（二）数字技术实现超越课堂的主要表征

数字技术实现超越课堂，我们认为主要有四个方面的表征。第一，超越课堂的物理空间。我们可以对实验室进行远程操作，我校有一个细胞生物实验室，因为细胞生物涉及病毒，有些样本材料是有毒性的，实验环境也要求无其他细菌和病毒。有些环节学生可以在实验室中操作，但有些环节不能在实验室中操作，那么就可以利用数字技术进行远程控制。我们用摄像头把实验室中所有与实验有关的东西传送到外面的大屏幕上，就能了解发生了什么。这样的一种技术，我们的学生了解并熟悉后，对他们将来从事这方面的研究工作，会有很大帮助。第二，超越课堂教学空间。课堂不再局限于 40 分钟内，课堂效率可以得到大幅度提升，如在数字化物理实验中可以利用探头等数字仪器快速分析得到结果。第三，超越课堂教学手段。利用数字技术展现传统手段无法展现的微观世界。第四，超越学生知识基础。利用数字技术的形象化方法处理原来只能在大学才能学到的前沿科技，学生可以暂时跳过理解某些原理而直接利用数字技术去学习和探究。

二、探究性学习与教学互动是数字技术推进课堂超越的两大切入口

如前所述，个性化学习、探究性学习和教学互动将是数字技术推进超越课堂的三个切入口。在当前情况下，教育个性化在以高考作为主要评价体系的背景下受到多种制约，这里主要讲数字技术如何推进课堂的探究性学习和教学互动。

（一）利用数字技术推进探究性学习

1. 数字技术推进探究性学习的一个重要新内涵是超界或超限学习

随着数字技术的出现，今天的教学方式与学习方式，已经有了新的变化与新的内涵。以前的学习，我们所习惯的方式是从最基本的开始，层层递进，不能超越某一个环节，必须按部就班。但是，在今天，借助数字技术完全可以不按这种方式进行，可以有一个"黑箱式"的超越。

举个最简单的例子，今天我们用的相机都是数码相机，用数码相机的人，有几位知道它的原理是什么？但并不影响人们用它纪录影像。学生对 DNA 的很多理论可能不了解，但学生可以用一些数字化仪器，直接把实验内容进行形象展示并得出某些结论，然后继续学习。由于数字技术的出现，我们的学习方式已经产生了新的变化，能跳过某些环节（我们把它称为"黑箱"），直接获得所需要的结果。根据结果，进一步探究，进一步学习。这种学习方式，不只是学生可以用，实际上现在的科研机构，已常常使用。如果在教学中，没有考虑到、没有看到学习方式的变化，那我们就跟不上时代的发展。

2. 利用数字技术开展的多样化探索方式

学生开展数字平台的探索、实验、学习，信息素养与信息意识就会明显提高，数字技术运用成为他们生命的一部分，成为他们学习、生活和将来工作的一部分，这些是我们追求的超越课堂、突破课堂界限的一个重要方面。利用数字技术开展的多样化探索有如下几种：

构造式探索。在利用数字技术与专门领域的建构、创新方面，当代中学生是有优势的，因为他们的数字技术掌握与运用能力很可能比上一代强。上海中学学生严冠文在高二时曾做过这样的尝试，通过构造与设置模型、设计程序开展"HIV 蛋白酶抑制剂的分子动力学与三维定量构效关系研究"，这是他参与上海交通大学导师领衔项目中的一部分，涉及生物信息学相关领域。高二学生能做吗？由于他的编程水平远远高于课题组中搞生物学的硕士生、博士生，他设计了一个非常好的模型，有效推进了研究并取得了良好进展，后来其撰写的学术论文发表于 *Chemical Biology and Durg Design*（SCI 期刊），其影响因子达到 3.2。我校在这方面的探索还有利用 VEX 机器人实验室开展各种智能机器人的搭建、机械结构自动控制等。

收敛式探索。举个例子，我校学生原野等提出了"利用生物信息学手段寻找大豆可能的耐盐基因"的课题，研究影响大豆的耐盐基因，要从 200 多个基因中找出哪些是最有可能的耐盐基因，他们借助数字技术并开展相关实验，逐个排查，最终找到了三个基因跟耐盐性最有关系。他们经过这样的历练，将来进入大学后跟同龄人相比，思考的境界就不一样了。

虚拟式探索。我校有一个专门的金融实验室，其中所有的股票信息、数据都可用于投资、金融方面的模拟实验。虽然他们没有真正参与过股票等相关交易，但在实验室中可以学到与金融相关的知识和操作，虚拟平台让他们实时调取有关股票信息、基础数据等资料。我们请的指导教师是上海财经大学教授，他们对学生的虚拟探索能力印象很深。有一次，一位指导教师为了使我们的学生对金融知识感觉深一些，说："同学们，你们看一看，金融方面的问题是非常难的，我给你们看几道题目，这几道题目我的研究生做了两三天还没有做对，让你们看看有多么难。"结果半小时内我们有六个学生全部做对，这位教授为之惊讶。

低碳式探索。我校有一个汽车实验室，用于让学生制作节能赛车参加全国性大学生节能汽车大赛。我校汽车实验组学生利用数字平台对汽车模型进行虚拟设计和节能赛车制作，用常用的软件 AUTOCAD 对节能汽车进行虚拟设计，建立车身、车架模型，进行相关探索与分析。后来，我们的学生制作的节能赛车在比赛跑道上用一升汽油跑了300 多公里，低碳节能的理念得到彰显。

验证式探索。我校学生中有许多对人体医学感兴趣，我校就有人体医学实验室，里面有一些数字化人体模型，学生通过与这些人体模型的接触，可以知道一些常见病病理与应急处置方法。例如，学生要测试人体模型的肝脏是否疼痛，就可以自己去摸，摸得不对，它没有感觉，摸对了，人体模型通过连接的电脑就会发出声音："痛！痛！"实验室中有一些急救程序设计，如发生心肌梗死，就要注射一定的药品。如果药用对了，人体模型就醒了过来；如果药用得不对，它马上就"死"了，说："哦，气断了。"人体模型可以用不同的程序来设计验证病理知识，通过语言、动作等显示操作的正确性。又如，国际文凭课程 IB 化学中 EE 拓展性论文"建立模型总结温度对水质影响"的实验，连续取水样一年,运用七种不同的电子探头获得数据,通过软件的处理和分析,试图建立模型并归纳其中的规律。

一所学校的数字化程度,不是只看学校有多少个基于数字平台的现代化实验室,不是只看现有设备功能强大到如何程度。在我国现有条件下,只有极少数学校在设备方面可以达到更高的标准。那么最核心的指标是什么?是学生通过运用这些数字化设备进行探究性学习,使学生的数字信息素养得到大幅度提升。将来进入大学、研究生学习、踏上社会后,能借助这方面的探索经验使自己的能力达到更高的程度。

(二)利用数字技术推进教学互动

学生围绕课题,通过书本、网络、与老师交流,通过充分使用各种数字化技术和手段,提高探究能力和创新水平。在探究型教学过程中十分强调教师对学生探究活动的指导,以及师生间及时就研究中发现的问题进行交流。数字技术从教学信息和资源、教学手段和方法,乃至教学理念深刻影响着探究型教学的实现。多媒体及网络技术应用到教学过程中,大大促进了师生互动的实时性和及时性,增强了教学互动的节奏性和灵活性。数字技术在推进探究性学习的同时,也创设了教学互动的新型组织形式,包括远程互动、异步互动等。例如,上海中学专门建立的研究性学习平台,为学生探究课题、与导师交流、学生与学生之间的交流提供了更为灵活的方式,拓宽了学习时间与空间。

常见的教学互动性有四种形态:实时互动、延时互动、人机互动、集体互动。比如,学校通过 MP 网、多空间视音频网实时开展交流互动,学生施天麟、许昊文、杨力的探究课题"手机平台上的可定制智能远程终端——Sky desktop"有效实现人机互动。学校开展网络教研、网上论坛等形式的集体互动。在这方面,我们感觉与发达国家有很大差距。这个差距不是在硬件上,我们的硬件不比他们差,而是在我们使用的程度上,使用的互动频率有巨大的差异,这是影响我们数字技术应用的一个关键问题。我们并没有在课堂教学、在我们的日常工作中广泛地使用数字技术来推进教学互动,这还没有成为我们的习惯。

很多人还有一个非常陈旧的观念:没有信息技术、数字技术,我们照样可以上课,照样过得下去。当学校发展到没有信息技术、数字技术,就寸步难行,教书困难时,就会得到一个新的更大的发展。我校正往这个方向去努力,可以这么说,在我校,学生也好,老师也好,如果不掌握数字技术,教也没法教,学也没法学,所以我认为互动的核心问题是教师信息技术、数字技术的运用能力。同时,由于学生与教师比的数字过大,影响了教师做好互动的质量,加上目前互动软件支持的形式单一,影响了互动的效果。这可能是我们在推进基于数字技术的教学互动过程中最关键的问题。

不少教师长期采用传统的教学模式进行教学,积累了丰富的经验,对传统的教学模式怀有深厚的感情,不愿意改变。有些教师对数字设备的操作还不太熟练,甚至产生排斥和恐惧心理,不愿意也不知道如何采用数字技术进行教学。教师的数字技术能力影响了教师做好基于数字技术进行教学互动的可能性。因此,教学互动大规模实现并非技术问题,难点在于全体教师的"全员参与"。

数字技术的教学应用带来的影响不都是正面的。比如,不良信息侵入的渠道更加通畅,给我们的德育提出了新的课题;手机使用"失控"增加管理难度;信息海洋中的"迷航"现象,学生如何找到需要的信息;过度的娱乐行为;交互程序对学生思维的消减作用……这些都是数字技术带来的负面作用。我们要充分认识到"技术是一把双刃剑",探索扬长避短的有效手段,积极干预和主动引导,促进数字技术对学生发挥的正面影响。

数字技术推进课堂超越还有一些难题需要我们去解决,但不可逆转的是超越课堂将是学校运用数字技术的发展方向。数字技术与课堂教学的融合不仅改变了教学方式的形式,而且改变了教学方式的实质,为学生的探究性学习、教学互动与个性化教育提供了良好的平台。基于数字技术的探究性学习、教学互动符合新时代人才培养要求,是培养有创新能力的高素质人才的重要途径。我们应认识到两个方面的良性循环：第一，数字技术催化了教学方式与教学模式的改革。数字技术的有效、合理、适当应用在某种程度上必然带来教学方式、教学模式的重大变化。第二，教学改革同样促进数字技术应用的新发展。当数字技术因功能实现太慢而难以跟上学校教学需求时，学校的改革呼唤也将推进数字技术加快更新速度，支撑学校教育的发展。

（本文为作者在 2010 年全国数字化校园建设研讨会暨中学协作研究会年会上的主题发言，发表于《中小学信息技术教育》2011 年第 10 期，收入本书有改动。）

4.

数字校园引发教学重构

> • 数字校园的三个核心要素，即信息环境、数字空间、教学与管理重构，其中信息环境、数字空间为基础，教学与管理重构是核心。
>
> • 在信息环境优化与数字空间延伸的过程中重构学校课程、教学内容、学习方式、教学手段、评价方式。

数字校园是一个开放、动态的概念，随着数字技术、信息技术的不断发展，其内涵和外延也在不断发生变化。国内外学者有关这一概念的界定有很多，但其关键要素均包含信息环境、数字空间、教学过程与管理过程的重构。对学校来说，数字校园不能只停留在概念层面，而应着眼于推进教育教学功能变革上。在这场变革中，一些有条件的学校可以先行尝试。

一、信息环境与数字空间——数字校园的根基

校园环境已经不是以单纯教室、实验室为基础的现实物质场所，而是虚拟与现实空间的叠加。从单纯的"点"上的信息技术整合，到与学校现有资源匹配的技术发展路线的形成，再到教学与管理的数字空间营造，数字校园构建需要把握信息技术、数字技术发展的脉搏，进行阶段性变革。

（一）信息环境的变革

学校信息环境的变革是有阶段性的，每一个发展阶段都有其鲜明的特点。随着时代的发展与学校教育改革的需求变化，每个发展阶段的学校信息环境都面临进一步发展需要解决的问题。上一阶段问题的解决将推进学校信息环境走向下一个新的阶段，下一个阶段面对时代发展又会遇到新的问题，学校信息环境不断变革并螺旋式递进。学校的信息环境发展大致经历四个阶段，我们提炼了每一个阶段的参照指标和面临的问题。学校如能成功地解决这些问题，信息环境将迈入下一阶段，向纵深发展（见表1）。基于此，不同类型的学校可以参照这些指标，明确自身发展阶段与定位，预测可能出现的问题并及时形成应对策略。

表1 学校信息环境发展的阶段特征、参照指标及面临的问题

阶段特征	参照指标	面临的问题
第一阶段 有线固定	1.1 校园网基本成形	1.1 台式电脑位置相对固定，应用受限，无线上网成急需解决的问题
	1.2 能提供比较好的互联网服务	1.2 互联网接入速度慢、IP地址少，出口带宽亟待扩大
	1.3 能提供相对独立的信息化管理软件	1.3 相对独立的信息化管理形成信息"孤岛"
	1.4 日常教学中开始使用信息手段	
第二阶段 无线移动	2.1 多样、固定、移动终端并存，千兆光纤接入，无线局域网建成	2.1 单一功能的服务器资源浪费严重
	2.2 IP地址大幅增加，带宽明显扩大，终端数量显著增加	2.2 软件、硬件升级换代的难度与成本大幅提升

（续表）

阶段特征	参照指标	面临的问题
第二阶段 无线移动	2.3 数据库基本整合，教育教学信息管理系统建成，信息"孤岛"问题基本解决	2.3 随着终端数量大幅增加，硬件管理维护强度与成本大幅提升，可靠性、安全性、稳定性风险明显增加
	2.4 管理与教学中信息技术广泛使用成为常态	
第三阶段 云计算及其应用	3.1 传统网络与云计算终端并存，云计算比例达到40%	3.1 主动获取信息的能力不足
	3.2 云计算部分基本实现桌面虚拟化、应用虚拟化和服务器虚拟化	3.2 海量信息利用效率不高，数据挖掘、分析的重要性凸显
第四阶段 智能化	4.1 物联网系统基本成形，在管理与教育的各个领域初步运用	4.1 一系列伦理、隐私权问题
	4.2 对现有信息系统获取信息，开始具备数据挖掘、分析的能力	4.2 智能化数字技术与教育管理、教学的深度融合
	4.3 主动获取外部信息、数据并进行分析、反馈（大量的传感器＋分析器）	

从当前学校的信息环境建设角度来看，大部分学校处于第二阶段，部分学校已进入第三阶段。就学校信息环境的整体建构而言，学校完成了某一阶段的目标并不意味着数字校园已经建成，仍然有一个不断发展的过程。这个过程，既是教学内部发展的需要，也是数字技术外部

发展给学校教育提供的一种可能。当以传感器为基础构建的物联网数据搜集分析和自动反馈技术被广泛应用时，数字校园的智能化阶段便呼之欲出。

（二）数字空间的构建与拓展

信息环境对数字校园的构建确实非常重要，但只有硬环境建设还不够。信息技术的不断优化与升级，必将引发数字空间内涵的深化与外延的拓展，主要体现在资源的数字空间、教与学的数字空间、管理的数字空间三方面。

1. 资源的数字空间

数字校园资源承载量具有准无限性。资源的数字空间开发主要来自两个方面：（1）校外数字资源的利用。有一些无偿的公共资源，如上海市教育资源库等。然而，无偿的资源很难满足学校特色发展的需求。学校可以通过购买维普数据库、万方数据库、中国知网等资源库来满足学校发展的个性化需求，也可以与高校及相关机构进行合作，让学生使用其部分数字资源。（2）校内个性化资源开发。数字校园建设并不只是资源联通问题，还要开发学校本身的数字资源。在个性化资源开发过程中，要把握"统一性"与"个性化"相结合的原则，在保证统一规划、统一标准、统一管理的同时满足个体和学校发展的需求。

2. 教与学的数字空间

教与学是学校教育的主阵地，数字空间的拓展应当在提升教与学的品质上下功夫。课堂教学环境的数字空间，包括电子备课资料、多媒体课件、教学程序软件（如 CBL 系统和图形计算器）的使用。学生学习的数字空间营造，要把握信息时代学习行为的关键要素（如"交流互动""选择探究""个性化"），并进行探索。

3. 管理的数字空间

学校管理涉及的要素很多，推进基于数字技术平台的全过程、全方位管理，需要大力拓展数字空间，可从校园生活、心理卫生、安全保障、生活服务等方面进行深化。在管理数字空间的营造方面，学校大有可为。

二、教学过程重构——数字校园的核心

对一所学校来说，数字校园的本质不是信息环境的优化和数字空间的拓展，而是基于此引发的教学和管理过程的重构。

（一）学校课程重构

从目前来看，很多学校并没有充分认识数字环境下的学校课程重构，但实际上，数字技术引发的课程变革与教学跨越式发展是数字校园的一个重要内容。对学校课程的重构，我们可以从三个方面来剖析。

第一，借助数字技术，大量现代科目和模块可教、可学。这是从基础课程的内容重构与思考角度而言的。例如，我校细胞生物学实验室，借助数字技术形象化处理学习"现代分子生物学""细胞生物学"等科目，包括"细胞的冻存""病理切片观察""组织化学染色"等专题。人体健康实验室借助仿真人体及软件模拟系统可讲授"生命征象检验""急救知识""人体解剖结构"等课程，包括"触诊""创伤急救""心肺听诊"等专题。在数字技术运用之前，这些科目在中学教育内容中出现，是难以想象的。

第二，大量与数字技术相关的科目、模块进入课程体系。

第三，基于专门课程与数字技术结合的课题研究成为学校课程重要组成部分。目前很多学校都开始关注学生的课题探究，但是在整体上，大多数探究只是一种形式，是教师甚至学生在知道答案的前提下的一种"假探究"，或者说是"验证"。笔者认为，真正的探究应该结果是不可准确预测的，教师也要不断补充知识与学生共同探索。

（二）教学内容重构

数字校园中教学内容的重构，具体体现在以下几个方面。

第一，重新审视乃至变更部分学科内容结构，数字技术的发展迫使我们重新审视教学内容结构。以数学学科为例，在我国高中数学新课程改革中，已经将算法和统计列为必修内容，选修内容中也设置了常用逻辑用语、统计案例、统筹法与图论初步、信息安全与密码、优选法与

试验设计初步、风险与决策等。对国外主流高中课程来说，其要求更高。例如，美国高中数学课程标准中"统计"部分并不局限于让学生理解随机抽样和分布、样本等基本概念，更要求学生能利用统计软件或工具去分析和模拟、探究数据，如一维随机变量的特性和二维随机变量的关系等。

第二，大量与学科最新发展结合的数字化内容融入教学过程。如果说教材的滞后性是受限于印刷、出版、配套资源的整个过程，那么教学应有灵活性，可及时融入数字化内容。以物理学科为例，我们平时用的触摸屏手机可以分为"电容式触摸屏"和"电阻式触摸屏"两类，在讲授高中物理"电容"这一内容时，教师有必要提及这些与学生日常生活相关的例子。同样，数码相机的像素，简单来说，就是成像设备上感光 MOS 电容的数目，但是很少有人关注这个原理。作为高中物理基础内容的补充，我校相应开设了"智能卡技术及其应用""纳米材料与纳米技术"等选修课程。在国际课程中，IB 课程教材《物理原理与运用》专门设立一节讲述了核磁共振（NMR）和核磁共振成像（NMRI）。如果我们的教学内容不能跟上科技的发展，学生的创新能力培养从何谈起？

（三）学习方式重构

信息科技在学生个体成长过程中发挥着潜移默化的作用，影响最为深远的莫过于学习方式的变化。数字校园环境为学习者的学习方式翻开了新的一页，以下几个方面的学习方式变化将越来越明显。

1. 基于科技"黑箱"的学习。按照传统观念，我们学习知识都是从最基本的概念开始，按部就班地深入下去。然而，今天的学习者已经有条件，也必须学会进行跳跃式学习，而这种学习的基础就是信息技术带来的"黑箱"。这种"黑箱"使学生能站在更高的起点上学习，并给学生带来更多创新时空。例如，物理教师在日常教学中常用的 DIS 数字化信息系统，通过传感器＋数据采集器＋实验软件＋计算机将物理量转化为电学量再转化为数据输出。学生只须知道如何通过传感器采集数据，并对获得的最终数据进行分析，得出结论即可。

2. 整合数字技术的合作学习。宏观到全球性重大项目，微观到一个学生课题的完成，仅凭个人力量已无法完成，合作能力在数字技术蓬勃发展的今天显得更为重要。整合数字技术的合作学习，以学生的个性化知识构成为基础，包括师生合作和生生合作、直接合作和间接合作等多种形式。以我校龙门车队为例，学生在教师的指导下，每年制作一辆节能汽车参加中国节能竞技大赛（该比赛没有设中学组，我校车队参加大学组比赛）。赛车由学校 EP 赛车组的学生在一年内独立完成，指导教师提供必要引导，充分利用数字技术推进节能赛车各项系数的分析和设计。整车组的学生负责设计赛车的外形、选择合适的材料，该组学生自学工程制图，用力学分析软件分析重心，采用 Fluent 软件对车体流线性能优化。传动组学生自学了链传动的基础知识和算法、AutoCAD 软件和工程制图，将绘制好的非标准件图纸交厂家制作。发动机组学生需要熟悉发动机的原理、结构，并自学自动控制知识，用三维造型软件设计出发动机三维图，并不断对电路进行调整，最后在试车阶段进行化油器调节。借助数字技术与软件，学生在合作中完成了节能汽车的设计与测试，奠定了后期节能汽车制作的基础。

3. 借助数字平台的探究学习。实践证明，高中生将数字技术与专门领域知识整合探究更容易迸发创新火花，产生创新成果。

4. 超限学习。随着数字技术的广泛应用，学习行为已经产生了本质的变化。教室、校园、时间和教师团体的界限被打破了，出现了超限学习。例如，2012 届科技班学生唐某、张某在激光与通信实验室做实验后，对超光速通信问题产生了浓厚兴趣，将"超光速通信问题"定为学习主题。他们主动与在上海交通大学从事"光信号长距离超光速传输"研究的沈教授联系，开展相关研究，并到交大物理系实验室进行实验，自己搭建光路，利用 Origin 专业软件分析处理数据。沈教授评价说："他们对相关专业知识的了解程度有些已达到研究生水平。"这些跨越学校围墙、超越传统内容的超限学习，在数字校园环境下逐步成为常态。

5. 翻转学习。这是当前国外教育界高度关注的一种学习方式，主要特点是学生利用课余时间借助网络与数字技术自学，课堂时间用于学生讨论和教师答疑，即知识传授在课堂外，知识内化在课堂内。其实，这种方式在我们的校园中已经非常普遍，很多研究性学习、探究性学习，都是翻转学习，学生先自己学习，遇到问题再跟导师进行讨论。以我校目前高二科技实验班的工程方向专门课程为例，每周二、周四下午，学生将课题研究中遇到的问题或与高校教授、本校教师直接商讨，或利用数字平台交流，或利用网络平台进行小组讨论。

6. 混合学习。它是网上学习和课堂教学的结合。在这种学习方式中，教师成为学习引导者、资源开发者、终身学习者，教材逐渐被网络资源取代。"混合学习"看似较新，实际在我国目前的高中教育中非常普遍。我校 2011 年的调查表明，73.3% 的学生经常利用网络进行研究资料搜索与基于数字平台的探究，其中科技班占比为 90.5%，这充分说明混合学习方式在有潜质的学生群体中已经成为主流。除了正规的学校教育外，现在社会上大量的网校教学也是网上学习之后结合面对面辅导的形式进行的。混合学习关注将传统学习与数字化学习结合起来、优势互补。

（四）教学手段重构

数字技术带来了教学手段的变化，显现在多个方面，包括基于数字技术的辅助教学、基于数字技术的教学互动、基于数字技术的虚拟实验等方面。

1. 基于数字技术的辅助教学。主要是指课堂教学活动中的数字技术应用，这种应用主要有两种形式：（1）渗透于常规内容中的教学应用。例如，在化学的酸碱中和滴定实验中，传统的方法是使用酸或碱滴定管，观察指示剂的颜色变化来判断滴定终点。这样不仅容易产生实验误差，而且难以实现 pH 的实时测量。如果用 pH 探头进行测量，可以将溶液中 pH 的变化及时传送到电脑中，并绘出图像，学生可以通过曲线的变化了解滴定过程进行到哪个阶段,何时应停止滴定。由于数据的采集和处理非常方便,教师和学生有足够的时间去研究不同类型酸和碱的中和滴定过程,从不同滴定曲线去研究这些过程中的差异。(2)用于配合课堂教学的一些外围数字设备运用。例如,细胞生物实验必须在无菌净化室中进行,在防震台上操作,尽量减少人员走动。因此,教师提前录制好实验过程的视频,学生在实验准备室观看,了解实验步骤后再进入实验室操作,教师则可以采用实时监控系统了解学生的实验进展,并及时指导。

2. 基于数字技术的教学互动。这是教育者与学习者通过各种数字媒介进行的沟通交流。在教学中教师利用数字化设备让抽象知识形象化。例如,在学习"对称"这一概念时,小学生用平板电脑拍下不同的对称图形,然后借助 Doodle Buddy 软件,画出这些图形的对称轴;在集视听和网络通信技术于一体、双向影音同步传送的多媒体教室中,教师与学生可以实时互动。

3. 基于数字技术的虚拟实验。在信息技术的推动下,虚拟实验成为现代教学中的一个重要组成部分。从作用来看,虚拟实验归纳起来主要有三种类型:第一,替代型,即完全替代传统实验。主要针对一些周期长、设备庞大、操作复杂、对环境要求较高的实验。例如,在生物学实验中,奥地利生物学家格雷戈尔·门德尔发现的遗传定律,用果蝇做实验,往往要几个月的时间,若用计算机模拟实验,就能迅速获得结果。第二,补充型。通过这类虚拟实验,将原来无法清晰呈现的复杂过程或抽象概念形象化。比如,让学生通过计算机模拟实验观察蛋白质一级结构怎样折叠成三级结构,DNA 又如何形成染色质进而折叠形成染色体。第三,整合型,即虚拟与现实实验的结合。减少由于大量实验失误造成的材料损耗等。例如,在我校智能工程方向的教学中,学生先在虚拟环境下进行编程及测试,成功后再进行传感器及机械装置的搭建。

(五)评价方式重构

数字技术应用于教学评价将极大地推进基于统计数据与事实材料

的过程性评价，强化以学生为本的教学效果评价。

第一，数字技术使得基于统计数据与事实材料的过程性评价成为可能。目前，基于统计数据的过程性评价在很多学校都已经实施，如利用数据管理软件和校园网平台，对学生成绩和其他相关数据进行整合，记录、保存与其相关的事实材料，进一步推进对学生学习状况的综合测评。

第二，数字技术强化了以学生为本的教学效果评价。传统的教学在教学效果评价上更关注学生成绩，而利用数字平台，学生可以对教师的教学过程与教学效果做出客观评价，学校可以自主制订学生评教的标准和权重，可以设计学生评教系统，如上海中学就设计了学生评教的满意率测评系统，引导教师教学关注学生发展。

（本文为作者 2012 年 12 月 5 日在中央电教馆组织实施"百所数字校园示范校建设项目"启动会上所作的主题报告。发表于《中国电化教育》2013 年第 5 期，收入本书有改动。）

5.

教育信息化校长最该抓什么

> • 在信息化软硬件环境建设中改一次性大规模投入为多次、持续、分阶段适量投入，并且强调设备更新的层次性。
>
> • 学校教育信息化的动力来自校长正确的教育信息化发展定位。

校长推进学校教育信息化的动力在哪里？应采取哪些策略？这些已成为推动学校教育信息化需要突破的关键问题。推动学校教育信息化的动力，校长推进学校教育信息化的动力源，是应对数字时代挑战学校必须解决的三大现实问题。一是基于数字平台的教与学，将成为学校发展最为重要的特征之一。二是构建数字化校园，促进信息技术与教育教学、教育管理的深度融合。三是不断拓宽国际视野，借助教育信息化深化人才培养模式创新。如果这三个现实问题不能得到有效解决，将意味着整个学校教育水平的落后。

当前学校教育推进信息化，面临三个突出矛盾：第一，信息科技的飞速发展与国家、地区、学校信息环境相对落后的矛盾；第二，信息资源配置的财力高要求与学校技术更新资金有限之间的矛盾；第三，信息技术更新对学校人员信息素养提升的要求与教师信息素养亟待加强之间的矛盾。这些矛盾如果不能妥善处理，就会直接制约推进学校教育信息化的动力生成。这些矛盾呼唤校长努力探究适合学校教育信息化的策略。

策略一：精准切入，层级推进。

不同学校在不同发展阶段，应找准切入口。切入口要对学校信息化发展起推动与突破作用，信息化发展必将经历准备期、突破期与延伸期。

策略二：滚动更新，持续发展。

这一策略主要用于解决学校资金承受能力方面的问题。首先，在信息化软硬件环境建设中改一次性大规模投入为多次、持续、分阶段适量投入。其次，强调设备更新的层次性。学校的滚动更新策略，既要关注前沿科技的融入，适时添置需要的先进设备，又要考虑学生、教师应用层次差异，充分发挥普通设备、传统配置的价值。另外，还要考虑软硬件的兼容问题，分层更新会提高利用率。再次，注重信息化校园环境建设的系统性、安全性与有效性，为后期更新、升级留出足够空间。

策略三：任务驱动，全员提升。

这一策略主要针对教育信息化进程中人员信息素养的提升问题。管理人员应注重分析实际需求并进行方向把握，提高基于信息做出决策的能力；专业技术人员应注重技术前瞻分析、推进设备更新与技术升级；教师应关注教育教学与信息技术的深度融合，鼓励学生基于数字平台的学习与创新；职工队伍应持续提升信息素养。

学校教育信息化动力来自校长正确的教育信息化发展定位，探求合适的学校教育信息化发展策略离不开校长的眼界与境界。

（本文发表于《教育家》2015 年第 12 期，收入本书有改动。）

第四章 教育治理

1.

构建校长发展的基地培养新模式

> • 校长发展的基地培养新模式的主线是让校长扎根学校教育实践,在实践问题的探究中成长。
>
> • 校长发展的基地培养新模式是以基地主持人为案例,聚焦名校长成长规律的研究;以基地资源为特色,聚焦办学思想升华的研修;以深入学校为途径,聚焦提高办学水平的实训;以交叉学习为重点,聚焦办学思路的拓宽互动;以实践经验提升为基础,聚焦办学经验提炼。

在上海市普教系统名校长名师培养工程项目组领导下,自 2005 年底开始筹备以全国首创、培养一批在日后有可能成为名校长为目标的基地实训工作,于 2006 年 1 月 24 日正式开学。经过一年多的多形式的培训与探索,首批 100 名学员中有 99 名于 2007 年 3 月 24 日顺利结业。我作为上海市首批 8 个普教系统名校培养基地管理组组长,认为本次名校长培养,形成了一些可资借鉴的、基于实践生长的模式:一种不同于大学培训、不同于师徒带教的基地实训新模式,立足于实践、扎根于实践、聚焦于实践、创新于实践,有助于探索培养人力资源强国与创新型国家构建视野下的学校教育领衔人才。

一、以基地主持人为案例，聚焦名校长成长规律的研究

从"校长"走向"名校长"，是一个长期的过程，其关键是这些学员由认识发展到如何在实践中把握时代发展的脉搏，在学校与学生的发展过程中形成具有生命力的思想与载体。首批 100 名学员分属 8 个基地进行日常培训与管理，各基地学员将基地作为学习与交流的大本营，以自己的导师（即主持人）作为研究对象，深刻领悟名校长成长的轨迹。由于各基地主持人都是教育系统有影响的"名校长"，其管理的学校也出类拔萃，有着丰富的实践经验与办学体会，为对学员有更为直接的感染力、号召力而做准备。他们与大学教育专家不同，不空谈思想，往往能将思想变成一整套教育实践的办法，且办学优势与效果是很明显的。

他们认为："利用基地活动的机会，可以直接向'名校长'请教在学校管理过程中遇到的实践问题，这些问题往往是理论工作者难以解答的。而且导师的成长之路与其管理的学校发展之路都是'鲜活'的榜样，值得探究与学习。"学员觉得，如果哪次活动因故未能参加，就是一次损失。为此，各基地还创设了多方面的新颖空间，让学员更深刻地了解基地主持人的治校之道，如主持人所在学校向学员全面开放、学员与基地主持人座谈交流、到主持人所在学校挂职锻炼、参加主持人所在学校的行政会议等。

二、彰显基地特色，聚焦办学思想升华的研修

各基地充分挖掘主持人的自身资源，在加强对学员论著写作指导、理论学习引领、实践问题思考等共性探索基础上，聚焦办学思想升华的研修，呈现各自特色。

上海中学唐盛昌名校长基地特色：关注学员的理性思辨能力提升，让学员直面教育改革中出现的新问题进行思考。注重思辨特色，校长要促进学校发展从规范运作到特色创建，再到体系建构，注重营造学校

的主流文化。注重过程引领，给学员提供持续发展的启迪。

闸北八中刘京海名校长基地特色：注重量体裁衣式培训，关注科研引领、项目驱动与实践跟进。该基地致力于校长领导文化的三阶段培育："是这样——认同，想怎样——志同，这样做——共同"，着重培养学员"敢想、会讲、能做"。

七宝中学仇忠海名校长基地特色：注重一流专家报告引领，推进学习先进的教育思想，跟踪教育热点，加强教育考察交流。以专题研讨为切入口，引导学员分析上海、全国教育改革的热点与难点，如区域推进教育现代化实践。还充分利用自己外出作报告的机会，组团到安徽铜陵、山东济南教学一线考察。

曹杨二中王志刚名校长基地特色：由优秀走向卓越，努力探索"主体性、体验式、活动型、项目化"的名校长培养模式。"主体性"是指充分发挥学员主观能动性，在学习过程中主动发展，积极反思，反思自己学校工作。"体验式"是指让学员直面真实情境，发现学校发展瓶颈。"活动型"是指通过多种途径，开展丰富多彩的活动，保证学员的基本活动量，增加挑战的机会。"项目化"是指找到学校最紧迫且经过努力可以完成的关键问题，将其设立为学员重点突破项目，利用团队力量集体攻坚，提升校长智慧。

向阳小学洪雨露名校长基地特色：始终关注办学特色的实践与研究。

杨浦小学张治名校长基地特色：以学校文化建设为引领，以"校长可以这样做"为探索主题，引导学员体验与感悟。

南湖职校张云生名校长基地特色：关注职教，聚焦学校自主发展，指导学员提出建设性意见与发展举措。

思南路幼儿园郭宗莉名校长基地特色：关注幼儿园管理创意设计、品牌打造、优质共同体的建构。

为提升学员办学思想的研修水平，名校长基地管理组共安排了高级班学员与基地班学员联合讲座20场，突出"精·活·高"，注重学校实践中的热点、难点问题探讨。

三、深入学员所在学校，聚焦办学水平的实训

名校长基地每周三或每周四安排半天乃至一天的时间，深入学员学校考察，先由学员介绍自己学校发展的亮点及遇到的问题，主持人与基地学员一起协助他找问题、找突破口、找解决的方案，不说"客套话"。鼓励思想的交锋，聚焦办学水平的实训，让考察与被考察的"双方"均有收获。例如，上海中学基地学员、嘉定普通小学校长汤雁在介绍自己在普通小学进行"智慧育人"的探索后，基地学员与她一起深入交流了"育智慧之生、树智慧之师、创智慧之校"等问题，不仅使汤校长"智慧育人"的思路拓宽，而且使其他校长也获得启迪，那就是学校应思考怎样让学生智慧地进行学习。

学员们认为，过去各区域的学校之间很少进行交流，处于信息封闭状态，即使交流，也难以像现在这样亮出"庐山真面目"。现在则不同，大家的身份是"同学"，无论是提问题，还是展特色，都重在求发展、求突破，不会顾忌"面子"，既能找到"真问题"，也能对各区域的教育优势有所把握，从而激发学校实践创新的灵感。更为重要的是，学员在相互考察后，还产生了进一步交流与合作的想法、举动，甚至建议成立"协作共同体"。这可以说是培训的"意外收获"。如今，有些学员所在的学校已经相互建立起姊妹校关系，互派教师交流。

四、注重交叉学习，聚焦办学思路拓宽与互动

在名校长培养基地，经常设有小学、中学、职教校长与幼儿园园长在一起交叉学习的讲座、考察与交流。在交叉学习过程中，小学、中学、职教校长与幼儿园园长不仅对学校教育的共通性知识有了深入了解，而且对各类教育相互之间的衔接或融合有了更加理性的认识，如中小学在道德教育上的衔接、普教与职教在教育方式上的相互借鉴等。更为重要的是，在交叉学习中，许多校长获得了使学校改革更为宽广的

多维思路。

为拓宽学员的办学思路，基地主持人发挥自己的声望与影响，积极联系名校，有针对性地考察名校，且每次考察都注重考察方与被考察方的互动。这不但让校长学员的影响力有所扩大，而且可以借鉴外地办学的经验，对解决办学的现实问题大有益处。考察名校之余，在与各地教育局领导、名校校长的交流过程中，校长学员深刻地感触到，对教育实践来说，处理好与各方面的关系，构建学校改革的良好教育生态十分重要。

五、以实践经验提升为基础，聚焦办学经验提炼与展示

要成为名校长，校长应对学校教育实践问题有自己的思考与理解。他们与理论工作者不同的是，要把学校实践问题的解决放在重中之重，形成的相关论著要对其他同类型的学校实践提供指导与帮助。要指导他们提炼办学经验，并创设多样的平台用于展示他们的经验，扩大他们的影响力，是各基地要关注的一个重要方面。

各基地从各位学员及其所在学校的实际出发，引导他们关注学校实践问题的解决与实践能力的提升，加强相关论著写作指导。基地以举办、参办论坛与学校展示、外出讲学为契机，进一步推进学员实践经验提炼与展示，扩大学员的影响力。校长的思想来自实践，实践往往又进一步推动思想的改进与升华。

校长每一次经历思想—实践—思想、实践—思想—实践的螺旋式上升过程，就是自身专业不断走向成熟的过程，就是推进学校、学生、教师获得新的发展与提升的过程。上海市普教系统名校长培养基地正是按照这个思路，构建校长发展的基地培养新模式，推进校长学员在实践中不断成长，为他们日后成为名校长奠定了基础，也为他们在上海教育领域中创设更多的在全市乃至全国有借鉴价值的经验提供了良好的平台。

（本文发表于《中国教育报》2007 年 9 月 1 日，收入本书有改动。）

2.

教育领导与学校个性

> • 教育领导所体现的是一种民主、开放、沟通、合作、发展的管理新理念，更多的是关注承担风险、动态、创造力、团队、变革、智慧来解决学校发展中的问题。
>
> • 教育领导对学校个性的影响力，往往通过学校发展各构成要素，如学校办学思想的个性等推进而达成的。

学校个性的形成与教育领导密不可分。仅仅通过教育管理（主要运用经验、组织、监测、程序、规则与评估等方式）来维持学校发展，在变革时代是难以办出学校个性的。教育领导（体现民主、开放、沟通、合作、发展的管理新理念，更多的是关注承担风险、动态、创造力、团队、变革、智慧来解决学校发展中的问题）强调的是运用现代领导科学来掌舵，与时俱进，着眼于学校在变革中的社会大系统中的发展与创新，对办出新形势、新时期的学校个性具有理念引导与实践推进作用。通常，在学校个性的发展过程中，需要把教育领导与管理结合起来，尤其注重教育领导。

一、教育领导与办学思想的个性

学校个性的显现，首先反映在符合时代发展需要、学校实情和学生特点的办学思想上。办学思想的个性，不是空洞的"教条"，是建立在学生实际的深刻认识上，是建立在对时代特征与社会发展需要的准确判断上。这与校长的教育价值领导紧密联系在一起。校长的教育价值领导是指校长领导价值的能力，是一种用共同的价值观领导个体价值观的能力。价值领导的过程也就是将共同价值观念付诸实践，使之体现在学校理念、制度、行为乃至环境中的过程。学校具有鲜明个性特色的办学思想就是校长进行价值领导的核心体现。

学校的办学目标是办学思想个性的集中体现。一所学校的办学目标凝聚着校长教育领导的智慧，这种智慧充分建立在对时代发展的需求和对主流、趋势的准确把握，反映在对学生的客观认识，反映在对团队智慧的调动与尊重，反映在尊重教育客观规律，反映在对学校可持续发展的前瞻把握上。不同的学校因学生的个体差异与群体差异，以及不同的实际情况，校长的教育领导就要在价值引领上发挥作用。比如，针对上海中学资质相对优良的学生，提出了"乐育菁英"的办学追求。上海市闸北第八中学校长刘京海针对当时薄弱学校学生的巨大差异性，提出了"成功教育"的办学追求。

彰显学校办学思想的个性，也是世界教育发展的一个重要趋势。一所学校办学思想的个性彰显是一项宏观布局、资源调配、协调运作的过程，这一过程必须以教育的价值领导作为主线贯穿，并通过其他各种领导形式（如课程领导、教学领导、文化领导等）来推进学校各方面的个性显现。一所学校办学思想的个性是这所学校个性的灵魂与核心，它的形成与发展需要校长教育价值领导来注入新鲜的活力，并体现在一系列的行动中，如德育创新、课程改革、教学变革、平台创设等。

二、教育领导与学校德育的个性

学校德育的个性是学校个性的重要组成部分，不同类型学校学生的差异性决定学校德育应在国家和社会的共同价值体系（如社会主义核心价值观）引领下，采取有针对性的德育内容、方式、策略与途径，并充分调动学校的资源进行德育思考。校长对学校德育的领导，对教师德育能力的引导，对学生思想道德发展的探索，都是与教育领导力密切相关的。

校长的德育领导，要把握学生群体与个体的特殊性，提出相应的德育思考。以上海中学的学生为例，从某种意义上说，他们是经过层层选拔的资优生群体，这是现有的招生制度予以确认的，他们的资质相对优异。然而，他们也有自己的思想发展、心理发展的压力与要求，如因各方面的期许大而感到压力很大、韧性不足、抗挫折能力差，他们也需要寻求情绪释放的空间。我们曾做过一项调查，当问及如果自己的信息运用能力得不到很好使用时，回答做"黑客"也未尝不可的学生占调查总人数的66%。于是，我们提出了"资优生德育"，提倡关注他们的爱国主义情感、社会责任与心理品质的锻造。

校长的教育领导促进学校德育的个性彰显，与校长的道德领导结合在一起。道德领导概念群包括工具领导、政治领导、民主领导与象征领导等。这些内涵的个性化运用，往往能推进学校德育个性的形成。在多元文化与信息网络化背景下，校长的教育领导显得尤为重要，它涉及下一代人才的社会主义核心价值观树立和为谁服务的问题。各类型学校的教育领导要充分考虑自己学校的实际来挖掘、开发学校德育的个性。

三、教育领导与学校课程的个性

学校课程的个性是学校个性最鲜明、最直接的反映。学校个性的凸显，往往是与学校创设的课程载体紧密相关的，尤其是新课程改革给学校提供了一定的课程支配权，为学校课程的个性化发展带来了广阔的天地与机遇。教育领导中的课程领导为学校课程个性发展带来了巨大的推动力。课程领导旨在指导并促进课程改革在学校中的推行（Macpherson.I,1996），是课程与领导两个范畴的结合，在我国更多地强调校长的课程领导行为（沈小碚等，2004）。我国不同地区、不同类型学校和不同层次学生的差异性非常大，我国课程改革精神要落实到学校操作层面，必须特别强调提升课程改革的地方推进力与校本推进力。校本推进力有利于学校课程个性的培育，它能充分考虑时代特点、学校实情、学生特点。

校长的课程领导对学校课程个性的分析与推进，要考虑学生对课程的丰富性要求与学校提供条件的有限性（从单一到多样），学校承担的升学压力与通过课程领导彰显个性（从外在到内化），课程领导期望与教师专业能力发展匹配（从个体到团队）等方面的关系。尤其是考虑校长的课程领导与各类领导角色之间和谐一致（从控制到协商）的问题。例如，从结构领导的视野看课程领导，要关注学校课程开发的程序与技术支持；从人格领导的视野看课程领导，要关注学校课程开发团队的创设与激励；从政治领导视野看课程领导，要关注学校课程开发的国际性与民族性。

校长的课程领导促进学校课程的个性彰显，要充分认识自己的领导特质与课程开发的关系。例如，在应变力与课程开发的处理方面，强调课程开发的时代性；在适应性与课程开发的处理方面，强调课程开发的选择性；在责任感与课程开发的处理方面，强调课程开发的现代性；在稳心态与课程开发的处理方面，强调课程开发的持续性；在多元智能与课程开发的处理方面，强调课程开发的系统性。

四、教育领导与学校教学的个性

不同类型的学校、不同层次的学生、不同形式的课程载体，影响或决定着学校教学个性的形成，而学校教学个性的形成离不开正确的教学领导。教学领导是教育领导理论研究的重要范畴。在早期的教学领导理论中，主要强调行政决策因素对教师行为产生的影响，如校长树立明确的目标、配置教学资源、管理课程、监督教师教案等。当前的教学领导理论新进展中特别强调校长在发展教学上的各种领导行为对教师教学和学生学习所产生的影响,体现在学习共同体建设、教师专业精神提升、学习型组织构建等,而这些正是学校教学个性生成的良好催化剂。

教学个性的彰显应在教学对象、教学内容、教学手段、教学方式的融合上寻求突破口,这是学校教学领导必须加以关注的重要方面。在一段时间内,存在注重教学方式、方法改进,轻教学内容开发的改革趋向,在"鱼"与"渔"的关系处理上有很大偏差,脱离了对"鱼"特征的把握,即缺乏对教学对象的分析,对教学内容的选择。这样很难取得良好的教学效果。我们认为,一个学校教学个性的彰显,必须认真分析教学对象,从有利于学生发展需要角度考虑教学内容的选择,在此基础上选择和采取适当的教学方式、教学手段,才能达到良好的效果。

最具代表性的教学领导理论是海林杰(Hallinger)及其同事提出的教学领导模式,它在实施上包括三个层面:界定学校使命、管理教学方案、提升学校氛围。教师的个性化教学也是推进教学个性的重要方面。我们认为,教师良好的教学个性不仅是学校教学特色形成的重要组成部分,同样也是教学个性形成的重要源泉。教师的个性化教学是教师作为独特的个体在教育个性鲜明的学生过程中,结合自身的个性而形成的。上海中学各有特长的百余名双语教师就是鲜明的例子。校长的教学领导推进教师教学对学生学习成效产生重大影响力。

五、教育领导与学校管理的个性

学校管理的个性是推进学校个性形成的一种内外部环境的创设,要保持内外部环境的和谐畅通,从而实现学校的优化、激励、高效运行。学校管理的个性形成在于将领导与管理具体的功能在学校这一组织中得到巧妙合理运用,这不仅需要学校领导对迅速变化的时代做出快速的反应与前瞻性决策,而且也需要在变革中保持学校的稳定、持续发展，在领导与管理的双重聚焦中彰显学校管理的个性。

在当今教育领导的研究实践中，有两种领导概念群的运用影响着学校管理内部个性的发展。一种是参与领导，包含团体领导、分享领导及教师领导等，强调团体决策的过程，描绘了由民主过程促成的各种参与领导的状况。另一种是权变领导，主要包括问题解决领导与工作反思领导等，重点探讨面对不同的组织情境时，领导风格、解决问题的方式等发生相应的改变。学校管理个性运用这两类领导处理学校内部管理机制，往往会促进学校个性的形成，如上海中学园丁业绩奖与其他激励措施的出台等。

学校管理的个性也是与学校校长的领导个性紧密相连的。校长个性对学校个性的形成和发展起重要作用。校长个性包含个体个性和群体个性两个层面，只有校长的个体个性转化为群体个性，才能健康地影响和培育学校个性。校长的个体个性，包括校长的兴趣、爱好、信念、理想等个性心理倾向和校长的气质、性格、能力等个性心理特征，当然也包括校长的学识个性。校长要认识到自身的领导权力对学校管理个性发展的推进作用，如适当运用合法型权力进行适当授权，合理利用奖赏型权力进行团队激励，提升专家型权力与感召型权力来推进执行力，还包括权变奖励。

六、教育领导与学校文化的个性

学校个性代表和反映学校独特的学校文化，是学校文化特质的集中表达和充分外显。学校个性是在学校文化土壤里生长起来的。一所学校具备了文化个性，形成了文化不断进步的机制，将长期存在且影响师生的个性成长。正是上中"自强不息、思变创新、乐育菁英"的文化精髓不断激励上中前行。学校文化的个性体现在共同的价值观和相应的物质表现上，如校徽、校旗等。

校长的教育领导在促进学校文化个性的发展中，一定要考虑时代变革的因素。学校文化必然从一定程度上反映时代的变革,时代变革是推进学校文化发展的重要动力;学校文化的先进程度在于能否反映时代变革的主流;学校文化传承和创新的关键在于把握时代发展的趋势。以改革开放以来的上海中学为例(1978年至今,前几年为复校恢复期,之后为全面深化发展期),学校文化的主题是面向现代化、面向世界、面向未来,探索改革开放教育之路,培育建设人力资源强国与实现中华民族伟大复兴所需的人才。

校长的文化领导强调的是通过创造有吸引力、竞争力和凝聚力的学校文化来实践领导行为。文化领导强调文化环境的创设,但应与学校的个性彰显、学校的办学思想相一致,否则就可能使文化领导失去正确的方向。时代变革与学校文化建设的个性关系处理需要校长加以把握与领导,能正确地把握学校传统、时代特点、发展趋势是校长领导成功的重要表征,也是学校优良文化得以传承与创新的纽带。

最后,教育领导在促进学校个性的形成过程中,校长的领导个性(包含校长的学识、积淀、修养、气质等)直接影响着学校个性的形成。反过来,学校个性的形成与发展,又在一定程度上促进校长教育领导个性的彰显。学校各构成要素的个性是学校个性的具体内容,需要处理好两者的关系。在变革的时代,学校领导要全面了解国内外所发生的巨大变革,以及这种变革对学校教育提出的挑战与要求,据此形成学校个性发展的战略、策略与改革、创新。

(本文发表于李进主编的《教育领导汇智》,北京大学出版社2009年10月版,收入本书有改动。)

3.

校长的文化自觉：学校教育走向自主创新的基石

> ·校长的文化自觉是校长能致力于学校育人的根本，不局限于现实的体制、机制，不局限于行政力量的推动，不局限于世俗压力。
>
> ·校长的文化自觉有利于校长自主、正确地作出文化选择，使文化传承、文化坚守、文化整合、文化创新成为学校教育不断焕发生命活力的内在动力与可持续发展力。

在构建创新型国家、建设人力资源强国的今天，校长如果不能从新的、文化自觉的层面角度思考学校教育问题，许多惯性思维、体制问题、瓶颈问题的突破解决就很难获得内在、持续的动力，就很难把握教育本质规律、学生可持续发展的核心，真正实现学校教育创新。校长的文化自觉是学校教育不断走向自主创新的基石。

一、学校教育自主创新首先要解决文化迷失的问题，而解决文化迷失则呼唤校长的文化自觉

学校教育，是育人的圣地，是最需要文化滋养的地方，曾几何时，我们却发现在学校这一最需要讲文化的地方，出现了文化迷失的问题。学校教育的发展，关注的一系列指标与学生的升学、竞赛成绩等联系在一起，更多地从工具论观点、功利性目的角度来考虑教育问题的解决，

局限于操作层面，缺乏学生发展为本的深刻认识，缺乏一种以育人为核心的文化精神。学校教育的自主创新，首先应当解决的是文化迷失的问题，将落脚点放在推进人的可持续发展，实现人的个性化与社会化的统一之上。这一根本性突破，需要校长对学校教育自身发展的文化根基、文化特色、文化趋向有准确的把握，呼唤校长的文化自觉。

以校长的文化自觉推进学校教育创新，首先反映在办学理念的确立上。上海中学"乐育菁英"的办学理念，根植于对学校优良传统文化的深入分析与现实考量。学校自创始起，就提出了"储人才，备国家之用"的办学宗旨。在发展的各个历史阶段，学校都能为培育国家发展的栋梁而推进教育自主创新。无论是晚清时期注重培育新学、实学人才，还是民国时期注重培育具有献身科学与革命精神的人才；无论是中华人民共和国成立之初注重培育又红又专的社会主义接班人与建设者，还是改革开放以来注重培育具有国际视野、创新精神的资优生，学校为国家培育英才的态度、追求一如既往。"乐育菁英"办学理念的形成与发展，正是基于对学校文化的传承，基于对中华民族"自强不息"文化的弘扬，基于对新时期学校责任的呼唤。校长基于文化自觉的办学理念的确立与落实，为学校的教育自主创新奠定了基础。

校长的文化自觉，不但可以避免学校教育文化之根的"迷失"，而且可以推进学校以开放的胸襟海纳百川，广聚国内外教育改革的先进元素为"我"所用，不断深化学校教育的个性与特色。上海中学国际部的创办与发展就是一个很好的例子，我们着力于国际性与民族性的统一，既关注与国际教育的接轨，又注重中国文化与中国元素的影响，并取得了巨大的成功。更为重要的是，学校一直注重把国际部的发展作为了解国际主流教育发展趋势的一个重要窗口，在实践、研究中将其中的先进元素整合、迁移、改造到本部的教育教学中，不断拓宽学校办学与育人的国际视野，从而彰显了上海中学"自强不息、思变创新、乐育菁英"的教育文化个性，提升了学校教育对话的国际与国内空间。

二、学校教育自主创新需要正确的文化选择，而正确的文化选择则呼唤校长的文化自觉

在全球化背景的文化多元、价值多元的冲击下，学校教育做出正确的文化选择十分不易。一种典型的现象是受国际上一些教育流派（如要素主义、建构主义、后现代主义等）的影响，生搬硬套、断章取义，不结合我国教育文化的土壤，造成"舶来品"水土不服，最终只能"昙花一现"。学校教育的自主创新，需要校长做出正确的文化选择，而正确的文化选择，呼唤校长的文化自觉。校长的文化自觉是一种理性思维，强调在文化开放与自主多元选择中做出理性选择，走出一条属于自己的教育创新之路，并在实践中不断巩固、完善与提升，最终成为师生共同认可的价值观念与行为准则。

我们以上海中学的学校课程建设为例，阐述校长基于文化自觉的选择对学校教育自主创新的意义。1999 年前，学校主要关注的是"上海中学的学生与其他学校的学生在学习基础内容的广度与深度上的差异"，于是发动教师编写"上海中学基础型课程教学纲要"。当时发展型课程主要是根据教师特长而开设的，还未形成系统。1999—2003 年，学校认识到"不同的学生应有不同的知识基础"，一方面让课程的选择性逐步深入德、智、体、美等基础型课程；另一方面大力推进发展型课程建设，涵盖学生智能发展的十大主要领域，即语言、数学、自然科学、社会科学、信息、技术、艺术、体育、社会能力、自我认识能力，能提供130 多个科目供学生选择学习。

从 2003 年起，在国际交流与合作中，学校逐渐认识到"构建世界一流名校，培育未来有竞争力的资优生群体，必须要有自己的课程体系"，致力于构建学校课程期望图谱。学校课程期望图谱是指学校不只着眼于现在，更着眼于学生将来的可持续发展，从学生、学科、学校、社会发展四个角度来分析社会与学生的需求，从而架构起有利于学生全面而有个性发展，适应现代科技发展需要的学校课程体系。

从上海中学的学校课程建设的历程角度来看，文化自觉的脉络相当清晰，我们在不同阶段做出了不同的课程文化价值选择，更多的是立足于学生发展的需求而不是外在行政力量的驱动，推动课程建设持续前进。尽管每个时期的学校课程建设都面临不同的难题，但在校长的文化自觉推进下不断得到解决，使学校的课程体系始终处于发展、完善、创新的良性轨道之中。

三、学校教育自主创新需要文化的创新作支撑，而文化的创新更呼唤校长的文化自觉

　　学校教育要真正提升自主创新的能力，更需要一定的文化创新作为支撑。在"中庸"之道的儒家思想主导下，创新并非中国文化的主导力量，这就意味着文化要创新焕发出生命活力，所要付出的努力与艰辛格外巨大。学校教育创新同样如此，它追求的不是教育细枝末节上的改变，而是要深入学校发展的各个环节，这就更需要以学校文化的创新作为支撑。学校文化建设与校长治校是一个"DNA双螺旋结构"，学校文化的创新就更加呼唤以校长的文化自觉作持续的引导与努力。校长的文化自觉，通过不断反思学校发展中的有利与不利因素，找到学校文化创新的突破口，从而推进学校教育自主创新的实现。

　　就以当前强调的关注学生创新素养培育来说，要形成有利于学生创新精神与创新能力提升的学校教育创新行动，就应考虑不同类型学校的已有基础与现实条件。校长的文化自觉，首先显现在对学校创新环境的创设与不同时期创新人才培育突破口的寻找上。上海中学对创新人才的早期培育，经历了一个从"关注"到"着手"再到"聚焦"的探索、研究、实践、认识的过程，经过了一个学校探索创新人才培育机制的不断提升过程。1999—2003年，学校关注在教育教学中推进教育创新，以学校课程和信息化为抓手，营造适宜创新人才成长的环境；2003—2006年，学校着手推进学校课程的系统化建设，高立意、高思

辨、高互动的教学改革和现代化数字实验室的完善。2006 年后，学校以世界一流为参照系，逐渐聚焦优秀创新人才的早期培养实践与探索，提出了以"志趣聚焦"为突破口的创新人才早期培育新路。这就更需要通过发挥校长的文化自觉，来带动学校全体成员不断克服困难、突破瓶颈，直至这种文化成为学校每一个成员的共同价值追求与行为准则，渗透于学校的每一个组成细胞，推动他们自觉地选择合适的教育策略。

综上所述，校长的文化自觉是学校教育不断走向自主创新的基石。校长在推进教育者把握教育规律、学生发展特征的基础上，要根据新时期、新时代的要求，不拘泥于外在的任务驱动、行政驱动、政策驱动，更主动、自主地做出正确的文化选择，使文化传承、文化坚守、文化整合、文化创新成为学校教育不断焕发生命活力的内在动力与可持续发展力，从而不断提升学校教育自身的个性、特色、价值与地位。

（本文发表于《上海教育》2010 年第 01B 期，收入本书有改动。）

4.

在敢为人先的探索中树立国际教育品牌

> • 中国人自主管理的国际教育注重融入我国教育与文化特色，使自身在融通中外中形成核心竞争力。
>
> • 我国基础教育走强，应当有属于自己的国际教育品牌。

作为国内公办学校最早创办、由中国人自主管理的外籍或中国港澳台人士子女学校，上海中学国际部不仅是公办学校抢滩国际教育的"第一个吃螃蟹者"，而且经过 25 年的发展，从无到有、从小到大、从大到强，勇于迁移国际教育中先进元素并进行创造性实践，敢于在国际教育中融入我国教育的特色与文化，使自身在融通中外中形成了核心竞争力。

我国正在建设教育强国，教育"强"国之"强"的准绳是世界一流或领先水平。我国基础教育要走向世界一流或领先水平，就需要先虚心地了解国际主流教育的发展趋势，拓宽国际视野，才能根据我国实情，创设具有中国特色与国际竞争力的发展之路。

我国基础教育改革，不仅要通过"看"去了解国际教育，更要在实践中理解国际教育，形成属于自己的国际教育品牌，为我国基础教育走强提供基于国际教育实践的前瞻性思考。上海中学国际部的创立与发展，在我国教育从大走向强的过程中，乘着改革开放与浦东开发之东风，进行了敢为人先的探索。这不仅树立了中国学校独特的国际教育品牌，而且成为具有强烈中国特色并为外国人认可的国际教育品牌。

上海中学国际部的品牌内涵在于尊重国际格局，坚守中国特色，在国家教育体制改革倡导的"融通中外"原则落实中，显示出自身的独特风范。

"尊重国际格局"，是指学校能按照国际标准办国际教育，注重推进学校教育的选择性、探究性、创新性与个性化、现代化。上海中学国际部敢于在办学思路上经历凤凰涅槃，在学习与整合中攻坚克难。衡量学校是否按照国际标准办学的一个重要标志，是学生能否在国际公认的教育评价中取得良好成绩。上海中学国际部敢于在学校课程整合化、教学组织多样化、学生活动丰富化的探索中，把握国际教育的精髓，全面提升学生的综合素养，让学生在参加国际公认的教育评价中一直保持领先水平，显示了学校对国际教育标准的理解迁移能力与实践转化能力。

"坚守中国特色"，是指学校在外籍或中国港澳台人士子女教育过程中，要敢于将我国数理化基础知识与技能的教育优势、课堂教学的关爱优势、教师集体备课的智慧传承及中国文化、汉语教育的独特魅力融入国际教育的全过程中。上海中学国际部作为中国人自主管理的外籍或中国港澳台人士子女学校，正是敢于将中国特色与国际标准进行巧妙结合，培育了上万名具有深厚中国情结与国际视野的国际性人才，让他们将中国情结带到世界各地开花结果。这种融通中外的国际教育办学风格，正成为在华、在沪学习与工作的外籍或中国港澳台人士为子女选择国际教育的重要参考，为上海建设国际大都市和构建全球科技创新中心提供了良好的国际教育服务。

显然，一种国际教育品牌要持续发挥示范、引领的活力，就需要不断与时俱进。面向未来的上海中学国际部将在中国特色社会主义道路思想指引下，继续为我国基础教育走强提供一股"融通中外"的教育推动力与一块不可或缺的教育试验田。

（本文发表于《上海教育》2018 年 12A 期，收入本书有改动。）

5.

新时代上海教师队伍建设的新高度

> • 确立教师队伍建设新目标，要在高原之上建高峰。
> • 上海教育系统成为世界一流人才集聚地和全球高峰人才成长地，每一位教师都是推动发展的基石与动力。

在 2018 年教师节当天召开的全国教育大会上，习近平总书记发表重要讲话，强调教师是人类灵魂工程师，是人类文明的传承者，承载着传播知识、传播思想、传播真理，塑造灵魂、塑造生命、塑造新人的时代重任。这是习近平总书记对广大教师的赞誉，更是对教师职业提出的新的要求与更高期待。习近平总书记首次提出的"三个传播、三个塑造"的要求与"立德树人"的根本任务是完全一致的，为教师队伍建设的发展指明了方向。

校长、教师要真正承载起"三个传播、三个塑造"的重任，就要从新的高度认识自身的使命和责任。尤其是要充分认识"传播真理"和"塑造新人"两个新提法的深刻含义。改革开放 40 多年来，我们国家之所以能取得辉煌成就，其中一个重要的原因就是我们有着共同的社会主义核心价值观和理想信念。今天，习近平新时代中国特色社会主义思想就是我们要学习和传播的真理，把握住这点，才能深刻把握我们的历史方位和前进方向。"塑造新人"的"新人"是指培养德智体美劳全面发展的社会主义建设者和接班人。这个"时代新人"要能迎接经济全球化和智能社会的挑战，坚定"四个自信"，具备四个关键能力，成为中国未来的中坚力量，"三个传播、三个塑造"新要求指向的核心都是"立德树人"。

校长、教师要真正承载起"三个传播、三个塑造"的重任，也要重视自身的"修炼"。创新探索是一种修炼，团队合作也是修炼，专业的修炼需要方向的引领，需要高度的突破，需要开阔的视野，修炼就是一个不断提升境界的过程。

校长、教师要真正承载起"三个传播、三个塑造"的重任，还要直面今天中国教育改革发展的核心问题、关键领域，通过改革创新、务实求索加以突破和解决。一项教育改革要产生影响力，不仅要有成效，还要能从改革实践中提炼出具有普遍意义的教育思想，符合当代教育发展的趋势和规律，回应改革关切的问题。

今天的上海师资队伍建设，目标指向的是世界一流，打造高水平师资队伍，就需要创新机制，建立系统、科学、完备的教师专业发展体系。上海已经建立了良好的平台，第四期"上海市普教系统名校长名师培养工程"通过"高峰计划""攻关计划""种子计划"等项目培育教育家型领军人才、市级高水平教学或管理团队、区域骨干团队，体现出几个新时代教师队伍建设的鲜明特点。

一是确立教师队伍建设新目标，要在高原之上建高峰。在加强人才"高峰"建设，扩大全国影响力的同时，不忘加强梯队建设，关注"种子"教师的培育。发挥各区作用，助力青年教师成才，做好教育人才储备，形成人才"高地"。

二是实现教师队伍建设新突破，直面教育改革的关键和难点。在"深水区"的改革实践中锻炼队伍，创造中国和上海教育发展所需的新经验。比如，未来三年上海将开展打造116所公办初中的"强校工程"，不仅促进名师名校长在实践中成长，也将推动基础教育攻克难关。

三是明确教师队伍建设新途径，形成协同创新思维。第四期"上海市普教系统名校长名师培养工程"建立了部门协作、专业指导、区域协同的工作机制。在上海市教卫工作党委、上海市教委领导下，相关职能处室协同华东师范大学等高校及上海市师资培训中心、上海市教委教研室、上海市电化教育馆、上海市学生德育发展中心、上海市教育学会、上海市教师学研究会、上海市中小学幼儿教师奖励基金会等单位共同参与，汇聚国际国内一流教育专家与上海教育功臣等共同培育适应上海率先实现教育现代化的教师人才梯队。

一人、一校的力量毕竟有限，经验成果也很难产生全国影响，以整体、团队形式来推进则可以打开视野，聚焦教育改革关键领域进行突破。汇集老中青不同年龄层次的代表人物，合力推进，最终促进上海教育改革经验形成体系并产生深远影响。

新时代，上海的基础教育教师队伍建设已聚焦高水平再次出发，着力打造世界一流的教师队伍，这是《中共上海市委　上海市人民政府关于全面深化新时代教师队伍建设改革的实施意见》提出的目标。2022年，初步建成一支理想信念坚定、师德师风高尚、专业水平高超、终身发展能力强、具有核心竞争力的高素质专业化教师队伍，造就一批全国知名的名校长、名教师、教育家及具有国际影响力的高层次教育人才。到2035年，教师专业水平、信息素养、国际视野、创新能力和综合素质达到国际一流水平，上海教育系统成为世界一流人才集聚地和全球高峰人才成长地，每一位教师都是推动发展的基石与动力，任重道远，舞台广阔。

（本文发表于《上海教育》2019年第1A期，收入本书有改动。）

第三辑

教育咨询与决策建议篇

在中国式现代化视野下推进基础教育改革的战略思考，我们面临着一系列问题，主要包括如何扩优提质的问题、高中多样化发展的问题、教育评价的改革问题等。对这些问题的思考和科学的决策是推进基础教育改革的核心要素。

我国要实现从人力资源大国向强国的转变，以"峰"填"谷"地促进教育硬件设施公平的方式已经与以人为本的科学发展观相背离。学生的发展是有差异的，我们应关注这种差异。对有学习困难的学生进行帮助与提升是天经地义的，对在某方面有发展潜能的拔尖学生进行有针对性的培养也是教育公平应有之义。不同领域创新人才具有不同的成长规律，作为教育工作者，应当摆脱"功利"思维，从他们的需求出发，才是深层推进教育公平必须做的。

在教育公平的基础上提高教育质量是教育改革与发展的核心任务。"事求卓越"必先"志存高远"，建设一流教育的关键是瞄准世界先进水平。我们要大力推进体制改革与创新实验，上海作为国际大都市，在进行创新教育试验方面理应先行探索。上海基础教育改革必须关注两大主题：一是坚持创新实践；二是坚持科学发展。培养创新人才的改革本身就是一种创新，是一种系统性创新，不应把学校看成独立的体系，应把它放在整个教育系统中进行思考。

从基础教育开始就考虑抢占人才与科技竞争制高点的问题，已经现实而尖锐地放在我们面前，也是各国基础教育改革的初衷。从我国的实情来看，高中阶段进行创新人才早期培养是一个重要的切入点与突破口，也是目前一个带有挑战性、亟待解决的课题。我们首先需要做的就是改变高中同质化现象、改变学生同质化现象，促进不同学校有不同办学风格、不同的学生有不同的知识基础，这也是国际教育界的共识。

学校多样化实践主要有以下几种思路。第一种，根据教育理念的深化来推进多样化发展。第二种，根据学科的领域特色来推进多元化发展。第三种，根据学校的教育传统来推进多样化发展。第四种，根据学校集聚的学生群体特点来推进多样化发展。高中多样化发展呼唤评价的多样化；呼唤课程的选择性与现代性；呼唤教师培养与培训的多样化；呼唤国际视野拓宽与基于中国特色的研究深入；呼唤地区整体规划水平的提升。推进高中优质特色多样性发展，还需要在多个方面创设良好的政策支撑环境。

普通高中试点国际课程，在实践中推进国际课程的本土化改造，对于深化学校课程体系构建与发展具有世界先进水平、中国特色的现代优质教育具有重要意义。考试评价作为基础教育改革的重要内容，其科学化水平需要进一步提升，明确需求、导向、政策优先等几个关键性问题；厘清学科领域与非学科领域考试评价的差异、责任主体；构建有利于创新人才早期识别与培育的评价体系。

本辑收录的文章，主要探索建设人力资源强国背景下各级各类学校办出特色，提高教育质量，推进普通高中创新发展、多样发展和拓宽国际视野需要把握的关键因素、创新思路等。主要以创新发展、国际课程、多样发展、评价改革四个主题进行阐述。

第一章 创新发展

1.

普通高中阶段创新人才早期培养的模式与体制改革思考

> • 国家有必要从宏观政策层面大力推进高中阶段创新人才早期培养的模式探索，加快建立创新人才早期识别、选拔与培育的体系与机制。
>
> • 示范性高中的任务有了新的变化，要承担两方面的重任：一是优质资源的辐射、拓展；二是大力推进创新人才的早期培养。

高中阶段创新人才的早期培养问题在目前是一个带有挑战性、亟待解决的课题，要不要培养？如何培养？能不能有体制上的突破？在以国际水平作为参照系的背景下，从基础教育开始就考虑抢占人才与科技竞争制高点的问题，已经现实而尖锐地放在我们面前。

一、大力推进高中阶段创新人才早期培养的模式探索

我国高中教育中对创新人才的早期培养，在学校层面已经进行了一段时间的探索。单从超常儿童潜能开发的视角来看，仅在学校层面的探索还是可以接受的，但是如果从构建创新型国家、建设人力资源强

国的高度认识创新人才的早期培养，只在学校层面进行探索与实践就远远不够，必须从国家宏观政策的层面加以思考与推进，对创新人才的早期识别、选拔、培养等方面，进行系统、完整、深入的研究，形成具有我国特色的、科学合理的、具有指导价值的创新人才早期培养理论体系与操作策略。

从我国的实情来看，高中阶段加强创新人才的早期培养，应该是一个重要的切入点与突破口。然而，对在高中阶段要不要关注创新人才的早期培养仍然存在不同的看法，有些人认为创新人才的培养只是大学的事，与基础教育无关。事实上，许多发达国家与发展中国家在基础教育阶段普遍采取了支持精英人才教育的政策、计划、立法保护和投资支持。例如，美国在这方面单政府投入就超过 5 亿美元，此外还有大量的企业、科研机构的资助，已经形成了一个比较完整的科技精英早期培养体系。在高中阶段加强创新人才早期培养的探索，已经不是"要不要"的问题，而是必须从宏观政策层面考虑的紧迫课题。在脑科学、认知思维科学不断发展的支撑下，对创新人才的早期识别、选拔与培养，也不能只局限在教育学、心理学的范畴思考，必须基于当前建设人力资源强国的时代背景角度从更宽广的科学视野来认识。

综观世界各国高中教育对创新人才的早期培养，主要有两大类型：一是"加速式"（通过加速完成高中学习的基础内容，提前学习大学的有关专业或必备知识），主要表现为在中学研修大学课程内容，通过考试获得大学学分，建立认可机制（如美国的 AP 课程、国际文凭 IB 课程）并给予经济、升学政策支持。二是"丰富式"（以拓展、丰富中学阶段学习的内容或提升难度为主），如独立学习与研究，开展竞赛辅导，成立阅览、数学、科学中心，组织探索性活动，开设未来问题解决课程，实行学徒制及开展各学科丰富性学习等。

从我国现有的实践、实验角度来看，主要采用丰富式，如开展竞赛、考级辅导等。这尽管对学生某一方面的潜能开发起一定的作用，但丰富式的成果相当一部分是与中考、高考联系起来的，有严重的"应试"倾向。有人以此为借口，实际上将之作为牟利的工具，突出表现在奥赛辅导班、各类考级强化培训班等。至于"加速"式模式目前基本上是空白，也没有这方面的大学认可机制。正因为没有认可机制，目前大学推行的自主招生很难真正成为从学校层面推进高考制度改革与推进创新人才早期培养的有效手段。在报考人数越来越多的情况下不得不采用比"高考"更难的题目或"另类题"来选拔学生。

因此，有必要从宏观政策层面大力推进高中阶段创新人才早期培养的模式探索，加快建立创新人才早期识别、选拔与培养的体系与机制。为此我提出三个建议：

第一，建构加速式模式。通过政策引导，创设创新人才早期培养的大中学衔接机制。建立对中学阶段修习部分大学课程的认可机制，打通创新人才早期培养的大中学衔接通道。国家应投入一定的人力、物力、财力，并将它作为突破口，推进理论探索与实验、实践，形成相应的可操作方案。如果具有潜质的学生提前学习的内容或某一方面突出的表现能被大学予以确认，"自主招生"的一些瓶颈问题（如衡量指标的明确）也能得到有效解决。

第二，规范丰富式模式。国家应通过制度规范，让丰富、拓展的内容真正成为实现学生优秀潜质可持续发展的载体。实现竞赛、考级与中考、高考脱钩，去除"应试"导向；让丰富式模式有效树立创新人才早期培育的一些导向性指标，引领有潜质学生的兴趣培养、志趣聚焦、夯实基础、提升能力。

第三，关注有潜质学生的社会主义核心价值观树立与人文素养提升。当前高中生出国的一个新趋势是顶尖的高中生出国。与大学生出国不同的是，高中生正处于世界观、道德观、价值观、荣辱观形成的关键期。如果不为他们夯实核心价值基础，这批学生"为谁所用"的问题就会变得非常严重。此外，加强对这批学生人文素养的培养同样重要。

二、大力推进实验性示范性高中的办学体制改革

高中阶段创新人才的早期培养，落实的主体在哪里？毋庸置疑，主要落实在这些年发展起来的各级实验性示范性高中。随着素质教育的全面推进，我国原来的重点中学体制逐渐被实验性示范性高中制度替代。自 1995 年国家要求分批建设 1000 所实验性示范性高中（以下简称示范性高中）以来，各级示范性高中已形成相当规模。这类学校的前身大多数是原来的各级重点中学，也有一些是由办学卓有成效的特色中学发展而来的，它们集中了当地最优质的教育资源和生源，同时享有国家或当地政府的政策扶持和优先投入，它们理应成为高中阶段创新人才早期培养的主力军。

在构建创新型国家与建设人力资源强国的新形势下，示范性高中的任务有了新的变化，除原来只为大学输送优秀的毕业生外，还要承担两方面的重任：一是优质资源的辐射、拓展；二是大力推进创新人才的早期培养。两方面任务的实现，面临着发展的瓶颈。首当其冲的是师资、经费、设施的匹配问题，需要大量的投入。在建设这些实验性高中时，已经投入了大量的教育资源，客观上造成了教育资源分配不均。如果为完成新的使命再动用过多的教育经费，就会加剧不均，进而引发社会矛盾，而创新人才早期培养的使命又是必须履行的，这就更应在办学体制改革上寻求突破口。

经过这些年的发展，一个不可忽视的现象是大部分示范性高中在发挥示范、辐射方面，做了大量的探索（如举办国际部吸引外籍生源，或利用自身教育优势集聚社会资金创办民办优质初中，或托管薄弱学校，或承办公办分校等），它们根据社会发展与教育发展的需求，尝试在办学形式上进行突破。不少学校通过改革办学体制，规范运作，不是造成"国有资产的流失"，而是推进了国有资产的大量增值、优质教育资源的不断拓展与教育影响的持续提升。这些现象在全国范围内是广泛存在的，应该从积极方面予以解读。

　　我国绝大多数示范性高中是国家全额拨款的公办学校，事实上这些学校的发展已经有相当一部分是通过自我增值实现的，与原有体制并不相融。我们应该看到，如果仅从原有体制角度出发加以批判，无视实践过程中显而易见的成果，因噎废食，改革道路就会困难重重。不过，另一方面我们也确实看到，有些示范性高中为了实现"增值"而存在一些不规范的做法、行为，必须加以纠正。

　　为此，从国家政策层面要推进示范性高中的办学体制与机制改革，正确客观地评价示范性高中办学体制改革中的成功经验，承认其在促进国有资产和教育资源增值中所起的作用，并允许增值部分合法化和合理化。当前，国家对公益类事业单位的性质划分（分公益一类、公益二类、公益三类）为这方面的体制突破提供了空间。国家相关部门与教育部门能否抓住这一契机，通过政策导引，推进示范性高中办学体制改革，使示范性高中获得的增值得到合法化认可，有力地促使示范性高中增值部分用于创新人才的早期培养。

　　如果说在义务教育阶段要更多地关注教育均衡与公平，在舆论压力下有所束缚，那么对高中，尤其是一些高层次高中，应建立相关政策、机制来推进普遍树立创新人才早期培养意识。并使这些学校根据自身特色、时代需求加强对各类创新人才早期培养的多元探索，形成对各类创新人才早期识别、选拔、培养的灵活多样的途径和方式，探索符合中国特色创新人才早期培养规律，尤其在创新人才早期培养的导向、衡量标准、大中学衔接、评价方式、体制改革等方面做出实质性突破，从而为建设人力资源强国与构建创新型国家夯实基础。

　　（本文是作者在 2009 年民进中央基础教育座谈会上的发言，收入本书有改动。）

2.

在基础教育阶段推进创新人才的早期培养

> • 要清除高中同质化现象，我们必须要有一种新的观念，就是高中生的知识基础，特别是学科知识基础应是不同的。这种观念在世界各国是普遍接近的。
>
> • 培养创新人才的改革本身就是创新，是系统性创新。我们不应把中学作为一个独立的体系，而应把中学置于整个教育体系中来考虑。

《国家中长期教育改革和发展规划纲要（2010—2020）》（以下简称《纲要》）明确指出，要探索贯穿各级各类教育的创新人才培养途径，包括高中阶段对创新人才的培养。这就给我们提出了比较大的问题，创新人才的培养，基础教育要做还是不要做？这是对整个基础教育提出的一个巨大挑战。我认为，在基础教育阶段推进创新人才的早期培养，必须应对好以下五个方面的挑战。

第一，大家非常清楚，对学习困难的学生要给予更多的帮助，要关心弱势群体，这完全正确。但是，对那些资质比较好的，将来有可能成为创新人才的学生，特别是高中已经初露端倪的学生，我们的关心体现在哪里？前几天，泰国一所科技高中来我们学校参观时谈到，他们的经费投入非常大，所有进入这所学校的学生各项费用都是免费的，包括吃饭、住宿，他们的关心是名正言顺的，是有国家政策支持的。泰国是一个小国，那么在我们国家，能不能也这样做呢？我们现在很可能还处在只能做不能讲的阶段，这是对还是不对？

第二，中学教育（包括高中教育）是基础教育，要体现国家意志，要传承民族文化，这完全正确。但是，在知识领域，所有的高中生，他们的知识基础基本是相同的，这就是高中同质化现象。要清除高中同质化现象，必须有一种新的观念，那就是我们高中学生的知识基础，特别是学科知识基础应该是不同的。这种观点在世界各国是普遍接近的。比如，IB 课程，它有 190 多种课程可供选择，所有学生都可以选择适合自己的课程来学习。其隐含的观点是每一个高中生，他们的知识基础是不完全相同的，甚至可以有很大的区别。这个观点我们能不能接受？如果不能接受，我们正在进行的创新人才培养能做得下去吗？

第三，由于高中阶段的特殊性，在高中阶段推进创新人才的早期培育应关注学生兴趣领域与努力方向的引导。我们知道，科技创新人才的培养与经济、企业方面的创新人才培养是不同的。我们提出创新人才的培养要从教育学、心理学视角出发，也就是说，要强调创新思维的培养，创新人格的培养。但是，这还不够。创新思维和创新人格的培养是需要有载体的，是需要具体的领域作支撑的。我们是否有这样的领域作支撑？对学校来说，发现某些学生对某方面有兴趣容易吗？他们的兴趣是否与他们的潜能匹配？怎样识别与开发这些学生的潜能？我们清楚吗？所以，我们要善于发现学生的潜能和优势，还需要将它们与学生志趣聚焦的领域相结合。这又是我们所面临的一个重要的挑战。

第四，在基础教育阶段推进创新人才的早期培养，我们感到学校很多资源还不够，包括师资资源、实验设备资源等。我们需要社会各界支持，包括高校、科研机构的支持。不过，请高校教师作报告、开讲座，很容易，但这能解决问题吗？答案是不能。我们需要的是与社会各界长时间、可持续、实质性的合作和关注，但这很难实现。高校教师有自己的课，有自己的科研任务，出来讲课，学校是否认可他们的工作量？他们花费那么多时间，他们工作所需的经费，他们购买相关书籍的费用等，能不能得到补贴？这些都是摆在我们面前的实际问题。所以，光靠社会的支持还不够，没有政府和各级部门的大力支持，我们只能局限在中学阶段关注创新人才的早期培养。我们必须打破各种制约，充分利用社会资源来推进基础教育阶段创新人才早期培养。这又是一个挑战。

第五，创新人才的培养还涉及体制和机遇问题。个人的意愿和社会的认可度不一定一致，不是你想考清华北大就能进清华北大，你想考音乐学院就能进音乐学院，你想搞物理你就能搞物理。所以，这就产生了体制和机遇的一系列问题。这里有两个方面，对学生而言，认为自己是值得培养的，希望选择适合自己有发展前途的高校。目前高校自主招生产生了另一方面的问题，就是高校选择自己需要培养的学生。在推进"学生选择适合自己发展志趣的高校与高校选择适合自己需要的学生"的双向选择上，我们的体制没有提供保障，那么自主招生可能会变成另一种形式，即难度更高的一种统考。在这种情况下，我们的创新人才怎么能培养好？

因此，现在我们要落实《纲要》中对创新人才培育的任务，是非常艰巨的，其中许多方面是对传统观念的挑战。我个人认为，培养创新人才的改革本身就是创新，是系统性创新，不应把中学作为一个独立的体系，而应从整个教育体系上来考虑。在现阶段，中学应做好中学的事，但目前中学只做好自己的事还不够。培养创新人才，需要中学教师、大学教师、科研人员等共同努力。

（本文为作者在中国教育学会2010年度工作会议上的发言，收入本书有改动。）

3.

促进教育优质与内涵发展是实现一流教育的关键

> • 瞄准世界先进水平、不断提升教育质量与拓宽教育内涵是上海追求教育卓越、建设一流教育的关键。
>
> • 上海追求教育卓越、建设一流教育,需要大力推进体制改革与一系列创新试验,促进体制改革与创新试验是追求教育卓越的保障。

立足上海教育发挥服务长三角、长江流域和全国的重要作用,立足彰显上海的人才优势与智力优势,立足提升上海教育的国际影响力与竞争力,上海教育怎样进一步追求教育卓越、建设一流教育?

一、核心理念彰显追求教育卓越的气魄

教育发展,理念先行。坚持育人为本是推动教育事业科学发展的根本要求。要在三个方面努力实现对教育卓越的追求。

第一,上海教育改革与发展不仅关注校园莘莘学子的成长,而且惠及所有继续学习的成年人。这既是为了更好地促进上海的人才优势、智力优势,也是为建设人力资源强国提供更强大的人才支撑、智力支持和知识服务。

第二,上海教育改革与发展为学生的终身发展奠基,延伸了教育服务学生成长的时空。关注学生每个阶段的教育发展需求(特别是坚持

学前教育的科学性和公益性、让继续教育为成人发展提供更多的学习机会与智慧源泉），能增强教育主动把握经济与社会发展需求的能力，为经济、社会发展培养更多的高素质劳动者和一大批优秀人才。

第三，上海教育改革与发展，强调每个学生的可持续发展、潜能的激发、创新能力的培养与个性特长的开发。这些理念，正是对当前学校教育过分功利的超越，如果能在今后的发展中得到真正的贯彻，就能有力地推进上海教育不断走向卓越，缩小与世界先进水平的差距，提升上海教育的国际影响力。

二、总目标凸显建设一流教育的标准

到 2020 年，上海教育改革和发展的总体目标是：率先实现教育现代化，率先基本建成学习型社会，每一个人的发展潜能得到激发，教育发展和人力资源开发水平迈入世界先进行列。这一总目标既诠释了上海追求教育卓越的方向，也显现了一流教育新体系的构建，激发受教育者发展潜能的教育新模式的探索，多元开放的教育新格局的形成，均衡协调可持续发展的教育新布局的实现……这一系列"新"的突破，将加快上海建设一流教育的步伐。一系列教育发展和人力资源开发指标的确立，如到 2020 年学前三年毛入园率达到 99%、义务教育毛入学率达到 99.9%、高中教育阶段毛入学率达到 99%、新增劳动力平均受教育年限达到 15 年、25—64 岁大专以上学历人口数比例达到 47% 等，显现了上海建设一流教育的决心与勇气。

三、促进教育优质与内涵发展是实现一流教育的关键

提高教育质量是教育改革与发展的核心任务。瞄准世界先进水平、不断提升教育质量与拓宽教育内涵是上海追求教育卓越、建设一流教育的关键。在这方面，《上海教育中长期发展规划纲要》明确了

多方面的推进重点。例如,推进教育现代化,将激发受教育者的发展潜能放在十分重要的位置。促进教育观念、内容、方法和评价体系创新方面的领先,关注人人学会终身学习,终身享有教育机会。与上海建设社会主义现代化国际大都市相匹配,提升教育的国际化水平,注重培养学生的国际视野和国际交流能力,增强上海教育的国际吸引力、影响力与竞争力,把上海建设成为国际交流中心城市。注重提高创新型人才的培养水平,创新人才培养模式。深化各级各类学校教材和教学模式改革,培养学生的创新意识、创新思维与创新能力。还专门提出了构建适合超常学生发展的教育模式,推进拔尖创新人才的培养。推进教育信息化,促进学习的个性化和教育的开放化、远程化与网络化。注重教育的多样化发展,促进各级各类学校办出特色与争创一流,拓宽教育的选择发展空间,使每个学生尽可能得到适合其发展需要的教育。

四、促进体制改革与创新试验是追求教育卓越的保障

上海追求教育卓越、建设一流教育,需要大力推进体制改革与一系列创新试验,促进体制改革与创新试验是追求教育卓越的保障。《上海教育中长期发展规划纲要》在体制改革方面,对追求教育卓越、实现一流教育做出了积极的回应:教育公共服务机制创新,强调优化教育公共资源配置,实现教育决策的民主化、科学化;教育管理体制改革,强调加强服务型政府建设,推动学校自主办学、依法治校、科学管理;办学体制改革,以增强学校活力、提升教育质量、提高办学效益为目的,探索多样化办学格局;学校内部体制改革,落实学校办学自主权,完善内部治理结构;招生考试制度改革,立足推动素质教育全面实施和创新人才培养,扩大学生的选择权,促进人的全面而有个性发展。追求教育卓越,在有了良好的体制保障的基础上,要想在若干领域取得重大突破,就需要大胆地进行创新试验。上海将抓住作为"全国教育综合改革实

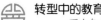
验区"的契机,先行探索。

上海追求教育卓越,建设一流教育,瞄准世界先进水平,需要付出艰辛的努力。服务长三角、长江流域和全国,需要进一步加快推进上海教育改革与创新的步伐。这为今后十年上海教育的改革与发展提供了指引的方向与前进的动力。这也将凝聚更多的力量来推进教育事业的科学发展,推进创新人才培育的水平提升,推进上海教育不断走向一流和卓越。

（发表于《上海教育》, 2010 年增刊, 收入本书有改动。）

4.

上海基础教育的创新实践与科学发展

> • 上海基础教育改革必须关注两大主题：一是坚持创新实践；二是坚持科学发展。
>
> • 上海基础教育改革的创新实践，需要大力推进创新人才早期培育的模式探索，大力推进创新人才早期培育的体制、机制突破，大力推进创新人才早期培育的理论探究。

上海基础教育改革必须关注两大主题：一是坚持创新实践，在基础教育改革中敢于根据时代发展的需要不断创新，创设良好的教育创新环境，促进人才培育的创新探索。二是坚持科学发展，在上海立足全国的教育"四个率先"的实现过程中，上海教育的创新实践和改革探索必然会遇到各种难题，在解决难题的过程中一定要坚持科学发展，深刻领会上海基础教育应有的内涵，促进上海基础教育又快又好发展。

一、基础教育改革的创新实践

上海基础教育改革的创新实践，需要大力推进创新人才早期培育的模式探索，大力推进创新人才早期培育的体制、机制突破，大力推进创新人才早期培育的理论探究。如果说"钱学森之问"深刻地点出了我国教育之痛，上海教育作为全国人才培育的排头兵，一定要在创新人才早期培育的模式探索方面有所突破，因此必须在创新人才早期培育上大力推进改革和创新实践。

1. 大力推进创新人才早期培育模式的探索。创新人才培育模式的探索，要厘清三个层面的政策导引。第一个层面是对所有的基础教育阶段的学校而言，关注学生的创新精神、创新意识的培养。第二个层面是在一些基础好的学校（如实验性示范性高中、市区素质教育示范校和一些特色学校），要大力推进对学生的创新素养的培育，将学生的创新素养培育与学生的个性、潜能紧密地结合起来，加强分类引导，夯实学生的创新思维与人格。第三个层面是推进拔尖创新人才的早期培育，但实验学校范围不能太大，要注重对学生优势潜能的识别与开发，与一定专门领域的指向性意向紧密结合起来。

2. 大力推进创新人才早期培育的机制、体制突破。不同层次的创新人才早期培育，需要不同的机制、体制的突破与之相适应。对第一层次的模式探索，在机制、体制改革方面要以丰富多彩的活动为抓手，创设广泛的激励平台，激发学生的兴趣，在兴趣的引导下去学习、探索，保护好学生的好奇心与闪光点，提升学生的创新精神与创新意识。对第二层次的模式探索，在机制、体制改革方面要以激励学校个性化课程体系构建为抓手，关注学生的选择性学习与个性、潜能的开发，促进学生创新思维方式（如批判性思维、发散思维等）与创新人格特征（如科学精神、意志品质的坚韧性）的养成。对第三层次的模式探索，要在积极开拓校内资源的同时，充分调动高校、科研机构等校外资源的力量来开展实质性合作，培育有潜质的学生，促进他们优势潜能的开发与正确志趣的引领，促进他们个性化知识构成的深化与发展性智能的提升。

3. 大力推进创新人才早期培育的理论探究。创新人才的早期培育，绝不是过去意义上的"尖子"选拔的再培训，而是关注点与面结合的兴趣、潜力，要大力加强具有中国特色又汲取国际教育的经验与教训的创新人才早期培育理论体系的探究。无论是从早期识别还是培育而言，目前都还没有很好的理论来指导创新实践，如在高中阶段怎样促进学生创新思维方式与人格特征定型方面，就很难深入推进。现有的许多相关理论探究，大多数只是从教育学、心理学视野角度来分析创新人才早期培育，这就很难深入专业领域的拔尖创新人才培育规律的认识，至多只是一般意义上对创新人才培育的认识。我们还需要从脑科学、认知神经学、专业领域出发探索创新人才（尤其是拔尖创新人才）早期培育的规律。

二、基础教育改革与科学发展

在促进基础教育改革的创新实践中，我们不可避免地会遇到各种问题。此时此刻，我们解决问题的武器是什么？是科学发展。只有正确把握基础教育改革对上海教育的先导作用、示范意义、国际影响，只有深入剖析问题的根源与理解基础教育改革的现代内涵，才能对科学发展的价值有更深切的体会。

在基础教育改革的战略思考中，必须认真正确地面对基础教育改革中必须解决的一系列问题。第一，关于考试的科学化水平的问题。怎样提升考试的科学化水平，使之在促进学生素养提升、潜能开发与选拔人才方面发挥良好的引领作用，有待进一步研究。如怎样理顺高中生面对的学业水平考试、高校自主招生、高考之间的关系？如果说学业水平考试解决的是低水平学生的入学衡量问题，那么对中、高水平学生怎样衡量呢？自主招生能否在中、高水平学生的选拔中发挥桥梁作用，千万不要成为一种"小高考"而影响中学的正常教学秩序？

第二，关于"减负"的问题。如何真正地减轻中小学生的负担，如何正确看待"减负"，都是值得关注的问题。在"减负"问题上，要厘清"客观存在的负担"与"主观存在的负担"之间的区别，为了实现自己的理想而"自我加压"与给学生不能承受、认同的"外在压力"之间的区别。在"减负"策略的制订过程中，要考虑"面"上的影响与"点"上的突破问题，正确认识同样的学业在不同内驱力的影响下压力是不一样的，要分析好学业负担、学理负担与自我加压之间的联系、区别。

第三，关于教学质量评价的问题。怎样科学合理地评价教学质量？怎样对学生学业综合评价有一个科学性认识？对不同类型的学校、不同层次的学校，教学质量评价标准是否应当不同？如何推进不同学段的学校教学质量的层级递升与衔接？怎样对高考与质量进行分析？……这些都有待认真思考。

在基础教育改革中，还有许多问题，如对不同类型学校的教育经费投入分配的合适比例问题；关于数字技术在现代创新人才培育的运用突破问题；推进教师人力资源开发与管理问题；关于高中教育改革的学校自主权问题；关于上海教育汲取国际教育经验及凸显国际影响力问题等。对这些问题的处理，必须在科学发展观的指引下进行，关注对上海基础教育改革内涵的科学认识，包括推进义务教育高位、优质均衡，高中教育的多样化发展，教育国际化的深入等。在解决基础教育改革遇到的具体问题时，绝不能就"事"论"事"，否则就会出现一个政策只适用于解决一个问题，但引发了其他一连串，甚至不符合科学规律的事情发生。我们需要对基础教育的科学发展有一个基本的定位与内涵的认识，并形成一个共识的框架，然后去解决问题、推进创新突破，使上海的教育取得先行的经验。

上面阐述的"创新实践"与"科学发展"是紧密联系在一起的。科学发展是为了更好地引领创新实践，创新实践是为了丰富上海基础教育改革的内涵。在基础教育改革与发展的战略思考中，要将两者紧密地结合起来。

（本文为作者在上海市 2010 年上海市教育决策咨询委员会上的发言，收入本书有改动。）

5.

培养具有世界公民视野学生的几个关键点

> • 培育我国高中生的世界公民意识，要通过推进课程活动中的国际理解教育，把其精髓内化为学生的可持续发展素养。
>
> • 大力拓宽国际理解的沟通渠道与联系桥梁，通过现代多媒体远程交流技术、外语的掌握、选修课的开设等手段，开展多维度、深层次的国际学生多元互动与交流。

注重在日常教育教学活动中培育我国高中生的世界公民意识，推进课程活动中的国际理解教育，是当前我国教育面临的一个具有普遍性的课题。其关键点是要通过国际理解教育，把其精髓内化为学生的可持续发展素养。我们在实践中发现，特别需要关注以下四个方面。

一、将国际理解教育的内容纳入课程体系中

在上海中学本部，开设了 50 多门促进国际理解与多元文化交流的科目与模块，让学生选择学习。这些课程涉及外国文学（如《欧美文学史概说》）、经济（如《西方经济学经典著作导读》）、历史（如《古代希腊的城邦政治》）、哲学（如《现代西方人文哲学》）、地理（如《中外著名旅游景观欣赏》）、艺术（如《中世纪教堂建筑艺术》）等多个领域，促进学生在课程的学习中对多元文化的理解。

二、注重借鉴国际主流课程中的先进元素

通过上中国际部办学实践，我们对美国课程（含 AP 课程）、IB 课程等国际主流课程有了比较深入的了解。在实践比较研究中，我们发现其中有许多值得借鉴的地方，主要包括按学科发展的现代水平组织教材内容（如高中化学，欧美教材主要从分子层面组织内容，而我国主要从元素角度组织内容）、注重探究性学习（如关注学生的探究性实验，强调日常学习中的探究性）、促进基于现代技术平台的学习等。我们将这些先进元素迁移、改造，融于本部课程改革，如让每一个学生做课题、项目，构建基于数字平台的现代实验室等，从更高、更深层面拓宽学生的国际视野。当然，我们也注重我国课程中优秀元素（如我国数学教育方面的优势）的弘扬与国际交流。

三、在交流中促进学生的文化理解与教师的专业提升

上海中学与法国彼得大帝中学、英国伊顿公学等十多个国家、地区的顶级学校建立了合作关系，每年派出近十个学生团队出国交流、访问，承办了国际青少年科技博览会、世界中学生乒乓球锦标赛等多个国际活动。上中学生每次国际交流活动，不仅是人员往来，更注重促进学生对国外文化、生活、教育的认识，通过讨论、报告等方式加强交流。我们也重视上中教师的出国进修，近百名学科教师被选送到国外大学进行为期一月以上的培训，重点是拓宽教师的学科国际视野与专业的提升，力求通过教师学科视野的拓宽来促进学生学科学习的国际理解。

四、大力拓宽国际理解的沟通渠道与联系桥梁

首先是做好充分的远程国际交流的硬件、软件准备，主要包括现代多媒体远程交流技术手段的更新，基于网络开展跨地区学生多元互动

与交流（如参加沪港校际中学生网上实时辩论赛、与德国汉堡中学生进行视频交流等）。其次是促进语言的掌握与运用。我们一方面借助学校多年积淀的、能运用英语进行学科教学的 120 余名双语教师，大力推进本部 9 个学科、国际部 14 个学科领域的双语教学，提升学生的英语掌握程度与深入学科领域的英语运用能力；另一方面开设了法语、德语、日语、韩语等多门外语选修课，有利于学生对外语的选择性学习。此外，还注重开拓国际学校共同感兴趣的交流领域与空间，包括中外艺术的交流（如爱尔兰皇家交响乐团来校演出）、数学教育的研讨等。

最后，要强调的是，在日常教育教学活动中培育我国高中生的世界公民意识，推进课程活动中的国际理解教育，注重交流、沟通、合作、理解的双向性，既注重对国外先进元素的学习与多元文化的尊重，也注重对自身优秀传统文化的弘扬和国际彰显。

（本文为作者 2010 年 10 月应英国大使馆文化教育处《中英"校际连线"电子季刊》约稿而作，收入本书有改动。）

6.

上海市基本公共教育服务均等化的分析与决策

> • 基本公共教育服务中的"基本",要能在全国领先或达到世界一流水平上有明显优势。
> • 当前上海教育信息化发展的关键是如何从技术应用层面向促进信息技术与教育的深度融合发展。

上海市要努力实现"四个率先"、建设"四个中心",基本公共教育服务的内涵与外延必然要体现自身特点、更深层次的拓展,这就决定了上海市要先一步、高一层地思考上海市基本公共教育服务均等化体系的构建,立足发挥全国领先优势、对标国际一流水平来进行决策思考。

一、基本公共教育服务均等化的外延、内涵分析

谈到上海市基本公共教育服务的均等化外延,必然要考虑基本公共教育服务覆盖面的问题。上海市接受基本公共教育服务的人群按照区域大体可以分为中心城区、郊区(包含近郊区和远郊区)居民子女,还有外来务工人员子女。这三类不同人群对基本公共教育服务的需求有各自的特点。

就上海市目前的情况来说,近几年来通过加大郊区的教育投入、互帮共建等政策,中心城区与郊区在硬件条件上已经相差不大,最突出的差距表现在师资力量、管理水平、社会育人环境、文化环境等软件方面

和学生发展需求的满足方面。如何提升郊区基本公共教育服务的软件水平和满足中心城区、郊区学生发展需求的服务水平，就成为上海市现阶段推进基本公共教育服务均等化需要考虑的问题。要努力推进基本公共教育服务均等化，从对硬件与"物"的关注转化到对软件与"人"的关注。另外，由于上海外来务工人员量大且具有不可控性，基本公共教育服务均等化应考虑对外来务工人员子女内涵与外延的界定问题，思考准入政策及外来务工人员子女应享受何种基本公共教育服务权利等。这些问题的解决，都依赖于相关的理论和实践研究。

谈到基本公共教育服务的均等化内涵，就必须关注上海市基本公共教育服务均等化中的"基本"，其内涵应符合上海市教育发展定位与实情。我们认为至少应包含以下三方面内涵：

第一，基本公共教育服务的条件要能全国领先或达到世界一流水平，且有明显的优势。这就需要加强对基本公共教育服务均等化的国内外比较研究。

第二，基本的信息化环境。上海作为现代化大都市，在教育信息化方面的很多指标并不领先，有些还较为落后，必须加强基本的、体现数字技术发展趋势的信息化硬环境（网络）与软环境（基于数字技术的教学、学习、管理、培训）的建设，促进教育教学飞跃与教育管理创新。这也是信息时代基本公共教育服务的一个新的内涵。

第三，创新意识与创新素养培育问题。在建设人力资源强国背景下谈基本公共教育服务均等化，必须考虑提升全体学生的创新意识与创新素养。这涉及不同类型、不同层次、不同区域学生的创新意识与素养培育的标准制订、教育服务规范的明晰及创新人才早期培育的理论和实践研究。

二、基本公共教育服务均等化的几点决策思考

1. 努力推进办学目标与软件环境的匹配

在实践层面推进基本公共教育服务均等化并不是平均化，也不是

统一标准，要防止进一步强化"千校一面""千人一面"现象。这里的关键是办学目标要与软件环境相匹配，推进特色化办学。实践证明，要实现这一匹配仅仅依靠硬性的行政手段推进教师流动的效果不大，刚性的人员调动与激励政策所起的作用也有限。较为合理的方式应是推进不同阶段（如初中和高中）、不同类型（如公立和私立）、不同地域（中心城区和郊区）的学校对自身生源特点、师资力量、当地文化等软件环境进行分析，并在此基础上提出具有地域和学校特点的办学目标，并努力创设与学校办学目标实现相匹配的课程体系、师资培训、管理水平、资源利用等。合理设置育人目标，发挥软硬件环境的最大效益，构建适合学生发展的多样化人才培养模式是建设人力资源强国背景下上海推进基本公共教育服务均等化的应有之义。

2. 推进基本公共教育服务信息化环境的建设

为迎接未来数字化环境的挑战，提升未来人才基于数字平台的生存、发展与创新能力，作为现代化大都市的上海，要考虑在推进公共教育服务信息化环境建设上保持领先，这体现出上海基本公共教育服务的深层次均等化要求。当前上海教育信息化发展的关键是如何从技术应用层面向促进信息技术与教育的深度融合发展，如数字化校园的构建、基于数字平台的教育教学创新实验室的构建、学生基于信息化的学习方式的改变及探究性学习的加强。在这方面应怎么做？其思路、模式、标准还都不清晰，需要加强研究。与此同时，上海市、区的信息系统与学校信息系统的对接与匹配也是需要关注的重大问题。应努力促进上海市、区的信息系统与学校信息系统的对接、匹配，避免各自为政，推进学校信息系统在对接、匹配基础上进行升级与完善。

3. 关注不同类型、不同层次学生创新素养的培育

关注基本公共教育服务均等化还须从初级阶段的关注教育机会均等上升到关注人的发展条件的均等，尽可能创设激发每个学生创新精神的教育条件与教育平台。我们既不能忽视普通学生创新意识与素养的培育，也不能抹杀有潜质或已经显现出潜能的学生的发展可能性，要

激发他们的创新潜能。这涉及一般创新人才与拔尖创新人才的早期培育的布局与思考，因为其所需要的相应资源配置是有明显差异的。但是，这种差异性从推进"人"的发展的公平角度来说，是必须加以关注的。需要指出的是，对创新人才早期培养的问题，不同区域、不同类型、不同层次的学校要根据学校实情、学生特点进行适当定位，不能一哄而上。在具体实施过程中要考虑点面结合，既要在"面"上做到让真正有潜质的学生在早期被发现或创设对未来人才涌现更有利的坚实底盘，也需要在"点"上发现和开发具有某方面潜能的学生或已经显现出潜能的优异拔尖学生，并进行针对性教育。

上海市基本教育服务均等化政策的推进，既是一个理论问题又是一个实践问题，需要进一步深化国内外的比较研究，并充分考虑上海市教育现状与未来发展需求，借助多方力量共同推进与突破。

（本文为作者在 2012 年上海市教育决策委员会会议上的讲话，收入本书有改动。）

第二章　国际课程

1.

我国高中引入国际课程应关注的几个问题

> ● 我国高中引入国际课程并进行实践探索,是尝试利用国外优质教育资源为国际化人才培育奠基,同时也是推进高中教育多样化发展的重要途径之一。
>
> ● 高中引入国际课程至少应关注目的、体系、法理、准备与实施等五大问题。

随着我国改革开放的深入与教育领域的扩大开放,许多国外课程被引入我国各级各类教育中并进行研究、实验或实践。这些国外课程在我国学校的实施中,大多数被冠名为"国际课程"。本文中我们主要选择普通高中引入的一些国际课程加以分析。

考虑到研究的适用与普遍意义,我们选择的国际课程一般具备三方面特征:一是在我国高中有学校实施的国外课程;二是该国外课程在其他国家或地区也被广泛采用与认可,三是具有一定的国际影响力。

例如美国课程,由于美国自身的影响力比较大,其许多课程内容显现了国际主流课程发展的方向,其中大学先修 AP 课程(Advanced Placement 课程是 1955 年由美国大学理事会研究制定的、在高中阶段开设的大学先修课程,其宗旨是为学生创造在高校就读的成功机会。

目前提供有 22 个门类、37 门学科课程供学生选学，学生通过美国大学理事会主持的 AP 考试，可以在大学折抵学分。至 2009 年，全世界有 169 万名学生参加了 230 万次 AP 课程的测试，已有 40 多个国家近3600 所大学承认 AP 学分为其入学参考标准）已被多国采用与认可；英国课程（含 A-Level 课程，General Certificate of Education Advanced Level 课程是英国的普通教育证书高级水平课程，1951 年正式启用，是为要升入大学的学生做准备的。它提供 60 多门课程供学生选择，学生可以任意选择其中的三四门课程进行学习。第一年称为 AS 阶段，可选三四门课程主修；第二年称为 A2，主修课程为 AS 阶段中最优秀的 3门。目前 A-Level 课程考试成绩被全世界 150 多个国家的数千所大学认可）既在几十个英联邦国家中有相似乃至互相认可的地方，也在其他国家有着相当的影响力。由国际文凭组织提供的、为满足国际流动人士子女受教育需要而设计的 IB 课程（International Baccalaureate 课程由1968 年成立的国际文凭组织创设，初衷是为国际学校而开设的全球统一标准的课程，方便那些国际迁移家庭子女就学。截至 2010 年 7 月，全世界有 139 个国家 3003 所学校教授 IB 课程，超过 838000 名学生正在接受某一项 IB 课程的教育。2000 多所有影响的大学承认 IB 国际文凭证书）等。

在长期的研究、实验与实践中，我们认为高中引入国际课程应当关注以下几方面问题。

一、国际课程引入的目的问题

在分析国际课程引入的目的之前，有必要梳理一下我国引入国际课程的学校大致有哪几种类型。第一种既关注为境外人士子女提供教育服务而引入国际课程，又关注通过研究与实践国际课程，从中提取有价值的元素来推进我国学生教育的学校。例如，上海中学，既在国际部引入 IB 课程、美国课程（含 AP 课程）等国际课程，来满足境外学生与国际接轨的教育需求，同时又将国际课程中的部分科目内容、有价值的元素渗透于我国学生的教育中。第二种主要是为我国境外人士子女提供教育服务的学校，通过引入国际课程来满足他们接受与国际接轨的教育需求，包括一些中国人创办的国际学校（如中关村国际学校），以及外国人在华创办的国际学校（如上海美国人学校）等。第三种是看中了某一国际课程在育人方面的先进元素而引入该国际课程或其中的部分科目、内容的学校，这是为促进我国学生的成长服务而不是为了学生出国留学做准备，如一些学校引入 IB 课程中的核心课程之一 TOK（知识论，是英文 theory of knowledge 的缩写），要求学生从整体上（在艺术、伦理学、人文科学、自然科学等方面）考虑知识问题，质疑知识的本质，鼓励探讨的开放性与学术的诚实性，来推进培育学生综合运用知识与质疑能力。第四种是为满足我国部分想出国留学的中学生接受与国外接轨的教育而引入国际课程的学校，这一类学校引入国际课程主要是为部分学生的出国留学服务。

我们可以从上述几种引入国际课程的学校类型看出，国际课程引入的主要目的显现在三个方面：一是借鉴的目的。从国际课程的引入研究、实验与实践中，把握其中的先进元素，结合我国的实际，加以改造与运用，从而促进有利于我国学生成长的、具有国际视野与中国特色的学校课程现代化体系的构建。二是为境外人士子女接受与国际接轨的教育服务的目的。为满足来华的境外人士子女得到良好的、与国际接轨的教育而引入国际课程进行实践，是有条件的学校创设良好的改革开放环境与提升教育国际化服务水平的应有之义，也可以提升中国教育的国际影响力。三是满足一些学生接受出国准备教育的目的。随着人民生活水平的提升，学生出国接受教育的趋势在增强。为满足部分学生接受出国准备的教育而引入国际课程，也是办人民满意教育的一个组成部分。当然，也不排除有些学校引入国际课程是为了扩大自身的影响力或吸引生源以达到营利的目的等。

我们需要思考的是，在我国从教育大国走向教育强国、从人力资源大国走向人力资源强国的过程中，高中引入国际课程的主要目的是什么？显然，后两种引进国际课程的服务人群相对有限，并不是我国高中引入国际课程的主要目的。考虑到从"大"到"强"的参照系，不仅是国内教育发展的纵向比较，更重要的是我国教育与国外先进或一流水平的横向比较。基于拓宽我国学生的国际视野，促进我国学生（尤其是优秀学生）今后参与国际交流、竞争的能力，引入国际课程用于借鉴，并推进具有中国特色的高中课程现代化体系建设，就具有了特殊意义。

二、国际课程引入的体系问题

为深入认识引入的国际课程，促使国际课程在实践过程中发挥其应有的最大效能，应当对该国际课程所处的教育体系有比较明晰的了解，分析不同体系有什么异同点，然后明确我国高中在课程改革的借鉴中应关注的环节。

先说美国大学先修 AP 课程与所属的美国教育体系。美国的学制大致有六三三制、四四四制、五三四制、六六制和八四制等。当前美国高中学制多为四年，从 9 年级到 12 年级。美国中小学的课程管理权主要在州与学区。美国高中主要有综合中学、普通中学、职业和技术中学及选择性中学，带有一定的分流性质，但一般都包含普通教育与职业教育方面的内容，便于学生在高中毕业后做出相应选择。美国高中生在课程学习方面有多样的选择机会。美国高中课程，一般包括必修课程、选修课程与教育计划（以活动、课题或项目的形式出现，这些计划具有跨学科、综合性、实践性）三个部分，其必修课程对不同的学生而言是不同的，分成不同的水平来设置，主要包括基础、普通、先进（或荣誉）和高级（大学先修 AP 课程）。学生根据自己的学业水平与发展意向选择不同层次的课程内容。高中的选修课程也相当丰富多彩，大致占到全部课程的 50% 左右。目前，美国 60% 以上的高中开设 AP 课程。AP

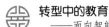

课程为高中学有余力的学生提早学习大学层次入门课程内容提供了广泛的空间，为学生潜质开发与基于兴趣、能力的大学专业选择提供了良好的激励平台。

我国的学制大致为六三三或五四三学制，高中学制为三年。我国高中课程在新一轮课程改革中已经关注选择性，但在必修课的科目选择与层次选择，以及选修课在整个课程体系中所占比例方面，与美国课程比较而言还有很大的发展空间。对一部分学有学力的学生，我国在课程设置上大多采用丰富式（让他们学习更多感兴趣的内容）模式来推进；从美国高中课程体系中看出，他们除采用丰富式模式（如其"先进或荣誉课程"等）外，还关注大中学的衔接，注重设置"加速式"课程（如 AP 课程）来促进学有余力的学生提前学习大学内容，并被大学认可，互认学分。在这方面，我们是否可以借鉴，值得进一步探索。

再说 IB 课程体系与值得关注的问题。国际文凭组织（IBO）为全球的 IB 项目学校开设了三个课程项目：一是为 16—19 岁的高中生提供的大学预科国际文凭项目，也就是 DP 项目；二是为 11—16 岁的初中生提供的中学项目课程，简称 MYP；三是为 3—12 岁学生提供的小学课程项目，简称 PYP。考虑到全球的适应性，其三个项目相对独立又自成体系，学校可以选择三个项目中的一个或两个，也可以都开设。DP 项目尽管是大学准备课程，因其关注来自不同国家、地区学生学习的相容性与国际认可，在兼顾全面发展基础与大学预科方面考虑得更为周全（如要求学生从六个学科体系中，每一个学科体系中至少选一门学科学习，且有三个高水平课程与三个基础水平的课程要求）。

IB 国际文凭项目课程与英国的 A-Level 课程比较，除了注重学生对感兴趣领域的课程选择学习外，还考虑学生知识的全面性、探究能力（如 EE 课程的开设）、批判性思维、综合运用知识能力（如 TOK 课程的开设）、社会实践服务能力和兴趣的培育（如 CAS 课程的开设）。EE（Extended Essay）课程、TOK（Theory of Knowledg）课程、CAS（Creativity-Action-Service）课程是 DP 项目三个必修的核心课程，中文翻译为拓展性论文课程、知识论课程与创新—实践—服务课程。许多世界名校更喜欢 IB 成绩好的学生，英国一些好学校开始弃用 A-Level 课程而采用 IB 课程，于是英国现代创新型大学前准备课程——剑桥 Pre-U 课程应运而生。剑桥 Pre-U 课程由英国剑桥大学所属的剑桥国际考试（CIE）于 2007 年设置认证并于 2008 年 9 月正式启用。要获得正式的 Pre-U 文凭，学生除了修完 26 门学科中至少 3 门课程外，还要单独完成一份研究报告和一份全球远景的分析报告。然而，IB 国际文凭毕竟为大学准备课程，尽管顾及了知识的全面性（如"三高三低"），但其大部分学习内容是大学预科水平。我国高中借鉴或实施 IB 课程，就要考虑学生的高中学业基础怎样与其衔接，这是一个值得深思的问题。包括语言理解的衔接——DP 项目教学语言只能是英语、法语、西班牙语，学生的学科外语理解与运用能力能否适应；内容深浅相衔接——上中国际部在 9—10 年级是通过学习美国课程夯实基础，然后在 11—12 年级对有兴趣、能力的学生开设 IB 课程，对我国学生开设 IB 课程应怎样奠基需要进一步探索。

通过对上述国际课程所属体系的分析与比较，我们在引入国际课程时有四个方面的体系问题须引起关注：一是高中学业基础与未来大学专业发展方向的知识准备应怎样衔接；二是不同层次与不同水平的差异性选择怎样推进；三是对有潜质学生的早期培育是选择采用丰富式还是加速式课程模式；四是大中学衔接与学生志趣培育的关系处理等。我国高中引入国际课程应当思考其所属的教育体系与我国教育体系的区别。如果这四个方面的体系问题处理不好，可能造成国际课程引入的"水土不服"或不能达成国际课程在育人方面的设想。不能只为了与大学接轨的升学，而不顾高中阶段的学业基础、思想基础的全面性。

三、国际课程引入的法理问题

我国高中对国际课程的引入，涉及怎样依照法律、法规、政策、规范进行管理的问题，以及在管理国际课程引入时，应当树立怎样的法治原则。我们先看一看当前我国高中引入的国际课程依法治理的现状，再分析应关注的法理问题。

对依法获得办学许可的外籍人员子女学校而言，根据教育部制定的《外籍人员子女学校审批和管理办法》规定，外籍人员子女学校课程设置、教学计划、教材和教学内容，由学校自行确定，他们引入的国际课程是合法的。能招收外籍人员子女的公办学校国际部引入的国际课程，一般也都获得过省级教育行政部门的批准。在此，我们主要讨论的是在高中阶段对我国学生引入国际课程加以实施应当注意的法理问题。从目前情况来看，对引入的对我国学生实施的国际课程，有四种情况存在：一种是由教育部直接批准实施的高中国际课程，如教育部高中课程改革示范学校——北京中加学校，教育部既批准其实施新课程改革，又批准其实行加拿大课程体系，通过统整探索更适合中国学生的课程建设；二是通过地方教育行政部门审批，并报请教育部备案，如江苏有十余所学校开设国际课程；三是由地方教育行政部门认可实施的国际课程，如北京市教委批准北京师范大学第二附属中学开设 PGA 高中课程班就是一种必要的管理方式，在课程上采取中国高中课程与 PGA 课程相结合的方式推进。PGA 课程（Project of Global Access）是由中国教育国际交流协会所属中教国际教育交流中心（CCIEE）和美国大学入学考试委员会（ACT）根据中国高中教育的特点而共同研发的适合中国学生的国际课程。PGA 课程得到美国大学考试委员会（ACT）认证，学习成绩被以美国为主的 110 多所海外大学认可。

还有一种目前在实施的，但并没有得到地方教育行政部门正式批准的情况。许多地区在国际课程的引入与实施监管方面，基本处于强调学校自主发展阶段，尚没有建立统一的规范。

国际课程的引入，须确立依法治理的基本精神，以确保依法治理的方向性、长效性与科学性，否则就可能出现"就事论事"的怪圈。在国际课程引入的法理思考中，至少应树立以下两方面的基本精神：第一是遵循国家意志与尊重多元文化。既保证我国素质教育目标的达成，如坚持发扬我国的教育特色、传统，又要关注国际化内涵的融入，理解文化的多样性，重视学生个性发展，关注学生兴趣培育与选择性学习。第二是拓宽育人的国际视野与满足多样化的教育需求。引入国际课程，要学习其中的先进元素，让学生树立面向世界的开放意识；也可以在一定程度上满足高中生多样化发展的要求，包括出国留学的引导，要处理好国际课程学习要求与作为中国公民必备素养之间的关系。

四、国际课程引入的准备问题

在明确了国际课程引入的法理问题，同时在国际课程正式实施之前，还必须做好必要的准备，也就是国际课程实施前的"备课"。主要包括分析哪一类国际课程比较适合我国学校发展，对国际课程本身价值的认识，以及国际课程的引入应当具备怎样的条件等。

首先，学校应当对国际课程适合怎样的学生及对学校自身的特色和个性发展有一个明确的判断，然后决定是整体引入还是部分引入及怎样引入等。

其次，学校在对国际课程目标、结构与课程系统有清晰的认识、理解后，要判断学校是否真正把握其要旨。就拿 IB 国际文凭课程来说，其具有宽广的国际性，能为学生提供更为全面的教育。我们对这一国际课程的引入，一般有两方面的判断：一方面，对我国学生而言，通过 IB 课程的学习来满足国际流动的需求程度，并非十分强烈，毕竟该课程对学生的学科外语要求比较高，但对境外学生的吸引力是很大的，如果在这方面有所突破，也可以提升我国教育的影响力、竞争力。另一方面，我们研究 IB 课程实施的关键是引入其对学生发展具有竞争力、先进性元素，包括学科群思想、课程的选择性、课程的现代性、促进学生个性化知识构成的形成以及对学生社会责任感、创造思维的培育等。从一定意义上说，我们对国际课程的引入准备，应侧重研究和把握其内涵，深化我国课程教学改革。

最后，学校对某国际课程的引入，要明确需要哪些与之匹配的必要准备和创设相应的条件，包括必要的课程教材准备、教学资料准备、教师准备、实验条件与教学设置的准备等。

显然，对国际课程引入的准备，涉及对自身发展特色、个性定位的认识，需要对国际课程引入后在学校发展中的价值有清晰的理解，包括与学校原有课程体系的关系处理。在普通高中新的课程标准视野下，只能以我国课程为主干，整合国际课程的部分内容来实施。

五、国际课程引入的实施问题

在我国有条件的高中引入国际课程后，在实施过程中应注意什么？我们认为有两个问题应当关注：一是能否保证按照原来国际课程设计的要求，原汁原味地实施，使其倡导的核心育人目标得到有效的落实，这主要涉及课程的选择性、教学组织、学生服务、教师的专业持续发展等。二是国际课程的实施如何与我国教育文化的传承、创新紧密地结合起来，形成具有自身竞争实力的鲜明特色，这主要涉及学校管理与文化营造的问题。

首先应对国际课程倡导的核心元素进行认真分析。例如，对 IB 教育项目总体要求的分析，包括学习目标、学科群思想、时代发展等；理解 IB 项目实施面临的挑战，包括观念上的差异怎样处理、学群思想的可接受度、契合时代与社会的主题变化、课程内容的及时更新与现代化处理等；如何选择教材，分析其与我国教材编写指导思想的不同点，怎样融入最新的内容，对其结构的认识等；怎样组织教学，在教材的实施过程中怎样收集资料、组建训练系统，在教学过程中怎样培育学生的创新思维，怎样选择合适的教学方式等；对学习、评价方式的分析，前者包括学习方式的差异、学习方法的指导，后者包括吃透 DP 的评价要求，如何改进我们的评价方式和学习评价等。深入认识对教师的教学要求与锻造一支具有国际视野、语言过硬、专业扎实、理念先进、价值观不断更新的教师队伍紧密相关。

许多欧美国家的国际课程，由于自身经历了标准化锤炼，在学科课程的实施过程中，形成了一系列标准化课程参考资料，如与教材匹配的网上训练系统、教学光盘、活动设计、实验案例参照系统等。为什么许多国外教师的周课时普遍比我国教师高？其中一个重要原因是他们在备课中不需要花费太多的时间，加上课程的多样性选择，使他们一周能上更多的课。然而，我们在实施国际课程时，由于面对的学生是不一样的，教学语言也是不同的，因而对国际课程的理解与匹配的资源利用方面，还需要根据学校与学生的特点加以关注、改造，这也会给国际课程的实施带来不少难题。

值得注意的是，从国际课程实践的视角去真正探索我国高中实施国际课程需要解决的问题与深入学科领域进行实践比较研究的较少。这也是我们力图有所突破，加以实践研究的动力所在。如果高中试行国际课程要取得成功的话，除了满足一部分学生出国留学的需求而提供与国际接轨的教育外，更重要的是在于从实践中了解国际教育改革、课程教学改革发展的趋势与主要脉络，使我们从中汲取经验、教训，进一步推进我国高中现代化课程体系建设，使我国的课程改革能站在更为先进的层面，为建设人力资源强国所需要的人才培育奠基。

（本文发表于《教育发展研究》2010 年第 22 期，收入本书有改动。）

2.

试论国际课程在我国学校实施的瓶颈与突破

> • 随着国际课程在我国学校的逐步实施，一些矛盾和问题也凸显了出来。如何突破国际课程实施的瓶颈，真正实现"汲取精华，为我所用"，成为国际课程在我国学校实施中的一大难题。
>
> • 国际课程的高选择性将带来教务管理方式、教学组织、教学方式、教学评价方式的变革，国际课程的现代性将带来现代化资源难以匹配的问题。

我国学校教育国际化水平的提升，需要对国际先进课程进行研究、借鉴。对国际先进课程研究、借鉴的重要方略是适当的引进，并在实践中深化认识。国际课程的引进与实施，必然遇到一系列瓶颈需要突破。

一、国际课程的研究与引入选择

面对具有不同理念的国际课程，哪些该引入，该如何引入，这是摆在学校课程发展实践借鉴面前的一个难点，要突破这一难点，必须知己知彼。首先要研究国际课程，其次要认清学校实际情况。

1. 对主要国际课程进行研究

目前，国内高中引进的国际课程主要有 IB、AP、A-LEVEL 等。其中，IB（International Baccalaureate）国际文凭课程在课程开设上有严格的体系界定，分为六个学科群共计 99 个课程科目，要求学生从每个学科群中选择一门课程进行修习，并至少选择三门高级课程。这个课程框架的设计，既全面夯实了学生的基础，又兼顾学生差异的需求，且不至于增加学业负担。AP（Advanced Placement）课程是美国进阶先修课程，相当于大学预科课程，并在各学科群中也设置了可供选择的多种科目，但相对 IB 课程而言，AP 课程体系较为宽松，只规定了课程的大致框架，学校可以自主决定开设课程的数量。A-LEVEL（General Certificate of Education Advanced Level）是英国普通教育证书高级水平课程，学制为两年，课程广度较大，深度相当于我国高三和大学一年级程度，学生可以根据自己的需求选择 3—4 门课程进行修习。三种国际课程均有很高的国际认可度。

要实施国际课程，首先，要了解其课程的设计思想和实施要求，包括在学科群思想指导下的课程选择性、实验观念上的差异性、课程内容的及时更新、强调知识与生活之间的联系等。其次，要研究其课程体系框架及特色课程等。例如，IB 中 DP 的六个学科群课程，TOK（知识论课程）、CAS（创造—行动—服务课程）、EE（拓展性论文）等核心课程的特点。值得注意的是，对国际课程的研究不能局限于理论，更应结合实践，在实践中挖掘其课程设置和评价体系背后隐藏的本质才是关键。

2. 选择适合学校发展的国际课程

对国际主流"大学预科课程"进行比较研究后，接下来的一项主要任务便是选择适合学校发展的国际课程。为了促进国际课程与学校现有课程框架的融合与发展，在课程的选择上需要认真思考以下三个因素：（1）在现实条件下，能实施的学科领域与范畴；（2）经过努力后，可以实施的学科领域与范畴；（3）理性分析学校即使经过一段时间的努力，尚不可能实施的学科领域与范畴。最后，做出开设相应的国际课程和科目的选择。

3. 关注意识形态的差异与校本改造

中西方意识形态的差异造成了文化的差异，而文化的差异往往反映在国际课程的各个方面，包括课程的指导思想、课程标准、教材结构、教学内容、习题配置、评价体系和教学方法。这一系列差异，造成了国际课程在我国学校的实施困难。在国际课程建设中，我们既不能完全照搬，又不能全盘否定，应把握一个原则，即结合我国实际及学生需要，既要汲取其合理内涵，也要对其中的不合理因素予以改造，推进校本化实施。

二、我国学校实施国际课程的难题

IB、AP 等国际课程的一个共同的显著特征是课程的高选择性和现代性。其高选择性体现在课程的系列选择、层次选择、科目选择、语言选择、模块选择；其现代性则体现在学科理解的现代化、课程内容表述方式的现代化、实验设备的现代化、学习方式的现代化和以学生可以理解的方式关注学科前沿等。国际课程的自身特征决定了我国学校在实施过程中必然会遇到一系列亟待突破的难题。

1. 国际课程的高选择性与教务管理的复杂性

国际课程与国内课程的显著区别在于其高度的选择性。课程越多，选择性越强，课表的编排就越困难，课程安排首要要保证每位任课教师的课不能发生冲突，同时还要兼顾教师教学任务的多样性和学校资源分配的合理性等，这为教务的教学管理工作带来了巨大的挑战。针对这一难题，上海中学国际部采取了以下对策：第一，编排分组课表。分组课表是指将一个年级的学生均分为 A、B 两组，两组的课程安排相对独立。第二，学生优先需求课程，资源优先保障。这两项基本措施在很大程度上保证了高选择性课程的顺利实施。

2. 国际课程的高选择性与教学组织、教学方式的变革

国际课程的高选择性冲击着我国学校的传统教育模式，选课制代替了固定课程后，传统的行政班已经不能再满足学生多样化的需求，走班制应运而生。走班制是指教师固定在一个教室讲课，学生没有

固定教室,根据所选科目的不同而去不同的教室听课。走班制的出现催生了小班化的教学模式。随着小班化与走班制的产生,我国传统的课堂教学方式要做出相应的改变。例如,国外实验课程注重科学探究,且探究的范围广泛而复杂,教师固有的专业知识难以指导学生,这就决定了在国际课程的实施中,教师的教学方式必须发生相应的改革。

3. 国际课程的高选择性与教学评价方式的变革

我国现行普通高中教学评价体系注重甄别和选拔,这与国际课程倡导个性发展的指导思想出现了矛盾。为了保证国际课程的顺利实施,学校需要构建适合国际课程的学分制评价体系。首先,由于国际课程的分层设置,学生在不同层次的课程中获得同样的分数,代表的学习水平是不同的,学分制可以全面地评价学生的学习水平。其次,国际课程中选修课所占比例较大,学生选择的空间广阔,学分制保证了学生可以根据自己的兴趣选择自己的优势科目,从而摆脱分数等级的束缚,与国际接轨。最后,在国际课程实施过程中,学生可以设定自己的学习目标并选择相应的课程来完成各阶段的学习,这就决定了学校不能实施统一的成绩管理,而应采取促进学生自主学习和个性发展的学分制。

4. 国际课程的高度现代性与现代化资源匹配的难度

国际课程的现代性要求学校有相应的物力和技术资源作保障,这对我国传统高中来说既是机遇又是挑战。我校经过十几年的国际课程实施,积累了不少实践经验,这些经验对现阶段我国学校实施国际课程有一定的启示作用。首先,国际课程要求有现代化的基于数字平台的实验。许多先进的实验仪器早已出现在教材中,为了满足这一要求,学校需要建立与国际一流高中课程要求接轨的现代化实验室,实验室建成后还须配备经验丰富的实验室管理者,使实验室能真正起到作用。

三、国际课程实施的人员挑战

除了上述实施难题外，国际课程实施还需要学校管理者及教师的参与，因此学校还必须面对国际课程实施所带来的人员挑战。

1. 实施国际课程给学校管理者带来的挑战

学校管理者是国际课程实施的总策划和核心力量，也是学校国际课程发展方向的指挥员。国际课程的实施取决于学校管理者是否能突破自身认识的局限性、准确把握国际教育发展趋势和脉络。因此，学校管理者要深刻认识到国际课程带来的挑战，才能有所准备，并为课程的顺利实施营造适宜的实施环境。

第一，学校管理者应提升基于国际视野的课程领导力。国际课程的实施对学校管理者及管理团队的课程领导力提出了挑战，学校管理者必须考虑各方面问题，包括如何创设与国际接轨的管理环境，如何推进国际课程的选择性和现代性，如何定位不同科目在国际课程中的地位，如何促进国际性与民族性的统一，如何促进学生对课程管理、学习环境、课程文化内涵的认同等。这些都需要学校管理者提升基于国际视野的领导力，在更宽广的平台上，开发国际课程。

第二，对学生的学习管理服务要关注与国际接轨。在国际课程的实施过程中，我们所面对的学生来自世界各地，不但语言文化差异较大，学业基础参差不齐，各国的教育理念和学校管理方式也不尽相同，学生和家长对学校教育教学发展需求的期待更是千差万别。语言、文化、理念和需求上的差异，是国际课程实施中要面对的棘手问题，因此对学生的管理必须考虑与国际接轨。

第三，在管理过程中要注重对法、理、情三者关系的处理。我国传统的课程管理往往是"先情后理再法"，而在国际课程的实施中，往往将"法"放在首位。既然与国际接轨，就必然要强调规范化，建立完备的规章制度，无论何事，先看其是否合法。另外，在处理国际课程实施中遇到的问题时应把握好度，做到"合情合理"，并不断提升与改善管理制度。最后，我们在国际课程的实施过程中，还要重视中国的"人情味"，关注人与人之间的和谐关系。我校的国际课程管理经验也表明只有处理好法、理、情之间的关系，摒弃旧方式、旧思维，与时俱进、放眼世界，才能不断完善课程管理中的各项规章制度，构建国际课程实施管理中中西结合的"法理情结合"机制，才能与世界一流学校管理模式接轨，又不失自身特色。

第四，大力提升基于数字平台进行管理、决策的能力。由于国际课程内容的时代性和课程管理的复杂性，传统的基于经验的决策和管理在国际课程实施中出现了危机，知识经济和信息时代的到来更要求学校能以数字化技术为基础进行教育管理，更需要管理者能对形势做出正确判断并及时捕捉改革动向，要做到这一点，就必须基于信息，并掌握运用信息的科学方法。教育管理的高度信息化，不仅提高工作效率、最大限度地发挥学校职能，更保证学校决策的科学性和有效性，使学校管理者能在管理、决策中把握契机，总揽全局。

2. 实施国际课程对教师人力资源带来的挑战

来自不同国家和地区的学生、不同于中国传统课程的国际课程、原版的英文教材，这些都给教师人力资源带来巨大挑战。

（1）对教师的国际课程比较研究能力提出了更高要求。国际课程凸显的是西方的教育思想，课程内容与中国课程差异较大，这就造成了学科教学思路的差异，也要求教师能对中西方教育思想、课程内容、学科教学思路等进行比较研究，并在实践中深化认识。可见，要做好一名能胜任国际课程教学的教师并不容易，不但要研究外国原版教材的内容和教学方法，还要在此基础上把握不同国家、地区学生的文化背景和学习习惯，保证教学效率。

（2）对教师的专业知识、英语能力和国际视野提出了更高要求。国际课程的实施要求以英语为教学语言，这就要求教师不仅要具备深厚的专业知识，能熟知国外教材的知识结构体系，还要有能熟练运用英语传授学科知识的能力。这对我国教师而言，可谓是一项巨大的考验，为了突破这一难关，我校采取的应对方式或许有一定的启示作用。首先，学校图书馆提供了大量原版英文教材及参考资料供教师备课使用，并安排外籍教师与国内教师在同一办公室备课工作，促进教师之间的学习交流。其次，开设一些有针对性和专业性英语能力培训项目，进一步提高教师英语水平及教学能力。

（3）对教师数字技术的运用及探究式教学能力提出了更高要求。在数字化时代中学课程实施过程中，运用数字技术的能力已成为教师的基本能力，这种能力体现在教学资源的开发、课堂教学、课后指导和评价等教学的各环节。这对教师的专业能力提出了挑战，而国际课程与数字化技术的高度融合则对教师的数字技术运用能力提出了更高的要求。首先，国际课程是跨国课程，教师必须具备运用网络搜集和整理信息并与教学有机整合的能力，才能准确把握课程的内涵和发展趋势。其次，国际课程的现代性决定了课程内容包含越来越多的前沿理论、实验和成果，这也要求教师必须能熟练使用数字技术的产品，如教学辅助软件、实验辅助软件等。最后，国际课程注重师生交流与合作教学，利用数字平台进行辅助教学的能力也成为教师必备的能力之一。

四、国际课程实施的国际认可与自身特色的形成

国际课程的开设需要相关国际组织和委员会的认可，取得"合法"的地位，并在实施过程中严格执行相关标准，把握课程的指导思想和发展方向。同时，在遵照标准实施的过程中不能忽视自身特色。只有在国际标准与自身特色发展之间找到契合点，才能形成国际性和民族性相统一的国际课程。

1. 对国际课程实施的认可必须关注与国际标准的匹配

国际课程实施的评价标准采用的是国际标准，不是国内标准，因此我国学校实施国际课程要在国际通行的评价体系中彰显自身的价值，必须在一定程度上符合国际教育发展的趋势，得到国际上普遍认

可。以 IB 课程为例，其最终评分由国际文凭组织进行，因此我国学校 IB 课程的开设需要学校管理者准确把握课程实施标准，获得权威组织的认证，并能取得国际认可的实践成绩。国际课程实施的国际认可过程不是一蹴而就的，也不是一劳永逸的，而是一个长期的不断更新不断发展的过程。这个过程需要学校管理者、教师、社会各方面的共同努力。

2. 寻找可借鉴元素，彰显我国教育特色

对国际课程的研究、引入与实践，其价值取向是"汲取精华，为我所用"。但是，在国际课程的实施过程中，往往会形成一个误区，那就是过分强调学习国外的课程理念、教学方式而忽视了我们自身的优势，从而造成"根的迷失"，这对学校整体和学生个人的发展都极为不利。民族性是国际性的基础，中国的教育要想在国际舞台上展示自己的风采就要在顺应国际教育潮流的基础上彰显自己的民族性。培育国际人才，传播中国文化才是我国学校国际课程实施的目标所在。因此，我国学校实施国际课程应将国际性与民族性结合，形成中国特色的现代学校课程体系，并在教育国际化中显现自身的地位与影响。

（本文为作者在 2010 年 4 月 28 日由教育部基础教育课程教材发展中心举办的区域教育国际化论坛上的发言，发表于《现代基础教育研究》第 4 卷，上海教育出版社 2011 年 3 月版，收入本书有改动。）

3.

高中国际课程实验学科教学与评价
引发的挑战与对策

> • 国际课程实验学科教学有两个核心特点，即彰显对学科结构的现代理解与还原实验学科的实验本质。
>
> • 国际课程实验学科非常关注学生基于数字平台的探究性学习，大量课程内容需要在配置基于数字技术装备的实验平台（如现代化实验室）中学习。

　　当今主流国际课程如 IB、AP、A-LEVEL 课程等开始被越来越多的学校引入。一般看来，在实验学科领域，即物理、化学和生物学三个学科中，我们相较于西方国家应具有一定的优势。通过观察从实验学科的引进，到熟悉国际课程标准，再到成功将国际课程实验学科的教学与评价理念植入学校课程体系，最终与我国传统课程融合的过程，我们发现国际课程实验学科教学、评价带来的挑战唯有不断地对标准和内容进行研究与借鉴，对师资队伍的建构与培育、甄别与提升，才能让我国的实验学科教学获得质的飞跃，在未来的创新人才培育中发挥应有的效率。

一、国际课程实验学科教学的两个核心特点

　　主流国际课程实验学科与我国高中课程差距非常大。在此笔者只

针对其教学中的两个核心特点结合学校实践进行简要分析。

1. 彰显对学科知识结构的现代理解

学科知识结构是指"学科的各种知识之间的比例关系、关联程度、组合方式及由此形成的功能整体"，它影响学习者个性化知识构成的形成。随着科技和社会的发展，学科的知识结构也在不断发生变化。欧美物理、化学、生物学教材已经在学校实践了多年，通过对其内容与中国同类教材对比分析，我们发现它们在学科知识的结构及内容上的差异达到60%以上。这些差异主要集中在对学科知识结构的现代理解上，并直接反映在教材内容的编排上。

2. 还原实验学科的实验本质

实验学科的核心特点在于实验活动，尽管科学方法是通过多种方式呈现出来的，但作为以实验为特征的学科，只有通过探究活动来研究科学方法才会有效。通过分析几种主流国际课程对实验的要求，我们发现，在还原实验学科实验本质方面，国际课程主要采取的做法为：第一，增加实验课所占的课时比（以每节课40分钟计）。以 IB 实验科学为例，高水平总课时约257，要求60小时（即90课时）的实验时间，低水平总课时约150，要求40小时（即60课时）的实验时间，分别占总课时的35%和40%。我国实验学科教材中实验课占的课时比约为10%至17%。第二，加大探究性实验的比例。以物理学科为例，美国主流物理教材《物理：原理与问题》的90个学生实验中，包含了66个探究性实验，占73.3%。我国《普通高中物理课程标准（2017年版）》物理实验专题中的实验示例部分列举的内容，15个推荐实验中只有2个和 IB 物理探究性实验的要求相似。从整体上来看，国际课程实验学科重视科学方法和科学精神，通常在其教材中开篇就呈现如何进行实验测量。

二、两个核心特点引发的四个变化

以上介绍的两个核心特点直接影响着国际课程的教学内容、教学手段、教学方式与教学评价。如果能够及时、准确把握这四个方面的变化，不断完善我们的学校课程，才能让国际课程中的优秀元素真正发挥作用。

1. 现代内容以学生可理解的方式及时融入教学内容

随着对学科认识的不断深入及国际主流课程实验学科的教学内容不断更新，虽然纸质教科书本身就具有一定的滞后性，但为了让学生能尽可能了解更多科学发展前沿，可让大量现代内容以学生可理解的方式融入教学内容中。一种方式是直接融入教材内容，如 IB 物理教材从电容的概念出发，对 CCD（电荷耦合元件，广泛运用于带有数码影像摄录功能的日用电器中。像素的有关概念与 CCD 有直接关系）的原理及实际应用做了详细的介绍。AP 生物学科教材有专门的章节讲述现代生物学技术和基因组学，从分子克隆技术讲到干细胞研究，乃至 miRNA（微小 RNA）、siRNA（小干涉 RNA）等最前沿科技，以及人类基因组学和正在进行中的各种模式生物的全基因组测序等；另一种方式是教师在教学中对同一内容采取不同的处理方式。例如，讲到电容这一概念时，区分手机的电容屏与电阻屏。

2. 大量高科技数字化设备进入日常教学领域

与其他学科相比，实验学科对设备的依赖性更强。在国际课程的日常教学中，大量高科技数字化设备以多种形式融入。主要方式有：第一，大量与高科技数字化设备相关的内容融入教材内容中。例如，IB 生物学课程中介绍了 PCR（聚合酶链式反应）仪、杂交炉等实验设备。AP 生物学教材中选编了大量通过电子扫描显微镜、电子透射显微镜、共聚焦荧光扫描显微镜获得的照片；利用冰冻切割技术展示细胞核膜结构；介绍同位素示踪标记法在癌症诊断中的应用、DNA 指纹法亲子鉴定的原理等。IB 化学现代分析化学部分不仅讲解了红外紫外光谱分析仪、原子分析光谱、质谱等一些方法和原理，更涉及气质联用分析仪、高效液相色谱、核磁共振等前沿分析仪器。第二，借助数字化软件，推进学生对课程内容的学习。例如，专业软件 MathCAD、

Mathematica、MATLAB、Maple、SAS、虚拟实验室等。

3. 教学方式产生根本性变革，数字技术与探究紧密结合

国际课程实验学科的教学方式最显著的特征有两个：第一，对探究性实验更关注开放性、自主性。第二，非常关注学生基于数字平台的探究性学习，大量课程内容需要在配置基于数字技术装备的实验平台（如现代化实验室）上进行学习。传统的实验往往无法采集大量的动态数据，利用现代化仪器对科学领域中广为应用的生物学技术知识进行学习，如遗传工程中的提取 DNA、PCR 技术，凝胶电泳，DNA 指纹图谱等。比如，探头，与电脑相连就能采集到大量精密的、动态的、即时的数据。在 IB 内部评价的实验要求中明确规定，在所有实验活动中，以下五方面信息技术应用中至少每个被应用到一次：应用数字化仪器采集实验数据；应用软件绘制数据或结构图形；使用电子表格记录数据；建立数据库并进行数据处理；计算机建模／仿真。

4. 重视基于统计数据的过程性评价

国际课程实验学科的过程性评价具有两个重要特征：其一是重视基于日常教学统计数据的评价。例如，IB 课程实验学科的内部评价占 24%，学生实践探索的细节会被记录在上述实践探索表格中。除此以外，实验中最好的两次评分需要由教师给出并标示出来，包括实验设计、数据收集和处理、总结和评估三方面评分，实验报告由教师保留，将来可能发给 IBO 评分人作进一步审核确认。AP 实验科学类课程要求每位学生根据要求准备实验本，保留两年内的所有实验报告，以备大学抵学分时抽查。同时 AP 最新的改革将实验报告设定为硬性评价指标。其二是基于网络平台的实时反馈与个性化评价。例如，McGraw Hill 公司的《化学》一书中，就附带名为"网上化学技术营造"系统。在这一系统中，教师在有一个账号的同时还有学生账户，以便确定学生所要完成的章、节。每位学生有一个账户，在任何地方上网都能完成作业。每位学生的作业不同，每完成一道题目，系统就会作出判断和相应的知识反馈。学生完成一节的作业后，系统会显示他所获得的

分数及所用时间，并且根据其完成质量显示简短的评语。教师不但能直接看到学生的作业结果，也能对数据进行多种统计输出，并通过系统进行交流。第三，重视非预期结果。由于不同学生的知识构成存在差异，因此国际课程实验学科的评价更为重视过程，有价值的探究都会被肯定。例如，在 IB 实验中，学生的结果可以和理论值相差非常多，甚至允许实验完全失败。

三、四个变化带来的挑战与对策

以上分析的四个变化，对我国学校引入并实施国际课程的实验学科带来了巨大挑战，只有把握国际课程的核心特点，对我国传统课程体系与国际课程要求的差异采取与学校特点相适应的处理方式，才能保证国际课程实验学科真正实现其价值。以下简要分析上述四个变化给我国学校带来的挑战与对策。

1. 国际课程实验学科的实施带来的挑战

国际课程实验学科教学对学校带来的挑战有多个层面，在此主要从给师资团队带来的挑战角度进行分析。主要包括四个方面：

（1）学科功底的挑战。主要是实验学科的现代架构、现代内容的融入对教师学科功底及理解力的挑战。如果我们让学生所进行的教学和评价都是直接来自以往对学科知识的理解，必然不适应国际课程的要求。

（2）教学方式的挑战。探究式学习方式对以传授知识、讲解题目为主的传统教学方式造成冲击。中国教师接受的教育往往使他们具有扎实的学科知识基础，养成了严谨的学习和工作态度，这些是中国教师的优点。但是，中式教育会使教师学生形成思维定式——注重学科知识传授、忽视学生能力培养等，思维定式不利于国际化教育。

（3）评价方法的挑战。新的评价方法是基于学习过程数据与质性材料的表现性评价，要求对基于测试成绩的评价进行反思及提高对学科规范性认识。例如，IB 拓展论文、学科评价论文中要求引用的规范，已达到在国外杂志发表论文的同级水平。在实验科目中，对实验报告写作的要求亦达到国外研究生教育同等水平。

（4）语言理解的挑战。国际课程不仅对任课教师的外语运用水平提出挑战，而且要求增强对学科外语的理解与内化。

2. 对策分析

对国际课程实验学科的引入和实施，大多数要经历三个阶段。从刚开始为了原汁原味引入而进行的研究与借鉴，到根据学校实际情况进行的建构与培育，再到甄别与提升，通过这三个阶段才能真正实现国际课程的本土化改造。

（1）研究与借鉴。在实践中学习，在研究中理解，在理解中借鉴。这里不仅要从教学层面，更应从课程架构、教材编写等方面，找到合适的突破口。例如，在学校国际部办学初期，我们实验学科领域成绩仅相当于甚至低于世界平均分。分析发现，学生在内部评价即"实验作业"部分仅获得 20% 的分数，而教师对他们的评价却均在 80%—90% 以上。因此，学校应注意加强教师与 IBO 的交流。除了参加 IB 的会议外，教师通过每次考试后的反馈信息和批改后的学生考卷，能清楚地了解 IBO 的思想和标准。

（2）建构与培育。学校首先要选好苗子，引入高素质教师，并进行 3—5 年的针对性培养，分析 AP/IB 对实验的要求。其次在指导学生进行课题研究等方面，逐步建构具有国际视野、胜任国际教育的新的师资队伍。最后为了让教师切身体会到真正的国外教育，可以安排教师去国外大学接受培训，让中国教师去听外国教师讲课，感受外国本土教育方法和教育氛围。

（3）甄别与提升。对现有在职教师能否胜任国际教育进行甄别，并创设合适的环境促进提升。例如，师徒带教机制，提供大量的原版教材、原版书籍；外籍教师和中国教师一起坐班办公；定期开展针对性学科英语培训等。另外，要注重对主流实验学科教材、结构比较分析，关注符合国情的改革与中国特色的提升。不同的国际课程在对实验学科的教学与评价要求方面有所不同，在实施过程中应把握核心要素，从学校实际出发找到突破口。

（本文发表于《现代基础教育研究》第 10 卷，上海教育出版社 2013 年 6 月版，收入本书有改动。）

4.

国际课程对我国课程建设与
创新人才早期培育的启迪

> • 从国际课程的实施中找到一些有价值的、先进的课程改革元素，将它们迁移、改造、运用到适合我国学生的课程建设中。
>
> • 为我国培养具有国际视野、知晓国际规则并能参与国际交流的国际化人才奠定坚实的基础。

高中阶段对国际课程的引入与实施的目的，不是为了满足在我国学习的境外人士子女接受与国际接轨的教育需求，也不是为了给那些想出国的学生提供出国预备的教育，而是从国际课程的实施中找到一些有价值的、先进的课程改革元素，将它们迁移、改造、运用到适合我国学生的课程建设中，为我国培养具有国际视野、知晓国际规则并能参与国际交流的国际化人才奠定坚实的基础。

一、课程的选择性与学生个性化的知识构成

美国高中课程不仅有着丰富多样的选修课程，而且必修课程也为不同学生提供了科目与层次选择。美国高中课程规定必修课程包括语言艺术类课程、数学类课程、科学类课程、社会研究类课程。每一类必修课程不是一门具体的科目，而是一个学科群，在学科群内开设不同的学科课程供学生选择和学习，且每门学科根据难度分成不同水平，让学

生自主选择。

IB 国际文凭课程提供 6 个学科群、近 200 门科目供学生选学。其没有严格意义上的选修课程与必修课程的界限，只规定了"三高（高水平）三低（标准水平）"的原则。这样的课程体系较好地兼顾了学生的差异性和不同国家、地区学生的学习需要。

由于关注了学生发展的差异性、个性、兴趣、潜能及已有的学习基础，学生在高中阶段能选择切合自身发展需求、有利于自身未来可持续发展的课程科目，由于每个学生的知识构成不一样，也就促进了他们的个性发展。此外，学生在选择过程中对自身感兴趣的领域逐步聚焦，更有兴趣地去积累自己的个性化知识，这有利于他们未来发展的专业意向的逐步明确。

我国高中新一轮课程改革鼓励高中课程有一定选择性，但对必修课程在学科群思想指引下实行科目选择与层次选择尚没有迈出坚实的步伐，更没有明晰高中必修课程的可选择科目、层次水平的导向。

思考与建议：

1. 促进学生课程的选择性，不能只局限于选修课，而应在必修课程领域中寻求突破。让高中生在选择学习的基础上形成个性化知识构成，这对学生未来发展的专业选择与人生追求十分必要。

2. 在实验性示范性高中的课程改革中，尝试引入学科群的思想。学科群的关键思想是将知识分成若干学科领域，每一领域包含诸多学科课程或学习科目，而某一学科课程又可以形成一些相对独立的分支科目或学习模块，这一概念在高等学校被广泛采用。有条件的高中还可以开展学科群思想指引下的课程改革，推进基于学生学业基础、兴趣、潜能发展需求的必修课程科目选择和层次选择，并进一步加强选修课的丰富性、多样性，提高课程开设的灵活性，不断完善学生的个性化知识构成。

3. 在创新人才的早期培育方面，应大力推进学生基于课程选择学习的志趣聚焦。我们经常听到这样的说法：美国高中生创新能力强，中国高中生学业基础好。这与课程有着很大的关联性。创新人才早期培育目标的达成，课程建设是关键。当前，学校课程的选择性明显不足，难以激发学生的创新兴趣和潜能，也难以形成学生未来走向成功与创新所必需的、个性化的知识构成。

4. 在不同类型的高中课程建设上，要努力推进学校课程的选择性与个性化、特色化的紧密结合。学校要尽可能地提供丰富的课程让学生选择，然而一所学校不可能为所有学生提供他们发展所需的全部课程。这启示我国的高中课程建设亟须加强引领，鼓励学生选择合适的学校，学校选择合适的学生。应当鼓励高中在介绍自己的时候，使特色化的、可选择性的课程建设成为学生作出选择的最为重要的参考元素。

5. 借助课程的选择性来完善学生的个性化知识构成时，要特别关注引导学生兴趣与潜能的匹配。学生感兴趣的领域，不一定是他的优势潜能领域。因此，挖掘每个学生的潜能需要有一个摸索的过程。课程的选择性，既要促进学生在选择学习的基础上激活兴趣又要促进学生在广泛兴趣的基础上逐步聚焦志趣，而且要有利于帮助学生在选择中识别自己的潜能，并尝试通过课题研究等方式开发自己的潜能，促进他们兴趣与潜能的匹配。

二、课程的现代性与学生现代素养的培育

国际课程最鲜明的特点是现代性，关注对学生现代素养的培育。其主要体现是用现代理念、学科发展的现代理解水平来编撰教材。注重教材内容的及时更新，以高中生可以理解的方式适度介绍现代科技发展与学科发展的前沿知识；关注对传统内容的现代化处理，注重课程内容表述方式的现代性，包括对传统内容进行现代化处理与学习等。

比如，欧美的化学教材，不仅把最新的科技成果及时融入课程教学内容，而且在教学组织形式上采用与生活、科技相联系的授课方式来引导学生探究知识，且以分子结构的方式来安排教育内容。目前我

国的化学教材仍以元素周期表、元素性质的方式来组织内容。国外实验学科教材十分强调科学素养、研究能力的提升，开篇就讲如何进行实验测量，把科学方法放在第一位，知识放在第二位，而且在每一门学科的前言中，都有十个基本要素的提示，即 inquirers（积极探索的人）、knowledgeable（有知识的人）、thinkers（善于思考的人）、communicators（善于交流的人）、principled（有原则的人）、open-minded（头脑开明的人）、caring（有爱心的人）、risk-takers（勇于冒险的人）、balanced（身心平衡的人）、reflective（善于反思的人）。

我国高中新一轮课程改革对课程的现代性已有充分关注，然而还有一些观念与认识亟待更新。首要任务是提高对学科的现代理解程度，以及按学科的现代理解程度去组织课程内容的编排。这直接关系到学生对学科形成的知识结构体系，包括与现实、生活、自身经验的联系等。

思考与建议：

1. 以学科的现代发展水平去推进课程的现代性，关注基于国际课程实践的比较研究。这包括从中体会在特定的文化环境下，怎样才能更好地推进学生现代素养的提升。例如，化学学科，我国国内的教材一直将原子结构的分析作为解释元素性质的基础，而国外的教材，尤其是美国教材，则把元素性质递变规律作为《元素周期表》一章中的一个小节加以介绍。这值得我们进一步思考。

2. 推进高中课程的现代性，应大力推进学校课程的内容、方式、表述形式和学生学习方式的现代性。这种现代性依赖于深化课程的科学性、综合性、人文性及与社会生活联系的基本内涵。在与课程现代性相匹配的教材建设中，要关注教材中现代科技内容的渗透、对学科前沿问题的把握及关注学科知识的交叉运用和与现代社会生活的联系。

3. 高中课程的现代性要以学生可以理解的方式加以推进，关注学生的兴趣与潜能开发。不仅要关注提升全体学生的现代素养，也要关注创新人才的早期培育，注重对有潜质学生素养的早期开发，如美国高中化学的 AP 教材分 A 班、O 班，分别关注不同层次学生的发展需求。对有潜质发展的学生，在高中课程的现代性方面，要根据学生某一方面优势潜能的特点，形成与之匹配的高一层次的课程内容与教材选择，及时、适当地引入科学前沿知识与社会热点信息，适当增加课程的理论深度，适度接触科技发展新成果，有效推进有潜质学生现代素养的提升。

三、课程的探究性与学生创新思维、人格的养成

课程的探究性是高中国际课程值得我们关注的又一个特点，也是培育学生创新素养的重要载体。主要体现在三个方面：

1. 课题、项目研究对学生创新思维、人格养成的影响。在美国高中课程中，一个十分重要的内容是学生做课题或项目研究，要求学生独立完成研究计划，课题题目可以学生自己定，也可以与教师沟通商定，课题内容强调贴近学生生活，注重实践性与跨学科性。IB 课程的核心课程之一就是拓展性论文，要求学生针对某一个学科问题进行研究，然后通过文献研究、资料检索等方式提炼并证明自己的观点，相当于通过研究综述后形成研究论文，要求有自己的观点，学会运用探究的方法等。

2. 实验注重探究性以促进学生创新思维和人格的养成。欧美实验学科对学生实验非常重视，占课时的 35%。例如，欧美生物学教材在训练体系上，每一单元的教材练习既有基础性要求，也有拓展性、探究性要求。国际课程尤为关注探究性实验。美国高中课程鼓励学生根据自己的兴趣和知识基础来设计实验，自主地研究和提问，采集和分析数据，验证假设和完成实验报告。

3. 教材内容设计显现探究性。高中国际课程比较注重通过课程内容的探究来引发学生的兴趣与激情，促进学生带着问题去思考、学习。如美国的科学教材围绕"科学探究"这条主线，特别注重科学方法及科学方法模型的教育，在 Pearson Prentice hall 出版社提供的高中化学 A 班教材中有 2 章共计 53 页的篇幅介绍科学方法的模型与数据处理的方

法；O班教材有40页的篇幅介绍科学方法模型与数据处理。尽管这些内容看似与化学学习没有太大关联性，但它们关注到了任何一门自然科学学科都离不开的科学探究与科学方法。课程教材在内容的设计上还很关注科学探究精神的贯彻。

思考与建议：

我国高中课程改革要积极、主动地推进课程的探究性，建立相应的激励、推动机制，促进学生创新思维与人格的培育。为此我们可以在以下几方面做出积极的探索：

1. 关注课题、项目研究及学生的研究性学习。形成高中课题研究、研究性学习的引导机制与激励、评价机制。

2. 关注与学科课程、日常生活相结合的课题研究。在课题研究的过程中深入体验探究过程，树立科学精神。

3. 在教材的内容设计上注重培育学生的探究精神。尤其是在自然科学的教材设计上应以科学探究为主线。

四、数字技术运用与学生学习方式的变革

由于数字技术能将一些抽象的内容转变为可视化形象，高中国际课程就加入了一些原本不可能在中学教授的内容。借助数字技术的形象化介绍与处理，高中国际课程的许多现代内容得以融入与有效组织。由于我们身处信息技术时代，知识的更新以前所未有的速度进行，为了便于学生根据自身的实际与学校的特点开展课程学习，也为了促进学校教师更好地教学，所有学校都关注与课程匹配的数字化资源的建设，力图以丰富的数字化资源来引导教师的教学，促进学生对课程的学习。为了推广课程，很多国际课程都借助数字化手段推进跨国、跨地区的学习。得到IBO组织认可的学校，IBO会提供一套详细的课程体系与课程实施纲要，而课程标准、教学要求及教师培训则大多通过网络提供。数字化通信与网络技术的发展成为IB课程跨国实施与管理的重要载

体。AP 课程的申请、认可与开设也是通过网络进行的，相关的课程标准、测试也通过网络提供，有关测试的反馈同样通过网络进行。以数字化推进课程实施的效果还显现在利用数字化平台推进学生基于信息与数字资源多样化的选择学习、探究学习、主动学习及对课程学习效果的反馈上。

思考与建议：

1. 我国高中课程改革应当在推进数字技术与课程整合方面迈出坚实的步伐。促进我国学生在数字化环境中的跨界学习，提升我国学生在未来数字化环境中的发展与创新能力，提高与国际上同类优秀学生的核心竞争力。

2. 大力推进数字技术对课程改革的全方位突破。不仅要关注课程采用了怎样的数字技术来获得发展，更要从数字化本身给观念、知识结构、思维方式、手段、文化等方面所带来的革新动力角度，分析其对学校课程各要素产生的深刻影响，推进数字化与课程的多方面整合。

3. 大力促进学生基于数字技术与专门知识领域的创新。我国创新人才的早期培养，必然与高中生今后面临的数字化环境及在数字技术掌握、运用上的独特优势紧密相连，要注重激励学生对专门知识领域与数字技术进行整合。我们须通过数字技术与课程的整合、数字化创新实验室的构建、数字化环境的创设，促进学生基于数字平台的学习与探究。

五、高校等社会资源的运用与学生潜能的识别、开发

关注学生早期潜能的识别和开发的大、中学衔接教育，是与引领学生未来人生发展方向紧密结合在一起的，把对学生的潜能识别、开发与其专业发展指向性紧密联系起来。无论 AP 课程、A-Level 课程还是 IB 课程，都十分重视大、中学衔接。学生在高中选学的 AP 课程被许多大学认可，A-Level 课程被明确地认作大学预备课程。因英国的大学学制

为三年，A-Level 课程在学生中学毕业后、进入大学学习前起着衔接作用，为期两年。IB 课程在大、中学衔接上立意鲜明，在大学前学习这些课程，可以让学生对今后大学的专业兴趣与学习有一个明确的判断，从而更有利于学生在相关方面潜能的开发。

大、中学衔接课程的开设，不仅使大部分中学生在毕业后对今后大学应当选择怎样的专业及未来人生的发展方向有了相当的认识，而且能促进学生将所学的知识、自身的潜能、专业选择相匹配。这既激活了有潜质学生在中学的学习动力，也减少了对大学专业选择的盲目性。

思考与建议：

1. 高中课程改革要注重大、中学衔接，关注对学生潜能的早期识别与开发。在高水平课程学分互认上要迈出实质性步伐。而对于一些高水平课程也要充分调动高校等社会资源参与开发，提升激发学生兴趣、开发学生潜能、编排知识等方面的科学性。对创新人才的早期培育来说，要关注大学、科研院所等机构与中学的实质性合作，促进对学生优势潜能的深度开发与志趣引领。

2. 积极寻求与高校、科研院所等校外机构的实质性合作。这种实质性合作，不是高校、科研院所等机构派专家来作一两次报告，而是针对培育有潜质的学生，请这些专家承担专门课程开发与授课、课题研究指导、参与现代实验室建设、项目指导等具体工作。

3. 充分调动企业的力量。尝试建立在高中阶段创新人才早期培育方面的企业责任制，企业要得到政府的优惠政策，就应当在推进人才的早期培育上作出一定的贡献，包括作为实践基地、提供人力资源指导等。

（本文发表于《上海教育》2012 年第 14 期，收入本书有改动。）

5.

普通高中试点国际课程的定位与方向
——以上海市普通高中试点国际课程规范化管理为例

- 普通高中试点国际课程基本定位须有"底线意识""选择意识"与"适度意识"。
- 普通高中试点国际课程的主要方向是避免越界，注重国际课程管理的常态化；厘清边界，注重对国际课程进行选择性整合；拓宽眼界，注重国际课程的实施力量校本化。

普通高中试点国际课程，在我国诸多省市正在进行。在普通高中试点开设国际课程的过程中，需要在"尊重国际标准"的同时，把握我国教育主权，形成整合国际先进元素、具有自身特色与核心竞争力的课程体系，正确的试点定位与方向是关键。本文论述的试点引入的"国际课程"是指有关国家（地区）或国际组织设置的国民教育体系高中阶段（如加拿大 BC 课程）或大学预科（先修）课程（如国际文凭 IBDP 课程、美国大学 AP 课程、英国大学预科 A-LEVEL 课程），学习对象为我国普通高中生。我国在建设教育强国的过程中，需要学习国际教育中一些先进元素，通过教育引入实践来了解国际教育发展趋势，并明确自身教育的优势及需要突破的地方。上海市作为国家教育综合改革试点城市和教育改革开放的前沿阵地，在普通高中试点国际课程的探索过程中敢于先行先试，注重对试点国际课程的学校实行规范化管理。现结合上海市普通高中试点国际课程的规范化管理，谈谈我国普通高中试点国际课程的定位与方向。

一、普通高中试点国际课程的基本定位

普通高中试点国际课程，需要有一个基本定位，定位清晰才能有效地实施，而不会偏离正确的轨道。当前诸多省市的高中试点国际课程如火如荼地开展，许多试点是为了满足部分有出国意愿学生的需求而设，造成了试点探索围绕学生"出国"转，而没有把握好试点的本质要求与普通高中作为国民教育体系的育人要求。普通高中试点国际课程的定位，呼唤树立"底线意识"，坚守教育主权；理顺"选择意识"，注重本土化改造；把握"适度意识"，注重开放范围。

1. 底线意识：坚守教育主权

普通高中试点国际课程，首先要有"底线意识"，认识到普通高中的对象是我国学生，需要坚守教育主权。不能因开设试点国际课程而丢失我国学校教育"立德树人"、培育合格公民的"起码准绳"与"底线"。上海市普通高中在试点国际课程中，画出的以下几条底线不能触动，从而维护我国教育的主权。

第一，"立德树人"的基本要求不能动。无论是"试点准入"的审批还是对已经批准试点的学校，都关注高中试点课程的"立德树人"导向，将学生德育（尤其是社会主义核心价值观教育）要求的落实作为根本任务，强调试点学校应有明确的育人方向，加强对社会主义核心价值观教育的内容、方式与途径的督查，在试点评估时，在"学生生活"这一评价内容上，专门强调对学生"应注重思想品德教育，采取有力措施，对学生进行形式丰富、效果明显的思想品德教育"。作为国民教育来说，一些学生的出国需求可以考虑，但这是第二位的，第一位是"立德树人"。

第二，我国的核心课程与国家必修课程要求不能动。普通高中在试点国际课程的过程中，学校课程架构中不能只有国际课程系列或整体移植国外课程体系，要求按照国家课程方案的要求，开设语文、思想政治、历史与地理四门必修课程。在对批准试点的普通高中进行年检时，应对这四门课程的开设、师资配备、参加学业水平考核或考查的情况进行专门督查。与此同时，在新课程标准颁布后，强调对国家必修课程的要求，关注整合国际课程，对落实不到位与教育质量不理想的试点学校，可进行校长约谈、给予整改意见并检查落实情况。

第三，对国际课程选用境外教材进行审查的要求不能动。对试点国际课程选用的境外教材，按照"全覆盖、无死角"的要求进行校、区、市三级审查。学校自查后上报给区教育局，再组织专家进行审查。各区教育局将境外教材审查材料上报上海市教育委员会，由上海市中小学教材审查委员会办公室和上海市基础教育国际课程比较研究所组织专家进行市级层面的境外教材审查。重点审查境外教材是否存在与我国政治观点和意识形态相悖或有异议的内容，若存在该问题，则采取禁用相应教材、删去相应内容、对有异议内容增加补充教材等方式进行处理。

2. 选择意识：注重本土化改造

普通高中试点国际课程的选择意识，是指普通高中试点国际课程在视域拓展上的价值取向追求，注重选择有利于推动我国课程改革的元素并加以改造与运用。其正确的视域追求应当是立足于本土、拓宽国际视野，了解国际课程中有哪些有价值的元素可以为"我"所用，选择其中的先进元素进行本土化改造，通过实验、实践，进行适合我国与地区实情的改革，从而推进深化高中阶段学校课程建设。通过国际课程试点来探索、了解国际同类教育在这方面达到怎样的程度，哪些是我们可以借鉴的，哪些是我们坚决不能变的优势，做出符合我国教育发展需求的价值判断与选择。因而，对国际课程的试点选择，在某种程度上就必然具有一定的试验、探索性质。

普通高中在选择试点国际课程时，应选择有一定影响力，在教育发展领域比较领先或有实力的国家（地区）或国际组织设置的课程作为考虑的范畴，上海市 21 所普通高中获准开展试点（后有一所学校退出试点）的国际课程就是从这个视角考量的。上海市率先开展普通高中国际课程试点工作，明确普通高中试点国际课程的目的与意义是通过普通高中试点国际课程，完善上海市普通高中课程体系，增强普通高中课程的现代性、丰富性、多样性，探索普通高中引进和融合国外先进课程资源的方法和途径，着力培养一支研究国际课程的专家队伍、管理和实施国际课程的校长和教师队伍，为培育具有国际交流、理解、合作和竞争能力的人才奠定基础。

既然普通高点国际课程的取向是本土化改造，就要不断加强对试点国际课程本土化改造的研究。在上海市高中试点国际课程规范化管理过程中，发布了国际课程本土化研究课题指南，首批有 24 个试点国际课程本土化研究课题立项，并配以专项研究经费。普通高中试点国际课程本土化研究内容涉及中美理科教材的比较与借鉴研究、在国际课程实施中融入中华传统文化教育研究、借鉴 IBDP 国际课程核心元素推进学校课程教学改革建设研究、国内高中数学教学中适当引入 AP 和 IB 统计部分内容的教学研究、国际文凭课程（IB）的普职沟通与本土化改造研究、在国际课程平台上发扬中华优秀文化的实践与思考、高中国际课程实施中推进科学教育课程优化的实践研究等多个主题，锻炼了一支国际课程本土化研究力量与管理团队。

3. 适度意识：把握开放范围

普通高中试点国际课程，应当把握开放的度，不能无限制地开放与准入，需要有适度意识，把握好开放的范围。开放和改革有试点探索的性质，就应有个度——开放到哪一步？开放到哪里？探索到哪里？基本的范围在哪里？这些问题试点学校都需要明确。对国际课程引入的适度开放，在于给学校提供一定的探索范围，并在相应的范围内给予自主探索的空间，这主要涉及试点公办学校与民办学校开放的限度、试点国际课程内容的限度、试点国际课程的合理布局等方面。

　　试点国际课程，对公办学校与民办学校要"区别对待"，公办高中作为"公办"主体，应注重教育对象的普惠性，其试点国际课程的原则有两项：一是通过试点引入部分国际课程，达到学习借鉴并加以本土化改造的目的，从而使学校课程内容更新，能促进全体学生发展或推进高中课程改革，不是为了满足部分学生或照顾部分学生"出国留学"而为之。二是试点实施的国际课程不能向学生收取额外费用，所需成本纳入学校办学经费的成本核算，且引入的国际课程在某些方面或整体构想上应当有影响力或比较公认的优势，通过实践改造给高中课程改革带来启迪价值，进而推动整个学校乃至推进高中教育系统的课程改革。因而，引入试点国际课程的数量与规模"宜少不宜多，宜精不宜泛"。民办高中作为"民办"主体，为满足群众对教育发展的多样化需求，在试点国际课程时可适当放宽，但必须完成高中阶段国民教育任务，加强对其办学方向、教育内容的监管力度。

　　无论是公办学校还是民办学校，对试点国际课程的内容要把握好限度。高中试点国际课程，通常有两类：一类是选择部分国际课程科目，在学校的拓展型、研究型课程中试用，且试用的课程方案和教材须经相关部门审查。另一类是通过开展我国课程与国际课程的整合，学生单独编班或在学校整体实施。将我国课程与国际课程整合，须充分关注我国课程的实施主体地位及其在国民教育中的引导作用，注重语文、思想政治、历史和地理课程按国家规定的方案开设，并注重学科教育质量监管，对引入试点国际课程的方案与教材内容加强审查。不仅对人文学科进行重点审查与妥善处置，而且对理科教材内容也要仔细审查其有关表述是否存在意识形态问题。针对这些问题，应给予相应补充内容的教学。若试点国际课程存在与我国主流意识形态或我国教育主权相悖的内容，则可以根据学校的实际情况进行教育整合、实施与改造。

　　对普通高中试点国际课程"度"的把握，即试点国际课程合理布局问题，包括试点国际课程的类别布局与区域布局。对同一类国际课程，试点学校不宜太多，尽可能推进国际课程试点的丰富性。试点国际课程不能局限在几个区域，应尽可能分布在不同地区（上海市 21 所批准予以试点的高中分布在上海市 16 个区中的 13 个区），以获取值得参考的实践经验，为丰富高中课程、促进高中课程改革带来启迪与思考。

二、普通高中试点国际课程的主要方向

为避免发生高中国际课程引入盲目、无序、方向偏差的状况，需要加强对普通高中引入国际课程试点的规范化管理。上海市为加强对普通高中试点国际课程的规范化管理，上海市教委组建了"上海市普通高中试点开设国际课程项目推进小组"（以下简称"项目推进小组"），负责试点项目的规划制订、立项评审、指导推进、监督检查等工作。试点引入的国际课程（含课程方案、课程计划及其教材），由上海市中小学教材审查委员会办公室负责，秘书处设在上海市教育委员会教学研究室。对申请试点学校的准入评估和对已批准试点的学校进行年检发展性评估，引入第三方专业评估力量，即委托专业机构上海市基础教育国际课程比较研究所（秘书处设在上海市上海中学，以下简称"研究所"）与上海市基础教育国际课程比较研究与咨询中心进行专业评估。现结合上海市普通高中试点国际课程规范化管理的探索，分析普通高中试点国际课程的主要方向。

1. 避免越界：注重国际课程管理的常态化

普通高中试点国际课程，应加强准入与发展评估，注重对国际课程实施管理的常态化，不能在批准试点后放松管理，避免边缘化。通过对普通高中试点国际课程的常态化管理，使试点工作按照预设的目的与方向进行，避免越界。

申报试点国际课程的普通高中应拟订试点工作方案，先向区域教育行政部门提出申请，区域教育行政部门选择管理和教学力量强、改革

基础好的学校,给出初步意见,并报送省(直辖市)项目推进小组。项目推进小组初审后,委托专业机构研究所进行准入评估,并将专业评估意见交项目推进小组审批,决定是否准入,项目推进小组同时委托研究所对批准同意试点开设国际课程的普通高中进行年检。

在准入评估方面,研究所专门制定《上海市基础教育国际课程试点学校认证评估指标体系》,安排评审小组到提交申请的学校进行为期半天至一天(视申请学校规模而定)的实地考察,从办学理念、目标、课程、管理、教职员工、学生服务、资源、学生生活等八个方面进行评估。每个评审小组由6—7名专家组成,先听取学校汇报,然后专家组分组与有关人员进行交流,查阅材料。重点审查试点工作方案、开设国际课程方案与相关教材准备,拟申请试点国际课程是否获得国外有关机构的认证或授权,课程架构的整体教学计划,语文、思想政治、历史、地理四门必修课的课时安排是否符合国家课程方案,学校如何发挥在试点国际课程中作为项目管理主体的作用。对已批准试点国际课程的普通高中,给予试点国际课程的招生计划并进行年检,采用书面年检、实地年检结合的方式进行。年检重点在于审核试点学校是否严格按照核准招生计划招生,是否严格按照审定课程方案进行教学,语文等四门必修课的落实情况与质量,教师是否符合国家规定要求,收费与经费使用是否违规,教学质量是否达到预期要求等。项目推进小组根据研究所专业评估意见,每年向试点学校提出年检评估反馈与整改要求。

2. 厘清边界:注重对国际课程进行选择性整合

无论是准入评估还是国际课程试点的实施,行政部门和专业评估机构应引导普通高中有选择性地试点国际课程,而不是体系化地引入。任何一种国际课程都有其自身的体系,并蕴含该国的育人价值取向与育人观念,且有其特定的属性。为此,当我们借鉴国外课程改革的经验和教训时,当我们把自己的课程方案与国外的课程方案进行分析比较时,应清晰地意识到各国不同的社会制度,并揭示各种方案背后所蕴含的育人观念和价值取向，这不仅有助于明确课程改革方案的性质，而且有利于课程的设计和实践朝着既定的目标展开。上海市教育行政部门在对普通高中试点国际课程的引导过程中，始终强调对国际课程的试点，是将学校的国际课程科目、内容整合到学校的国民教育体系中，而不是整体引入国际课程体系，以此来替代我国高中的国民教育，这是基本导向。

对试点国际课程以独立编班形式学习的普通高中生，应纳入普通高中招生计划系统中并进行相应的学籍管理，因而对这类学生的教育与教学须依照我国规定的高中阶段国民教育要求进行管理，对国际课程进行选择性整合学习。这只是为这部分学生提供拓宽知识视野、多元发展的一种方式而已，他们仍需要完成作为我国国民高中阶段的学习要求。上海市对试点国际课程独立编班的学生，按照课程方案经过完整的高中学习经历达到相关课程学习的要求，通过上海市语文、思想政治、历史和地理科目的高中学业水平考试且成绩合格者，可颁发统一制作的本市普通高中毕业文凭（加注"国际课程班"），毕业后符合当年教育部和市教委高考报名条件的学生，可参加高考。这一做法强调的是在高中阶段，无论是试点国际课程，还是没有试点国际课程，都是国民教育的一部分，这就决定了对国际课程必然是选择性地引入部分科目，并整合到我国高中阶段国民教育系统中，这涉及内容的取舍，主要原则是取其精华而非完全引入。

3. 拓宽眼界：注重国际课程的实施力量校本化

高中试点国际课程，价值取向是通过国际课程的引入来促进我国高中的课程改革。要达到这一目的，就需要推进国际课程实施力量的校本化，即培养一支能胜任国际课程的管理团队与教师团队，拓宽他们的眼界，并且在实践中认识引入试点国际课程中有哪些好的元素，我国教育文化中有哪些值得坚守的元素，然后将前者好的元素进行本土化改造，整合到我国高中课程改革中，形成具有国际视野与我国特色的高中教育课程体系。一些试点国际课程的普通高中，由于自身的力量不够，存在依赖中介机构力量来实施国际课程的状况，我们须充分关注。这样做会造成普通高中试点国际课程偏离目标，因中介机构必然是以营利为目的的，会为了"利"而丧失试点国际课程的价值追求。因此，在审批试点国际课程的学校申请时，尤其要强调学校的主体地位显现在哪里，怎样注重自身对国际课程管理者、教师培养与资源的开发。普通高中试点国际课程的力量应强调校本化导向，防止中介化倾向，普通高中在开始试点国际课程时，需要做好校本化的实施力量部署，对自身试点的主体地位要充分明确。作为试点国际课程的普通高中，应培植好校本化的实施力量，合作方的资质需向教育行政部门报备，一旦变更合作，也要及时报告。试点国际课程的普通高中校长，应以积极的态度做好实施力量的校本化规划与建设，培育学校领导者与教师团队的本土化探究精神。从这个角度来讲，无论是学校领导者还是教师，一定要拓宽视野，不能只看到学校已经做了什么，还要看到别人发展到什么程度了。对国际课程中好的元素，也不能照搬过来，要考虑学校的实施环境、与我国教育文化的适合度，用积极的态度来处理好校本化、本土化问题，明晰自身试点国际课程的价值在哪里，紧紧抓住"立德树人"的大方向不动摇。普通高中试点国际课程的校本化、本土化，是促进我国高中阶段课程建设的核心竞争力，这既是我国教育发展的需要，也是培养既有国际视野，又有本土情怀的学生的需要。即使试点学习国际课程的学生日后出国，也会有出国学习本领、回来报效祖国的情怀，将来为我们国家的发展作更多的贡献。

试点国际课程的规范化管理，可以让参与的学校认识到"它山之石，可以攻玉"的重要性，同时锻炼一批具有国际视野、胜任国际课程管理、驾驭国际课程本土化实践与研究的管理队伍与教师队伍，进一步深化对国际课程本土化的研究与探索。为此，上海成立了专业研究与咨询机构，承担了上海市教育科学重点课题、上海市哲学社会科学规划教育学课题"优质高中国际课程的实践研究""基于实践的中美理科教材比较研究"等，并取得了一些系统性理论与实践研究成果，对其他省市发挥了一定的辐射作用。通过实施普通高中试点国际课程的规范化管理和相应的研究，可以得出这样一条结论与建议：注重对国际课程引入的规范化有效管理，引入专业机构的评估及教育行政部门的常态化监管、引领，能促进高中多样化发展，并形成融合国际经验、彰显中国特色的高中阶段学校课程体系的核心竞争力。

（本文发表于《现代基础教育》第 26 卷，上海教育出版社 2017 年 6 月版，收入本书有改动。）

第三章　多样发展

1.

普通高中多样化发展：学校的实践与改革的呼唤

> • 高中多样化发展是时代发展的需求，是带有全局性、战略性、基础性的一个非常重要、非常深刻的命题。
> • 高中多样化发展呼唤评价的多样化；呼唤课程的选择性与现代性；呼唤教师培养与培训的多样化；呼唤国际视野拓宽与基于中国特色的研究不断深化；呼唤地区规划水平的提升。

高中多样化发展，我认为首先是一个战略性命题。因为我们国家现在提出了以人为本的理念、以学生发展为本的理念，这就要求我们的教育要适合每一个学生，没有学校的多样化发展作为基础是办不到的。按照中长期规划，我国要成为人力资源强国，这就既需要回答"钱学森之问"，培养顶尖人才，也需要培养大批各行各业的骨干人才，更需要提高大批普通劳动者的素养，所有这些都需要我们不同层次的学校、不同地区的学校办出自己的特色，这就需要整个教育的多样化发展。

高中多样化发展是一个全局性概念。多样化首先是一个地区的多样化，然后是一个国家的多样化，终究是学校的多样化。要做到这些，就涉及一个地区的教育布局和教育结构问题。

高中多样化发展是一个基础性概念。因为多样化靠什么？靠各所学校办出自己的特色、自己的特点、自己适应的那部分学生的需求,所有这些需要我们多样化发展。多样化发展又必须是学校本身的大发展,只有每所学校都发展了,都办出了个性,地区和国家的多样化才有了坚实的基础。所以,高中多样化发展是时代发展的需求,是带有全局性、战略性、基础性的一个非常重要、非常深刻的命题。关于这个问题的讨论,可以有多种角度,可以从大到小,也可以从小到大,我先从微观的一所学校角度来看,然后逐步扩大到地区和国家。

一、从学校层面看多样化发展

(一)从上海中学发展角度看多样化

首先以上海中学作为典型案例来分析。上中的发展,是为实现办学理念和办学目标而需要多样化发展。

第一,学校课程的多样化。上海中学有国际部,所以提供的课程,不仅有国家课程,还有国外课程,以下是对学校课程的中文描述:

对本部学生来说,课程设置是国家课程和学校的发展课程。对国际部来说,中文序列有两种,一种学的是国家课程。另一种学的是香港课程,与国家课程相结合的课程。英文序列中所有学科全部用英文,我们提供了两种课程:一种是 IB(International Baccalaureate)课程;另一种是类美国课程,我们用的是 Prentice Hell 出版公司出版的教材。一所中学能同时使用四种以上课程,在全世界也是非常少见的,我校实现了课程体系的多样化运行。上海中学本部提出了一个新的概念——课程图谱。课程图谱既有国家课程和上海课程,又有学校发展课程。

第二,学校人才培养模式的多样化。上海中学面对的是一大批资优学生,对这些学生来说,我们的培养目标是把他们培养成为国家的栋梁之材。因此,我们的人才培养模式与一般学校不完全相同。在此列举较典型的模式:

1. 注重优势潜能发展的培养方式。数学班、乒乓球班和羽毛球班学生，他们都取得了非常好的成绩，因为他们在这方面确实有潜能。

2. 注重指向性的培养方式。主要集中在五个领域：物理、化学、生命科学、计算机、工程，让有潜能的学生在这些方面得到更好的发展。

3. 以实践探究为重点的培养方式。主要以实验组的方式进行。比如，节能汽车，我们已经制造出节能汽车，并参加了大学生节能汽车比赛，是全国唯一一所中学参加大学生比赛。中学生在高校帮助下自己造出节能汽车，是一件很不容易的事。学校还有医学实验室、经济实验组等，让学生通过实践来发展他们的潜能。

4. 以社会能力为导向的培养方式。其重点是特色课程与项目。比如，CPS 课程、LO 课程（Leadership Organization，即领导跟组织课程），用于培养学生的社会活动能力和组织能力。通过人才培养模式的多样化，学校的办学特色，在课程模式上表现得非常清晰。

第三，教育资源开发的多样化。单有与办学目标匹配的章程和方式还不够，还需要支撑，最重要的是资源支撑。课程的多样化、培养方式的多样化必然带来资源开发的多样化。我们有多种途径：

1. 校外资源的拓展。学校现在与 10 多所高校、科研院所进行实质性学生培育合作。实质性培育合作有几个切入口：第一，专门的课程开发；第二，高校教师来我校带课题、带项目；第三，建设实验室。通过这种方式，充分利用各种高层次社会资源。

2. 数字平台的建设。我们还把效益建构在数字平台的基础上。在高校和研究机构的帮助下，学校构建了 20 多个现代化实验室，包括现代仪器分析、激光与通信、分子生物学、信息安全、金融等，给学生的进一步发展提供了非常坚实的基础。由于学校有科技、工程、艺术等多个领域的实验室和实验设备，使学生的各种兴趣得到更好开发。

3. 教师人力资源的开发。多样化发展如果没有人力资源的开发，是不可能支撑这样的课程和培养方式的。比如，我们国际部教师，基本上都要求用全英语授课，如数学、物理、化学等。所有教师必须专业对口，即数学系毕业的教师用全英语上数学课。这对教师提出了非常高的要求。我们的实验课程和项目，取得的成果相当高，学生能在 SCI 期刊上发表专业论文。在这样的背景下，教师的水平必须大幅度提升，我校教师队伍建设已经取得了明显的进展。所以，通过资源的多样化来保证课程的多样化和人才培养方式的多样化。所有这些都是围绕着学校的办学目标和办学定位进行的。

4. 教育评价的多样化。这是一个非常关键的问题，没有评价的多样化，就没有办法使学生在多个方面受到激励，使他们向自己感兴趣的方向努力。已有近 10 年的时间，我校学生成绩报告单上没有百分制分数，只有等第，我们把分数评价转化为等级评价，这样的评价对学生的发展起到了很好的作用。当然，还涉及对教师的评价方式，因为对教师的要求不是能上必修课程。

（二）学校多样化的实践与普通高中多样化的理性发展

从一所学校角度看一个地区的学校。首先，上海中学已经积累了很多多样化办学的实践经验。正是这些办学实践使普通高中多样化发展成为可能，没有这些实践是做不成的。实际上多元化包含多种思路。第一种，根据教育理念的深化来推进多样化发展。比如，上海的和谐教育、成功教育、愉快教育、理解教育等，有一大批学校根据这些理念来实施教学，办成了一大批有特色的学校。第二种，根据学科领域特色来推进多元化发展。比如，甘泉外国语学校是一所普通学校，但它以日语发展见长，然后围绕这方面形成了很多特色。还有根据其他学科的特点来进行发展的学校。第三种，根据学校的教育传统来推进多样化发展。比如，七宝中学多年来以人文见长，上海戏剧学院附中关注学生艺术教育，学校的传统使整个学校朝这个方向得到进一步提升。第四种，根据学校集聚的学生群体特点来推进多样化发展。不同地区生源特点不同，学校就必须根据学生的具体情况并结合办学定位来确定学校的发展特色。比如，上海中学是以比较高层、面向资优学生的方式发展，闸北八中学生就没有上中学生那么优秀，必须探索另外的办学特色。将上述特色融合在一起，就形成了多样化发展格局。

上述一连串例子感性地说明了这个问题，而感性需要提升到理性层面。接下来我讲一下，在学校实践中我们已看到高中多样化发展，实际上已经从感性发展阶段逐渐提升到理性发展阶段。这里有几点需要强调：

第一，普通高中多样化发展是地区经济发展水平、学校办学水平差异的鲜明体现。不同的地区、不同类别的学校、不同的办学层次和水平，以及不同的发展方向，决定了不同地区应有多样化特征。

第二，多样化发展是全面、整体的布局，立足于满足不同学生的发展需求。多样化是一个手段、一个部署，不是根本目的，教育的根本目的是人的发展。

第三，多样化办学实践首先是具体的、感性的、被动的，发展到今天，明确提出了多样化发展的方向，已经逐步走向系统、走向理性、走向主动。在这样的思路和方针的指引下，将会进一步形成整个国家的教育多样化发展格局，整体的层次将会不断提升，改革的方向也会越来越明确。

第四，在普通高中多样化发展的引领下，不同学校应办出自身的个性、特色。没有个性和特色，整体多样化发展就是无根之木，是不可能长久的，也不可能得到真正发展。所以，在整体多样化发展格局的指引下，高中教育百花齐放的局面即将来临，如果我们看到了端倪，下一步将会得到更好发展。但是，从全局角度看，多样化发展还有很多制约因素。

二、多样化发展呼唤教育改革走向深化

（一）呼唤评价的多样化

高中多样化发展需要多样化评价作支撑。用同一把尺子测量多样化学校是不可能的。我们的中考和高考，像现在这样的方式，肯定是一个非常大的影响。我举一个国际上的例子，如 IB 的 DP 课程，其考试是在 190 门课中考 6 门，这个选择余地有多大？美国的 DP 课程有 36 至 37 门课，考几门可以自己选，即使拿 DP 文凭也只要 5 门课，AP 课程一般两三个就可以了，这是对相当不错学生的评价标准。他们在这方面的多样化评价是如此明确，反观这是我们需要加以改革的一个重大瓶颈。因此，我们的核心思想是，学校内部和外部的评价必须是对学生全面而个性发展的一种激励，一种促进。

（二）呼唤课程的选择性与现代性

今天的教育，课程的选择性是一个根本特征，所有发达国家的课程选择性都是非常清晰而明确的，我们已经往这个方向努力了。在课程多样化选择方面，我们要有更大的课程资源库。对具体的特别是顶尖学校来说，没有自己的课程，没有自己有个性、有特色的课程，就不可能成为世界上的顶尖学校。还有现代化问题，现代化有两个方面的含义，一个是现代内容的引入课程，另一个是传统内容的现代表述。在这两方面我们都有相当大的差距，这里不详细展开。但是，一个非常清晰的信号是，所有的多样化发展呼唤课程的选择性与现代性，虽然我们的推进是异常的困难和艰辛。

（三）呼唤教师培养与培训的多样化

多样化课程，多样化评价，包括大量的探究性学习进入学校教育体系，对教师的要求越来越高。如果教师不是有个性的、有特色的，我们就不可能教出有个性、有特色的学生。从这个角度来讲，对教师的培养已经从一般性普遍性境况，提升到对教师个性培训和特色培训的新阶段。包括之前的培训，也包括之后的培训，方方面面都要求我们做出新的更加深刻的变化，没有这样的变化，我们不可能适应形势的发展。

（四）呼唤国际视野的拓宽与基于中国特色的深入研究

在国际比较中我们必须研究如何借鉴、学习国外高中多样化发展的先进元素。比如，关于实验问题，我们曾把认为非常好的理化生考卷拿到国际上去评分，得到的评价是不及格！原因只有一条，我们的实验是验证性实验。按照国外标准，验证性实验只能不及格。也就是说，现在国外主流实验必须是有创意的，必须是自己设计的，这就是差距，这就是需要我们考虑的重大问题。一方面要学习国外先进元素，另一方面必须凸显出中国特色。在比较中，我越来越感觉到我们的数学教育是绝对有特色的，是绝对领先的。在 IB 考试中有四种不同的水平，高水平中的最高分是 7 分，而我们全班平均分可达到 7 分，一共几十个学生，非常难，但我们做到了。这是什么原因？因为中国数学教育确实有自己的特色，我们没有理由妄自菲薄。我们应挖掘教育中先进的因素、合理的因素、科学的因素，并推广到世界上，发出中国声音。当然，还需要对我国的教育传统和未来的发展需求进行实验研究和实践研究。通过这种方法，在国际平台上以国际发展作为参照来研究我国的基础教育，多元化发展才会有更多的借鉴，我们的天地才会更加宽广。

（五）呼唤地区规划水平的提升

多样化问题是一个地区的全局性概念，这种概念要求地区的规划水平必须有一个新的提升。我们应关注不同地区发展水平的差异，在差异的基础上制订多样化地区发展规划。而地区发展规划也应有进一步提升与深化，我们不只局限于有多少高中、多少初中、多少小学，我们要考虑高中怎样适合不同学生发展的需求。一连串布局问题和结构问题，在新的形势下，在新的多样化发展的需求下，摆在我们面前。同时，我们还要把握共同要求、地区实情、学校特点，要以教育规划为引领。因为多样化发展，从感性的零碎的发展转化为全局的系统的发展，规划的引领作用是非常重要的。所以，多样化发展，对我们整个教育行政部门提出了全新的更高的要求。

多样化发展是一个新的概念，是一个重要的、带有战略性的基本概念。在这种概念或理念的推动下，中国的教育必然会出现新的格局。在这过程中，我们必须把制约教育发展的诸多因素，一个一个地逐步加以解决，当我们克服了一个又一个困难，当我们有了先进的理念，当我们在高中教育中考虑多样化导向时，中国的高等教育在未来的十年、二十年中，将会迎来一个新的天地和新的高度！谢谢大家！

（本文发表于《基础教育国际研讨会 2009—2010 论文集》，收入本书有改动。）

2.

普通高中多样化：改革的必然与深化

> • 促进办学体制多样化，满足人们日益增长的对优质教育的需求，是普通高中多样化发展的重要内涵。
> • 普通高中多样化发展，从感性、零散、被动、自发真正走向理性、系统、主动、自觉。

上海这些年的高中教育改革实践，已经使一批高中初步显现自身的办学特色与个性。然而，立足于从大到强的超越，立足于为每个学生提供适合的教育，立足于上海国际大都市的发展需求，普通高中多样化成为基础教育改革的必然。普通高中多样化发展，呼唤一系列突破，这些突破也将推进基础教育改革不断走向深化。

一、高中办学体制多样化，呼唤政策支持的突破

促进办学体制多样化，满足人们日益增长的对优质教育的需求，是普通高中多样化发展的重要内涵。办学体制多样化，呼唤政策支持的突破。在实施国家战略、建设社会主义现代化国际大都市的过程中，上海普通高中的发展必然会遇到一系列新问题、新瓶颈、新挑战。例如，为借鉴国际教育的先进元素而引入国际课程时，需要建立怎样的准入制度与实施规范；境外学生不断增加，怎样提供适合于他们的教育方式；随着人们生活水平的提高，一部分高中生有出国留学的需求，如何

形成相应的留学准备教育；怎样建设与上海加快人才引进和国际化发展需要相适应的普通高中等，要解决办学体制多样化发展带来的问题时都需要政策的突破。

新问题、新瓶颈、新挑战的解决，没有与之相关的政策突破，办学体制多样化就难以实现规范引领与切合我国特点的科学化运作。高中办学体制的多样化，亟待从宏观层面上的整体规划与布局引领，包括公办学校联合办学、优质学校托管薄弱学校、优质高中委托管理社会主义新农村学校、中外合作办学及对民办学校的引导等。无论哪一方面的办学体制改革，只有在试验、探索的基础上，形成必要的、正确的政策引领，才能使高中办学体制多样化走上有序的轨道，真正在扩大优质资源上迈出坚实的步伐。

二、高中培养模式多样化，呼唤课程、评价与师资培养的突破

满足不同潜质学生发展的需要，为每个学生提供适合的教育，推进高中培养模式多样化是关键。不同的学校努力办出自身的个性、特色，引导学生进行合适的教育选择，有利于学生得到适合自身需要的发展。高中培养模式多样化，呼唤课程、评价、师资培养等方面取得突破。

推进高中培养模式多样化，课程的选择性与现代性是基石。没有课程选择性作支撑，学生的多样化发展只能是一句空话。与此同时，立足于现代科技、社会、人才发展的要求，课程的现代性成为高中多样化发展的基本内涵。高中培养模式的多样化，离不开多样化评价作支撑，从外部的评价支撑而言，中、高考制度改革是促进高中多样化发展与人才培育模式多样化的重要助推力；从学校内部评价改革来说，多元评价的运用有利于学生全面而有个性地发展。高中培养模式的多样化，对教师队伍提出了多样化、有个性、有特色的挑战，加强教师职前教育的多样化探索，包括师范院校的多样化师资培育、综合大学教师

培育的介入，为具有鲜明个性、特色的教师成长创造更为坚实的基础。加强教师职后培养的多样化提升，包括教师在职的多样化、个性化的研修、进修，能促进教师的教学个性、特色更适合于学生的多样化发展需求。

三、高中创新实验的多样化，呼唤理论、观念、资源利用的突破

《国家中长期教育改革和发展规范纲要 2010—2020 年》明确指出，高中阶段是学生个性形成、自主发展的关键时期，对提高国民素质和培养创新人才具有特殊意义。普通高中多样化发展的目的之一是探索发现和培养创新人才的途径。上海教育呼唤在这方面先行、先试，积极主动地开展多样化高中创新实验。由于未来发展需要的创新人才是多样的，如科技类、人文类、经济类、体育类、艺术类、现代创意类等，高中创新实验的多样化有利于探索不同类型创新人才早期培育的规律。高中创新实验的多样化，呼唤在理论引导、观念更新与资源利用上取得更大的突破。

创新人才的早期培育，呼唤在实验、实证的基础上，在分析国际上创新人才早期培育取得的经验、教训上，形成先导性理论。这些理论既需要充分利用当今脑科学、神经科学等研究的新成果，又不拘泥于教育学、心理学的范畴，深入不同领域到从创新人才成长的专业视角去思考。高中阶段的创新人才早期识别与培育，呼唤在观念上进一步突破，如不同类型创新人才早期培育的规律是不一样的，早期培育的方式与途径也必然是不一样的。高中阶段要努力激发学生的兴趣，并使学生逐步聚焦兴趣，寻求兴趣与潜能的匹配点，在全面发展基础上形成基于一定领域的可持续发展指向性意向，使学生未来的成长达到更高的高度。在资源利用方面，除充分调动学校内部的资源来推进创新人才的早期培育外，还要与高校、科研院所等社会机构与力量进行实质性的

培育合作，如进行契合高中生发展需要的专门课程教材开发、课题与项目指导、现代创新实验室建构等，立足于高中生的潜能开发进行资源整合，要避免"一哄而上"。

总而言之，普通高中的多样化发展，既是时代发展对高中教育的必然要求，又在一系列突破中推动教育改革走向深化。上海普通高中的多样化发展，呼唤不同类型的学校在把握共同要求、地区实情、学校特点的基础上进行实质性改革探索，在多样化发展上从感性、零散、被动、自发真正走向理性、系统、主动、自觉。

（本文发表于《上海教育》2011 年第 3B 期，收入本书有改动。）

3.

高中多样化发展的需求分析与政策诉求

> • 高中教育多样化发展需要考虑应对创新人才早期培育的需求、人民群众对教育多样化的需求。
>
> • 应对越来越多在我国境内的外国人、中国港澳台地区人士及归国留学人员子女接受与国际接轨的教育需求，也是多样化办学的一个可探索的方向。

时代与社会的多元化需求，对高中阶段教育提出了新的多样化发展的要求，而多元化需求与多样化发展的实现，则需要相应的政策匹配。在此主要谈普通高中多样化发展需求与相应的政策诉求。

一、应对创新人才早期培育的需求，高中教育多样化发展及相应的政策匹配

为构建创新型国家与建设人力资源强国，高中多样化发展是一个重要方向。然而，与创新人才早期培育匹配的课程、现代化实验室等软硬件环境建设，都需要人力、财力、物力上的支撑。上海市教委让上海中学首先开展相关的创新素养培育实验，一个重要原因是上海中学国际部有地方性政策许可，其发展获得的经营性收入可作支撑，其他高层次高中想有效推进相关实验项目，必须有一系列教育政策提供强大的推进力，才能促进教育资源的集聚。至少应有以下几方面政策支持。

　　一是对拨款政策的支持。从理论上讲，公办高中为全额拨款单位，不可能有其他收入来源。事实上一批示范性高中通过地方政府给予的政策支持，获得了诸如举办国际部吸引外籍生源，或利用自身教育优势集聚社会资金创办民办优质初中，或托管薄弱学校与承办公办分校等合法途径，获得地方政府政策认可的合法收入，实现了学校教育的增值。但是，在这一点上，就出现了学校是全额拨款单位的定性与其较大金额的其他收入不匹配问题。这就制约了高中教育多样化发展和推进创新人才早期培育实验项目所需资金的集聚。当前对公益性事业单位，国家将其划分为公益一类、二类、三类，后两类是承认其自创收入的合理性与合法性的。因此，对高中阶段教育，可否打破传统思维，允许一部分条件成熟的高中，由全额拨款事业单位转变为公益二类、公益三类事业单位，承认其在促进国有资产和教育资源增值中所起的作用，通过政策导引，让它们的增值部分用于创新人才早期培育。

　　二是对财务管理政策的支持。当前公办高中的财务管理政策是要求学校在规定的年度使用金额范围内，按照预先设定好的规定事项（主要有人员、公用、专项等）来使用学校教育教学经费。然而，学校推进创新人才早期培育实验所需要的各种资源开发、整合等，有许多不确定因素，相当部分费用难以纳入正常的预算或规定的经费使用范围，使相关改革与实验受到制约。同时，财务制度规定专项经费使用审批程序烦琐且周期长（一般为3—6个月），造成学校在这方面改革与发展的进程放慢。其本质在于当前政策规定每个学生应当花相同的公共经费以保证教育公平。然而这种形式上的公平掩盖了对"一些有潜质学生潜能需要得到开发"的这一发展性公平的关注。我们应当追求更高层次的公平，即推进不同类型学生潜能的开发所需的费用是不同的。首先在观念上要有突破，从对学生个性差异的承认发展到对所需的培养经费差异的承认，然后才有可能在政策上（包括财务政策）实现突破，真正建立起高中多样化发展的保障机制。

　　三是对吸引与留住优秀人才政策的支持。高中推进创新人才早期培育的改革与实验，首先应有良好的吸引优秀人才从教的政策。一方面是吸引优秀毕业生（包括本科生、研究生）真正愿意终身从事中学教育。目前，在就业形势严峻的情况下，一批优秀大学生进入高中，但一部分是待在中学里观望，不一定发自内心愿意从事中学教育教学工作。另一方面是吸引社会上优秀的人力资源（包括高校的教师资源、科研机构的研究人员与社会各方面专家的力量）真心诚意地为高中的改革、实验出力与献策。这方面没有多少有力的配套政策。

吸引优秀人才只是第一步，关键在于怎样留住优秀人才。留住优秀人才主要考虑的因素有职称、发展空间与薪酬等。从当前的示范性高中的实际情况来看，实行的是按岗位结构来确定编制额度与高级职称的指标额度。据我所知，许多示范性高中，包括教育学院，确实吸引了一批高质量的优秀师资，但由于受编制的制约，一部分新进的优秀大学生拿不到学校的编制。同时，高级教师出现年轻化趋势，出现的问题是只有等他们退休后才能空出指标，结果造成许多示范性高中没有指标给符合条件的教师参评高级教师职称。我参加高级职称评审工作，发现示范性高中教师参评人数极少（因为这些学校已经没有多余的指标）。也许这是为了促进示范校教师向其他学校流动，但实际情况是有多少教师愿意从"高处"往"低处"流呢。这样的后果是造成优秀教师（特别是中青年教师）流失。如果中学教师收入的上限与其他部门同类人员的收入差距拉大，对留住优秀教师从教也会产生消极影响。

由于高中的多样化发展，必然会出现一批不同于以往标准的新型教师，如能用全英语进行教育的专业教师、高水平的课题指导教师、有特色的教师等，但目前的职称、编制、报酬等政策往往难以解决他们的问题，教育行政部门需要综合考虑怎样激励他们可持续发展。一些高层次高中在吸引与留住人才方面，已经进行了一定的探索与实践，留住了一批优秀人才从事高中教育改革与实验。从建设人力资源强国的视野出发，我认为除了公平之外，更需要从质量角度来研究教育。目前的优质高中，是提高我国高中教育质量、推进高中多样化发展的中坚力量,如果在政策上对这批学校不加扶植,对这些学校中的优秀教师不加以激励,那么要真正实现高中多样化发展是很困难的。

应对创新人才早期培育的高中教育多样化发展,还需要一定的招生自主权政策、课程教学自主权政策、优秀创新人才早期培育的大中学衔接政策等不一一展开。

二、应对人民群众对教育多样化的需求,高中教育的多样化发展及相应的政策思考

要办好人民满意的教育,就要把握人民群众对教育的需求。由于生活水平的逐步提高,人民群众对高中教育呈现出多样化需求趋势。一方面,许多家长希望自己的孩子出国留学,学生在高中阶段就开始做相关准备。这些年有出国意愿的学生呈现不断增长的趋势,2008 年出国留学人数近 18 万,2009 年突破 20 万,其中相当一部分是高中生出国。许多学生在高中阶段就开始准备到国外求学(如参加 TOFEL、SAT 考试),以及学习一些与国外接轨的大学预科课程(如 IB、AP、A-Level)。目前,大多数是非学历教育机构在做这件事,有些是民办机构、公办学校与中介在联合做。有些做法有可取之处,但也存在不少问题,"洋应试"现象就是其中一例。譬如,英国的 A-Level 课程,只要有三四门课程为 A,即可进入国外大学就读。于是,有的教育机构就让学生只读考试的三门或四门课程,其他课程则完全放弃,这明显不利于学生的全面和可持续发展。

应对这方面的教育需求,相应的政策需要明确三方面的问题:一是是否允许国内高中引进国外课程。这涉及国外课程的准入门槛问题。二是如果部分有条件地被允许引进国外课程,那么引入的条件是什么?哪些机构有资质实施?怎样处理其中涉及的一些意识形态问题?如何保证其质量?相关的政策是什么?三是如果国内高中部分引进国外课程,那么是作为经营性处理还是作为公益性处理?这涉及的

是办学性质问题。当前这方面的需求是客观存在的，相应的办学也以各种形式出现，如果没有明确的政策应对，就会产生不必要的混乱，并对高中教育多样化发展造成一定负面影响，这涉及课程实施的规范性问题。

三、应对在我国境内的外国人、我国港澳台地区人士及归国留学人员子女接受与国际接轨的教育需求，高中教育多样化发展与相应的政策思考

在建设人力资源强国的过程中，我国也在不断地扩大自身教育的国际影响，到 2009 年为止，我国已在全球 88 个国家和地区建立了 282 所孔子学院，这就是很好的一个举措。与此同时，我们也理应积极思考在我国境内的外国人、我国港澳台地区人士子女接受与国际接轨的教育需求，在满足这方面需求的高中教育多样化发展过程中，进一步扩大我国教育的国际影响。

随着中国改革开放政策的深入，在我国境内经商、工作、求学的外籍人士和我国港澳台地区人士越来越多（目前在沪创业、工作、求学的外籍人士约为 30 万人，我国港澳台人士为 30—50 万人），为他们的子女（按 1/10 计算也有 6—8 万人）提供与国际接轨的教育，应成为扩大我国教育国际影响力的一个重要问题。此外，还有大批留学归国人员（至 2008 年底留学回国人员总数达 39 万人），对其子女接受高质量国际教育需求的愿望也相当强烈。从当前情况来看，只有外国人办外国人子女学校才有政策许可，而对中国人办国际教育独立成分部（校），还没有明确的国家层面的许可政策。一些公办学校的国际部，虽然成为我国了解国际教育发展趋势以及扩大我国教育国际影响力的重要的实践探索平台，但主要还是在地方政策许可的边缘地带活动。目前，这方面的办学需求越来越大，是多样化办学一个可探索的方向，国家能否在这方面给予更大的政策发展空间？

　　总之,高中教育多样化发展应充分关注时代与社会对高中提出的多元化发展需求,而高中教育多样化发展需要相应的政策支持。有了政策支持,高中多样化发展才能在构建具有中国特色现代教育体系与为培育建设人力资源强国的人才奠基上,发挥其应有的价值。

　　(本文为作者在民进中央2010年基础教育座谈会上的发言,收入本书有改动。)

4.

深化创新人才培育模式改革
促进高中教育优质特色多样化发展

> • 深化创新人才培养模式，在基础教育阶段推进创新人才的早期培育，需要我们有勇气去面对实践中的一系列挑战，在决策层面上要成立专门的研究组来寻求解决实践问题的方略。
> • 高中教育优质特色多样化发展要选好突破口，包括人才培养模式的多样化、办学体制的多样化、社会资源利用的多样化、教学方式的多样化、教育信息化发展的多样化等。

上海教育抓住教育部和上海市共建国家教育综合改革试验区战略合作的机遇，认真思考当前形势下教育改革最为紧迫的重大课题，在一些重要领域和关键环节取得新突破，不仅要显现上海教育在全国的领先优势，而且要突出对全国教育改革的示范辐射价值。深化创新人才培育模式改革，促进高中教育优质特色多样化发展，是我们在当前需要着力推进的教育改革重要领域与关键环节，现就这方面提出一些决策建议。

一、将深化创新人才培育模式改革作为深层次推进教育公平的重要内涵来抓

深化创新人才培育模式改革，必须更新观念，将之作为推进教育公

平的重要内涵加以显现。在相当长的一段时间内,推进教育公平的立足点主要在对学生享受教育资源"物"的公平上,尽可能保证每个学生享受相对均等的教育机会,关注学校"硬环境"的平等,主要表现在教育资源配置的均衡化,加强对薄弱学校的改造,甚至还出现了对一批学校的"削峰填谷"的现象等。在建设人力资源强国的背景下,以人为本的科学发展观提出,教育公平的立足点必须适时地从对"物"的关注转向对人的发展的关注,努力创设适合每个学生发展的教育条件与教育平台,尤其是对一批优异学生、拔尖学生的针对性培育,在现阶段就显得更为迫切与重要。

我们既要关注普通学生的发展,也要关注有天赋学生的教育或是已经显露出一定潜质的优异学生、拔尖学生的教育,努力创设合适他们发展的教育环境。创新人才的早期培育,既要重视普通学生的创新意识培育,更不能忽视在发展过程中已经显露出一定潜质的优异学生、拔尖学生在创新素养上的提升。从这个意义上认识,我们在教育公平的推进上,不仅要关注"填谷",同样要关注"建峰"。

关注创新人才的早期培育,尤其是创设未来拔尖创新人才与专门人才的脱颖而出的环境,为深层次推进教育公平提供了一个很好的研究切入口。对在某一领域具有或显现出发展潜能的学生予以针对性培育是推进教育公平的重要内涵之一,也是大力推进创新人才早期培育的应有之义。拔尖创新人才、专门人才的早期培育与高素质劳动者的早期培育必定是有差别的,我们基础教育最缺的、最弱的就是拔尖学生的培养,将这批学生的发展与创新人才早期培育紧密结合起来应理直气壮。

深化创新人才培养模式,在基础教育阶段推进创新人才的早期培育既是一个理论问题,更是一个实践问题,需要我们有勇气去面对实践中遇到的一系列挑战,在决策层面上要成立专门的研究组来寻求解决实际问题的方略。这包括如何科学地对有发展潜质的学生进行早期识别?怎样推进与之匹配的课程载体与教学模式变革?怎样处理好实验探索、创新改革与高考的关系？怎样避免科技方面有发展潜质的学习尖子的流失？怎样解决创新人才早期培育经费支持的难题？如何合理有效地进行社会资源的开发利用？怎样推进创新人才早期培育体制、机制突破等。

将优异学生、拔尖学生的成长关注与创新人才的早期培育紧密结合起来，必须创设适合他们成长的良好环境。这方面的建议主要有：不能所有学校都用同一种模式，要认清不同学习阶段的关注重点应不一样，如小学、初中应更多地关注激发学生兴趣、好奇心，不宜过早地进行选拔性培育，以免将某些真正具有天赋、发展潜质的学生过早被淘汰；高中阶段要注重点面结合，聚焦学生志趣，对已经显露出发展潜质的学生探索多样的针对性培育方式；不同领域的创新人才早期培育做法也应有所不同，当前一些学校推进的创新人才早期培育实验主要集中在科技类，对人文类、经济类、艺术类的创新人才早期培育缺乏应有的关注，必须认识到不同类型的创新人才早期培育规律是不一样的，要从国家未来十年乃至更长时期需要的高端人才出发，进行针对性早期培育实验与探索。

当我们将创新人才的早期培育与深层次推进教育公平联系起来，就会进一步激励我们在创新人才早期培育上进行观念的突破、资源利用的突破及体制的突破。对社会资源的利用应是多途径的，能起实质性作用，不能一哄而上，要制定鼓励社会资源参与创新人才早期培育的政策，并合理引导学校有效地利用社会资源；加强对创新人才早期培育的体制改革探索。在一些拔尖学生的培育上，对形成高中、大学合作培育的平台与学分互认的机制等，都可以进行创造性改革与突破。

二、将高中教育优质特色多样化发展作为深化人才培育模式重要环节来抓

高中教育是学生世界观、人生观、价值观形成及创新能力、实践能

力发展的重要阶段，我们应当将推进高中教育优质特色多样化发展作为深化创新人才培育改革的重要环节来抓。通过形成"高质量、多样化、有特色、可选择"的发展格局，为未来拔尖人才、专门人才与高素质劳动者的涌现奠定更为坚实的基础。

毋庸置疑，上海多年改革实践（包括实验性示范性高中的建设）使一批高中的特色化、多样化办学初步彰显。例如，根据学校教育理念的深化推进特色化发展、根据学科领域的优势推进特色化发展、根据学校教育传承与创新推进特色化发展、根据学校集聚的学生群体特点推进特色化发展等。然而，在建设人力资源强国的背景下，多样化发展对高中特色办学提出了更高的要求。多样化发展视角要求从更广、更深的层面思考当今高中教育的优质特色办学。高中多样化发展既是国家整体、宏观的布局，也是上海经济发展水平、学校办学水平差异性的鲜明体现，在高中多样化发展政策的引领下，立足于满足不同学生的发展需求，不同的学校应办出自身的特色与个性，普通高中须在把握共同要求、地区实情、学校特点、学生实际的基础上，进行高中特色办学的思考与实践。

从国家与上海的中长期教育发展规划的要求出发，高中教育优质特色多样化发展要选好突破口，包括人才培养模式的多样化、办学体制的多样化、社会资源利用的多样化、教学方式的多样化、教育信息化发展的多样化等。一批高端的实验性示范性高中特色办学应以国际一流为参照系，认真思考国家主流教育对创新人才早期培育的新趋势、新方向，从我国国情与上海特点出发，找准突破口，包括构建契合自身特色发展需要的学校课程体系；推进优秀创新人才早期培育方式的多样化；促进教育国际化视野的进一步深化；提升基于数字平台的教学、探究的水平等。必须明确的是，上海的国际化环境与数字化、现代化基础是我们必须充分利用的优势，在这方面我们应当进行更为深入的改革探索。

如果说在义务教育阶段要更多地关注教育均衡的话，那么在高中阶段，尤其是对一些高层次高中，教育主管部门应建立相关政策、机制推进其普遍树立创新人才早期培养的意识，并根据自身特色、时代需求加强对各类创新人才早期培养的多元探索，形成各类创新人才早期培养的识别、选拔、培养的灵活多样的途径和方式，探索出具有中国特色的人才早期培养的一些规律性元素，尤其在创新人才早期培养的导向、衡量标准、大中学衔接、评价方式、体制改革等方面做出实质性突破，从而为建设人力资源强国与构建创新型国家夯实根基。

（本文为 2010 年 11 月关于上海市教育委员会基础教育改革的咨询报告，收入本书有改动。）

5.

构建国际大都市的基础教育"强教高地"

> • 国际大都市的一个核心指标是成为"强教高地",发挥教育改革在国内外的示范、辐射、交流作用。
>
> • 建构国际大都市视野下的基础教育"强教高地",一条主线是从"学"到"立"。

上海正在努力建构国际大都市,国际大都市的一个核心指标是成为"强教高地",发挥教育改革在国内外的示范、辐射、交流作用。"强教高地"的衡量标准绝不是国内领先或一流,而是国际领先或一流。要成为国际领先或一流,就需要打造既有国际先进元素,又有自身特色的核心竞争力。这种核心竞争力的形成,更需要"与高手过招",认真研究与分析"高手"的优势、长处甚至不足,然后站在更为开阔的视野、立足于我国教育优良传统及上海教育发展的特色,建构属于自身的、能在国际上为国内外同行所推崇和认可的"强教高地"。

站在"强教高地"的视角思考上海基础教育改革如何在教育国际化进程中找到自身的突破口与优势,从而确定发展的主线与方向。我在担任上海中学校长期间,曾多次撰文强调"我国应当努力建构世界一流的中学""努力建构世界一流的中国名校",这是上海建设国际大都市视野下基础教育改革应有的气魄与胸怀。

毋庸置疑,当前的上海基础教育,在国际上已经有了一定的影响。两次 PISA 测试成绩全球领先,向世界展示了上海基础教育改革的成果。

与此同时，我们必须看到上海基础教育在教育国际化视野下需要突破的瓶颈与难题。PISA成绩的领先，显现了上海基础教育在我国办"大教育"的道路上的改革成就，但是否意味着我们的基础教育已经走"强"了呢？有一个数据可以反映我们还需要做出更大的努力。我们的PISA测试成绩领先主要是底部高，而高端的领先并不高，说明上海基础教育在优质均衡发展方面作出了巨大贡献，但在影响未来的拔尖人才早期培育方面、培养学生的创新精神与探究能力等方面还有许多有待突破的空间。

基于此，我们要进一步思考上海在建设国际大都市背景下的基础教育改革在教育国际化中的突破点在哪里，在我国建设人力资源强国视野下的基础教育发展的突破口在哪里。这些突破口应当包括推进不同类型、不同领域（尤其是科技、工程领域）拔尖、优秀创新人才的早期培育，注重自身教育特色的国际化推广，强调对我国教育文化的自信与自强，持续显现上海基础教育的核心竞争力。从这个视角来看，上海努力建构国际大都市视野下的基础教育"强教高地"，就需要对教育国际化发展方向有一个明确的判断，一条主线是从"学"到"立"。

所谓"学"，就是学习国际上基础教育在推进不同领域拔尖、创新人才早期培育、基于数字平台的学习与探究等方面的做法和经验，了解国际规则，这就要求我们有所选择和取舍，去"学"国际上好的教育理念、改革举措、课程教材等，而不是看到某种"国际化"的影子就去学。所谓"立"，就是我们要在学习的基础上，整合自身的教育传统优势，形成自身的特色、核心竞争力，建构属于自己的中国特色社会主义教育形态，成为国际上认可的"强教高地"。

为构建国际大都市的基础教育"强教高地"，上海市基础教育改革一直在行动，包括"高中生创新素养培育实验项目"的实施、新优质学校教育改革等措施。立足构建国际领先、一流的基础教育"强教高地"，上海市基础教育改革还需要在观念、政策、机制、管理等方面进一步寻求新的突破。

（本文发表于《上海教育科研》2015年第6期，收入本书有改动。）

第四章　评价改革

1.

打破"文理分科"的思维定式

> • 仅从知识本位角度讨论"是否取消文理分科"是远远不够的，应从基础教育改革追求的新质量观角度寻求突破口。
>
> • 应当将"文理分科"的讨论与如何有效地促进学生实践能力、探究意识、情感价值、创新素养等提升紧密结合起来。

"高中取消文理分科的必要性与可行性"是教育部于 2009 年 2 月 6 日公布的"20 个教育重大关键问题"之一，由于其涉及未来人才培养的基础素养，正成为广泛关注的热议话题。对"文理分科"的讨论由来已久，在新时代的背景下重新提出，需要我们打破"文理分科"原有的思维定式，以更深入的视角、更宽广的眼光来审视这一问题。

要不要"文理分科"讨论的实质是现代社会基础教育应为学生提供与夯实怎样的知识基础的问题。学生的知识基础，不是简单的"文理分科"所能包容的。"文理分科"的思维定式是把知识领域进行两分法，但是，在科技日益发展的今天，单纯从"文""理"两方面进行分类，过于"粗略"，甚至是不科学的。就拿经济学科来说，到底属于"文"还是"理"，就很难说清楚。对学生知识基础的认识，国际主流教育多是用"学科群"思维进行处理的，即将学习内容分成若干学科群，每一个学科群由同一类型的若干科目组成，学生既要学习每一个学科群中的一门或几门科目，以保证知识基础全面，又要根据自身发展的特点在某一个学科群中进行科目与水平的选择性学习。

在讨论"是否取消文理分科"这一问题时，关键是要重新审视与研究哪些是所有学生在基础教育阶段必须掌握的核心基础知识，哪些是可以有所选择、因人而异的，并在此基础上思考合理设计课程结构。另一个关注点是现代内容的适当充实与传统内容的现代表述，它既要反映现代科技发展对学生发展基础的要求，又要考虑学生个性、潜能的开发，还要考虑不增加学生的学习负担。这是讨论"文理分科"问题的一种新的思维路径，也是一种对问题的本质超越。

"文理分科"的讨论需要摆脱"所有学生有同样知识基础"的思维定式，在高中阶段不同学生应有不完全相同的知识基础，需要关注以学生发展为本理念的落实。在知识总量不断扩大、基础内容不断增多的背景下，只做加法、不做减法，不考虑学生的差异性需求，只会增加学生的负担。这就涉及在设计基础教育阶段的教育内容时，要考虑学生在必修领域中有一定的选择权。

高中阶段给学生一定的课程选择权是国际教育发展的一大趋势。在讨论"是否取消文理分科"的问题上，就应与高中阶段学校课程开发、个性化办学紧密结合起来。所有学生学习完全相同课程的局面已经过去，怎样通过推进学校的个性化办学或创设学校的多样、可选择的课程载体推进学生的兴趣培育与志趣逐步聚焦，是必须加以关注的。从国际教育角度看，每个学生必修课程的核心内容并没有显著增加，但可供学生选修的科目总量则在不断扩大。随着课程设计的变革，升学环节中必考科目的数量与水平变化不大，但供学生选考的科目与份额则在不断增加，国际文凭 IB 课程、美国 SAT 学业水平考试、AP 考试等均反映了这一变革。

讨论"是否取消文理分科"问题，应着重研究以学生发展为本的理念如何落实，应有利于学生的个性发展，应追求适合不同学生个性的有差别的教育。如果能从"文理分科"角度进行讨论，引发出对"课程设计如何适应学生个性发展的需求"的研究，从而推动高考、高招改革的进一步思考与实践，那么这就是对"文理分科"问题的一种深层次内涵拓展和教育理念从理性到实践新的飞跃。

当然，仅从知识本位角度讨论"是否取消文理分科"是远远不够的，应从基础教育改革追求的新质量观角度寻求突破。新的基础教育改革质量观需要在提升学生全面素养与树立社会主义核心价值观的同时，推进学生的实践能力与创新精神的培养，关注创新人才的早期培育，促进学生养成良好的科学思维方法与探究意识。从当前基础教育面临的困境来说，只从学科知识基础角度分析现代中学生的不足，是否抓住了问题的要害？这需要反思。我们应将"文理分科"的讨论与如何有效地促进学生实践能力、探究意识、情感价值、创新素养等提升紧密地结合起来。

总而言之，"是否取消文理分科"这一命题需要我们进行深层次思考，需要打破仅从知识角度来思考"文理分科"的思维定式。当代中学生应具备怎样的知识基础？是所有学生应当有同样的基础，还是不同的学生可以有不同的基础？是让以学生发展为本的理念停留在喊口号层面，还是在课程改革上创设真正载体，处理好必修内容与选择学习的关系？我们的教育仍然以知识本位为基础，还是在新质量观的指引下关注学生的实践能力与创新素养的提升？……对以上思考的解答，从某种意义上说是对"高中取消文理分科"可行性条件的深入分析与探讨，如果这些方面通过讨论达成了共识，那么"高中取消文理分科的必要性与可行性"问题就迎刃而解了。

（本文发表于《中国教育报》2009 年 2 月 18 日，收入本书有改动。）

2.

提升考试评价的科学化水平的几点思考

> • 学科领域的评价带有明显的专业性，应当由专门的考试机构来承担。但是，对非学科领域的评价，可以充分考虑高校的育人特色与要求，由高校来完成。
>
> • 在创新人才的早期识别与培育方面建立科学的衡量、评价指标。要注重过程性识别，避免有潜质的学生在早期被淘汰。

在不同时期、不同背景下讨论考试评价制度改革这个问题，关注的重点是不一样的。我国教育要从"大"走向"强"，需要切实提升新时期考试评价的科学化水平。

一、明确考试评价改革的需求、导向与政策优先等关键性问题

未来一段时期，提升侧重选拔考试评价科学化水平，必须明确需求、导向、政策优先等几个关键性问题。

第一，关于需求的问题。这里涉及两大方面：一个是考生的需求，另一个是高校的需求。对考生而言，由于自身的发展兴趣与优势领域各不相同，希望通过有效的考试评价，选择进入适合自己发展的高校。这需要我们在做"强"上下功夫，提升对优秀学生的吸引力，部分通过大学自主招生等途径入学。从科学测量评价角度来看，一类考试往往

只能完成一定层级高等院校招生选拔任务,仅通过一次高考同时完成高端院校、中端院校与一般院校的招生选拔,难度是非常大的。如何解决高端、中端与一般院校的生源选拔问题与不同领域的考生分布、需求问题,呼唤考试评价在促进高校、考生双向选择上迈出更大的步伐。

第二,关于导向的问题。考试评价导向,不是为了解决当前的现状,而是关注未来的发展。应鼓励高中阶段的学生个性化发展,应该有自己个性化知识构成,这是最本质的。就学科本身而言,不存在哪个学科重要,哪个学科不重要,关键看学生的未来发展。如果承认学生的全面而有个性发展这个导向,我们的高考选拔就应关注不同学生有不同的个性,鼓励学生有不同的知识构成,然后真正把最优秀、最合适的学生输送到相应的大学。在这种思路、导向引领下,我们的高考要考虑改变大的结构,促进学生选择性学习与个性化知识构成的完善。

第三,政策优先的问题。政策优先也是考试评价中的一个关键问题,不同时期考试评价的政策优先内涵是不一样的。从当今国际教育发展的趋势角度来看,公平与创新是着重强调的。政策优先考虑的内涵不同,考试评价的指向性与结构体系就会不同,从公平角度考虑考试评价的改革与从创新角度考虑考试评价而形成的体制是不一样的。考试评价的政策是关注公平还是关注创新,需要有一个平衡点。今后考试评价改革的政策优先就需要在兼顾公平的同时,在鼓励创新上迈出更大的步伐,在公平与创新之间找到契合点。

在分析考试评价改革的需求、导向与政策优先等关键性问题后,我们想引入考试评价的两大领域(一个是学科领域,另一个是非学科领域)加以分析,厘清学科领域考试、非学科领域评价的差异与主体责任,进而提出侧重选拔的考试评价建议。

二、厘清学科领域考试、非学科领域评价的差异与主体责任

这里引入一个新的议题:不同学生可以有不同的知识构成。如果

我们看到国际主流教育评价方式的变化，就是承认不同知识构成的学生能得到合适的选拔，大学录取新生不仅要看学科领域，而且要看非学科领域，就可以理解为什么学生 SAT 考 2400 分（满分）却没有被顶尖大学录取，为什么我国"高考状元"的入学申请不一定被采纳。鼓励不同学生可以有不同的知识构成，需要厘清学科领域考试与非学科领域评价的明显差异与承担的责任主体。当前的考试评价状况是过多地关注学生的学科领域考试评价，却忽视了非学科领域的考核评价；在学科领域与非学科领域的评价主体上，也发生了不同程度的混淆。

学科领域的考试评价，也分为两大部分：一是相同内容的评价，对所有学生都要求掌握共同的知识内容的评价；二是不同内容的评价，对从事不同学科领域学习的学生，所要求的不同学科领域知识基础是不一样的，这就要求提供符合不同学科或专业领域选拔要求的、多样的不同科目考试供选择。对于后者，需要推进符合学生发展兴趣与需求的、有利于学生选择的、实行不同类型学科领域的考试评价，这是一个全新的领域。非学科领域的考核评价，主要包含学生是否具备某方面的发展潜能、思想道德状况及个性品质、交往能力、人格特征等方面的考核评价。

学科领域的考试评价和非学科领域的考核评价，由谁来测评必须有明确分工。我认为，学科领域的评价带有明显的专业性，应由专门考试机构来承担。对非学科领域的评价，可以充分考虑高校的育人特色与要求，由高校来完成。我认为非学科领域的考核评价，不是专门考试机构的专长，只有让高校来做非学科领域方面的发展评价与认定（包括直接介入中学，自主招生面试等），才有利于学生选择适合的教育，高校选择适合的学生。

当然，完全实现学科领域的分类、分领域考试还需要较长时间的调整，需要有过渡期。在这个大思路引领下，我们对当前选拔性考试评价改革提出以下三点建议：

1. 基于分数线性排序的绝对评价转变为基于素质的相对评价。基于分数线性的绝对评价更多地关注智育评价，对学生的德育等其他方面的发展评价较少顾及。

2. 基于共同知识领域的考试，逐步过渡到不同领域的考试。当前高考的主要问题是高考采用基于共同知识领域的考试方式，选择的范围与自由度较低。如果鼓励不同的学生可以有不同的知识构成，相应的评价方式也应是基于不同领域的，这是高考改革的一个大方向。

3. 高校应当对非学科领域与识别学生学科潜能方面进行相应的测试、评价。我认为由各高校承担学科领域的测试是不合适的，必须纠正。无论是 IB 评价还是美国的 AP 测试，这些都是由专门的考试评价机构来做的。大学和联盟都不是专门搞测评的机构，没有那么高的水平来做好这样大规模的测试。

这里我想谈高校的自主招生专业化问题。每年美国前 100 名的大学都直接派人来我校国际部进行招生宣传与交流，我们感觉他们的自主招生跟我国大学的自主招生有巨大的差异，就是招生人员的专业化水平。他们的招生人员大多是学生方面的专业测评人员，有一支专职与兼职的招生队伍。我国从事大学自主招生面试的教授，往往是某一个学科领域的专家，并非学生评价方面的专家，所以自主招生面试由不同人、不同团队做，想法也不同，这里隐含很多不公平的因素。从这个角度讲，我国大学的自主招生，应有一支专业的全职与兼职队伍，必须大幅度提升专业化水平。特别是对非学科领域的测评，不同办学特色与不同专业要求的大学应有富有个性的测评体系，突出自身的特性。

与此同时，高校还需要早期介入中学教学改革，也是非常重要、需要认真去做的课题。这既有利于高校更深入地培养适合自己的学生，更深入地了解学生非学科领域的发展，也有利于引导高中多样化办学和促进高中生更深刻地认识高校的办学个性及志趣聚焦。

三、构建有利于创新人才早期识别与培育的评价体系

前面我们谈到今后在考试评价改革的政策优先上，应当在兼顾公

平的同时，鼓励创新，其中建立有利于创新人才早期识别与培育的评价体系是最重要的一环。

考试评价改革对创新人才早期识别与培育有直接的影响。一段时期里，我国并没有相应的学校课程体系来支持创新人才的早期培育，考试评价制度改革也远未跟上。在美国和欧洲一些国家，课程的多样性和高度选择性，直接推进了学生的潜能开发、特长培育。我们缺乏多样化课程体系，即使学生有某一方面的专长与创新潜能，在高中阶段由于必须进行规定科目的学习并参加考试，其特长与潜能不但没有课程引领，而且会受到极大制约。许多学生的特长发展、潜能开发是自发的现象，甚至是个别现象。为什么北大自主招生想招的"怪才"招不到？没有大规模的课程支撑，哪来"怪才"？

再说，"怪才"只是个别现象，不可能产生大批"怪才"。如今，我们面临的背景跟以前完全不一样，当自然科学、社会科学发展到今天这样的水平，没有受过正规训练的理工科方面的"怪才"出现可能性会越来越小，文科我们不敢说。从这个角度讲，用"天才""怪才"称呼，还不如用奇才称呼更适合，更容易说明问题。是否是奇才，关键是看其在某一领域中是否真正有发展潜力、能做出实效，能否成为未来的创新人才。

随着高中办学多样化政策的实施与学校课程的多样化发展，学校课程的选择性、现代性、探究性不断显现，未来高中就有可能在创新人才早期培育上迈出更大步伐。相应的创新人才早期识别、培育手段、测评方式及构建创新人才早期识别与培育的评价体系也必须跟上。因此，我们需要在创新人才的早期识别与培育上建立科学的衡量、评价指标。在这一点上，我们必须强调以下两点：

1. 要注重过程性识别，避免有潜质的学生早期被淘汰。对创新人才的早期识别，既需要有选拔性的识别评价、测量手段，更需要关注培育过程中的识别与评价。在从"大"走向"强"的新时期，需要把对创新人才早期培育的过程性识别放在十分重要的位置来抓。如果一味地强调选拔性识别与评价的话，就有可能使一些有天赋、潜能的学生过早被淘汰。我们不赞成在小学阶段或初中阶段搞早期淘汰的选拔性识别与培育，这有可能把有天赋的学生在早期被淘汰了，在非义务教育的高中阶段可以做一些探索。

2. 把脑科学、神经科学的发展、创新人才的早期识别和培育的评价紧密地结合起来。在新的教育战略发展期，只依靠教育学和心理学的理论来早期识别、培育创新人才远远不够，必须借助更多的科学理论（包括脑科学、神经科学的研究成果）来推进创新人才的早期识别和培育。根据我们的研究，对不同潜能领域的学生，预测其是否能成为创新人才、能否达到一定高度，需要的评价与衡量指标是不完全一样的。例如，数学对批判性思维的要求与实验学科对批判性思维的要求就不一样，数学更强调思维的深刻性，但实验学科更多的是要求有探究性与创新性。

总而言之，努力推进我国考试评价的科学化水平，须在改革需求、导向与政策优先等问题上进一步突破束缚，厘清学科领域、非学科领域的评价差异与主体责任，在创新人才早期识别与培育的评价体系构建上努力探索。

（本文为作者在民进中央 2011 年基础教育座谈会上发言，收入本书有改动。）

3.

国外学生，学习也不轻松

> • 遵循每个学生的个性和特长，让其发挥到尽可能高的水平，实现个性与教育需求的匹配。
>
> • 我们的基础教育对学生个性的培养，不是"扬长避短"，而是"抑长强短"。

现在不少家长有一种观点，认为国外学生学习很轻松，他们是实行素质教育，中国学生是应试教育，所以太苦了。事实是这样的吗？我们应清醒地看到素质教育和学业负担，其实是两码事，不存在因果关系。在世界上大多数发达国家中只要读所谓的"好学校""名校"，学生的负担都是很重的。我们没有看到哪个读美国常春藤学校的学生每天过得很轻松、很舒坦。在美国的高中，情况也一样。他们实施的"素质教育"是遵循每个学生的个性和特长，让其发挥到尽可能高的水平，实现个性和教育需求的匹配。偏理还是偏文、爱好哪个学科，培养方式都不尽相同。但是，只要你跟那些在美国读私立高中或名校的学生聊一聊，就会知道他们是多么紧张而忙碌。

中国和发达国家教育的区别是在发达国家，大概只有 5%—10% 的尖子生承受着比较沉重的负担，因为他们内心有追求更高层次学业水平的需求，有成为精英人才的渴望，心甘情愿地承受压力并付出。中国的情况与其相反，有百分之八九十的学生都觉得自己的学业负担太重。从人力资源发展和配置角度来说，是否真的有必要让这么多学生承受

"高负担"？这才是我们教育界要正视并解决的问题。

有学生在国内接受教育，感觉前途迷茫，考不上心仪的学校，也不知道自己今后能干什么。但是，他们留学后往往感到海阔天空，并读上自己喜欢的学科领域。教育工作者应看到我们的教育评价体系中存在的问题。到目前为止，我们基础教育对学生的培养，不是"扬长避短"，而是"抑长强短"。如果某学生外语不错，高一就能达到高考140分水平，那么老师的建议往往是"你的外语水平已经可以了，多花点时间在你'短'的学科上吧"，人才选拔和评价没有摆脱"用一把尺子衡量所有人"的局限性。即便是高校近年来探索的自主招生，"先笔试，拉根分数线再面试"的做法，也没有完全破除"一把尺子"的弊端。

我曾比较过我们的高中数学课本和IB课程（国际预科证书课程）的数学课本，发现其中约有45%的知识点重合。有些知识点，我们这里学得难一点，IB课程看上去教得难度偏低，但实际上，它把知识面大大拓宽了。现代科学中普遍使用的微积分、概率、统计学等知识，在IB课程中都出现了。物理学也一样，我们的学生花了大量时间去学习经典理论，而IB课程则是推陈出新。iPad、iPhone都能实现屏幕自由翻转，背后的原理是什么？医院里使用的人体核磁共振仪，核磁共振成像的原理是什么？这样的例子不胜枚举。

实际上，无论是课程的设置还是具体教学内容的安排，个性化教学方案的背后都有系统、科学的理论作支撑。乍一看，国外很多名校的选修课有很多，学生想学什么就开什么选修课，而我们的高中开设选修课也不是难事。其实不然，真正具有教学特色的学校，在开设选修课程前都经过缜密研究后形成课程图谱，这才是"好学校"真正竞争力之所在，也是未来示范性高中应探索的领域。

（本文发表于《文汇报》2013年11月8日，收入本书有改动。）

4.

新举措　新挑战　新机遇

——浅谈"考试招生制度改革"对普通高中的影响

> • 随着以分类考试、综合评价和多元录取为基本模式的考试招生改革的深入进行，对各学科知识结构的要求将会发生巨大变化。
>
> • 招考制度改革中"合格考"与"等级考"相结合的举措，将对学科教学实施中的因材施教提出新的挑战。

《国务院关于深化考试招生制度改革的实施意见》的颁布，浙江与上海一省一市高考改革方案的出台，不仅涉及高校考试招生制度的方方面面，更给每一所普通高中，乃至每位校长、教师带来一系列深远而具体的影响。本文浅析改革新举措将对普通高中的办学目标、课程、教学、评价及德育等方面带来的挑战和机遇。

一、学校面临学生个性发展要求越来越高的新形势

在已颁布的考试招生综合改革方案中，不再单一地以学科成绩及智力因素来评价和选拔学生，而是注重学生的品德、个性、素质、潜能的综合发展和全面考核。新举措体现的是教育观和人才观的根本性转变。因此，学校的办学目标也必须适应当前学生个性发展要求越来越

高带来的新挑战。

以往，各高中的办学目标虽然在表述上是多样的，但在实践中有些学校还是围绕着提升高考总分、提高学生考试成绩转。可以说，这样的办学思想与目标已滞后，亟须与时俱进，以跟上教育改革的步伐。

高招制度中综合素质评价的引入，意味着学生个性特长的重要性得到了肯定；总分评价的构成解读与使用方式也将发生变化，只以简单的总分相加、排序来评判教学质量和学生学习水平的方法已跟不上时代发展的步伐。高考改革的一系列新举措，都将促使办学者进一步思考学校的办学目标、定位与重点。深入领会新方案的精神，全面分析学校办学中的优势和不足，扎实研究学生的特点和潜能，寻找合适的发展方向，成为校长、教师必然面临的挑战。

与此同时，改革新举措也鼓励不同学校办出不同特色、有不同的发展侧重，这就为普通高中带来了多样化办学的新机遇。综合素质评价的再次强调和学业水平考试中多门学科的可选择性都为普通高中实现"个性化办学"和培养"个性发展"的学生提供了更大的空间。各学校可根据实际情况，在探究型学习、创新人才早期培养、提升全面素质、某学科"专门人才"培育等方面实现新的突破。

二、未来的高中课程设置，必须适应不同学生学习不同课程的新要求

可以预见，随着以分类考试、综合评价和多元录取为基本模式的考试招生改革的深入进行，对各学科知识结构的要求将会发生巨大的变化。不同学生在高中阶段知识结构可以不尽相同，这就对不断提高课程设置和安排选择性提出了新挑战，也对不断提高学习效率和切实减轻课业负担提出了新的挑战。

改革方案明确提出六门学科中采取"合格考"与"等级考"相结合的形式。除语数外三门外，各学科的基础要求和等级要求在课程设置

与教学实践中必须有清晰的划分，这将打破高中课程中所有学生学习同一学科、同一内容、同一水平的传统做法。

未来的高中课程设置，必须逐渐适应不同学生学习不同课程的新要求。在课程内容上，原先相对经典和传统的内容需要以现代的理解做出新的阐释。在理化生这类实验学科中，需要增加一些反映该学科前沿发展的内容，并大力加强培养学生的实验动手和探究能力。在人文类学科中，一些不符合时代发展的内容应加以调整，适当增加有利于学生思想境界提高和思维能力提升的内容。在课程安排上，许多学科将有必要设计两个，甚至多个水平的教学班，以实现一般性学习和深入学习的多水平课程供学生选择。

当然，改革方案的实施，将为我国普通高中课程体系改革提供更大的空间，也必将大幅度提升现代课程的选择性、多样性和个性化。与办学目标和理念相匹配的校本特色课程、综合素质培养课程的研发与实施，将是现代高中课程改革的新方向。

三、高中必须改变传统教学中存在的弊端

招考制度改革中"合格考"与"等级考"相结合的举措，将对学科教学实施中的因材施教提出新的挑战，也迫使普通高中校长和一线教师必须更紧迫地思考并改变传统教学中存在的弊端。

以往的学科教学，习惯于对同一学科内容不加区分，对学生能力统一要求的做法，这是造成学生学业负担过重的一个原因。事实上，只有首先明确某一学科的共同基础，才能对不同学生提出基本或核心内容与能力、加深或拓展内容与能力的要求，从而真正实现学生的个性发展和潜能开发，减轻不必要的学业负担。改革方案中，"合格考"只考查学生在该学科中最基本的能力，"等级考"则要求更高、涉及领域更广，具有选拔功能。要帮助学生应对新的考试形式，因材施教思想的落实就显得特别重要。要在日常学习中做到有的放矢、提高学习效率，作为

教学的管理者和实施者，校长和教师必须对学科本身有更加全面、更加深入的研究。这些对传统教学实施模式及教师的专业能力无疑都是重大的挑战。

随着教学研究的进一步深入，教学内容和方法也将随之加入更多现代化要素，这也为普通高中的教学现代化和教师专业化带来新的机遇。有关高新科技基本原理与应用的许多内容将通过不同方式逐步进入数理化生等学科的教学中，教师的教学方法将更注重探究性、实验性、灵活性，以帮助学生形成一定的学科兴趣和探究能力。

在人文学科的教学中，除了把握传统基础知识，也将更加强调培养学生对材料的甄别筛选、重组和再加工等涉及价值判断、分析应用的能力。教师开放的教学态度、因材施教的理念和多样的教学方法也将得到极大鼓励。

四、寻找新的教育评价方式

考试招生综合改革各项举措直指高考选拔的源头，原先基于相同内容的评价将逐步过渡到针对不尽相同内容的评价，这给普通高中的教育评价机制带来重大挑战。

原先的高考基本上是以目标参照评价为依据，即通过将所有考试学科的总分累加，以总分高低来评价选拔学生，可以说是一种绝对性、单一性的评价，学校的日常教育评价也大多如此。在本次改革方案中，除语数外三门基础学科仍将沿用绝对性评价外，其他学科将引进常模评价（即相对性评价）的形式（如上海方案），综合素质评价的多项措施也被纳入其中。因此，高中学校的教育评价需要改变原先存在的过于单一、机械的问题，迎接绝对评价和相对评价、定量评价和定性评价、一元评价和多元评价相结合的新型评价模式的挑战。

本次方案仅提到了录取模式和要求，并未对高考成绩总分怎样使用、"等级考"科目的分值如何分配、如何看待两次"等级考"分数的等值问题、综合素质评价如何操作等作出具体的规定。因此，如何细化高考招生改革的具体操作流程、客观反映真实情况，如何在平时的教育教学评价中逐步向高招评价模式靠拢，既是重点，又是难点，这些都将对具体实施教育评价的各普通高中带来极大的挑战。

当然，评价体系的改革必将打破仅通过考试分值高低来评价学生的单一评价模式，各高中也应抓住这一契机，寻找并实施适合本校的相对性、过程性、发展性评价方式，从而真正促进教育评价的科学化和现代化。

五、高考改革使学校德育再次被推到风口浪尖

本次改革将综合素质评价作为重点引入招生考试体系中，强调学生思想政治素质、道德品质等因素在选拔中的重要性。这无疑是对原来招考体系中"重总分""轻德行"的一次修正，但同时也将对如何在教育的全过程中真正做到"诚信""公平""公正"等一系列要求带来重大的挑战。

首先，方案中提出综合素质评价将贯穿高中教育的全过程，应在"客观性原则""发展性原则""统一性原则"的指导下实施，但这些原则在具体实施过程中可能会有多种解读。究竟从哪些方面来记录、考核、呈现学生的综合素质，学生、家长、高中和高校之间可能存在不同的意见。如何在这些问题上形成相对共识，也将是一个具有挑战性的问题。

其次，以往学生的综合素质评价存在信息不对称的现象。学生在高中学习阶段表现的呈现材料未必就是高校招生看重的内容，而各类高校对此的看法可能大相径庭，亟须在双方之间建立一种比较畅通的沟通渠道或机制。

最后，在提交个人材料时，学生和学校是否能本着"诚信"原则提供真实可靠的材料，现在还无法从机制上加以保证。这些问题都将成

为学校道德教育及学生道德素质培养的巨大挑战。

然而，无论面临多大困难，学生综合素质评价的实施方案还是为"立德树人"导向在学校教育中发挥作用提供了制度上的保障，也使学校的"公正""公平"及个人的"诚信""德行"再次被提到改革的议题核心，也给以"道德发展和公民素养"为主要培养目标的学校德育工作带来新的机遇。

本次改革涉及教育教学工作的方方面面，每一所普通高中、每位校长乃至每位教师都需要在统一认识的基础上，勇于创新、直面挑战、抓住机遇，才能真正落实这次考试招生制度改革的精神，为实现我国教育现代化迈出坚实的一步。

（本文发表于《人民教育》2014 年第 22 期，收入本书有改动。）

5.

考试改革助推高中办学多样化

> • 以考试改革倒逼高中办学的多样化,应建立分类考试、综合评定、多元录取等为特色的招考模式。
> • 学生的知识构成可以而且应该有所区别。

《上海市普通高中学业水平考试实施办法(试行)》和《上海市普通高中学生综合素质评价实施办法(试行)》近日公布,《上海市普通高中学业水平考试实施办法》就高中学业水平考试的科目、类型和具体操作办法等作出详细规定,充分体现了目前我国考试招生制度改革及教育综合改革的精神和方向,将对课程设置、教学实施、学生评价等产生极大影响,推动新时期高中办学的多样化。

一、考试改革倒逼高中办学的多样化

在"立德树人"根本任务的指引下,作为考试招生制度改革的重要环节,高中学业水平考试改革和高中学生综合素质评价制度的引入,再次强调培养学生思想政治素质、道德品质的重要性,也要求我们的高中教育应更加符合"立德树人"的导向,改变过分强调"全面发展"而忽视"鲜明个性"的倾向。然而,这一要求的真正落实还依赖于学校的个性化发展,只有真正做到学校的个性化才能真正保证学生的个性化发展,高中办学多样化已然成为绕不过去的现实挑战。高中学业水平考试及综合素质评价制度"双管齐下",将形成以分类考试、综合评定、多元录取等为特色的招考模式。

二、课程改革促进高中办学多样化

在高中阶段,不同学生具备一定个性化的知识构成是符合现代教育理念及趋势的,学业水平"等级考"的提出,就是遵循了这样的教育思想——"学生的知识构成可以而且应该有所差别"。学业水平考试和综合素质评价也为学生形成个性化知识构成提供了可能。"合格考"保证学生掌握语数外等 13 门科目的核心内容,而"等级考"则鼓励不同学生在兴趣及个性潜能的基础上,拓宽眼界,学习有一定差异的知识内容,从而形成个性化知识构成。

值得注意的是,没有学校课程的高选择性,学生的差异化知识构成及个性发展也难以实现。课程的高选择性正是教育现代化最重要的一步,只有建构了有特色的课程体系,才能发挥学校优势,从而实现高中办学多样化。这里有一个关键点,就是高中学校课程要有其优势方向、优势领域和特色学科。比如,理化生等。

实验学科中,增加体现学科前沿发展方向及领域知识的相关内容,并加强培养学生的动手实验和探究能力;在人文类学科中,调整某些不符合时代发展的内容,适度增加有利于学生思想境界提高和思维能力提升的内容,学校课程体系的这些实践探索也正是高中多样化办学落到实处的必经过程。

同时,这些特色课程的建立,需要充分利用与此相关的高校、社区等多种资源。作为教育资源相对丰富的上海,以高考综合改革为契机,有更多条件和机会率先实现高中课程的高选择性,并在此基础上考虑创新人才早期培养的研究和实施,以进一步促进高中多样化办学。

三、现代信息技术将成为高中办学多样化的重要支撑

现代信息技术在对各类信息的获取、加工、处理、储存、传播和使用方面都有其独特的优势。现代信息技术的有效使用将极大推进学业水平考试改革，从而推动高中办学多样化真正落实。

高中学业水平考试改革对现代信息技术在教育管理中的运用提出了更高的要求。在评价体系管理方面，学生的思想政治素质、道德品质、各类学业成绩、身体素质等信息都需要纳入综合评价体系，还需要在校内、区内乃至全市范围内进行统计比对，这就要以信息技术作为坚强后盾。可喜的是，上海已在精心构建基于全市统一平台的普通高中学生综合素质评价信息管理系统，提供规范统一的标准管理以确保数据真实、结果实用、过程公平。

学业水平考试新办法实施后对学校课程高选择性的要求，将涉及学校教学的各环节，为实现学生不同学科或相同学科不同水平的学习要求，走班制和小班化教学组织形式等必将成为趋势，教学内容和方法也将加入更多现代化要素。要在高选择性课程体系中形成优势方向、优势领域和特色学科，信息技术必然发挥更大作用。比如，在实验学科中，将加入高新科技基本原理与应用的许多内容及现代化实验原理和方法。在人文学科中，除传统的基础知识外，也要增加一些提高学生对材料的甄别筛选、重组、再加工等涉及价值判断与分析应用能力的培养。同时，教师的教学方法将更注重探究性、实验性、灵活性，以帮助学生形成一定的学科兴趣和探究能力。这些需求的产生，将促进高中向着以数字技术为基础和特色的现代化学校迈进。

（本文发表于《上海教育》2015 年第 5A 期，收入本书有改动。）

第四辑

人物与思想专访

  本辑主要收录媒体对我的采访报道，从报道中读者也许能更加真切地触摸到我的办学思想之精髓，能更深刻地体悟到打造名校的艰辛，能更立体、真实地看待我这个校长。本辑分为人物专访与思想专访两部分，两部分没有特别的分类，只是为了从中看出我作为扎根一线的校长，怎样引领学校取得突破及对学生的成长、教育改革的一些认识。

  在人物专访篇中，可以了解到我年轻时怀揣当物理学家的梦想，进入大学之初，失落迷茫，这使不甘消极的我进入书的海洋，在书本中我磨炼了意志，坚定了信念，为成功奠定了基础。1989年临危受命担任上海中学校长。当时上海中学正处于低谷时期，通过多年的改革探索引领上海中学进入基础教育领跑时期，以及1993年创办国内第一所由中国人自主管理的国际学校——上中国际部的发展历程。这些年的教育探索，使我悟到了很多。其中最重要的一点是，基础教育是为明天的社会培养人才，当学生经过今天的教育，在明天的社会中体现其特有的价值，教育也就从平凡走向高远。

  在我看来，真正办教育必须想两头：一头是国家的需求；另一头是学生和家长的需求，且这种思考要有前瞻性。对"办好人民满意的教育"来说，我一直坚信我国要建设世界一流的中学，同时凸显中国特色。民族性是国际性的基础，要在顺应国际教育潮流的同时，凸显中国特色。

  在思想专访篇中，看到我努力将上海中学打造成世界一流的中学，努力推进教育的高质量发展,让学校教育成为促进人的精神生长的过程。在这个过程中,我努力推进资优生的炼成。我认为,在中学阶段,学生知识构成的个性化程度,与其终身发展是高度相关的,因此在高中阶段要开始兴趣的聚焦,在此基础上形成有个性的知识架构。志趣的核心可能不同,但应具备基于一定领域可持续发展的基础知识。

在专访中,也有我对出国留学现象、大学择校现象、奥数热现象等的思考。对出国留学,我认为需要进行多方面的准备,首先要澄清送出去的目标和期望值,还有分析哪些大学适合,当然还有物质上的准备。大学择校的关键是让自己的潜力、潜能得到更好发展,在这基础上寻找合适的大学。对奥赛热现象,我认为作为家长,发现孩子的长处、优势是关键。如果孩子确有数学天赋,则要选择合适的教师或好的学校,还有就是不要过分功利。

学校教育探索是一个终身准备与超越的过程。我从 1962 年参加工作至今,已经在基础教育实践探索之路上扎根 60 多个春秋,在各界的关心与支持下我获得过上海市首届教育功臣、首批正高级教师、入选中国当代教育家丛书首批著名校长、全国教育系统劳动模范、国务院政府特殊津贴等殊荣。我在上海中学担任校长 24 年,在 71 岁退休后继续探索在普通高中试点国际课程的规范化管理(从 2012 年起担任上海市基础教育国际课程比较研究所所长),引领优质高端民办学校发展(担任上海市民办华育中学理事长、上海市民办星河湾双语学校与上海金山杭州湾双语学校校监)。

2024 年 1 月,我又被授予上海市首届杰出人才称号,为上海市基础教育领域中唯一一位获此殊荣。我将持续奋斗在中国式现代化视野下的基础教育改革与发展之路上,希望看到学校培育的人才在各行各业中担负起实现中华民族伟大复兴的重任。

第一章 人物专访

1.

"世界一流"的创新之路

百炼成钢，当名好教师

学生时代的唐盛昌是学业上的佼佼者。奥斯特洛夫斯基的《钢铁是怎样炼成的》一书启迪了他的人生道路。从此，追求事业，追求卓越，成为他几十年努力的向往与目标。

20世纪60年代初，唐盛昌走上了三尺讲台。然而他没有满足于做一个教书匠，没有满足于较高的升学率。放学了，他常常走街串巷，进行家访，在与一个个家长的交谈中，感受到他们对下一代成才的期盼；课间，他习惯和学生聊天，从无数个童心未泯、天真活泼的学生的眼神中，感受到他们要想尽快成才的渴望。唐盛昌感受到教育事业的神圣，围绕教书育人的宗旨，在教学中教会学生做人。他以现代教育理论为指导，以教学方法为手段，培养学生数学意识，训练学生数学思维方式，提高学生数学素养，逐步形成了自己的数学教学风格。他任教班级学生的数学水平迅速显著提高，在高考中成绩优异，班级、学校平均分列市同类校前茅。他还一手培养了包括上海市高考"状元"戴宗（数学满分）在内的一批具备良好心理素质、敢于接受竞争和挑战的优秀学生。经他辅导的各类竞赛得奖者不下百人，其中包括国际数学奥林匹克竞赛金牌获得者冯炯及入选国家集训队。

唐盛昌数学教学有特色的名声传开后，一些教学媒体纷纷前来采访，聘请他去执教。1985—1995年，他一直担任上海电视中专数学主讲教师，不仅自编了全部电视中专教材，而且录制了配套录像带240余盘，在上海和兄弟省市电视台公开播放，受到社会各界一致好评。

善弹钢琴，重铸上中辉煌

20世纪80年代后期，上中的发展轨迹处于最低谷。市教育行政部门想到了善弹钢琴、使曹杨二中步步上升的唐盛昌校长。受命于危难之中的唐盛昌看到上中设施老化，年久失修，人心涣散，但其仍是一所具有320亩土地、130多年办学史的"超级大国"，是曾培养了50多名两院院士、100多名省市级领导、国家级领导、军队高级将领、军事专家的"人才摇篮"。他明确地提出"全国一流、国际知名、教育高质、管理高效"的办学目标，以及"明、严、实、高"的办学风格，他要用目标导向，带领上中人走出低谷，走出阴影，走向辉煌。

他团结一班人马，从凝聚人心入手，把抓奖金分配拉开差距作为切入口，充分发挥全校教师的积极性和创造性，发扬上中教师厚积薄发的教风和学生寻根刨底的学风，使学校面貌"年年有发展，十年大变化"。他借鉴现代管理理论，在短时间内为学校建立并健全了校长责任制、岗位责任制、精神激励制、按量核奖制、班级等级制和流动优化制等六项校内管理制度，打破了"铁工资、铁饭碗、铁交椅"的局面，使学校管理形成了良性循环的机制，也形成了"专家型治校"的特色。

他构建了"三、四、五"的德育目标，要求学生具有一流意识、国际意识和时代意识，爱国心、事业心、创造性和适应性，从深层思想、外显行为和服务社会三个层面对学生提出了明确的要求。他还制订《上海中学学科教学纲要》，在充分重视学生基础学力的基础上，通过课程教材改革，发展学生的发展性学力和创造性学力，使上中学生成为学有所长的高素质人才。

在唐盛昌精心构思、大刀阔斧的引导下，上中终于从低谷冉冉上升，恢复了昔日的辉煌。

亲口"吃蟹"，勇拓创新之路

唐盛昌是一位不甘于守旧的人。他用高远的目标激励自己，并不畏艰难困苦地奋斗。对新项目，他总是充当"第一个吃螃蟹"的勇士。

"让上中了解世界，让世界了解上中"，这是唐盛昌发展战略的基本框架思想。他很快与美国、德国、日本、新加坡等国家和中国香港等地区建立了对口交流与联系，先后有150多人次出境出席国际学术会议。并从1990年起，每年举办以美国哈佛大学为主体的大学生暑期夏令营。上午由美国学生用英语介绍美国文化，下午由上中学生陪同美国学生浏览上海，了解中国文化。数周下来，上中学生的英语突飞猛进。

在初步取得走向世界的基础上，唐盛昌于1993年又提议创办上中国际部。他多方设法，多渠道地从美国进口各种教材，以英语为教学语言，开设了8个年级用英语教学的课程。1995年秋，该部以良好的教育教学质量和高效有序的管理，通过了国际文凭组织(IBO)的验收，成为本市唯一的一所开设国际文凭课程的学校，并是国内唯一一所用英语系统地讲授中学各学科课程的学校。

（记者马联芳采写，刊于《上海教育》1999年第2期，收入本书有改动。）

2.

托起明天的太阳

第一环节：临危受命

　　走在像花园一样的百年校园里，唐盛昌显得沉稳而又兴奋。19 年来，作为校长，唐盛昌引领着一届届师生，励精图治，发愤自强，让这所历史名校走出低谷，锻造了一片新的辉煌。唐盛昌从教 40 余年，一半时间在这里度过。

　　骆新（上海电视台记者）：唐校长，您的长项是数学，对吗？

　　唐盛昌：对的，我的专业是数学。

　　骆新：我听说您最早没有想过将来要从事教育工作。

　　唐盛昌：确实没有想过当老师。我是 1958 年参加高考的，由于家庭出身及其他一些原因，只能报考师范专业。

　　骆新：我还听说，"文革"时期，大家都不看书，您还在搞数学研究。同时，您还从 ABC 开始学英文。

　　唐盛昌：对的。那时大家不念书，我二十几岁，我想这样虚度年华太可惜了。所以，在这种情况下，我想我应该学一点东西。当时没有录音带，只有唱片，我就十遍、二十遍地听唱片，纠正自己的发音。

　　骆新：完全属于自我封闭式学习。

　　唐盛昌：对，全部是自学。

　　骆新：机会都是为有准备的人准备的。

　　唐盛昌：是这样的。

　　逆境成就了唐盛昌。大学毕业后，先是教了多年的数学，因业务精湛，而被评为特级教师。1989年1月，唐盛昌临危受命，来到上海中学。

骆新： 调到上海中学，当校长是1989年，当时为什么要把您调到上海中学当校长呢？

唐盛昌： 因为上海中学当时处于低谷，教育质量下降很厉害，不要说上海第一，在徐汇区也只能排到第五位。当时人心浮动，一批教师想调离，学生也不愿意继续待在上海中学学习。

骆新： 我还听说，当时很多人在议论，请一个从外校来的、对上中没有感情的、与上海中学没有渊源的人当校长，能把学校搞好吗？

唐盛昌： 我来上中前，当时上中的学生会主席来采访我，问了一个跟你差不多的问题。我是这样回答他的，我说你作为高中生，你一定学过生物学，生物学中有一种现象叫近亲繁殖，近亲繁殖很难得到好结果，所以我想上中也要走出"近亲繁殖"的怪圈。

骆新： 您来时，您发现，学校和您想象中的区别大吗？

唐盛昌： 当时学校的情况确实令人担忧，有200多节课没有人上，学校出通知，校长自己写牌子，校长自己把牌子扛到校门口。当时的操场跟外面的河道相通，如果下雨，操场上的积水有半尺以上，体育组老师拿着脸盆到操场上去抓鱼，半小时不到，保证能抓到满满一脸盆鱼。

骆新： 很难想象，上海最好的学校曾经会处于这种状态。

第二环节：力挽狂澜

上海中学创建于1865年。作为中国学校发展史上的一部缩影，140多年来，以其管理严谨、名师荟萃、英才辈出而享誉海内外。但是，到了20世纪80年代末，这所百年名校跌入历史低谷期。

骆新： 作为新校长，您主要抓了哪几方面工作？

唐盛昌： 第一条，全校举行教学大奖赛，全校95%以上教师的课，我都听了，我搞清楚了全校绝大部分教师的教学能力和特色。第二条，对全校的分配机制进行改革，经讨论后制订方案，并承诺经全校教工大会投票，如投票数不过半数，我自动下台。

骆新：这个改革方案主要内容是什么？

唐盛昌：是经济方面的，与现在的结构工资相似。

骆新：原来都是拿平均的。

唐盛昌：对的。做好、做坏，做多、做少都不一样，分配上必须拉开距离。

骆新：您能告诉我在学校里最大的差距有多大？

唐盛昌：那时候不能太大，20%—30%已经不得了啦，不像今天，两倍、三倍、四倍地拉。

骆新：那时候拉20%，就有人不干了。

唐盛昌：对的，很不容易啊。最后的投票结果，我记得很清楚，赞成票数超过70%，所以就通过了。

骆新：所有改革都有一个前提，得有一定的资金和一定的资源储备。这个问题您是怎样解决的？

唐盛昌：什么都没有，我一看，账面没钱。没钱是没法过日子的，我们有一家校办工厂，校办工厂当时产生的利润也就30—40万元。于是，我就整顿校办工厂，我自己兼任校办工厂负责人，而且立下军令状，如果我不能把40万元提高到100万元，我就辞职，校长也不做了。

骆新：那您风险冒得太大啦，您看，分配方案全校投票，不通过就下台；校办工厂利润完不成指标，又要下台。您是不是已经事先准备好不干了？

唐盛昌：没有，我相信我能办成的。

骆新：为什么？

唐盛昌：因为我做这件事时，校办工厂利润的增长点及今后的发展方向，我已经在心里形成了初步方案，实际上是有发展空间的。

第三环节：领跑中国

如今的上海中学，旧貌换新颜，气象万千，在中学教育界上海中学重新回到巅峰。近年来，上中的高考升学率达到99%，进入北大、清华、复旦、交大等名校的比例高达65%。1993年6月，上中国际部成立，这是国内第一所由中国人自主管理的国际学校。

骆新：当时您为什么一定要在上中办国际部？又是怎样把国际部搞成现在这样的规模？

唐盛昌：1992年底、1993年初，我判断随着改革开放的不断深化，大批境外人士会来中国，尤其是上海，那么他们子女的求学问题必须要解决；这么长时间在国内办教育，国外教育到底发展到什么程度，我们不清楚。所以，从这个角度来讲，我认为上海中学进一步发展的出路就在这里。

骆新：那时您办了好多期上中和哈佛的夏令营。

唐盛昌：对的。你说的夏令营是1990年办第一期，准备工作是1989年底。说老实话，这是要有点勇气的，当时很多人不理解。但是，我的思路是随着我国对外开放的不断深化，这方面联系只是冰山之角。

骆新：也就是说，您在办哈佛和上中夏令营时，已经有一个国际视野。

唐盛昌：对，是这样的，我已调研了一些涉外机构和国际性教育机构，我心里已有了底。这是我的优势，我与他们交流不用翻译，所以不仅交流顺畅，而且容易把问题解决，同时联系越来越多。

骆新：那时在上海生活的境外人士会相信您吗？上中再好也是以中文教育为主的啊。

唐盛昌：你说得太对了，1992年、1993年，上海中学还不是上海最好的学校，但最大的优势是那时候还没有公办学校办国际部。

骆新：现在上中国际部有多少学生？

唐盛昌：1900多个学生。

骆新：本部有多少学生？

唐盛昌：1200 多个学生。

骆新：噢，远远超过本部学生。

唐盛昌：对，已超过本部学生。

上中国际部设置了全英语教学的国际文凭课程等五类课程，100 多位教师用全英语讲授各门学科，在读外国学生或境外学生考取中国重点大学的比例高达 90%，报考海外名牌大学的录取率达到 75%，这在国内绝无仅有，在世界也是相当罕见的。

上海中学地理教师章健华：他非常有眼光，当别人没意识到这是一个很好的机遇时，他已经把握了。

上海中学国际部汉语教师刘茂祥：他认为现代名校，尤其是与世界一流名校进行对照，就是说要与世界一流名校进行挑战，我们的学生必须具备适应未来数字化环境所需要的信仰和素养。

骆新：是否有人向您提出或您是否考虑过：您新创立的国际学校，不仅取得了非常好的经济效益和社会效益，而且提高了上海中学的影响力。但是，每所学校都有自己的传统和特色，您这样做，对上海中学的传统有影响吗？

唐盛昌：你这个问题非常有意义。上中的传统是什么？归纳为八个字。

骆新：哪八个字？

唐盛昌：一个是叫"自强不息"。上中停办过多次，抗战时期停办过，"文革"时期停办过，碰到过很多挫折，但每一次都能从低谷走出来，并达到一个新的高度，这是凭借自强不息的精神。另一个是"乐育菁英"，也就是说上中的办学规格一直是比较高的。我现在办国际部，当然是继承上中的传统。我办国际部不是为了搞钱，是为了研究国际教育发展的主流，国际教育是怎么搞的？其教科书是怎么样的？其学生学什么内容？其强项在哪里？哪些地方比我们高明？……这不是嘴上说说的，是要一课一课地去研究和分析的，我们就做了这件事。没有这个环节，你说要赶超先进，不是在瞎说吗？

骆新：您不但回答了这个问题，而且也解释了上海中学目前所处的位置，也许这就是中国教育所处的位置，就是永远要坚持改革开放，要有国际视野。

唐盛昌：对的。为什么只能是人家影响我们，而不能是我们去影响人家呢？今天那么多外国学生、我国港澳台地区学生在上海中学学习，难道不是我们的思想在影响他们吗？他们在上海中学学习，对中国有了浓厚的感情，当他们回到自己的国家和地区后宣传中国，介绍中国，你说这对中国的发展和提高中国的国际影响力意义大吗。

凭借独特的办学理念，丰硕的管理成果，唐盛昌成为国际文凭组织和学术组织亚太地区的校长代表，率领上中打入国际教育学术界的顶级阵营。

唐盛昌：如果我机械地按照美国学校的模式去办，按照英国学校的模式去办，结果肯定输。所以，我必须认真研究国际教育的特色和长处，再与我国教育特色和长处融合，形成具有中国特色的国际化办学体系，这样才能走得长，走得远。

第四环节：风采依然

近二十年的复兴开拓之路，唐盛昌和上中风雨坎坷，一路走来直至巅峰。如今虽已年过花甲，但他依然精神抖擞，踌躇满志。

骆新：从来没有学过行政管理，也没有学过企业管理，您是凭什么把一所学校管理得那么好的？

唐盛昌：实际上管理的真经不是写在书本上的。我担任校长后，管理学的书，我看了很多。其实，管理学上介绍的理论和方法不一定能解决所有的实际问题。只有教育理论知识，不一定能成为一个好校长，要成为一名好校长，一定要有前瞻性，要及时了解整个教育发展的趋势和走向，既要了解我们国家的教育发展，又要了解世界上的教育发展走向和趋势。同时，针对学校的具体情况，必须提出一整套行之有效的管理方法，如用人问题，学习发展的策略问题，交往的艺术问题，一些体制上矛盾的破解问题等。

骆新：有一种说法，好的管理者，尤其是好的学校管理者，应是文科思维的人，他们往往思想比较超前，看得比较远，能把握大方向，人文规划比较多。

唐盛昌：实际上真正学理的，无论是学数学的也好，还是学其他自然科学的也好，如果要取得有时代意义、历史意义的进展，同样需要高瞻远瞩，同样需要有非常宏观的思路。我个人认为最好把理科思维和文科思维结合起来。我的专业是理工科，但我的个人爱好、看的很多书，都是文科类的，实际上文科思维和理科思维在我身上是相互融合和交叉的。

骆新：这样说起来，其实离您自己所学的数学专业很远了。

唐盛昌：怎么说呢，学校管理中同样有很多数学原理，我跟你说一个直接与数学有关的案例，数学中有一个定理叫哥德尔定理。哥德尔定理告诉我们，任何一个系统内都有不能判定是对还是错的问题，而这个问题的判定必须放在更高的层次、更大的系统中才能解决。虽然这是一个数学定理，但是我刚才讲的很多内容就来自这个数学定理。

骆新：对的。

唐盛昌：数学中的很多定理蕴含丰富的社会内涵，关键是你能否往这个方向去思考。

每个新学期，唐盛昌都会召开教工大会，发布新的工作要求。他的思路和风采总是具有前瞻性、拓展性，并且坦荡、果断、细腻而豪放。

张泽红（上海中学学生处副主任、历史教师）：教育的本质是什么？唐校长主张我们的教育应具有前瞻性，要做好学生的思想工作，培养学生的创新能力，我们不能培养高级"打工仔"。

李英（上海中学副校长）：唐校长一身正气，容不得半点沙子。在学校里大家公认，唐校长本事最大，贡献最大，但是在待遇上，他从来不是最高的。这点我们大家都佩服他，所以我们没有理由不同心同德地和他一起做事。

章健华（上海中学地理教师）：唐校长很辛苦，他来上海中学后不是老了一点点，而是老了很多，真的老了很多。

40多年来，唐盛昌从来没有停止过准备和超越。迄今为止，他发表了100多篇学术论文，出版和编译了30多本专著。

骆新：听了上面的介绍，可以这样说，唐校长是改写了上海中学历史的人。

唐盛昌：不敢说这个话，最多只能说在上中的发展史上，我留下过一点痕迹。

骆新：这么多年来，从教师到校长，您最痛苦的是什么时候，您觉得非常愉快、最快乐的又是什么时候？

唐盛昌：其实，校长也会面临很多困难，最痛苦的是，还没有找到解决困难最合适的方法，或者说还没有找到解决困难的大思路，这时候是非常痛苦的。听到我的学生取得了非常出色的成绩，学校工作取得了成功，这是我感到最高兴的时候。

（本文据东方卫视2007年9月8日节目整理，收入本书有改动。）

附2007年上海市庆祝教师节前夕其他媒体对唐盛昌校长的相关采访

1. 再铸百年名校的辉煌

"学生要有自己的核心竞争力，不断学习、不断提高。"上海中学新学期开学典礼上，校长唐盛昌这样殷殷寄语。从教40多年，唐盛昌这样看待自己从事的教育事业：基础教育是为明天的社会培养人才，当学生经过今天的教育，在明天的社会中体现其特有的价值，教育就从平凡走向了高远。

在上海中学担任校长近20年，唐盛昌一系列创造性的举措，推动学校取得了多项教学突破：创办了国内第一所由中国人自主管理的国际学校——上中国际部；形成了多元子课程体系，包括全英语教学的国际文凭课程和类美国课程；建立了高立意、高思辨、高互动的教学模式，近10年中上海中学学生在国际中学生乒乓球赛和数学奥林匹克竞赛中共获得22枚金牌，在国内各类竞赛中获奖项数过千……唐盛昌认为，现代学校课程的建设要以学生发展为本，开发学生的高素质与强潜能，他创设了涵盖语言、数学、自然科学、社会科学、信息技术、工程技术、经济、体育、社会能力与自我认识能力等多个智能领域的课程系统，并在全国中学系统中率先创建了纳米技术、机器人基础、电脑美术等17个现代化实验室，使教学内容、教学方式与教学手段相互结合。

唐盛昌积极思考缩小与国际先进水平之间的差距。一场信息时代背景下的教育竞争，也是一场涉及下一代人才质量的竞争。为了能在这场竞争中胜出，唐盛昌以一流教育家的战略眼光提出努力构建具有与世界对话意义的学习环境。为此，上海中学不断探索资优生德育命题，并从学科教学延伸角度大力推进双语教学，促进中西方文化交流，为培养与世界对话的人才奠定坚实基础。

记者手记：我们需要什么样的教育理念？

从教40多年的唐盛昌用他的教育初衷做出回答：基础教育是为明天的社会培养人才，当学生能经过今天的教育，在明天的社会中体现其特有的价值，教育也就从平凡走向高远。在上海中学担任校长近20年，唐盛昌用一系列创造性举措，推动学校取得了多项教学突破。他还积极思考怎样缩短与国际先进水平之间的差距。从这个意义上来说，我们的基础教育呼唤有更多的"唐盛昌"。

（本文由记者孟知行采写，刊于《解放日报》2007年9月5日《走进他们》栏目，收入本书有改动。）

2. 培养与世界对话的人才

上海中学校长唐盛昌从自身40多年的教育生涯中，悟出了"怎样才能成为一位真正的教师"的哲理。他认为教师是用今天的文化去造就明天的人才。在他的引领下，上海中学实现了"全国领先、国际一流"的办学目标,确立了"上海基础教育领头羊"的地位,为上海乃至全国的教育发展提供了可资借鉴的经验。

1989年,唐盛昌接任上海中学校长,当时上中处于发展低谷时期,在他创造性工作的引领下,在教育教学方面取得了突破。学校党委副书记薛建平与唐校长共事近20年,他深有体会地说,唐校长的敏锐思维和超前意识给他留下了很深的印象。

薛建平(时任上海中学党委副书记):唐校长从1989年来上中后,给我印象最深的是他善于审时度势,把握住国家和学校发展的各种机遇,用超前的思想来规划设计并推进学校的发展。1992年,邓小平南方谈话后,借上海浦东开发开放之际,唐校长适时提出办上海中学国际部,到今天为止,从开始时的18个学生到现在将近1900个学生,为上中的发展奠定了基础。

学生的成长应有平实而具有与世界对话意义的学习环境。作为校长,在与30多个国家和地区的教育交流过程中,他既意识到中国教育的一些毫不逊色的业绩,同时也清醒地看到了发达国家领先的诸多领域。上海中学国际部副主管王念祖告诉记者,唐校长非常注重构建学生具有与世界对话意义的学习环境。

王念祖(时任上海中学国际部副主管):唐校长十分注重引进国外先进的教育理念或教学模式,组织了很多交流,这是一个层次。同时,注重国际部学生和本部学生之间的交流,国际部学生来自世界各个国家和不同地区,有不同的文化背景,通过交流,让学生知道学习环境的多元化,对他们的成长是非常有利的。

为了使学生适应现代社会,唐校长非常注重加强现代学校课程建设。他说课程,对学生来说,是获得发展的主要载体;对学校来说,是提高人才培养质量的关键环节。学校教学处主任陈虹跟记者回忆起了一件事。

陈虹(时任上海中学教学处主任):唐校长不仅有前瞻的思想,而且教育理论功底扎实,他还有丰富的初中教育教学经验。理论思想和学校实践结合后,学校课程教育迈出非常大的步子。1997年,我们学校就开发了发展课程,用于发展学生各方面的学力及开阔学生的视野。唐校长的这种思路,被所有实验学校采纳。

40多年的教育教学经验,唐盛昌发表100多篇论文,出版和编译30余本著作,还获得9项全国和上海市教育科研成果奖。2003年9月,又被评为首届"上海市教育功臣"。坐在记者面前的唐校长显得非常谦逊和低调。

唐盛昌: 我非常清楚,时代对教育提出了新的要求,所以我们的教育要随着社会的发展而不断提升。另外,我们国家把立德树人作为教育的根本任务,所以在这样的大背景下,校长必须对这些情况有比较深入的分析和理解,并与学校的具体情况有机结合起来,才能找到学校进一步提升的突破口和切入点。

(本文根据上海人民广播电台2007年9月5日节目整理,收入本书有改动。)

3.

中国也要建设世界一流中学

"上海中学可以看，但是学不来！"唐盛昌经常听人这样评价他的学校。尽管语气中流露着敬佩和仰慕，但他不乐意接受这种夸赞。他说，看上海中学不能只看现在，而不去了解其过去。

20 年前，唐盛昌被任命为上海中学校长。当时，百年名校的辉煌已经难掩其自身的颓势，明眼人都不愿接这个"烫手的山芋"。可在唐盛昌看来，这是一个"追求人格自我完善与超越的机遇"。

还没有正式上任，就有学生跑到他办公室，话中有话地说："我们上中的校长历来都是上中培养出来的。"第一次开中层干部会议，有教师公然叫板："你能在这里干多久？我们拭目以待。"……

但是，在唐盛昌的人生"词典"中找不到"畏难"二字。他从知青生活和病痛经历中明白：苦难对弱者是痛苦，对强者则是财富。

从凝聚人心开始，上海中学在唐盛昌的带领下，不仅迅速走出低谷，而且"主动出击"，创办国内最早的由中国人自主管理的外国人和境外人士子女学校。从当初的 18 人到如今的 2300 多人，上中国际部赢得了外国、境外家长和学生的认可，其文凭也得到了国际承认。

"中国人也能办好国际教育！"这是唐盛昌喜欢的一句评价。因为在他眼里，上海中学不仅是中国的一流学校，而且是世界的一流学校。

创办国际部是一次"主动出击"

记者：有人说："上海中学可以看，但是学不来。"您对此怎么看？

唐盛昌: 说上海中学"学不来",我觉得这句话很有意思。上中能做成的事,有些学校为什么说自己做不成?我们创办国际部时,上海中学不像今天这个样子的。国际部第一年只招到18个学生,后来学生数每年都在攀升,目前已有2300多个学生。从当初的18个学生到今天的规模,是一个循序渐进的过程。这就像大飞机工程,现在没有人说中国不要搞,但是一下子又造不出来,所以先从小飞机、中飞机做起。我一直相信,中国人只要愿意做,没有做不成的事。说"做不成"或"学不来",只能说明自己缺乏自信。

记者: 您认为上中的办学模式和经验,对中国基础教育有哪些指导意义?

唐盛昌: 教育研究不只是理论研究,还包括实践研究。对国外IB、SAT等课程及课程表的安排,光讲没有用,必须亲手去做,否则永远不能理解课程背后蕴含的真实情况。只有通过引进并且实践,我们才能加深对国际教育、学科及评价方法的理解。在这个过程中,我常常想,我们为什么不利用中国基础教育的平台影响国外的孩子,让国外或境外孩子在中小学阶段就接触中国的教育,了解中国的文化?相对于大学教育,中学阶段是最容易接受新事物的阶段,我们为什么要放弃这种影响?事实也证明,从上中毕业的国外或境外学生对中国的感受是不一样的。

记者: 当年创办国际部,您说这是一次"主动出击",如何理解?

唐盛昌: 上中是一所百年历史名校,长期以来实行的都是典型的中国教育。然而,中国的一流名校没有国际视野是不够的。我来上中四年后,提出"让上中了解世界,让世界了解上中"的发展思路。作为发展中国家,在与发达国家的教育交流中,我们往往过于强调学习人家的先进经验,而忽视了向他们宣传和推介我们的教育。实际上,在基础教育领域中,我们完全有自己的优势,为何不借助教育国际化之势,在国际教育交流中抓住机会推介自己,来拓宽我们教育的发展空间呢?1993年,我们创办了上中国际部,这是第一所由中国人自主管理的外国人或境外人子女学校。在上海办国际教育，我们有着天时、地利之优势。尽管当时有许多人怀疑甚至反对我们的选择，但我们还是坚定不移地主动出击，抓住了发展国际教育的机遇，并在这条路上探索出上中的发展方向，为我们挑战世界名校拓宽了空间，使学校走上了通往"国内领先，世界知名"的快车道。

记者：您说中国要建设世界一流中学，为此您也一直在努力。在这个方向上，上海中学已经取得了哪些成果？在中国建设世界一流中学还有哪些困难需要克服？

唐盛昌：中国基础教育发展到今天，出现几所世界一流名校是不足为奇的。就上中的具体情况而言，目前在硬件设施、师资队伍、教学质量及信息化程度等方面都不逊于世界一流中学，但在学生的个性化发展及课程建设等方面仍然有一定差距。比如，我们的课程多是引进的，而本土研发和原创能力尚显不足。通过不懈努力，我们在三五年内有希望补齐自己的"短板"，达到世界一流中学的办学水平。

国际教育必须凸显中国特色

记者：上中是一所有着悠久历史和文化传统的学校，在国际生过半的情况下，如何处理好民族性和国际性关系？

唐盛昌：在我看来，民族性是国际性的基础。我们常说，民族的就是世界的，差异是发展的动力。没有民族特色，就失去交流的基础。我们创办上中国际部，就是要在国际教育交流的舞台上展示自己的实力和风采。因此，我们要在顺应国际教育潮流的同时，凸显中国特色。

第一，我们确立了"国际性与民族性相统一"的办学理念。上中国际部的办学宗旨是"博取人类先进教育的精华，吸取世界各国文化的精髓，传授当代科学技术的成就，培养21世纪的英才"。具体而言，我们不仅要培养国际型人才，还要培养传播中国文化的使者。第二，我们努力打造具有中国特色的课程体系。上中是国内最早同步推行汉语系列与英语系列课程的外国人或境外人士子女学校。对那些想学习中文的外国人或境外人士子女来说，上中具有独特的吸引力。第三，我们建立了中西文化融合的管理机制。国际部实行"主管—段级主任（小学段、初中段和高中段）—年级组组长"三级矩阵管理，既注重规范，又注重关爱。此外，我们还在招生、校园文化的营造、教育教学资源的利用等方面凸显中国特色。各种方式与策略汇集到一点，就是培养有中国情结的国际人才。

记者：您经常提到"认同"这个词，即让外教认同中方的管理，让国际生认同中国学校的国际教育。您为什么要强调这两种认同？在学校管理中如何确保这两种认同？

唐盛昌：认同就是维护共同的价值取向和判断。对外国人来说，认同意味着尊重和接受。上中的外教上岗前都要经过学校组织的培训，让他们先了解我们，这是尊重和接受的前提。对国际部学生，我们不仅要强调尊重和接受，还要让他们到一定时候愿意成为我们的一分子。刚进校时，有的外国学生可能觉得自己是"高的"，我们是"低的"，随后他们会发现，中国虽然是一个发展中国家，但上中比一般的国外学校还要"高"。

记者：在强调中国特色的同时，上中的国际教育如何处理好多国文化背景？

唐盛昌：我们没有因突出中国特色，而忽略国际部生源国际化带来的文化多元化问题，我们在教育教学的每个环节都注重对学生进行国际理解教育，增强学生对不同国家、地区和民族文化的理解能力。我们的最终目的：一是让国际部学生成为适应时代需要的国际型人才；二是在国际部学生的心中撒下"热爱中国"的种子，让他们带着这些"种子"，无论走到哪里，都能生根、发芽。

高选择性课程，每个人都有一张课程表

记者：上海中学有丰富的高选择性课程资源及许多高规格实验室，

这些似乎对提高升学率没有直接作用，又特别消耗精力和财力。您是基于什么样的考虑来做这些工作的？课程的高选择性对学生的发展来说，有什么样的意义？

唐盛昌：课程建设是学校实现"以学生发展为本"教育的核心。如果学校课程过分强调统一性而忽视选择性，过分偏重学科课程而减少综合与活动课程，过分重视基础知识而忽视知识更新与实践能力的培养，那么学生的发展就会受到极大制约。为了促进学生的个性发展，我们在课程建设中不能局限于传统的智能领域，应从学生的多样性与差异性出发，创设有利于学生智能全面发展、个性化发展、可持续发展的多个领域。上中的课程系统涵盖学生的语言、数学、自然科学、社会科学、信息技术、经济、体育等多个智能领域。许多学校通过增加选修课来提高选择性。我们的实践证明不在基础型课程中取得突破，满足学生个性化发展的要求是很难实现的。

记者：增加基础型课程的选择性，可以说是一个全新的探索。您是基于怎样的考虑来推动这一变革的？

唐盛昌：近年来，上中本部的招生规模在不断扩大，学生的个性差异在不断增加，原有的简单划一的教学内容、教学进度及教学方法难以适应学生的个性发展。在推动核心课程选择性改革时，许多人站出来反对，认为上中已有很多发展课和活动课，学生学习的选择性已经很大了。同时，我们也没有现成的经验可以借鉴。我反驳说，国际部每一个学生都有一张个性化课程表，每个学生都可以根据自己的特点选择不同的教学班，这种行之有效的做法就是我们的借鉴。

经过改革，学生手里原来统一的课程表不见了，取而代之的是一张张各不相同的菜单式课表。这成了他们主动发展的计划书，让他们真正成了学习的主动探索者。以前上课，教师只需要一次性备课，就可以在不同班级进行重复式上课，现在教师每上一节课，都要研究学生和教材，教师的创造性被激发了出来。

师资自培，培养最大活力的教师群体

记者：上中的教师比较年轻，而且一直重视"师资自培"，没有到全国各地去挖特级教师。您是出于怎样的考虑而提出"师资自培"的？上中在这方面有哪些成功的经验？

唐盛昌：曾有专家在点评我校师资队伍建设时说，上海中学没有多少大师级教师，但是拥有最大活力的教师群体。我不赞同他的前半句话，因为我校大师级教师已呼之欲出，"十大特级教师"就是明证。但是，我赞同他的后半句话，因为教师个体的力量是有限的，上中非常注重发挥教师群体的力量，一直在激励和引导教师为达成集体目标而不断努力。

这里还有一个"服不服水土"的问题。教师的作用能得到多大发挥，受制于学校的文化环境。特级教师的成长离不开学校的文化土壤，换到另外一个地方，能发挥多大作用，还是一个疑问。因此，上中对引进教师非常慎重。"特级"代表的是一个时期的高度，每个人都有自己的黄金时期，而且年龄大的人到了新环境，对其本人也不一定有好处。年轻人适应能力强，通过师资自培能让他们很快地接受学校文化并融入其中。

记者：在上海中学这样一所国际化学校，教师应具备哪些素质？学校对教师成长做了怎样的安排？

唐盛昌：上中的教师除了要具备一般学校教师的素质外，还要具有国际教育的视野和能力，包括语言及对课程的把握。我认为教师要始终处于发展过程和状态，必须不断完善自己，因此我们对教师提出连续不断的要求，从学科教学要用英语授课到要有学科研究能力，以及开设高于中学教学要求的选修课，培养开发和设计课程的能力。在这个过程中，目标不断更新，能力不断提高，一个目标达到了，又提出新的目标。上中的教师都明白：如果不努力发展和更新自己，即使今天是优秀的，明天可能只是合格，后天就可能被淘汰。

记者：听说上中招聘教师，一般都要经过您亲自面试，上中教师面对高素质的校长和高素质的学生，压力肯定不小，在平时的管理中您是如何处理好、把握好校长和教师之间关系的？

唐盛昌：我不想看到好教师被淘汰，所以招聘时自己都要去看一看，问一问。我们需要的是有培养潜力的教师，无论是应聘短期教师还是应聘在岗教师，都要证明自己具有培养潜力，否则我们为什么要培养你？

校长与教师相处，特别注意评价方式。教育过程是个体化的，而结果又是群体化的，一个教师不可能培养一个学生。我在评价教师时，不看教师所教班级的成绩，而看整个年级组成绩，这里可体现个人对其他人的帮助。在这种情况下，同一个年级组中年轻教师成绩超出老教师，我们在表彰年轻教师的同时，也会表扬老教师对年轻教师的帮扶。这种群体性评价造就了有活力的教师共同体。

（本文由记者张以瑾采写，刊于《中国教育报》2009 年 7 月 7 日，收入本书有改动。）

4.

校长思考，至少要比社会发展提前十至二十年

校长思考，至少要比社会发展提前十至二十年

笔者：你当校长几十年了，最深的体会是什么？

唐校长：真正办教育，必须想到两头：一头是国家需求，另一头是学生与家长的需求。从20世纪50年代以来，教育奉行的是爱国主义教育和集体主义教育。教育行政部门和每所学校都是为了培养社会主义建设者和接班人，只考虑国家与社会的公共利益。在相当长一段时期，教育只有一个功能，就是教育对国家前途和命运具有全局性、战略性、基础性作用。直到最近才提出教育与每个学生及其家庭密切相关，教育是关乎民生的事业。教育同时具备两个功能：既要兴国，又要办成人民满意的教育。

这一对矛盾非常尖锐。目前，社会上存在心态浮躁、急功近利、贫富差距拉大、社会人格体系设计不合理等现象。在这种背景下，教育的两种功能很难调和。学生的学业负担很难减下来，本质是由这对矛盾引起的。

因此，当一名成熟的校长，思考至少要比社会发展提前十至二十年。

笔者：你认为这对矛盾怎样解决？

唐校长：学校办学的出路是真正致力于学生的发展，致力于学生基本素质的提高和人的解放。只有在这个时候，国家和社会的公共利益，以及每个学生及其家庭的利益，才会找到利益上的相对平衡。

笔者：你说校长思考问题要比社会发展至少提前十至二十年，那么

你是怎样思考教育的呢？

唐校长： 学校教育面临另一对矛盾。一方面是教育之外的，如政治、经济、文化、教育的多元化，社会经济加速发展，带来了各类学科不断发展，学科与学科之间综合化加剧，不断产生跨学科与边缘学科。

另一方面是教育之内的，如学生面对不断膨胀的学科，网络传播的无穷信息，他们学习的时间越来越长，空间越来越大。教师面对社会多元和大量的信息，他们原来在大学所学的内容远远不够用，他们的精神压力也非常大，他们同样面临巨大的困难与挑战。

校长必须思考：给学生什么样课程？在课堂中教什么？学生的课程不是学校教育所决定的，它必须由教育之外与教育之内两方面的综合思考后决定。学校教育必须有前瞻性。中国基础教育的课程设置，缺少大师和大家的指引。

为什么说课程设置不是由教育自身决定的？以数学为例，数学发展非常快，有些内容如对数，它的地位一直在变，它在计算方面的功能随着电脑的出现逐步降低，数学的内容变化太大了。作为一名数学教师，倘若对数学的变化不是很清楚，即缺少前瞻性，怎么能成为一名合格的教师呢？

笔者： 有道理。你觉得解决第二对矛盾的出路在哪里？

唐校长： 出路有两条：一条是选择性，包括教师的选择性和学生的选择性；另一条是改变方式，包括改变教师的教学方式和学生的学习方式。

文化立校：让每位教师有自己发展的时间与空间

笔者： 上中是一所有140多年历史的名校，有深厚的文化积淀和传统。办学校靠的是教师。你是怎样挑选教师的？

唐校长： 以往挑选教师，主要是师范大学毕业生，最近几年，主要来自综合性大学毕业生。例如，复旦大学、交通大学、财经大学、上海外国语大学。我对老师有一个要求：能接受来自教育内外的挑战。

笔者：你与上中教师朝夕相处，你觉得上中教师最大的愿望是什么？

唐校长：一所学校文化立校，应包括三个层面。第一层面，校长关注教师的健康素质。比如，定期给教师检查身体，提倡丰富多彩的文化、体育、娱乐和休闲活动。这是大多数校长都能做到的。从马斯洛需求层次理论角度来讲，这是第一层面的生理需求。

第二层面，要让每位教师有自己发展的时间与空间。也就是给教师提供更多的选择权，在自由和学术的氛围中进行自主选择，不搞统一化；给教师提供更多的发展权，提高教师的综合素质和竞争力，进行在职进修、专业培训，鼓励教师个性化发展。

对上中绝大多数教师而言，他们目前最大的愿望，是自己能有更多的时间与空间，有选择权和发展权。

第三层面，让教师体会到教师职业的价值。

上中近几年招收了一批非常优秀的综合性大学毕业生。他们倘若在其他行业工作，如金融、IT 行业，可以拿到比上中教师高得多的工资。但是，他们为什么愿意留在上中？当他们看到自己教的学生毕业后受到高校的高度评价，受到社会的称誉，他们会由衷地体验到职业与自己专业发展的愉悦。从深层次讲，他们能接受来自教育之外和教育之内的挑战，他们会体会到教师职业内在的尊严与价值。当然，这部分人员目前还是少数。

笔者：你刚才在讲第二对矛盾时，指出的出路有两条，其中提到了改变方式，包括改变教师的教学方式。对此，你是怎么看的？

唐校长：我讲的两条出路，是针对第二对矛盾提出的。它具有普适性。在上中，我从来不强调教师的教学方法。"教学有法""教无定法"，当教师在教学过程中达到"教无定法"时，这是一种高境界。

因此，我提倡教师要有思维和理论修养，也就是非常强调业务水平和业务能力的提升、教师视野的拓宽、学科素养的提高，尤其是教师师德修养和育德能力的提高，要对学生充满爱。

学校应建立有个性的、整体的课程系统

笔者：你对上海提出办一流教育怎么看？

唐校长：学校办成能适应未来挑战的教育，让每个学生适应未来社会发展的需要，这才称得上是一流教育。

笔者：据我所知，上中从"两个适应"出发，历时七年，设计了课程图谱，能否讲一讲，这套课程图谱有哪些突破与创新？

唐校长：学校应当建立有个性的、整体的课程系统。一个学校应有自己的个性，千万不能人云亦云，跟着别人走。

这套课程图谱集全校师生员工的智慧，耗时七年，现基本成形。它既有我国学校教育的长处，又汲取西方教育的特点，是一套融合东西方文化的课程图谱，含金量很高。这套课程图谱分德育、学习领域、优势潜能开发三个分图谱。

德育、学习领域的课程图谱，除了国家规定的基础课程和上中规定的必学课程外，开发了大量发展课程供学生选择。迄今为止，我们开发了877门供学生选修的课程。

学习领域图谱包含数学、物理、化学、历史、地理、音乐、体育、美术等14门学科的课程图谱。每门学科图谱又分为基础型和发展型。前者关注学生的基础知识，是必修的；后者又分为知识拓展、视野拓宽、解析探究、应用实践四种类型，属选修。每学期学什么，可以选什么，学到什么程度，达到什么标准，图谱中设计得一清二楚。

优势潜能开发图谱，主要是针对一部分具有优势潜能的学生。高中也许还不是培养拔尖创新人才的阶段，但给具有潜能的拔尖创新人才打下基础，是上海中学的神圣使命。在设计这一图谱时，我们的设计理念是：一方面，让某一类具有优势潜能的学生学得更快、更好；另一方面，让上中全体学生的创新素养和能力得到提升。从本质上讲，这是为学生的未来奠基，也是为了实现"两个适应"，这是上中办学的根本目标所在。

德育是学生发展与创新的源泉

笔者：你是上海地区中学数学界的权威，我发现你近年来一直讲德育。我的专业是中文，搞了几十年教育，我也发现德育对学生的成长太重要了。你提出上中的"德育创新"，能介绍一下吗？

唐校长：我认为，德育是一个学生发展与创新的源泉。上中学生进校时，他的学业成绩、智力水平，肯定比一般学校的学生好。这方面我不会担心。但是，一个学生未来的发展还取决于，他是为国家和民族的利益想得多，还是为个人的前途和家庭的命运想得多，志向、兴趣、意志品质的不同，品位、视野、情感、态度、意识的不同，决定了读书的境界也有区别。它不仅决定了一时的高下之分，也许还决定了一辈子之间的不同。

笔者：我们以往在德育上偏重政治灌输，存在四个问题：一是过于理想化，超越学生思想品德的实际；二是缺少层次性；三是内容空洞，缺少可操作性和具体阶段目标；四是追求形式，造成学生的道德与人格无法落实。

提升到文化层面，我们往往在继承传统文化和汲取西方文化间出现两极摇摆。

唐校长：上中在解决你刚才提到的德育四个弊端时，采用了四种做法：其一，立规矩。学生理想、意志品质的培养，要从细节抓起，通过立规矩，养成习惯。习惯造就一个人的性格。比如，出操、跑步，必须整齐而有序；中午用餐，必须小声交谈、秩序井然，绝不允许大声喧哗；晚上自习，每个人自己管自己，绝不允许喧哗。

上中立这些规矩，已经长达半个世纪。世界名校，如伊顿中学也立下极严的规矩。有人以为伊顿中学是贵族学校，贵族学校就应当享受贵族般的条件，过贵族般的生活，这是错觉。我去过伊顿中学，学生睡的是硬板床，吃的是粗茶淡饭，每天经受极严格的训练，他们比上海任何一所寄宿制学校的学生都要辛苦。

其二，把德育课程列入课堂教学的主渠道。上中自主开发了39个科目 150 个模块。德育课程内容分为认知、实验、体验、反思四个模块。每一模块又分为基础型与发展型两部分。由于德育内容非常丰富，每一年级的内容又有层次性，这些课程生动、丰富，有说服力，受到上中学生的欢迎。

其三，多搞学生喜欢的特色活动。比如，学农、学军活动，上中已经坚持了 20 多年。上中的学农活动从 1989 年开始，地点在长兴岛基地。虽然上中学生多数来自知识分子、干部家庭，但是他们干起农活来个个像小老虎。当地农民评价他们："400 人能吃 800 人的饭，干 1200 人的活。"在学军活动中，每个班配两名教官，每个训练项目都按部队标准严格训练，一轮军训下来，每个人都要脱一层皮。学校还开设"48 小时适应性生存训练"。我的观点是，要使上中学生走上社会后能适应未来社会发展的需要，就必须让他们先在学校中锻炼意志品质，吃得苦中苦，提升远大志向，提高抗挫能力与坚韧性。

其四，建立学生的"德育课程综合分层评价表"。我一直以为，上海学校的人才培养模式很难创新，关键是我们的评价没有创新，评价成了瓶颈。

上中学生一进校，每个人会拿到两张表：一张是"智育课程综合分层评价表"；另一张是"德育课程综合分层评价表"。以后一张表为例，又分政治理论教育、社会课程实践、行为修养课程等几个模块。在每一个模块下，时政测验、志愿者服务、待人接物都有相应的等级评定；知识学习、活动参与、外显品格也都有评定标准。在这张表中，所有的内容都看得见、摸得着、说得清。

笔者：据我了解，上中对学生的培养，提出了三个"高"，即高立意、高思辨、高互动。请你简单介绍一下，好吗？

唐校长：高立意，德育是高立意的一部分。上海提出学科与"两纲"融合，提出"三维目标"，提出教育的本质是创新意识和创新精神的培养。这几个方面，是从不同角度提出问题的，但这几个方面之间，本质上是相辅相成、相融相合、浑然天成的。德育的核心在情感领域，如志向、兴趣、意志品质、责任感、使命感等。德育是学生发展创新的源泉。

高思辨，学校教育的一个重要任务，是培养学生的思维能力。创造性能力是发散性思维、非逻辑思维（超常思维能力）和形象思维等非理性思维能力的结合。学生通过各种学科的学习，能运用概念、定律、法则进行分析、综合、抽象、概括和判断，能解决生活中的实际问题。这种能力，对其终身发展起长久的作用。一名教师在课堂上讲得再好，倘若没有引发学生进行思辨，等于白讲。因此，我要求教师必须在提高自身修养、内涵、品性、视野、境界、学科素养、意识和能力上下功夫，在培养学生的思维能力上下功夫。学生的思辨，不仅是在课堂上的思辨，还包括课外的思辨。

高互动，不仅包括"师生"互动，还包括"学生与学生"互动，我们现在处于网络时代，还有"人机"互动。

搞教育要耐得住寂寞

笔者：我发现一个事实：上中在相当长一段时间内，闷声不响，"沉默是金"。但是，一旦提出某项做法、某个经验，很快就会形成"一股旋风"，真有"不鸣则已，一鸣惊人"之感。

唐校长：我的观点，校长要耐得住寂寞。尤其是整个社会的心态比较浮躁、急功近利，追求"成者为王，败者为寇"。在这种情况下，校长更要清醒，耐得住寂寞，要为学生的长远利益着想，要对学生的青春负责。

笔者：能否举些例子？

唐校长：我举三个例子。

第一个例子，办上中国际部。我们早在1993年就开展上中国际部的设计，经过长达17年的努力，现在国际部已形成2800人的规模，它可能是国内最大的国际部。

当我们有了办国际部的想法后，就要设计可行性方案，怎么做？我们静下心来研究西方的教育理念，我们访问了几十个国家和地区，认认真真地研究国外（境外）学校与我们学校在课程设置、课程内容方面的异同；东方教育与西方教育的异同；上中教师与国外（境外）教师之间的长处、短处；教育管理与其他行业管理之间的异同。我们把各种问题剖析得彻彻底底。这个过程非常漫长，非常痛苦，是我们最艰难的路。在这个过程中，就要耐得住寂寞。

途径很简单，就是到公证机关公证。西方学校怎么做，我们也怎么做。有些人连依样画葫芦也画不好，因为他们是按照中国人的思维方式办国际学校。这种做法，十之八九要失败。

第二个例子，参加国际高中生数学竞赛。我们 1990 年就开始抓这件事。我们先物色教师，请数学教师冯志刚抓数学竞赛。当时他只有28 岁，他埋头十年，拼了十年。现在 38 岁，担任国家数学竞赛副领队，在全国是数一数二的总教练。我们抓基地学校建设，华育中学是初中，上中是高中，两校接着"一条龙"。我们搞自编教材，搞内部训练，一拼又是十多年。2000 年上海中学是才拿到国际数学奥林匹克竞赛第一块金牌，2004 年拿到第二块金牌。近几年，我们是年年拿金牌。在 2010年 2 月底举办的罗马尼亚大师杯数学竞赛和 2010 年 7 月初在哈萨克斯坦举办的第 51 届国际奥林匹克数学竞赛中，我校高二学生聂子佩两次拿到满分，这在国际上极为罕见。我国派出的参加国际数学奥林匹克竞赛选手，每年都是六位，上中差不多每年有选手进入国家队。现在上中的数学尖子，有相当一批学生在美国顶级大学学习，并且在普林斯顿大学、斯坦福大学、哥伦比亚大学的数学系中崭露头角，成为这些大学数学系的顶梁柱。

第三个例子，搞创新实验室。我们是从 2000 年开始设计的，现在已经建立了生命科学、物理、化学、计算机与自动控制、激光与光纤等24 个基于数学平台的现代创新实验室。我们准备再花三至五年时间，建成 26 个创新实验室。我们还注意借助外力，先后与上海交通大学、同济大学、上海师范大学、华东理工大学、中国科学院上海微系统与信息技术研究所等近十所大学和研究机构建立了合作关系，请来了两院院士和知名教授为学生举办讲座，共同做实验。十多年来，上中学生已经累计完成了8500多个课题，在一系列国际科学与工程大奖赛上，上中学生获得的各种科技创新奖等高水平奖项已达3000多项。

刚才举的几个例子，每一件都花了十年以上的时间，真是"十年磨一剑"。每做一件事，都进行非常系统的思考，都能拿出一整套非常完整的方案，把方方面面的事想清楚。我的体会是：真正要出成绩，没有十年的积累，没有十年打基础，免谈成绩。在这里，任何轻浮、急躁、失去平常心、耐不住寂寞，很难做出一件像样的事。

校长最重要的是坚持独立思考，坚持实事求是，有思想、有个性

笔者：我们换个话题，讨论校长的职业素养和专业素养。《国家中长期教育改革和发展规划纲要（2010—2020年）》提出努力建立校长标准，你怎么看？

唐校长：很难。人的标准和产品的标准是两码事，不能类比。测评产品的标准有三条：第一，产品卖得出去；第二，产品建立了品牌效应；第三，某件产品的标准。比如，手机，经营商拿的是小头，大头在制订标准的人手里。

与产品不同，人的素质很难测评，因为人是活的，产品是死的。无论采用证实的研究方法还是证伪的研究方法，人的素质都很难测评。

笔者：那么，是不是说，校长的素质很难提高？

唐校长：也不能这样说。我认为，校长素质的提高必须在学校课堂教学第一线才能得以实现。校长必须和教师、学生摸爬滚打在一起，校长的职责之一，就是要研究教师、研究学生，读懂教师、读懂学生。

打个比方，校长好像足球教练，好像乐团指挥。一支二流球队到了手里，按照自己的理念能训练成一流球队；一支一般的乐队到了手里，能打造成一流乐队。校长的思想、境界、视野、品位、修养，能提升到

怎样的境界，你的教师队伍也能达到怎样的境界。

笔者：你认为校长素质中最可贵的品质是什么？

唐校长：时下，校长最可贵的素质是有自己的哲学思想，坚持独立思考，坚持实事求是，做一个有思想、有个性的人。

在话语系统中，出现了套话、空话、废话。在这种情况下，校长尤其需要坚持独立思考：如何在学校营造一个非常团结向上的、和谐的、具有凝聚力的小社会？学校应当是代表先进文化的一面旗帜。

校长还要清醒地认识到：每个中学生只有一个青春。青春过了，用再多的金钱也买不到。校长要用对每个学生青春负责的责任感与使命感，认真思考和做好自己的每一项工作。

笔者：讲得好，精妙绝伦。你当了几十年校长，在上中也有20多年了。你觉得社会对校长提出了怎样的要求。

唐校长：社会对校长提出了很高的要求。我觉得有两大挑战：

其一，对校长的知识背景提出了很高的要求。现在上海许多校长都是理科背景（如数学、物理、化学等）。学理科的，思维严密，考虑问题较周到，但做事有点刻板，像做题目一样，讲求逻辑关系。学工科的，注重操作性，但缺乏宏观思考，这恰是文科的长项。因此，校长的知识背景，最好兼具多种学科背景，是复合型人才，同时具备各种综合素质。

其二，教育是培养人的事业，这就要求校长能读懂教师、读懂学生。

读懂教师，就是要让每个教师都得到专业发展，重视"文化立校"，建设教师的精神家园，打造教师团队。建设精神家园，包括在学校营造自由的、民主的学术氛围，营造人文艺术氛围。还有就是让教师有充分的时间与空间，能接受来自教育之外和教育之内的挑战，实现教师职业内在的尊严与价值。

读懂学生，就是要加强对学生的研究，研究给学生提供哪些知识、能力；在意志品质、志向、兴趣、信念方面给他们提供哪些营养滋润，养成哪些好的习惯；如何让他们学会选择，自我设计、自我管理、自我发展。教师就像雕塑师，每位学生是一块璞玉，学生未来怎样发展，教师应当清楚。当然，校长要引导教师懂得教育是一门艺术，如教师找学生谈话，倘若谈话过程中 70% 的时间是教师在讲，谈话一定失败。因为你根本不知道学生心里的真实想法。

笔者：作为一位老校长，你觉得校长素质中还应当注意哪些问题，以供今天的年轻校长参考。

唐校长：做了一辈子校长，体会很多。有几条供年轻校长参考：

其一，要重视自身业务能力的提升，校长应是三尺讲台上的强者。

我们在相当长的时间内，是用政治压业务。我的观点是：业务不强，讲话不响。一个业务不强的校长，很难有号召力和影响力。

其二，校长的兴趣爱好应广泛，知识面很广。

我的兴趣爱好非常广，读的书也很多，知识面也宽，经历丰富，使我决策时能触类旁通。你知道，我钢琴弹得不错；我与张燮林谈乒乓球，他惊叹："唐校长你可以来当教练。"我与史方静谈打羽毛球，她说："你什么时候到上海羽毛球队来给队员们讲讲。"……一位校长兴趣广泛，知识面广，它可以提升教师的兴趣与爱好，校长与教师之间很容易形成共同语言。教师的兴趣爱好广泛，又可以带动学生的兴趣爱好。在学校可以发现这样一个现象，学生喜欢某一门学科，往往是从喜欢老师开始的。这样，在学校中可以形成一个循环往复的因果关系和传递链。

其三，校长要研究课程，成为课程改革的坚定执行者。前面已经讲了这个问题，这里不再赘言。

其四，校长要富有人格魅力、学术魅力和学术魄力，胸襟开阔，胸中有大爱，爱事业、爱教师、爱学生。

我特别强调，校长人格魄力中最核心的部分，是要有思想，坚持独立思考。校长的学术魄力，是《国家中长期教育改革和发展规划纲要（2010—2020 年）》首次提出来的，提得很好。

（采访者王厥轩，上海市教委教研室原主任，刊于《浇灌上海》，上海辞书出版社 2010 年 11 月版，收入本书有改动。）

5.

专注于创新人才的早期培育

上海中学，这所饱经沧桑、历经时代变迁的百年老校，为各时期的中国培养了数以万计的人才。改革开放以来，上中迅速走出低谷，成为上海、全国乃至世界上都有一定知名度和影响力的中学。"一个好校长，就是一所好学校。"上中的成功，很大程度上是上中有了校长唐盛昌。20世纪80年代末唐盛昌接任上中校长，在长达20多年的校长生涯中，他立下军令状、改革人事和分配制度、瞄准教育前沿培养菁英人才、推行教育国际化向世界名校迈进。剖析上中始终处于领先地位的奥秘，我们发现除了有前瞻性眼光和对教育深度的思考，更重要的是有"十年磨一剑"的心态，并扎扎实实推进每一项改革。背后，都有唐盛昌的影子。

《上海教育》：您在《资优生教育》一书中提到，上中的发展史就是培养各时期急需菁英人才的培育史。这是你们总结梳理的还是建校后就明确下来的？

唐盛昌：长期以来，我一直在思考上中的发展方向，总结本校在发展过程中所积累的经验是必不可少的。因此，在上中比较稳定后，我们对上中的历史进行了梳理，且梳理的重点不在于对大事的记录，而是通过梳理来把握其中的办学思路，这才是真正的关键。我发现，上中的办学思路和整个中国的发展是紧密联系的。1865年，学校是由维新运动的干将，时任上海最高行政长官丁日昌先生集资创办的，当时的想法是办成西学，承担起维新救国的重任。1905年，日俄战争成为当时社会的大背景，受日本教育改革的影响，学校开始向师范转变，希望通过为国家培养师资来达到救国的目的。1927年，南京国民政府改革整顿，开始统一全国的教育和学校，而上中则是改革的先锋。后来，上中又历经抗战的洗礼，在"国将不国"的时期坚持为国家培养人才。新中国成立后，上中又响应国家的号召，积极学习苏联的教育模式，在短时间内引导学生吸收国外教育的精华。1978年，上中复校，并一直发展到今天，为我国改革开放的顺利进行输送了大量的高质量的储备人才。因此，我们从上中发展的历史脉络角度来看，其办学思路始终以国家需要作为人才培养的基础，积极契合时代发展的需要，展现出强烈的与时俱进的意识。

《上海教育》：您把改革开放以来的上中定位在创新人才的早期培育上。我们很想知道您的这一定位是如何清晰起来的？这一定位是否仍将引领上中今后较长时期的发展？

唐盛昌：这一定位的提出，与我们学校的办学理念有着非常大的关系。1987年，江泽民同志为我校题词"乐育菁英　譬之树木　喜看桃李　蔚然成材"。虽然我们当时从观念、行为上都对其进行了系统性认识，但还不成熟。1992年，邓小平南方谈话后，学校抓住时机深化改革，大力推进"让世界了解上中，让上中了解世界"的办学思想，而"乐育菁英"的办学理念在这个过程中逐步形成。"乐育菁英"办学理念的执行，是从我校大部分学生资质比较优异的实情与建设人力资源强国的时代需求出发的，而具体的实践则是致力于资优生教育的探索，推进优秀创新人才的早期培育。

对创新人才的早期培育，我们除了关注学生的思想境界、创新人格与创新思维外，还要从专业发展维度来进行思考，创新人才的专业发展基础维度主要包含三方面内容，即专业高度、专业智慧和专业执行力。而所有这些维度的发展，都是建立在学生的兴趣基础之上的，即以"志趣聚焦"为突破口来积极推进优秀创新人才的早期培育。在这方面，我们从招生选拔、课程设置等层面进行多年的实验，取得了很好的效果。应该说这一定位将在今后较长时期内引领上中发展，但不同时期的内涵可能会有所调整。

《上海教育》：1989 年，您接任上中校长。上任后您就立了三个"军令状"，当时您是怎么考虑的？实行分配制度改革、深化内部管理体制改革，即便在当下也并非易事，您在 20 年前是怎样做到的？在改革推行过程中遇到了怎样的阻力？

唐盛昌：是的，我当时是立了三个"军令状"。因为 1989 年我刚到上中时，百年名校已经难掩自身的颓势，建筑年久失修，设施老化，处于发展的低谷。当时的上中，学校成员人心涣散，已经缺乏为目标而奋斗的激情，学校的发展举步维艰。在对现状有了充分的了解和分析后，我和我的管理团队推出了学校管理的三个"军令状"：第一个是凝聚人心，抓好分配制度改革，合理拉开收入差距；第二个是深化内部管理体制改革，形成良好的运行机制；第三个是提高上中的教育教学质量。当时推行这些改革，确实遇到了很大阻力，因为这直接影响一部分人的切身利益。我记得推行分配制度改革时，就曾有职工因反对这一改革措施而一脚踹开过校长室的门。当然，阻力同时也是发展的动力，而且改革措施毕竟符合大多数人的利益，所以这三个"军令状"都如期实现。

《上海教育》：上中的发展与时代的发展是紧密相连的，也很好地体现了每个时代对人才培养的需求，您觉得目前上中的发展集中在哪些方面？

唐盛昌：从上中的发展历程来看，可以概括为四个阶段，即整顿秩序、内涵探索、整体转型和创新引领。比如，三个"军令状"就属于整顿秩序阶段。但是，无论在哪个阶段，上中的办学思路始终是与时代发展相契合的。目前上中的发展主要集中在国际化教育、菁英人才教育和现代化教育三个方面，其实这也是当今办好一所学校应始终要关注的。

《上海教育》：这三方面都是上中的特色，我们感觉菁英人才教育和现代化教育都是建立在国际化教育基础上的。您是否可以跟我们具体谈一谈上中的国际化教育？

唐盛昌： 我刚到上中时，学校面临太多困境，为了有效地解决这些困境，我开始从企业发展角度来思考问题。对一个企业而言，完全自主创新是很难的，而引进先进的产品技术是获得快速发展的捷径。企业在引进产品的过程中，必然要将产品进行仔细剖析，研究其中的细节，然后突破核心技术，最终掌握整个生产流程。那么，企业引进消化先进产品技术的过程，在我们教育领域中还没有人做过。为什么大家不去看看国外的教育在做什么？到底是怎么做的？我们是否也可以引进先进的课程？

正是基于这样的疑问，我们于 1993 年率先建立了国际部，之后开始了艰苦的国际化教育探索。比如，我们先后引进了美国的 AP 课程、欧洲的 IB 课程。但是，引进课程并不意味着生搬硬套，因此我们对国外的课程、教材、体制等进行了深度解剖，比较异同点。经过充分的了解后，再筛选出不适合我国国情的部分，最后做到融会贯通。通过长期的探索，目前我们学生的成绩非常好。而我的目标是，按照国外标准，参与国外考试，培养国际化人才。比如，我们学校是现在中国大陆地区唯一一所得到美国大学授权，在本校就可以考 SAT、PSAT、AP 的学校。

当然，国际化教育不能仅停留在引进层面，核心在于学习及自主创新的过程。因为引进只是国际化的一种手段，而我们的最终目标是解剖国外具体的课程标准、教学内容、教学方法，甚至在研究每个教学细节的基础上，将其优秀的经验理论和我们的教育理念相结合，办出有东方特色的、有上中特色的国际化教育，只有这样才能在世界上真正处于尖端位置，真正超越国外。

《上海教育》： 上中作为上海高中的一面旗帜，您对它的未来有怎样的设想和期望？

唐盛昌： 我在上中工作已经有二十多年，对上中的过去与现在我做了一些引领性工作，对上中的未来发展也是我长时间思考的问题。其实，我认为大到国家，小到学校，要想在相当长的时间里实现可持续发展，首先要解决的是思想的延续性。为什么中国乒乓球能长盛不衰，就是因为乒乓球发展的思想得到了延续，始终掌握着乒乓球技术的高端，并不断创新技术。对上中而言，我们一定要将多年来上中获得快速发展的先进办学思想延续下去，同时还要在延续的基础上积极创新，与时俱进。同时，上中未来的发展还要与国家科学技术、经济社会的发展紧密联系起来。办教育是一件大事，但办教育的目的是为国家的发展服务。如果我们仅仅只是从教育角度办教育，就很难取得成绩。我们必须站得高，才能看得远。另外，上中的发展还十分注重个性化元素。个性化元素主要体现在两个方面，一是培养学生本身的个性，为学生的健康发展提供个性化空间；二是学校的发展要有个性。比如，我们刚开始办国际部就是个性化体现，现在国内学校设置的国际部越来越多，如何在这股浪潮中继续突出上中的个性，是我们上中在未来的发展过程中不能忽视的问题。

《上海教育》：校长对学校的发展起着关键性作用。那么，您觉得要做好校长，应该如何在明确自己使命的前提下实现更好成长？

唐盛昌：第一，我觉得一个好校长一定要有好的思想。思想其实和想法不太一样，思想应该是将想法进行提炼、概括、提升并体系化。作为校长，必须要有全局观念，要考虑问题的方方面面。第二，要敢于践行。办教育要实实在在，不能理论上说得很多，但实际做得很少。在践行过程中，校长一定要有成熟的思想体系，否则盲目的践行或冲动的践行不仅起不到帮助作用，反而可能会产生负面影响。因此，校长对任何思想的践行都要有较强的艺术性。第三，要站在学生和教师的角度来思考问题。站在学生的角度思考如何办教育，这是不言而喻的，因为学校教育的最终目的是有利于学生的发展，就是有利于更好地培养国家所需要的高质量人才。站在教师角度思考问题，是因为一所学校的发展不只是校长一个人的事，也不是校长一个人能做好的事，它需要广大教师的共同参与。比如，在上中，普通教师就拥有足够的学校发展的知情权，上中教育教学的所有信息都可以在上中校园网上找到。不仅学生可以通过浏览器查询自己在校期间的成绩资料、品德评语等基本评价内容，实现反馈的及时性和准确性。教师和职工也可以通过这个平台，获得与个人有关的各类信息。另外，耐得住寂寞、把握大局、果断决策、勇于开拓等也是校长应具备的成长要素。

（记者赵锋、实习生尹志华采写，刊于《上海教育》2011 年 01B 期，收入本书有改动。）

6.

唐盛昌 20 问

在我从教 51 年时，《上海教育》杂志向上海基础教育界的校长、行政人员、教师征集问题。2013 年 6 月 4 日，在上海基础教育国际课程比较研究所，记者带着征集的 20 个问题与我进行了一次长达三个小时的深度对话。

经验的分享

问 1　您在上中最满意的一项工作是什么？

如果要说最满意的，我个人认为应该是国际部的创办与成功。因为多年来，中国的教育视野比较狭隘，完全从国内角度思考问题，也没有借鉴经济领域企业的思维方式。企业是什么思维？比如说，生产彩电，我会先把彩电买回来，全部拆开，把每一个零件都搞清楚，然后再弄清楚整体功能。但是，教育到目前为止，没有人去做这样的研究。我们都在说国际教育，但国际教育到底是怎样的，我们有没有把它所有的零部件一个个拆开来，搞懂每一个环节的作用及功能是什么，为什么要有这个？为什么必须这样？都没有。现在高校做的比较教育只是一个大的框架的比较，就像是概念车，而不是一个产品。

我们是真正了解了国际教育当前主要发展的趋势，国际教育是怎样运作的，并设计了整个框架，从哲学思想到课程，从课程到每一个教学环节、教学方法，再到训练系统、评价系统。我感到这 20 年，从国际部的创办，从对国际教育、国际课程所知甚少，到现在吃透其标准、要求，我们达到了一个相当高的水准。应该说，这是一项非常有意义的基础性工作。所以，从这个角度讲，可能是目前最满意的。

问 2　您在上中 24 年的校长历程，大致可以分为几个阶段？各阶段的特点是什么，各阶段又是怎样递进的？

上中 24 年的校长经历，大致可以分为三个阶段。

第一阶段是 1989 年至 1998 年，当时叫重点中学，现在叫实验性示范性学校。当时的重点中学不分市重点和区重点，统称重点中学。上中当时在重点中学中处于中游，通过整顿、提高，基本达到比较高端的位置，这是第一阶段。第二阶段是 1998 年至 2005 年，上海中学已经处于实验性示范性学校中的领先地位，学校已经被社会承认，但大量的成果还停留在经验层面，缺乏系统性、整体性的成果。第三阶段是 2006 年至 2013 年，是一个系统归纳、提升，方向逐渐明确。如果要分的话，应该是这三个阶段。

第一阶段实际上是一个重整的过程。我到学校时，当时的市教育局给我三份调查材料，都是讲学校问题的，如大家的思想、思路不统一，教师不稳定，百废待兴。在这种情况下，怎样厘清头绪，怎样让教师集中于教育，而且取得成果，怎样把学生留住，给学生提供比较好的教育，让学生能在学校里不断提升自己。这是这个阶段最主要的工作。

在这个阶段，还解决了上中进一步发展的五个关键问题。第一个关键问题是发展的方向问题。1993 年创办国际部，也就是明确上中应走本土化与国际化充分结合的发展新路。第二个关键问题是教学的规范化问题。上中的课程图谱知道的人比较多，它是在当时我们做的各学科教学纲要的基础上发展起来的。教学纲要的制订是基础性工作，我们按照上中应达到的水平，对每一门学科根据不同的年段进行梳理，建立了一个常规教育的基本规范。第三个关键问题是信息技术的支撑问题。教育发展的趋势之一是硬件建设，而学校硬件建设中最核心、最本质的是信息技术和数字技术的使用。所以，我们在这个阶段就开始着手进行信息技术建设。第四个关键问题是教师队伍的重整。要办好学校，干部队伍和教师队伍是不能放松的。我到上中的前三年，离开的教师少说也有四五十人，一进一出，上中的教师队伍才基本成形。第五个关键问题是机制和文化的确立。

我们当时就明确提出，学校最重要的是学生，所以对学校来说，第一位的是教学；对教师来说，第一位的工作就是上课。所以，上中的行政会是在下午四点以后开的，教师的课是不能随意调的，学生的欢迎程度是评判教师的重要指标。在这个阶段，上中的机制和文化基本上得到教师的认可。

在第二阶段，上中的高考综合排名一直是上海第一，所以从 1998 年开始上中实际上进入了一个迅猛发展的阶段。第一个发展是国际部，短短七年的时间，国际部学生就从 200 多人增加到 2000 多人。参加 IB 考试的平均成绩也从 20 几分上升到 30 几分。第二个发展是信息技术，2005 年，上中的信息技术可以说是处于全国领先地位。2002 年，我们又在学科纲要的基础上，开始研究自主课程、创新课程，并提出了资优生发展的概念，2004 年资优生德育研讨会在上中召开。资优生概念的提出，又使学校到达了新的发展高度。在这个阶段，上中的一批优秀教师开始脱颖而出，大家对学校的文化、制度都达成高度共识。可以说，第二阶段是上中从量变到质变的阶段，基本确立了领头羊的地位，同时也为下一步的发展和腾飞奠定了基础。

在第三阶段，我们在探索中国教育进一步发展的新路，特别是高端学校的发展有了比较大的突破。这一阶段，我们从资优生教育开始转型为创新人才的早期培育，也出现了一大批新的举措和探索。比如，高端学校必须充分利用社会资源，要与高校紧密结合，我们之前做过，但不成规模，这个阶段开始大规模地做。还有，要成为世界一流学校，必须有完整的、系统的课程。针对当前中国教育体系中，基础教育与专业教育缺少有效衔接的弊端，我们在常规课程外，增加了专门课程和课题探究，以此来达到创新人才的早期培养。

在国际化征程中，我们迈出了非常大的一步。从 2005 年开始，方向更加清晰了：从教育局部角度思考问题，拓展到从整个国家发展战略的高度，从教育全局视角考虑问题，从做到国内最好，扩展到国际上产生一定影响；从具体的一个一个实践，扩展到一些理性的系统性的架构和分析。

实际上，我们所做的还是有一定预设的。这从我们提出的口号的变化就可以看出，2000 年我们提出"国内一流，国际知名"，后来又提出"国内领先，国际一流"，前后侧重不同，但都是从国内和国际两个维度考虑的，这一点没有变过。在我脑子里一直有一个参照系，这个参照系就是国际上最好的中学，但是我刚到上中当校长时，我没有资格提这样的口号，我说国际一流，那与实际情况不符。今天，我已经有了自己的课程体系，国际一流学校的要素都具备了，我就有资格说上海中学达到了国际一流水平。所以，你问我脑子里有没有预设，肯定是有预设的。

问 3　耕耘上中 24 年，您认为在教学模式探索方面最有价值的创新是什么？

这话怎么说呢！因为传统意义上的教学模式是狭义的课堂教学模式，而我现在关于教学模式的看法范围更宽广。今天的教学如果只局限于课堂教学，那是远远不够的。我感到，最有价值的是专门课程的设立及其与课题探究的有机结合。这是我个人认为最有价值的高端学校的教学模式。

高中教育由两部分组成，一部分是学习，已经系统化的各类科学知识的学习；另一部分是探究，就是学会怎样应对未来，主动学习，适应社会，影响社会，传统的教育只注重第一个部分。怎么学，怎么学好，这实际上是一种接受式学习模式。前人怎么讲，我就怎么学，很难超越，但教育的本质，是要站在前人的肩膀上，要超越前人。所以，探究将占越来越主要的地位，现在国外很多地方的教育都是以探究为基础的教育。

怎样进行探究？对中学生来说，就是专门课程加上课题探究。我原来也认为课题探究是最重要的，但是经过三四年的实践，大量的数据否定了我原来的想法，因为中学生的探究跟大学生、研究生不一样，中学生是边学习边探究的模式，中学生的知识结构不完备，条件也不成熟，所以中学生的探究是一种不完整的探究，更多的是学习探究。怎样进行学习探究？我们没有现成的经验。用现有的课程作为载体也可以，但现有的课程过分成熟，过于系统和完整，学生可以质疑、提出问题的太少，探究性不强。所以必须要有新的载体，这就是我之前讲的专门课程，专门课程是让学生进行探究的专门载体，再做一个明确方向的课题探究。这样效果就非常好。综上所述，中学生探究是专门课程和课题探究相结合的一种教学模式。

问4　您在推进改革的过程中，遇到困难，是靠什么解决的？

我碰到过很多困难，如政策的滞后、体制机制的滞后与我要进一步发展之间产生的冲突。如何突破原有的边界，这是最大的困难，突破的基础在哪里？在于你对政策的深刻了解，你要知道原来的政策边界在哪里，在这个边界上，哪几个点是有伸缩空间的。这个度必须把握得非常精准，这样你才有可能突破。

对校长来说，在某种程度上，需要有非常高的政治敏锐性。否则做不成事。就以上中国际部为什么可以办成为例来说，实际上就是精确地把握了政策的边界。第一，改革开放政策，这是大政策。我是1993年开始办的，1992年邓小平南方谈话，这个大背景放在那里。所以，我做这件事，大方向绝对是没有问题的。第二，中国人可不可以办国际班，法理上是没有问题的。因为有文件明确规定，一部分学校可以少量招收外国学生，所以我招收外国学生没有问题。但是，招进来后是随班就读，还是专门设班，这个问题政策没有明确规定，那么这个空间是灵活的。所以，我就抓住这个空间。同时，我又抓另一个空间，即教育主权问题，如果我招收的学生中有中国学生，那就会产生非常大的异议，是通不过的。所以，我招的全部是外国人和境外人士的子女，这些学生不存在要学国内规定课程的问题。所以，从这个角度讲，只有靠政策的精准把握才能解决和突破。突破太多，也不行，谁都不敢担责任，但一点不突破，没有进展，也不行。

问5　上海中学在引领上海教育、推进教育国际化的成功实践中，有什么规律性经验可以分享？

就是我一直说的，教育是今天的人培养明天的人，校长、教师必须有明天的社会是什么样子的设想和感觉。明天是什么样子的？坐在办公室里是想不出来的，必须出去看，看人家做到什么样，他们有哪些问题，还会往哪个方向发展……所以真正的规律，就是对今天的教育形态进行深入细致的分析，然后才能知道，我们需要解决什么问题，我们用什么途径去解决这些问题。

问6　面对一般学校的普通学生，如何在注重学业基础的同时，培育创新意识和能力？学校为创新型人才培养能做什么？

课程建设、实验室建设、师资队伍建设、体制建设，哪个更重要？对不同的学生来说，对他们创新意识和创新能力培育的要求是不同的，不是所有学生都要以此作为发展主线，上中以创新人才早期培养为主线，但一般学校，如果也把这个作为主线，就会产生问题，对一般学生来说，重在培养创新意识。创新精神与创新意识相比，创新精神有更强的指向性，对学生的要求更高，一般适合市实验性示范性高中的学生。真正要达到创新能力的高度，可能就是最高端的几所学校。

至于课程建设、实验室建设、师资队伍建设和体制建设的重要程度，则要根据不同的培养要求来定。不同的学校、不同的学生，有不同的需求，不能一概而论。如果只是培养创新意识，我想对实验室的要求不会太高；如果要培养创新能力，则对实验室要求就非常高。

校长的智慧

问7　51年，对人生来说，是很漫长的，这是对教育理想的追求和信仰的坚守，一定有一种精神在支撑着您，您在这种精神的影响下又缔造了上中精神。请问，您对校长精神和学校精神是怎样理解的？您是如何将校长精神转化为学校精神的？

什么是校长精神，我没有很好地总结过，可能有这么几条，带有一定普遍性。教育是一个最少有功利性的事业，所以校长精神的第一条，应是为了教育事业明天的发展，摒弃功利，耐得住寂寞，为了教育事业明天的发展必须孜孜不倦，这是非常重要的。第二条，就是不断进取，不断提升，永不停歇。很多人不理解为什么到了60岁退休的年龄后，我仍然做了好多事，今天，我已超过70岁了，我仍然做了不少事，但真正理解我的人，就很容易读懂。校长没有这样一种精神，要做好也不容易。现在有不少人安于现状，也有不少人提出教师职业倦怠问题，对此，我个人认为，职业倦怠不应出现，如果他每天都在应对新的挑战，需要达到新的高度，要消极也难。

至于校长精神与学校精神，可能涉及文化层面的问题，不是用制度就能解决的，而要形成一种共识，没有一定的共识，没有相当的认同感，那就做不到。比如，我现在不对学生提追求卓越，我跟他们讲的是追求幸福，跟老师也讲追求幸福，因为大部分人做不到卓越。所以，大家有一定的共识，有一定的认同，整个师生群体就能凝聚起来。

问8　作为知名学校的知名校长，您的成长经历不可复制。请问，回顾您的历程，哪些因素对您的成长是不可或缺的？

关于校长的成长历程，我的视角可能不太一样，不同的校长有不同的成长高度和不同的成长内涵。在成长过程中，不同的高度、不同的内涵，要求也是不一样的。比如，要当好上中的校长，英语必须过关。跟外教直接对话，参加国际上的各种交流，英语就是基本要求，但对其他学校的校长来说，英语就不一定是基本要求，所以这个问题与高度相关，与校长的内涵紧密相关。

问9　怎样在教学中体现您提出的"三高"（即高立意、高思辨、高互动）？

这个问题涉及对教学模式、教学方法的深层次理解。我们现在非常讲究教学方法，但教学方法是因人而异的。我提出的"三高"教学方法是针对上中高端学生来说的，不是一个普适的教学方法。

第一，高立意。从总体上来说教育包括两块，一块是学习；另一块是探究。对上中高端学生来说，学会学习是远远不够的，学生必须领会课本中蕴含的内容，辨析教材中蕴含的指导思想。这些蕴含的精神、精髓就体现在立意上。

第二，高思辨。要探究，必须思考，要对每一个现成的结论，探究其对还是不对；哪些是对的，哪些是不对的。有了思辨基础，才有可能去探究，没有思辨，就无法探究，就无法学会怎么学习，所以高水平的教育，立意和思辨是最核心的问题。

第三，高互动。有了立意，有了思辨，还必须有火花，必须有互动。互动包括课内互动和课外互动。我认为一节课的内容，学生百分之一百掌握了，不一定是好课，我的观点是即使很一般的课，如能做到"余音绕梁"，如同听完音乐会后，还有好多值得回味的，这才是真正的高水平。同时还需要互动，需要下课后师生、生生互动，不断讨论，讨论不懂的地方，对不懂的问题可以进行研究。所以，我认为，对高端学生来说，已经摆脱了技术层面的思路，应处于更高的战略层面，在大格局的层面上提出教学的方式和模式。我提出"三高"教学方法，就是这个目的。

问10 一流的教育，一流的学校，要有一批顶尖的或大师级的教师。您认为上中有一批顶尖的或大师级的教师吗？大师级教师需要怎样的成长环境？

大师不应只存在于高校中，中学也应有大师级教师。但是，不是每一所学校都可能有顶尖的或大师级教师，因为顶尖的或大师级教师需要很多成长的条件。我认为，上中现在有一批相当好的教师，但是缺少顶尖的或大师级教师。因为真正要成为一名顶尖的或大师级教师，没有二三十年的积累，是达不到这个境界和高度的，而且也不是只要经过20年、30年的教育教学实践就能达到这种高度的，缺少大师级教师的原因至少有三个方面。第一，从专业角度讲，大师级教师必须有非常高深的造诣，对专业发展方向有清晰的认识，而且有引领作用；第二，教师跟单纯的学者、科学家还不一样，还有人文素养问题，人文素养没有达到一定高度，也不可能成为大师级教师；第三，就是教师的个人人品、自身各方面的修养。

问11　您是从哪些方面，主要用什么办法引领教师持续努力并突破自己的？

两句话。一是让每一位教师认识自己的潜力，知道自己还有很大的发展空间，还有可能达到更高的高度。二是要激发教师本身的内驱力。教师的发展，单靠外界是没有效果的，更多的是依靠自己的内驱力。教师一旦有了强烈的内驱力，会自己不断地去努力，不断地去提高自己。

问12　在上中24年校长生涯中，多次改革您都经历了从被质疑到被认同再到最终获得成功的过程。在这个过程中，您的心态是怎样的？

第一，我是坚信我能成功，坚信自己的判断，不会被别人的说法所动摇。第二，我是比较坦然的，因为我做任何事都有一个比较仔细的思考过程。如果某件事我想做，但五年、十年都做不起来，我就要思考我的这个想法是对的还是错的，也许这个想法本身就是错的，或者这个想法要20年以后提出来才是正确的，因为每个想法不只是对错问题，还有时机问题，不合时宜同样是不对的。

问13　都说"理想是美好的，现实是残酷的"，作为校长，您是如何在现实与理想之间找到突破口的？

我是从另一个角度解释的：理想，在真正实现时，未必像原来想的那么美好。因为很多理想在真正实现时，原来没有考虑到的，没有预计到的一连串新矛盾会随之而来，所以理想不一定像原来所想的那么美好。当然现实也有残酷的一面，当我们生活在残酷的现实生活中时，我们要学会感受残酷中的美丽。否则，生活都是残酷的，感觉不到美丽，感觉不到温暖，日子非常难受。所以，如果是累并痛苦着，这就不太好。上中师生觉得，生活是累并快乐着，这是合理的。

问 14　有人认为，在当前教育大环境不尽如人意的情况下，校长的职责就是要在学校里努力创设小环境，放大正能量，不断地演绎体现正确价值观的教育理念和行为模式。对此，您有什么好的建议和意见提供给广大的校长？

说老实话，校长的影响范围，法定的就是在校内，当然，有些校长做得更好，其影响力超出了学校，从这个角度讲，就是在这个小环境的背景下，他创造的一些经验、想法，是有可能在同类环境的学校中使用，或提炼出普遍性规律，就做得更多、更大。希望在这方面做出成绩的校长越多越好。

未来的发展

问 15　当前，上海基础教育要落实"为了每一个学生的终身发展"，进一步深化课程改革已成为关键环节。您对国际课程十分了解，研究也很透彻。深化课改，你认为可以向国际课程借鉴什么？另外，您能否展望上海国际教育的愿景？

"为了每一个学生的终身发展"，是一个非常好的理念。但是，理念如果没有载体，如果不能落地，那就是一句空话。我们的课程，能不能支持这样的理念；我们的教育体制和机制，能不能支持这样的理念；我们的硬件设施，我们的各种条件，能不能适应这样的理念；我们的老师，能不能适应这样理念；……都是无数个非常大的问号。所以，从这个角度讲，如果我们的教育，从理念走到实践，走到操作，那就是上海教育一个非常大的进步。为了每一个学生的终身发展，在评价方面需要多元化。比如，国际上的 IB 课程，197 门课，选 6 门就够了。还有不同水平的，有上万种组合，可以说，用一把尺子来衡量所有学生的时代已经过去了，现在要的是对每一个学生，设计一把适合他自己发展的尺子，这就是教育的进步。所以，为了每一个学生的终身发展，在评价方面，必须有深层次、大的改革。上中为什么做得比别人好？因为我们永远不停留在理念上，我提出理念后，就尽最大的可能，寻找合适的载体。尽量去实现，去完善，这就是上中与其他学校完全不一样的地方。

问16　在您带领下，上中迅速走出低谷并一路走强，创造了不少奇迹。对上中的未来，您有什么预期？上中靠什么保持发展势头，而不走下坡路？

这个问题涉及个人和历史趋势的发展问题，以及两者之间的关系，从整个走势上来说，引领上海基础教育发展的学校，20 世纪七八十年代是华师大二附中；90 年代是复旦附中；1998 年后是上中走在前面一点。当然，引领上海教育的是哪一所学校，这是由多重因素决定的，也包括校长个人的因素，而上中按照现在打好的基础。按照现在的模式，在三五年里要掉下来也难。但是，能否继续引领上海基础教育的发展，这句话我不敢说，因为这里涉及的因素太多了。但是，上海中学作为一所比较好的实验性示范性学校，这一点我可以预期。

人生的感悟

问17　在您的教育旅程中您感到最骄傲和最享受的是什么？您经常说自己心态很好，您是以怎样的态度来面对工作和生活的？

我感到最享受的是看到教师的成长，看到学生的成长。至于心态，我觉得核心是荣辱不惊，如果把具体的事情看得太重，心态就好不了。做得比人家更好，我也不会激动得不得了，人家有点批评，我也不会感到难受得不得了。当然一开始不可能做到这个境界，大概 55 岁后，差不多有点这种感觉了，以前的确做不到。

问18　唐校长不能复制，是否说明天赋和才能决定成功？

改两个字就 OK 了，天赋和才能会影响成功，但不一定决定成功，即天赋和才能肯定对成功有影响，但不一定决定成功。那么，在什么情况下会成功？我认为做的事适应社会发展的方向，才有可能成功。不符合社会发展的方向，那么成功的可能性就小。天赋和才能决定一个人能否看清某一个领域的发展方向。

问 19　从教 51 年，在您的教育人生中，有什么是您觉得缺憾的？

缺憾这个问题，从我的希望角度来讲，上中目前在国内已经具有较大的影响力，但真正要成为世界公认的一流名校还有差距，原因是定位不清晰，到底是培养政界精英、商界精英还是科技精英。因为不清晰，所以我只能两头兼顾，从两头来讲，我每个方面都与世界上其他一流名校有一定距离，这就意味着我必须走第三条道路，就是要形成一种混合模式，才能出科技精英、出政商精英。混合模式应采用怎样的架构，现在还不清楚，混合模式怎样才能让我们国家的其他学校，让世界的其他学校，都认可，还有距离，另一个缺憾是，我做的基本上都是学生群体中高端的一块，其他学生群体没有太多的机会接触，也没有办过普通学校。

问 20　最后一个问题，您是如何保持旺盛的精力投入工作的？

会休息的人才会安排生活、享受生活，才有可能精力旺盛，我是讲究效率，不赞成马拉松式的。我晚上很少加班，回到家里，基本上就不考虑学校中的事。晚上 10 点—10 点 30 分就上床睡觉，早上 6 点起床，所以我有充分的休息时间，从而保证我在工作时有旺盛的精力。大家看到我旺盛的时候，其实都是我的工作时间。很多人该休息的时候不休息，从而造成工作时的精力不旺盛。

（记者陈骁、赵锋、姜新杰采写，刊于《上海教育》2013 年 6B 期，收入本书有改动。）

7.

印象唐盛昌

上海市教育局原局长袁采：唐盛昌究竟给我们带来了什么。

以唐盛昌为代表，上海有一批既有思想和见解，又有魄力和勇气的教育改革的探索者。唐盛昌，作为一个校长、一个知名人士、一个社会功臣，究竟给我们带来了什么？

唐校长在基础教育领域中作出了杰出贡献。在唐校长执着追求的领域中他的成绩在全国领先。唐校长达到了一定的高度，也有了自己的卓越成就。但是，他没有放弃追求，他在不断攀爬。邓小平提出的"面向世界、面向未来、面向现代化"，充分体现在唐校长的教育实践中，而且做得非常成功。这是所有校长必须做出的选择，就是要不断追求和创新。

今天的教育大环境与以前相比有很大差别，作为校长，在自己的学校里让正能量不断地成为主流，不断演绎并体现社会主义核心价值观的教育理念和行为模式。这是校长的职责，因为我们在缔造未来。

有人只看到高考升学率，只看到数学竞赛、奥数竞赛，只看到金牌，这是片面的。上中学生德育发展的成果才是唐校长追求的核心，他说："我培养的学生考上大学是不稀奇的，但是我希望将来可以自豪地说，上海中学每个学生有强烈的责任感、民族自豪感。"唐盛昌的思想和实践，以及他提供的值得思考和借鉴的，应成为全市所有校长、所有教育者的共同财富。

政府部门要用好这批退下来的老校长，说实在的，他们的经验很丰富。应当将他们的资源和智慧充分使用、运用好，这对上海基础教育发展是非常重要的。唐盛昌在上海中学舞台上演绎得非常精彩。我也相信，还有很多校长在他们自己的舞台上也同样演绎着精彩的舞台剧，这就是上海教育的希望。

上海市教育学会会长张民生：唐盛昌是一名始终奋斗在教育一线的教育家。

办教育最重要的是什么？是理念与实践的结合。我们的校长不缺乏理念，每个校长都可以讲一大套。但是，一个先进的理念，怎样转化为有效的、有价值的、有前途的实践？并非人人做得到。真正的改革，要有理念、有梦想，更重要的是，能把理念付诸团队的实践与行动。这才是改革的智慧、改革的真谛。

学校的队伍建设包括干部队伍、教师队伍建设。要实践，没有队伍是肯定不行的，不匹配是肯定不行的，不超前是肯定不行的。唐校长有多年培养教师的经验，上中教师在校外是低调的，但上中的师资队伍非常强，唐校长支援给市教研室三个教研员。上中的干部队伍和教师队伍是上中及与课程国际化相辅相成且取得有效成果的最重要的基础。唐校长身后有一支庞大的、强大的团队作支撑，这样才能打胜每一仗。

唐校长英语说得非常流利，他弹得一手好钢琴，每天还会听听音乐。有很多创新措施是他从别人身上学习、观察、总结出来的，还有很多是他从自己的体验中总结出来的。他不光看书，还有自己切身的、深入的思维体验，才形成了真理念。唐校长自身的文化素养和学习能力，是他达到今天这个高度的一个非常重要的基础。还有就是办事的魄力，唐校长从理念到实践的决策都做得非常好，他做的所有事，都经过非常缜密的思考，他的数学修养充分体现在这方面。

还有一点，也是我最敬佩唐校长的，他始终做校长、做教师，这很不容易。51年来，他有一段教师经历，还有一段校长经历。我跟他同龄，却没有他那么多的一线经历。我认为始终在教育第一线、不放手的才是教育家。可能我的理解是比较窄的，没有始终在教育第一线的，可以是教育专家，也可以是教育管理专家，还可以是其他各种专家，但是只有在教育第一线坚持不懈、始终如一，那才是教育家。唐校长51年始终在教育第一线，这才是真正的教育家精神。终身从教，我认为这个"教"是在学校，是在教育第一线，这是一个人最崇高的精神体现，在这个基础上再说创建、追求和创新。

上海市教委巡视员尹后庆：唐盛昌是真正的引领者、改革者、实践者。

51年，唐校长从一名数学名师成长为一位全国知名的名校长。他用教育家办学的睿智，引领上海中学走向国内基础教育的巅峰，也开启了中国教育走向世界的大门，赢得了国际同行的尊重与赞许。透过上海中学的发展轨迹，探寻唐校长的办学智慧，我们深深感到，一所学校在走向优质和卓越的征程中，它的带头人一定是高瞻远瞩的引领者，一定是创新超越的改革者，一定是锐意进取的实践者。

引领者，见事早，见识远，始终走在发展前列。20世纪90年代上海建设国际大都市的端倪已经显现，唐校长敏锐地捕捉到这个发展机遇，创办了国内第一所中学国际部，完成了在当时看来不太可能完成的任务。在唐校长的引领下，上海中学国际影响力持续提升，不仅创造了国际部在校人数达3000人的"神话"，而且毕业生素养在国际上得到了广泛的认可……今天当我们大量引进国际课程、创办国际部时，上中国际部已经走过了20年，没有昨天的远见卓识，恐怕就没有今天的步步领先。

改革者，创新突破，拒绝陈规，总能找到发展空间。有智慧的改革者，不会一味地抱怨高考束缚太紧、政府管得太紧、没有自主发展空间，而是积极地找准切入点，谋求创新突破，为学校赢得发展空间。以课程改革为例，上海中学通过多年的努力，构建了适合学生发展需要的课程图谱，包括德育、学习领域、优势潜能开发三个分图谱。上海中学的课程图谱在国内高中系统中首屈一指，如果唐校长只是抱怨被管得太多、只是盯着考试升学科目、只想着加班加点，恐怕他是找不到改革空间的。

实践者，脚踏实地，锐意进取，必然让发展理念落地生根。校长是连接教育政策、教育理念和教育实践的中枢，如果我们缺少实践智慧，理念再前瞻，口号再响亮，也无法推动实践的变革。今天，在"聚焦志趣、乐育菁英"理念的引领下，上中改革学校的课程结构、改革教学模式、拓展培养空间和资源、为学生个别化学习创设条件……通过多种途径，让理念不断生根发芽。毫无疑问，上海中学的创新人才培养在唐校长的带领下，再次走在了前列，站上了制高点。

华东师范大学课程与教学研究所副所长赵中建：创新意识和国际视野是校长的基本素养。

从一定意义上说，唐盛昌校长的个人专业素养具有独特性，并非每一位校长都能习得或具有。但是，我认为，唐校长的如下两个长处则是我们每一位校长，尤其是年轻校长都必须拥有的基本素养。

一是创新意识。创新或许是我们当前使用频率最高的词语。创新首先是一种精神，一种意识，意味着"进取"和"冒险"。温家宝总理2007年在上海考察工作时指出，一个城市、一所学校、一个企业，不在于搞多大，有多么气派，而在于创新精神和创新能力，这是最根本、最长远的。在唐校长24年领导上中办学过程中，唯一不变的就是"进取"和"冒险"。例如，在信息技术和信息素养还较少有人谈及时，唐校长已经使用了"数字化"这一概念，并使上中在全市中学中率先引入无线网、物联网、桌面云系统，建成基于同一数据平台的信息化校园管理系统。美国教育部在一份报告中说创新是美国的 DNA，一种与生俱来的、领先于时代的对自由的渴望。我说，"创新"同样是唐校长身上的 DNA，"进取"和"冒险"已经成为上海中学的一个基本特质。

二是国际视野。"全球化时代""平坦化世界"是我们今天切切实实感受到的。教育改革或学校改革的出发点和落脚点应该是本土的，但其视野必须是全球的、国际的。唐校长提出要把握当前国际教育发展趋势中的四个理念：一是以学生发展为本，注重学生个性、潜能的开发；二是在高中阶段关注学生在选择学习基础上形成未来发展的一定指向性意向（如专业倾向、人生规划等）；三是明确学生发展是有明显差异的，既注重对全体学生创新素养与实践能力的培育，也注重采用加速式与丰富式等方式，推进不同领域的创新人才早期培育；四是关注学生社会活动与社会能力的培育，引导学生关注社会、关注实践。上中的资优生教育和学生创新素养早期培育的实验与唐校长的认识是一致的。

上海市教委基础教育处处长倪闽景：令人信服的十个"突破"。

作为一名公认的卓越的校长，唐校长为基础教育阶段的校长树立了一个标杆，不是上中的高考成绩足够好，而是他为上海基础教育做出的10项创造性工作和突破。

第一，率先开展上海市示范性高中建设，引领本市高中建设内涵发展的方向。

第二，率先进入国际课程领域创建国际部，并获得国际文凭组织和学术性组织席位。

第三，率先系统实现高中课程图谱的思想，形成高中课程多样化范式。

第四，率先建设数字化校园，为上中转型为世界名校奠定了基础。

第五，率先开展创新拔尖人才试验，并提出与志趣能相匹配的新理念。

第六，率先在郊区开办分校——上中东校，成为第一批优质教育资源向郊区辐射的两所学校之一。

第七，率先创办上中系优质民办学校群，华育、上宝、张江、星河湾双语学校，且校校都是优质学校。

第八，率先成立基础教育国际课程比较研究所，系统研究国际课程的内涵。

第九，率先准备在国外创办中国的第一所名校，卡塔尔上中名校（注：后由于考量公办学校出国办学校的风险而搁浅，但准备过程意义非凡）。

第十，我认为这也非常重要，率先突破基础教育校长的任职年限，为我们今后优秀校长长远发挥他们的作用拓宽想象空间。

当一个校长的名字和一个学校的名字完全融合在一起，这个校长就是一位教育家。唐校长在学术、领导艺术、数学教学、英语水平、艺术素养和对信息化的敏感方面，都达到了相当高度。也许将来我们的校长很难有唐校长这样全面的素养，但是唐校长作为校长的核心素养，我们是可以学的。这些核心素养包括学习、坚守和对教育的情感。

唐校长自身就非常好地体现了作为校长志趣能相匹配的理念。他的每一项改革行动中凝聚着前瞻性和执行力，将给我们更多的校长以启发和激励。

上海市教委教研室主任徐淀芳：唐盛昌先生是课程改革中的卓越贡献者。

唐校长来到上海中学，在课程改革进程中所作的贡献主要有两项。

第一项是创设国际部。我很佩服唐校长，他自主办学、自主管理，这是一条非常重要的经验。自主是一种勇气，有了它，才能实现把课程与教学、评价、管理、教师发展紧密地结合在一起，才有可能结合国际课程的优势、经验为国内课程的开设进行探索。正是这样20年的坚持，上中国际部才能从几十个学生发展到3000多个学生的规模，才能从上中校园走向浦东新区，现在又计划走出国门到卡塔尔建立分校，我想这些成就取得的前提就是自主。

第二项是唐校长倡导的课程图谱。我也一直在思考上海的课程改革，在此之前，对图谱这个概念，我想到的是一个物质有一个特定的图谱，图谱跟其所代表的物质建立关联。现在上中的课程改革实践采用课程期望图谱形式，从三个层面：德育、学习领域、学生自主发展和个性发展，建立一种图谱，至少从研究角度为我们提供了借鉴，就是课程跟学生最终的状态是一个什么样的关系。我们都知道课程是一个重要的载体，学生的发展跟课程紧密相关。而相关到什么程度，是一个什么样的关系，这需要进行大数据研究。大数据研究的前期有一个方法，课程图谱就提供了这样一种方法。我们正在修订课程标准，其实就是非常明确地制订各学科课程标准、目标和内容要求。我们可以借鉴课程图谱的方法，去设计每一个课程和每一个学科的目标图，然后把这些目标图按照学习领域聚焦，最后看课程学习和学生最终达到的状态之间是一种什么样的关系。

徐汇区教育局局长庄小凤：唐盛昌先生具有一流的现代眼光和前瞻意识。

唐校长的管理思想和领导模式，对我个人工作影响最深的有三点：

第一，前瞻性的管理理念和独特的管理模式。唐校长的现代学校管理理念和管理风格融入他丰富的人生智慧和深刻的情感关怀，无处不在地体现了逻辑严密、严谨规范的数学学科背景。唐校长不仅是有远见卓识的领导和管理者，还是有人格魅力的师长。记得他积极推动人事制度和分配制度改革，"园丁业绩奖励""星级职工评比"等不仅提高了广大教职员工的收入水平，调动了他们的工作热情，还为他们持续的专业发展找到了突破口。他不遗余力地进行课程改革，注重资优生德育教育、高选择性课程图谱、CPS 等都是首屈一指的。

第二，现代眼光的国际意识和对国际教育的不懈追求。他自学英语并能流利地与外国友人交流，还应邀去哈佛肯尼迪学院作讲座；早在 20 世纪 90 年代，他就创办了上海第一所由中国人自主管理的外国人或境外人士子女学校；他亲自到 IB 总部，虚心学习国际教育的标准规则，把握国际教育理念和实践的精髓。在办国际部时，他追求的不仅是国际影响与声誉，更重要的是借鉴国际教育的先进理念来改造中国的基础教育。

第三，关于信息化数字校园建设的远见。早在 2004 年，别人还没有意识到 ICT（信息与通信技术）校园革命的时候，上海中学在唐校长的带领下就已经发展到非常成熟的阶段。那时候，唐校长已经开始积极探索 ICT 有效运用于教学及对 ICT 人员培养等方面的研究。2012 年，他应中央电教馆邀请，做了关于"数字校园引发教学重构"的主题演讲，在全国引起了轰动。在这个演讲中，他以上中的实践为基础，围绕信息环境、数字空间与教学重构三个数字校园的核心要素，探讨了信息化教育对学校课程的重构、教学内容的重构、学习方式重构、教学手段重构、评价方式重构的重大影响。

唐校长有这样的现代视野、前瞻意识且不断超越，才有了上海中学今天的高度。

上海交通大学附属中学校长徐向东：唐盛昌先生是积极寻找创新突破口的改革家。

我是上海市普教系统唐盛昌名校长基地"高级研修班"的一名校长学员。我不止一次地问自己："我们要从唐校长身上学习什么？学到了什么？"现在我有了一个自己还算满意的答案——前瞻性的眼光、改革的勇气、做事的执着、扎根实践的创新与迎难而上的追求。

在这里，我结合自己体会举几个事例来说明：一是资优生德育探索。他认为，如果这批资优学生为"谁"服务的问题不解决，不能立志高远，将来何以成大器。在唐校长基地学习时，我就了解到他带领团队在资优生德育上敢于探索，形成了许多资优生德育必修课，如 CPS（创造、实践、服务）、双 I（自我认识智能与人际智能），后来还有 LO（领导与组织）课程。

二是示范性高中的学校课程体系化建设。众所周知，上海中学是实验性示范性高中系统中的"老大哥"，这个"老大哥"在实验性示范性高中建设中做了许多有益的事，其中令人印象最深的是上海中学的学校课程体系化建设。从开始时的 30 多门选修课，到后来的 120 多门，再到现在建构的"课程图谱"中能提供 7 个学科领域、14 个学科范畴的 500 多个科目与模块供学生选学，而且力求做到与教材配套、与实验室配套。如今，这样的"课程图谱"已经成为大家普遍研讨与认可的实践名词与参照体系。

还有一个是"上海市高中生创新素养培育实验项目"。为什么当时先选"上中"作试点，我也知道其中的一些原委：首先，唐校长早在 2002 年就一直呼吁有关创新人才早期培育的理念，还提出了基础教育要为我国自主创新体系奠基的想法；其次，唐校长在上述领域中有基于实践的理性思考，包括创新人才是分领域的，注重学生基于个性化知识构成上的创新思维与人格的提升等。

我从唐校长身上学到的，远不止一些实践上的做法，更重要的是他扎根于教育实践，根据自身所面临的教育对象特点与学校实情，及时把握上海乃至全国教育改革提供的机遇，寻找改革突破口与成长点的勇气及精神。

上海中学校长冯志刚：唐盛昌先生是无法超越的上中人。

唐校长是上中的标志性人物，对我们而言，他可能也是一个无法超越的上中人，永远是我们学习的榜样。我想用"先生"来称呼唐盛昌校长，因为唐校长是我的师傅，我觉得用"先生"来称呼，显得更亲切。先生的心中一直有一个梦想，那就是将上海中学办成世界一流的中国名校。为此，他所做的思考、形成的思想、带领我们所做的每一个重大实践都是开创性的，且有划时代意义。

先生认为资优生德育工作是重中之重，它关系到我们培育的优秀人才为"谁"服务的导向问题。先生带领大家花了近十年的时间，构建了上海中学的课程图谱。

早在 2002 年，先生就提出：基础教育应为构建自主创新体系奠基，应以创新人才的培育来促进基础教育的改革，并认为实验性示范性高中在探索创新人才早期培育新路上应承担切实责任。进而提出"聚焦志趣、激化潜能"的教育理念，找到了拔尖创新人才早期培育的切入口：将"志趣能合一"的目标作为上海中学教育改革的方向与新的引擎。

作为上中国际部的创始人，先生认为中国也应构建世界一流的中学，既要注重汲取世界教育精华，又要彰显中国的办学特色，要有海纳百川的气度，更重要的是形成自身特色，这样才能在国际教育中拥有话语权与竞争力。

建设数字化校园是先生将上中打造为国际一流名校的配套性思考，是学校教育真正国际化、现代化的一项基础性工作，从十多年前，先生就带领全校教职工在教育信息化方面迈开了坚实的步伐。

先生认为学校领导与管理应以促进教师基于学校文化的专业提升与能量激发为重要指标。校长应成为先进教育思想的践行者，校长的践行力离不开自身的文化自觉与文化修养，离不开对学校特性的正确把握，为此，校长要一头扎入学校的教育实践，在实践的探究中成长。

先生在 51 年的教育生涯中不止在上海中学作出过贡献，在上海中学作出的贡献也不止是上面的五个方面，在上中的工作是先生一辈子最大的成功，他留下了不会磨灭的痕迹。现在，先生退休了，给我们这些继任的上中人留下了大量的精神财富和物质财富，唯有恪尽职守、锐意创新才能对得起社会、对得起上海人民、对得起上海中学这个打上先生烙印的响亮名称。

徐汇区教师进修学院附属实验中学校长李文萱：唐盛昌先生是中国基础教育的领跑者。

在上中挂职培训的几个月里，我们通过与导师对话、听课、参与各种活动和会议、与师生深度访谈等形式，考察了解了上中办学的各个方面，上中实践探索的高度与深度、前瞻性、先进性、系统性给我的冲击不小，使我深刻体会到唐校长办学的高度、前瞻和睿智，看到了一个有着高度文化自觉和文化修养的教育家型校长对教育规律与人的成长规律的执着探索，准确把握和灵活应用及对教育价值追求的精神境界，对办卓越教育、卓越学校孜孜不懈的追求。我开始思考名校的内涵是什么？怎样的名校才是名副其实的？不为高考反而能赢得高考，四个月的浸润培训给我的办学实践带来极大的启迪，让我更多地思考怎样为每一个学生提供适合个性发展的教育，对教育价值追求有更多拷问，增强了遵循教育规律办学的自觉性和攻坚克难的勇气。

教育家不仅是教育思想的激活者，更是教育思想的践行者，唐校长就是这样的典范，上中的高度和卓越是做出来的，不是说出来、写出来的。因此，他也要求我们在教育管理中要基于实践，在实际问题的解决中提升自己，他经常告诫我们：名校长是在"扎根于学校教育实践，在实践问题的探究中成长的"。这些话一直鞭策激励着我，让我不能懈怠，并坚守至今。

一个国家、一个民族没有大众教育是不会有希望的；没有精英教育也是不会强大的。唐校长以他的高度、前瞻、睿智、卓越的教育思维和教育实践领跑上海乃至中国的基础教育。

民办张江集团学校校长金慕华：复制上中的行为准则。

1999 年，唐校长创办了沪上第一所民办初中——华育中学，后又分别在 2002 年、2006 年创办上宝中学和张江集团学校，这三所民办初中在唐校长的引领下，继承上海中学先进的办学模式。其中，华育中学更是一枝独秀，十多年来不但中考成绩稳居上海第一，同时在各学科竞赛中，综合排名也位居全市前列，赢得了学生、家长和社会的高度认可。

为什么唐校长办一所学校就成功一所呢？我想其中最重要的是行为准则的复制。上海中学，在唐校长的引领下，早已确立了一套人人遵循的优良准则，作为基地学校，是在新的土壤中不折不扣地沿袭这套准则。

准则一，领导必须身先士卒。唐校长带领的团队中的每一位成员都知道，骨干，不但要有能力，更要有好的德行，要"吃苦在前，享受在后"，只有这样，才能带出一支高度敬业的队伍。

准则二，个人利益与学校利益发生冲突时，首选学校利益。这样的例子在华育、上宝、张江集团比比皆是。

准则三，今日事，今日毕。在上中和所有的初中基地，除了语文外，其余学科都有一条"铁打的纪律"，即当天无论多晚的测验，第二天学生一定能在课堂上见到分数，这就是效率和敬业的体现。

准则四，做错事，不找借口。学校出现问题，校长总是第一责任人，但直接责任人也绝不会因此而消失。所以，我们的时间和精力永远都放在如何改进上，而不是推诿责任上！

准则五，没有最好，只有更好。当学校获得首次第一时，我们不忘唐校长的提醒："至少三次连续第一，才算站稳脚跟。"勉强站稳脚跟，也不忘校长的发问："我们的教育，是否使每个学生得到了长足而全面的发展？是否为他们的一生奠定了坚实的基础？"

这五条行为准则，不仅满载着上中的文化精神，同时也赋予每一所基地学校无限的生命力，感染着身在其中的教师和学生。

上海市教科院普教所研究员朱怡华：唐盛昌先生是通往国际化教育殿堂的引路人。

上海中学国际部的建立与发展，无论在教育界、经济界、管理界和国际交流领域都可以成为一个很有价值的研究范本。

首先，上中国际部的建立是因需而办的，这里的"因需"，既有满足外籍人士或境外人士子女接受优质教育的需要，更有上中自身跨越式发展的需要，有中国基础教育走向国际的需要。虽然中国的基础教育有着优良的传统与文化优势，但长期以来的"关门办学"不仅使我们自己四顾茫然，也使世界对中国教育、文化知之甚少，进而产生偏见。上中国际部的建立恰如开启了一扇通向国际教育界的窗口，通过这扇窗，既可以让我们对国际的主流教育思想、课程设置、教材结构、教学方式进行深入研修，找到中西教育、文化的结合点，为中国教育带来改革性启示，提高中国课程建设的现代化水平，同时也可以通过众多在上中国际部就读的学生，让更多的国际人士了解中国教育、中国社会和中国文化。上中国际部的成功已证明了这一点。

其次，上中国际部的成功还取决于他们采取了既符合国际教育主流要求，又体现中国特色，在国际性与民族性结合上富有创意的办学理念与策略——"博采人类先进教育的精华，汲取世界各国文化的精髓，传授当代科学技术的成就，培养21世纪国际性英才与传播中国文化的友好使者"，从而形成中英文两大系列同步的课程体系。此外，在数学、化学、计算机、生物学、中文等学科的教学优势，再加上对每一个学生的关爱与促进学生学业、语言、行为修养取得进步的效果优势，才使上中真正赢得了国际教育的声誉。

最后，今天的上中无疑是成功的，但不要忘记其成功背后的艰难历程，没有超越自身利益的思想高度与前瞻境界，是不可能走到今天这个高度的。唐校长不仅通过他的办学实践把上中带到了国际教育的殿堂，彰显了中国特色国际教育的独特魅力，也充分向我们展示了一个教育改革家的卓越风范。

（本文摘自"唐盛昌校长从教51周年教育思想与实践研讨会"上的发言，刊于《上海教育》2013年06B期，收入本书有改动。）

8.

唐盛昌：高度的力量

在唐盛昌校长身边工作已经 12 年了。2002 年，我来到上海中学时，60 岁的唐校长已经在这里担任校长 13 年。面试之前，我就知道不仅学校位居上海"四大名校"之首，而且有一个个头高大（身高 1.84 米）、非常"厉害"的校长。

还记得那次面试后，我们这些应聘者聚在一起猜测唐校长"到底学什么专业"的情景。一位应聘英语教学岗位的老师说："唐校长肯定是学英语专业的，他和我对话时，操一口流利、纯正的美式英语。"一位应聘音乐教学岗位的老师说："我本来认为自己钢琴弹得不错，而且我是学钢琴专业的，可唐校长听我弹完贝多芬交响曲后，指出了几个我弹错的地方，还弹了一段给我听，我当时就蒙了，唐校长该不会是学艺术专业的吧。"一位应聘物理教学岗位的老师说："唐校长问了我几个关于激光、光纤方面的物理教学问题，我感觉他好像是物理专业的行家。"

其实，唐校长学的是数学专业，但是他能说一口流利的英语，弹得一手好钢琴，不仅理科功底扎实，而且人文素养也颇为深厚。与他接触多了，你就会惊叹他的知识渊博。谈教育教学问题，他的见解独到就不用说了，聊足球、网球，乃至其他体育话题，他也可以说是准专业。很多老师都喜欢与他交谈。由于唐校长比较忙，所以我们与他交流，更多的是在食堂一起吃饭的时候。别看他作报告或布置工作时一脸严肃，一丝不苟，但是和大家聊起天来，总是谈笑风生，天南地北无所不谈，有时谈社会热点，有时谈经济与股票行情，有时谈网球天王费德勒，有时还聊武侠、"出老千"等话题……他经常说："我们搞教育的，一定不要把自己的视野拘泥于教育这一个圈子里，要跳出教育看教育，才能发现更多精彩的发展空间。"因此，唐校长总喜欢从图书馆抱回一大堆书翻阅，而且大多数是教育领域以外的书。

2003年，唐校长作为上海市首届"教育功臣"，成为"当代中国教育家"丛书的首批作者。在参与唐校长《终生的准备与超越》一书的材料收集过程中，我似乎明白了"天将降大任于是人也，必先苦其心志"的真谛。

1958年，从上海市延安中学毕业的唐盛昌最大的梦想是成为原子核物理学家，但他想报考中国科技大学的想法被来自家庭（因出身知识分子家庭而影响报考大学）和身体的原因"掐灭"了。命运在第一志愿的同济大学和最末志愿的上海师范大学之间选择了后者，16岁的唐盛昌陷入了痛苦和迷茫：一个原本立志要去研制原子弹的科学家，难道只能手握粉笔做一辈子"孩子王"？他开始用消极的态度来回应无法改变的事实，甚至选择坐在教室的最后一排来躲避同学的目光。

然而，很快唐盛昌就开始思考：我怎么能让自己的人生成为一道无解的方程？他埋首于卷帙浩繁的书籍中去寻找答案。课堂、图书馆、宿舍，成了他苦读的场所，历史书籍、哲学经典、文学名著，成了他解惑的钥匙。他在书里找到了答案——每个人都有独一无二的价值，关键在于心中的格局决定了人生的图景。大学四年中走出低谷后的豁然，让唐盛昌完成了人生重要的积累和磨砺。这是他人生起点上第一次战胜自我。

16岁至20岁的大学四年，锻造了唐盛昌校长内心的"大格局"，他懂得：一个人要作茧自缚实在是一件非常容易的事，真正困难的是在困惑后能破茧成蝶。他内心的"大格局"也是最初的这些"课程"锻造的，罗素的《西方哲学史》、冯友兰的《中国哲学之精神》、马克思恩格斯全集，以及《二十四史》《资治通鉴》等，让一个青年开始思考个人在社会、历史中的责任。这些成为他日后率先推进学校课程图谱（为学生的志趣与潜能开发提供高选择性课程）构建、关注科技与人文素养整合的重要基础。

唐校长让许多中外专家刮目相看，与他在国际舞台上流畅的英语表达有很大关系。他走访了 60 多个国家与地区，出国访问和作学术报告从不带翻译。1994 年 10 月，在联合国教科文组织在意大利召开的题为"21 世纪几何教学展望"的国际数学研讨会上，唐校长用英语作了有关数学发展的专题发言；2008 年、2010 年，唐校长先后被哈佛大学教育学院、肯尼迪学院邀请到美国作学术报告，一个是关于数学教育的，另一个是从教育文化视野分析 PISA 上海领先的价值与启迪。1995 年，唐校长出访美国圣·安德鲁学校时，有外国朋友问他："唐校长，你一定到我们国家留过学吧？"唐校长笑着回答："没有，我就在中国本土读的大学。""那你是不是有什么亲属在美国？或者是在其他英语国家？"另一个美国人问道。当了解到唐校长完全是在中国本土自学英语时，众人都惊讶不已。很多人疑惑，在那个全民俄语时代，唐校长为什么会有如此高的英语水平？说起来，唐校长学英语的经历充满了传奇色彩。

在 20 世纪 60 年代，一个中学教师为什么要学英语？唐校长的回答竟是"直觉"，他说到今天都说不清楚原因，只是那一瞬间对局势的大致分析。那时候，我国和苏联的关系非常紧张，很多支援中国的苏联专家都回国了。对这一事件的认真研判，让唐校长感觉在不久的将来，英语一定会变得非常重要。于是，他从 1963 年寒假起，走上了长达五年的自学英语之路。其间，"文化大革命"开始了，看着别人如火如荼地搞运动，他问自己："我该做什么？"大学时代读的那些历史书再次启迪了他，唐盛昌冷静地思考当时中国的社会状况。他判断等到一切恢复正常后，国家最缺乏和最需要的一定是知识。于是，在学校停课的那段时间里，他克服了种种无师的困境，找到了自通的钥匙。他从一个存放"收缴"来的书的仓库里找到了许多原版英文录音资料，便每天反复地听、反复地读，有计划地学习，就这样，他练就了一个日后对上海中学及中国人自主开办国际教育具有创新意义的本领。

如果唐校长不能熟练地运用英语，就不能与国际友人进行教育对话与交流，那么或许他就抓不住上海浦东开发带来的发展国际教育的机遇。1993年，上海中学在中国基础教育公办学校领域第一个开办了为外国人和境外人士子女提供基础教育的国际部，成为公办学校抢滩国际教育的第一个"吃螃蟹者"。国际部从最初开办时只有18名学生，发展到2013年，已经有来自60多个国家与地区的3000多名学生在读，学生的IB（国际文凭课程）全科平均分达到了42分（满分45分），开设IB科目23门，单科满分率超过40%；开设了17门AP课程（美国大学先修课程），学生的平均分超过4.56分（满分5分），位于世界领先水平。上海中学国际部成为国内唯一一个能在校内考IB、AP、TOEFL、GRE、SAT、PSAT的学校，成为公办学校实施国际课程公认的"老大哥"，成为中国教育对外交流的窗口，拓宽了中国国际教育对话的空间，唐校长也成为全国唯一一位曾在国际文凭组织校长委员会、国际文凭组织亚太地区校长委员会与教育专家咨询委员会中有过委员席位的中国人。

他还有意识地将国际课程与国际教育中好的元素渗透到上海中学本部的教育教学中，如课程的高选择性、双语教学、数字技术与专门课程的整合等，无论是从财力还是从智力上，都直接推进了上海中学本部教育教学质量的持续领先。如今，学校的高中课程图谱能提供500多门课程供学生选择；在拔尖创新人才早期培育方面，除了首创科技班、工程班外，还提供了多个创新实验组供学生选学；数字化校园"有线网""无线网""MP网"合一及30多个现代化数字实验室、桌面云系统……这些都处于上海乃至全国的领先水平。

唐校长在上海中学推进的许多改革都经历过十年以上的努力，甚至更长时间，其中还经历了许多坎坷，甚至遭受了诸多质疑。例如，学校刚开始办国际部时，被有些人说成是"卖国"，如今已经培养了上万名具有中国情结的国际友人，他们中的许多人毕业后都从事与中国的外交、经济、贸易有关的工作，传递着来自中国教育的正能量。2003年，学校刚建现代数字化实验室时，有人质问："花这么多钱（注：这些费用是学校自筹的资金）建实验室，能产生效益吗？"唐校长的回答是："为培育学生花再多的钱也不为过，如果这些实验室能在学生身上播下创新的种子，那么他们以后走入社会，创造的价值是不能用钱来衡量的。"如今，数字化创新实验室已经在上海及其他地区得到广泛认可与推广。

唐校长的性格是"越挫越勇，只要认定方向是对的，就克服困难坚持不懈"。他的坚忍，也与他青年时期与病魔作斗争的经历有关。

许多人看到唐校长，除了觉得"高大"外，还有一个感觉是他的"腰"挺得特别直，这与他从青年时期就开始有的腰椎间盘突出症有关。唐盛昌在大学毕业后被分配到晋元中学任教，在事业顺利进展的第九个年头患了腰椎间盘突出症，整个脊椎成了可怕的S形，整个腰弯曲下来，直不起来。按照当时的医疗水平，唐盛昌直接面临着手术后变成残疾的可能性。然而，他拒绝了做手术，坚定了"绝不能残疾，我必须战胜它"的信念，选择了保守疗法。在一年多500多个痛苦的日日夜夜，唐盛昌一次次从希望跌入绝望，又一次次在绝望中发现希望，意志在冰火锻打中变得强大起来。最终，他在巧遇的一位"高人"治疗下绝处逢生，通过推拿，不仅腰直起来了，而且他的腰椎间盘突出往里长，从此腰挺得更直了。他创造了生命的奇迹。

唐校长在《终生的准备与超越》一书中，还写了这样一句有意义的话："在我与病魔作斗争的过程中，走来了一位生命中最重要的与我共渡难关的人。"这个人就是唐校长的爱人——蔡老师。而立之年的那场磨难锻造了唐校长的意志，让他深切地体会到：一旦拥有了顽强的意志，就没有战胜不了的困难。

每一个老上中人都知道，1989年，唐盛昌到上海中学任校长时，当时的上海中学被称为"破落地主"，正处于发展的低谷，老师的年终奖是"两瓶酱菜"，学校教学质量在上海市重点中学中处于20名开外，在徐汇区也排不上号。唐校长曾不止一次地谈到他刚到上海中学时学校艰难发展的情形。

1989 年 1 月，唐盛昌从曹杨二中校长调任上海中学校长。记得刚迈入上中大门时，眼前的上中让他吃了一惊！龙门楼由于年久失修而破败不堪，外墙上的涂料已经开始剥落；偌大的校园里杂草丛生，野猫老鼠随意出没，几乎没有一条像样的道路；家属区和教学区连在一起，在通往操场的路两边几乎都是教师自家的菜地；操场的地势较低，陪同的老师告诉他，一遇到雨天，附近河里的水就会灌进来，甚至在操场上还会发现死鱼。当天下午，他便紧急召开中层干部会议。在会上，唐校长郑重地陈述了他的"三字"用人原则——诚、信、断，即"疑人不用，用人不疑"和敢于决断。如果是他决策上的错误，他个人承担所有责任，引咎辞职；他希望所有中层干部也能承担起自己的责任，和他一起努力，振兴上中。听着唐校长的讲话，不少人用怀疑的眼神打量着他。

第二天，在教师座谈会上，唐校长又一次领教了上中教师的厉害。座谈会很冷清，很多人看唐校长的目光都是怪怪的，见大家不开口发表意见，唐校长说："既然大家都不肯说，那还是我先说吧。的确，我不是老上中，我是从外面调进来的，但我知道要想办好上中，一定要紧紧依靠上中人。"唐校长的话音还没落，一位老师就"更正"说："我们上中是百年名校，一直都办得不错，所以无所谓'要想办好'。至于你能在这里干多久，我们拭目以待。"会议室中的气氛异常紧张，每个人都注视着唐校长的反应。唐校长微微笑了一下，依然用很平和的语调说："你真的这么想吗？在座的所有老师都认为上中一直很好吗？"唐校长提高了声音问，没有人回答，有些人低下了头，"的确，上中有过一段时间的辉煌，我们很清楚；但上中现在怎么样，我们也很清楚。即使现在上中发展还行，难道不需要进一步发展吗？上中现在面临很多问题，这是事实。回避现实，对学校发展来说，没有好处，关键是要剖析问题。至于我能在这里做多久，取决于我的作为，有为才有位嘛！"仍旧没有人出声，唐校长停了一下，继续说："如果大家不赞同我的观点，那就如刚才那位老师说的，我们拭目以待吧！"

为了使上海中学快速走出低谷，通过数次摸情况、访教师，唐校长敏锐地认识到，在众多矛盾中，有三个主要矛盾亟待解决：一是凝聚人心，必须抓好分配制度改革，合理拉开奖金差距，而分配制度改革的成功需要学校靠自身的力量筹集资金；二是全方位深化学校内部管理改革，形成学校良性发展的运作机制，三是抓好教学改革，提高教学质量。到 20 世纪 90 年代中期，上海中学就迅速回升到上海市领先水平。之后，学校持续保持领先地位，并成为上海市率先通过实验性示范性高中验收的学校。

如果说 2003 年之前，唐校长引领的上海中学的领先水平，主要体现在高考、课程建设、师资队伍建设及国际教育发展方面。那么，2003 年后的十年，则是上海中学在高中生创新素养培育和国际教育从大到强的十年。

2007 年，上海市教委要在科技类创新人才早期培育等方面率先开展实验探索，基于唐校长在创新人才培养方面的突出建树和上海中学学生的良好基础，上海中学被确定为首先开展实验的学校。从 2007 年底至 2008 年 5 月，我陪同唐校长出席"科技创新班实验方案论证会"，往返于上海交通大学、复旦大学等高校，听取专家和教授的意见。我深切地感受到，作为一个已有 65 岁的教育人，唐校长仍然保持着对教育改革的无限挚爱。他经常说："学校集聚了一批优秀学生，能为他们的成长创设良好的、多样的环境，是我最大的心愿。"

2008 年 9 月，上海中学首届科技实验班正式开班，开设了物理、化学、工程、生命科学、计算机科学等课程。之后，节能汽车、金融、法学、微电影、主持与演讲等创新实验组先后开班。2012 年，首届工程实验班开班，开设工程、环境、能源、海洋等课程。唐校长先后与 17 所大学、科研院所取得了联系，与他们建立了以专门课程开发、实验室建设、课题与项目指导为载体的实质性合作，积累了大量的数据和改革成果。

多年来，唐校长探索了一条以"聚焦志趣，激发潜能"为突破口的创新人才早期培育新路，提炼了许多独到的观点。比如，学生的发展存在明显的飞跃期，把握资优生成长的飞跃期至关重要，合适群体的激发策略是必要的，资优生可能存在单核（在一个学科领域中有优异的潜能）、双核和多核知识构成，个性化知识构成对他们未来的专业取向与人生发展会产生重要影响，志向的追求与意志品质的坚韧性直接影响资优生潜能开发的高度；资优生志与趣的结合，兴趣与优势潜能的匹配是其可持续发展的强大内在动力源；促进数字技术与学生感兴趣领域专业知识学习的整合，可以增强学生创新的可能性。

唐校长不仅把上海中学带到了历史的最高峰，而且其创设的许多改革举措发挥着巨大的辐射力量。有人说，他是当今杏坛的"富翁"，教育头衔没有 200 字无法涵盖。有人说，他将育人与办学做到了极致，和上海中学彼此成就。

2013 年 3 月，71 岁高龄的唐校长主动卸下校长的重担，此时他已经在上海中学校长岗位上履职 24 年有余。2013 年 5 月 29 日，上海市中小学幼儿教师奖励基金会、上海市教育学会联合上海中学，共同举办了"高度·前瞻·卓越——唐盛昌校长从教 51 周年教育思想与实践研讨会"，《上海教育》开辟专栏进行长篇报道，评价其开创了上海教育的"唐时代"。如今，唐校长担任上海市教委批准成立的上海市基础教育国际课程比较研究所所长，并继续担任国家基础教育课程教材专家咨询委员会委员、国家教育考试指导委员会专家组成员、教育部外国人子女学校认证专家等职，为上海乃至中国的基础教育改革出谋划策。

（刘茂祥采写，刊于《中小学管理》2014 年第 4 期，收入本书有改动。）

9.

唐盛昌：做具有时代眼光的校长

上海市基础教育国际课程比较研究所所长、上海中学原校长唐盛昌应英国教育大臣迈克尔·戈夫之邀，曾在伦敦参加英国首届教育改革高端峰会，并作主题发言。唐盛昌此行还受邀考察当地学校，让中国的中学校长去"把脉"英国基础教育实属罕见。

英国教育代表团来沪取经

据悉，英国教育代表团的上海"取经"之旅与该国即将推行的教育改革不无关系。根据英国教育部提供的数据，世界经济论坛曾在2013年对148个国家和地区开展的数学和科学教育质量竞争力排名中，英国仅名列第50位。全英卓越数学教学中心主管查理·斯特普直言，孩子们不愿意学数学，是英国当前在数学教育中碰到的最大难题。2012年上海学生参加PISA测试，数学再夺世界冠军，更是引来各国关注。为此，英国教育和儿童事务部副部长莉兹·特鲁斯女士率领英国教育代表团专程来沪"取经"，探访福山外国语小学、建平中学西校、上海中学，了解上海基础教育均衡发展，尤其是学生数学成绩出众的原因。

当时，上海中学原校长唐盛昌与英国教育代表团就"PISA2012上海领先与上海中学数学有潜质学生培育"这一话题进行了交流。

唐盛昌是唯一中学校长

英国教育和儿童事务部副部长莉兹·特鲁斯在沪交流时就曾透露,英国将推出新的国家课程及一系列具体改革措施,包括从五岁开始引入计算课程,在大学建立研究机构辅助中学教学,在英国全国范围内建立 30 个数学、物理中心等。

英国教育大臣迈克尔·戈夫即向唐盛昌发来正式邀请函,邀请他参加英国首届教育改革高端峰会并作主题发言。针对英国的教育改革,唐盛昌说,教育改革是一个很大的话题,如中国从课程标准到教材、教学方法、测评等相当统一,但也无法满足不同地区学生发展的需要,所以教育多元化、学生的个性发展,成为中国教育改革的趋势。西方国家则正好相反。所以其目标也是平衡多元化与统一标准,两者走过的途径不一样,但目标是相同的。在大会上发言的嘉宾中,唐盛昌是唯一一名中学校长。

记者: 在您看来,上海在基础教育方面的哪些经验是值得向英国推荐的?

唐盛昌: 我认为有两条经验值得其他国家借鉴。首先是上海在基础教育方面要达成目标的途径很清晰,具体要完成的任务在市、区、学校等各层面都非常明确,由组织机构和具体人员来保障各级任务的完成,同时还有比较完备的评估体系。如果一个任务进展不顺利,接下去应该怎么做,不断进行调整和完善,这其实是目标、人员、机制三者的完备结合,这是很不容易的。其次是整个支撑系统非常有力,所谓的教育发展,不是定了目标就万事大吉,每个发展阶段都有各自的重点,要全部做到是不容易的,也是外界难以模仿和超越的。

记者: 在全球范围内,您觉得上海在基础教育方面处于什么水平,在哪些地方还需要努力。

唐盛昌: 一方面,在基础教育公平、均衡发展等方面,上海取得了非常显著的成绩,在一体化共性方面非常出色;另一方面,上海或者说中国在培养学生的创造精神、创新能力和探究能力、发展个性等方面还存在不足。尤其是培养高端学生方面，我觉得差距很大。

记者： 您对"高端学生"的定义是什么？

唐盛昌： 不是传统意义上的成绩好才算"高端"，而是富有创造精神、具有巨大的潜能、可以真正适应 21 世纪挑战的人才。

记者： 您认为中国在建设世界知名中学的道路上，还需要在哪些方面进行努力？

唐盛昌： 关键是要办出个性与特色。以上海中学为例，它提供了 IB、AP 等种类的顶尖国际课程，且 IB 成绩这几年都是全世界前几名，上中学生在考进全球各地大学后也获得了高评价，这样多的课程种类和成绩放到全球范围内都不逊色。有人可能会说，既要保持升学率又要办出个性特色很难，但我觉得两者并不矛盾。比如，上中有近千门选修课，还包括 300 多门分类指导的课题研究，提供那么多高选择性的课程，并没有分散学生的精力、影响高考成绩，反而促进他们全面发展。所以，我认为，不能把推进素质教育和高考成绩对立起来，两者应该是相辅相成的，这也是建设世界知名中学的有效途径。

上海基础教育取得的成绩首先有赖于课程标准的制定者对中国数学教育的前瞻性和高期望，其次是学生和家长对数学学习的普遍重视、融洽的师生关系及教育政策上的有力保障。

（记者李星言采写，原刊于《新闻晨报》，转载于《教育家》2015 年第 12 期，收入本书有改动。）

第二章 思想专访

1.

《神奇的奥数》访谈录

夏磊(上海电视台主持人):说到数学奥林匹克竞赛,我相信这个名词大多数观众不会感到陌生,因为这是一个响当当的数学竞赛的品牌。但是,数学奥林匹克竞赛究竟是一个怎样的竞赛,它对学生的数学能力有怎样的提升作用?参加奥数并且在奥数中获得优异成绩的孩子是否就是神童?他们的人生道路将会一帆风顺吗?今天我们的《往事》就请来了两位老师:唐盛昌校长和冯志刚老师,和大家一起走近奥数背后的故事。首先介绍今天的两位嘉宾:

唐盛昌校长,现任上海中学校长,因为治学成绩突出,先后被评为特级校长、特级教师、首届教育功臣。另外,他还是上海数学学会副理事长、中国教育学会副会长。冯志刚老师,为特级数学教师,任教于上海中学数学班,长期从事数学奥林匹克教学。所教学生中有近300人在市级以上数学竞赛中获得一等奖,2003年他作为国家队副领队,带队参加了第44届国际数学奥林匹克竞赛,并获得五金一银的好成绩。

夏磊:数学奥林匹克竞赛究竟是一个什么样的竞赛?它是从哪一年开始的?

冯志刚:真正的国际数学奥林匹克是1959年才开始的,中国参加国际数学奥林匹克竞赛是1986年(第一次参加)。然后,1990年中国还举办过国际数学奥林匹克竞赛。

唐盛昌：奥数这个名字，说起来是很有意思的。原来都说数学竞赛。

夏磊：是的。

唐盛昌：那时候没有人说奥数。

夏磊：那为什么会把奥林匹克和数学竞赛联系起来呢？

唐盛昌：在国际上叫作国际数学奥林匹克竞赛，所以实际上应叫数奥，不应叫奥数。1990年中国举行这个比赛后，就将数学竞赛逐渐称为奥数。我校历届参赛学生在奥数中的成绩是相当不错的。

夏磊：对的。

唐盛昌：拿了好多金牌，经常是团体总分第一。

夏磊：对，不是第一就是第二。

唐盛昌：第一多，第二少。后来，高校也好，中学也好，包括初中、高中，又把数学竞赛成绩作为录取中的一个重要指标、重要因素考虑。这样一来，使奥数的含金量不断提升，但是数学竞赛含金量提升，用"数奥"这个词说起来不顺口，所以就把国际数学奥林匹克竞赛改为奥林匹克数学竞赛，简称奥数。读起来顺口。一下子就把招牌打响了。

【旁白】20世纪90年代开始奥数竞赛得奖的学生不仅为国家和所在的城市赢得荣誉，且自己也能顺利进入各大名校。于是，奥数越来越受到学生和家长的重视，商家也由此看到了机会。全国上下出现了不少奥数班和奥数竞赛的高手。

唐盛昌：实际上按照中国的实力，我们可以派三个或四个队参赛，照样拿那么好的成绩。

夏磊：人太多，就像中国乒乓球队似的。

唐盛昌：强手太多。对，有点像中国乒乓球队。

夏磊：像乒乓球队，后备力量足。您带队参加过各种比赛，这个比赛是一个什么样的氛围？您向大家介绍一下，好吗？

冯志刚：实际上国际竞赛的氛围还是比较和谐的，带中国队是很开心的。我们出来时，门口的牌子CHN就是China（中国），所有学生看中国队的队员都是抬头看的。因为他们觉得中国队的队员做题目，非常厉害。

夏磊：太厉害了。

冯志刚：相互之间最重要的是交流，它是一个交流的平台。

夏磊：刚才您说到厉害，能参加奥数并能夺得金牌的孩子，在普通人眼里，充满神秘色彩，他们到底是什么样的孩子？他们怎么能取得这样好的成绩？他们是不是戴着厚厚的像酒瓶底似的眼镜，不苟言笑。他们与别的孩子相比是不是智力水平真的有天壤之别？他们是神童吗？

唐盛昌：这怎么说呢？应该说他们在数学领域，就是说在数学学习领域中，更精确地说他们还是有相当大的潜能的。他们学得确实比人家深一点，但是从其他领域来说，我的感觉他们跟一般学生没有什么区别，也是一样的。一样学英语，一样学物理、化学，什么都一样学，就是有差距，差得也不多。看上去不一定像你这么帅。

夏磊：但是我的数学真的非常差。

唐盛昌：没关系。

夏磊：在学校里，特别是在高中阶段，老师真的很头疼，因为平时参加学校各种活动，老师真的很喜欢这个学生，但是为什么数学成绩会这么差呢？老师特别头疼，怎么办呢？这个学生能不能考上大学？您接触到的学生中，在您的印象中，他们是不是都是一些非常聪明的孩子？

冯志刚：从数学角度来讲，他们对数学非常感兴趣。

唐盛昌：对的。

冯志刚：这些学生觉得数学对他们有非常大的吸引力，比如，像吴忠涛，2000年拿金牌，现在在普林斯顿大学读数学博士，这类学生，明显表现出对数学有特别的兴趣，数学对其有特别大的吸引力。

唐盛昌：实际上，按照我的看法，有三种类型：一种类型是我喜欢数学，我将来就搞数学，做数学家，像刚才讲的吴忠涛就是这种类型。

夏磊：兴趣于此，天赋于此。

唐盛昌: 对。他就是这样的人,这是第一种。

冯志刚: 他的人生目标可能也是这个。

唐盛昌: 对的。第二种类型是他对数学有感觉。但是,他感到,通过数学学习,也包括家长,可以提高他的逻辑思维能力,可以提高他的分析能力。通过学习数学,他的逻辑思维能力提高了,他的分析能力提高了。这个孩子在任何方面,都可能有比较好的发展,特别是学理工科,他的发展可能会更好,所以这也是一种期望值。还有第三种期望值,那就是把学奥数作为敲门砖,能进入比较好的初中,进入好的高中,最后进入理想的大学。那么,有这种目标的人,就属于非常功利。

夏磊: 您给我们说的这三种参加奥数的类型,我觉得非常重要,对我们认识奥数,是非常重要的信息。

唐盛昌: 对的。

夏磊: 现在我们分开谈三种人。

唐盛昌: 请说。

夏磊: 刚才您说的第一种,我相信在接受基础教育的孩子中,人数不会太多的。

唐盛昌: 完全正确。

冯志刚: 比较少的。

唐盛昌: 实际上跟你说实话,真正能达到数学奥林匹克,即达到国际数学奥林匹克水平的孩子,一万个人中也就两三个人。

夏磊: 还有第二种,属于比较多的一个群体。"学好数理化,走遍天下都不怕"。现在是知识经济时代,父母都希望自己的孩子成才,喜欢理科或偏理科的学生有可能参与奥数。那么,我想问的是:奥数真的能成为判定一个人在数理化或对数学敏感度方面的标杆吗?

唐盛昌: 这个话要分两个层面来说:第一个层面,没有受过专门训练的学生,让他做能力高一点的题目,即竞赛方面的题目,通过数学测试来看他的思维能力,特别是逻辑思维能力和分析能力,是有一定的判断价值的。数学学得好的孩子在这方面比较强,也不是没有道理的。

如果完全没有道理，奥数不可能搞得那么热，这是第一个层面，也就是说对没有受过训练的学生是有效的。第二个层面，受过训练的情况就不一样了，一个孩子一天训练都没有受过，另一个孩子受过两年的训练，用同样的题目进行测试，没有受过训练的孩子会吃亏。实际上，数学竞赛跟老师非常有关系，好的老师把数学作为载体用于提高学生逻辑思维能力和分析能力。

冯志刚：比如高等数学思想，必须通过这个平台渗透给学生，但是学生是用初等数学的方法去解决的，其中涉及一些数学技巧。我们需要在思想和技巧方面找平衡点。

唐盛昌：有一批搞数学竞赛不够格的人。他们把数学题进行各种分类，找出某种规律，然后让学生把这些规律记住，再进行反复操练、反复训练，这样把学生的思维禁锢了。

夏磊：这就完全背离了数学精神。

唐盛昌：对。背离了数学精神，背离了教育精神，这样会出大问题的。

【旁白】近几年，奥数班到处可见，教师水准参差不齐。尽管如此，奥数的功利性仍然使全社会的奥数热持续升温，并引起广泛关注。

夏磊：从20世纪90年代开始一直持续到现在，出现了几个趋势：奥数的低龄化、奥数的大众化。所以孩子都参加奥数培训，希望他们都成为"神童"。两位怎样看待这种现象？

唐盛昌：奥数是一个非常重要的话题。实际上，孩子的发展是有一定规律的。思维发展都有年龄特征。比如，七岁、八岁、九岁孩子的抽象思维能力还很弱，他们主要是直觉思维，所以对这阶段的孩子进行大量的抽象思维训练是不符合教育规律的。效果也不会太好，所以低龄化肯定是不可取的。

夏磊：逼着孩子参加奥数学习，我担心会剥夺孩子应享受的快乐。

唐盛昌：你说得太对了。小孩子是不应该搞什么数学竞赛的。小孩子参加奥数是培养兴趣，是一种玩。通过玩，悟出一些道理，学到一些东西就可以了。大众化问题，实际上也是有很大问题的。数学竞赛不可能大众化，绝大部分是不合适搞数学竞赛的。有的对数学竞赛还不喜欢，是家长逼着去搞的，这真的是一种不好的导向。

夏磊：冯老师碰到过孩子不是特别喜欢奥数，但家长要逼着孩子来上你的课，这种情况有吗？

冯志刚：有的。在数学学校碰到过。有些小学生被家长逼着来参加奥数班学习。

【旁白】记者：同学们，我问一下，上过奥数班的同学举一下手，好吗？你们真心喜欢奥数吗？被采访的学生回答："不是不喜欢，就是有点难，听不懂。"记者问："听不懂也要上，谁让你上的？"被采访的学生答："外婆。"

冯志刚：很多小孩读着读着就不愿意读了。家长觉得逼一下可能会上去，抱着这种心态，有人真的逼着小孩继续读。实际上大家抱着一个心态，想提高小孩的素质，开发小孩的智力，他对数学有兴趣。其实，读一点趣味数学，效果可能更好，不一定非要参加数学竞赛。

唐盛昌：其实不学数学也没有关系。冯老师刚才讲了一个现象：他带队去参加国际数学奥林匹克竞赛，赛场上的气氛是很轻松的。

夏磊：对的。

唐盛昌：为什么很轻松、很和谐？因为他们对功利没有我们那么重。我们现在为什么这个话题越来越沉重呢？因为我们功利色彩太厉害了，把数学竞赛作为进入更好学校的敲门砖，这样一来，问题就大了。这对教育又提出另一个课题，对好孩子、对学习潜能比较强的孩子的识别指标，不能只有数学竞赛一项。实际上，人的才能是多方面的。就像你，数学可能不是学得很好，但是你做主持人是非常好的啊，你的反应非常灵活。

夏磊：假如小时候让我去读奥数班的话……

唐盛昌：那就完了。

夏磊：就像把我捆在凳子上打我一顿，我会感到特别难受。

唐盛昌：所以，从这个角度上来说，我们现在真正要选拔好的孩子，选拔在某一方面或几个方面有特殊才能或潜能非常强的孩子，我们必须有多种方法、多种目标。这是我们教育所面对的一个非常重要的课题。

夏磊：您这么一说，大家都清楚了，家长听了唐校长的话，都觉得您说得挺好的，我们的教育要改革，要让人才培养多元化，我们的学校应敞开大门，拥抱不同类型的人才。

唐盛昌：对的。

夏磊：上海中学能做到吗？

唐盛昌：一定能做到。

夏磊：奥数得高分，上海中学肯定要，其他学生也可以选一选，是这样吗？

唐盛昌：不一定，不一定。我跟你说，奥数竞赛成绩非常好的学生，上海中学不收的也有。

夏磊：为什么不收呢？

唐盛昌：因为我们的判断标准不只有奥数成绩，我们有这方面的例子，对吗？

冯志刚：对的，不能只看一个指标。

唐盛昌：当时我记得非常清楚，这个学生的家长直接跟我谈的，他说："上海中学要我的孩子，上海中学要给我孩子一系列优惠条件。"

夏磊：比方说……

唐盛昌：比方说，要有电脑；住宿条件要跟其他孩子不一样；我孩子的培训必须是某某老师，别人不行；要有奖学金……都跟我提了。我的回答是上海中学不会答应任何条件，因为你孩子在初中竞赛中得了名次，只能证明你孩子在初中数学学习方面是成功的，是学得比较好的，但并不能证明你孩子会在高中阶段学得怎样。作为家长，你提了那么多条件，对你孩子做人，对他发展，是好还是不好呢？最后这个孩子没有进上海中学，我记住了这个孩子的名字，在高中阶段，他的名字没有出现在竞赛得奖的学生名单中。很遗憾，初中竞赛是一等奖，高中阶段连三等奖都没有得过。

【旁白】当然这只是个别现象，相当一部分学生通过奥数培训和竞赛都能很好地提升自己的思维能力和分析能力，为今后的人生发展打下良好的基础。他们的成才离不开自己的天赋和努力，也要感谢培养他们的老师和学校。

夏磊：奥数其实是选拔人才的一种方式……

唐盛昌：只是一种方式。

夏磊：对！只是一种方式。可以把一部分在数学方面有兴趣、有天赋的孩子挑选出来，且在以后学习过程中不断提升能力。现在又有一个问题：成才有哪些因素？

唐盛昌：太多。

夏磊：越来越多。不光智商，还有情商、社会环境、机遇及沟通交流、人际交往等，很多因素决定你是否成功。那么，在两位心中，什么样的学生才能称为人才？

冯志刚：有些学生确实非常优秀，但有些学生还是有一些欠缺。首要因素，这个学生是否有远大目标？

唐盛昌：对！

冯志刚：我跟第一个获得金牌的吴忠涛同学说过，跟林运成同学也讲过，我说："你们现在获得国际数学奥林匹克竞赛金牌，但我最希望看到的是在我的学生中以后有人能拿菲尔兹奖。"

唐盛昌：对。菲尔兹奖是数学方面的诺贝尔奖。

冯志刚：我想如果把这个目标定位在这个位置，这样不仅中学阶段只是一个过程，而且大学也是一个过程。所以说，首先要有一个目标，然后为这个目标付出自己最大的努力，而且要保持灵性，不要读着读着就没有灵性了，其次是兴趣，对某件事情执着的兴趣，那是优秀学生应有的素质。

唐盛昌：我认为对家长来说，发现孩子的长处、优势是最关键的，是第一位的。如果发现孩子确实有才能、在数学方面有潜能、能达到一定高度，且孩子自己对数学有兴趣，那么一定要支持他，让他参加训练。但是，必须找好的培训机构，找好的老师。同时，不要过分功利，如果总是考虑把奥数作为敲门砖，老是考虑我孩子拿到什么牌后，就可以进什么学校，就可以跟学校进行讨价还价。就可以要求有什么优惠条件……实际上，从道德教育和做人教育角度来说，这是害了孩子。所以，我想，培养兴趣，发展能力，从这个角度讲，我想有利于孩子的发展和成长，无论搞不搞数学竞赛，都是有好处的。

夏磊：我们的话题进行到现在，对收视率我是不担心的，因为中国的父母真的非常重视对子女的教育。

（本文据上海电视台《往事》栏目 2006 年 8 月 16 日节目整理，收入本书有改动。）

2.

打造世界一流中学　他一直在前进

唐盛昌校长说："为了把自己的青春奉献给教育，我无悔把从教作为自己终身的事业。"

全年级 385 名高考学生中，384 名考进"一本"；学校理科班数学平均分获得全市唯一的"120+"；全校被北大、清华录取的学生数占两校在沪招生人数的 1/3……让人刮目相看的还有：今年被清华大学和北京大学录取的学生有近 50 名。这两所名校在上海的招生总人数也不过 145 名。香港大学在上海中学"收获"了 14 名高才生；香港中文大学、香港科技大学、香港城市大学在上海中学又招收了 10 多名学生。在高分方面，今年上海文理科最高分（582 分和 575 分）全部来自上海中学。同时，加试化学的第一高分 574 分同样出自上海中学。虽然今年高考普遍认为较难，但上海中学依旧贡献了不下 5 个"570+"。

这就是被网友称为"史上最牛"的上海中学今年交出的高考成绩单，提起上海中学，所有人都会想到上海师范大学 1962 届毕业生、首届上海市教育功臣、上海中学校长唐盛昌。

不负使命，让百年老校重焕生机

上海中学这所在海内外都享受盛誉的沪上名校，曾一度陷入发展的窘境。1988 年，上中连续两年高考失利，在招生上也有问题。自从老校长离任后，上中在短短三四年中数次更换校长，都没能把上中带出泥潭。学校管理混乱，经常出现学期末一个班有七八节课没人上的局面。这一切唐盛昌早有耳闻，但他最终选择积极去应对这个"烂摊子"。1989 年 1 月，唐盛昌在上海市教育局党委书记、教育局副局长的陪同下，走进了上中校园。尽管已有一定的心理准备，上中的景象还是让他惊呆了。

百年校史的象征——龙门楼，因为年久失修，早已满目疮痍。操场四周到处是老师开垦的菜地。工作一段时间后，唐盛昌发现，这里自己越不能干、习惯于对别人工作评头论足的人越得势；越是埋头苦干的人越难有出头之日。让业务能力过硬的人站得住脚，在他看来是改变上中现状、走出低谷的关键，治理必须从这里开始。一套既有效又促进教师积极性的薪酬方案在他脑海里酝酿着。在保留上海中学传统的基础上，他明确提出了"明、严、实、高"的办学特色，他建立了校长责任制、岗位责任制、精神激励制、按量核奖制、班组等级制等优化管理的改革措施，让课堂充满勃勃生机，让校园充满昂扬激情。

功夫不负有心人，有着"江南四大名校"之称的百年上中，终于在唐盛昌和全体师生"十年磨一剑"的努力下，再现了"储人才，备国家之用"的百年传统，也实现了"全国领先，世界一流"的学校发展目标。

以学生发展为本，注重学生各方面能力的发展，为学生打下扎实的基础，是唐盛昌不变的教育理念与追求。他常说："一所学校的成功，不是看现在的升学率，而要看 10 年、20 年后培养出来的学生在社会上的有所作为。"鉴于此，学校以课程设置和学校教材为抓手，建设了一批新的学校课程，涉及语言、数学、自然科学、社会科学、信息、技术、体育、社会能力与自我认知能力等十大领域。还有自主管理、野外生存训练、人际交往等，以提升学生的综合素质。

走向世界，中国人也能办世界一流学校

20 世纪 90 年代，上海中学已经成为上海基础教育的"排头兵"，志向高远的唐盛昌又抓住了改革开放的契机，提出"国际化办学"的理

念。国际友人、外商不断涌入上海这座充满活力的国际大都市。为他们的孩子提供教育，免去其后顾之忧，对上海中学来说是义不容辞的责任。于是，唐盛昌将创办上海中学国际部的想法付诸行动，创办了国内第一所由中国人自主管理的国际学校——上海中学国际部。

万事开头难，上中国际部的开创也是如此。国际部创办的第一年，离开学只有半个月了，报名的孩子只有几个。有人想放弃，但唐盛昌异常坚定地说："即使只有一个学生，也要正常开学；只要质量提高了，自有生源。"正是唐盛昌的坚持，成就了日后被誉为"是中国人办的第一所成功的国际学校"的上中国际部。

在国际部，唐盛昌建构了满足国际学生发展需要的"双系列四大类"课程体系。国际部开设的课程，仅英语一科，使用的教科书有母语、非母语、ESL 三大类。开设全英语授课的类美国课程与 IB 课程，被所有外籍学生称颂。在课程高选择性上，模块选择显现极大的丰富性与多样性。例如，美术学科学生可选的有素描、水彩、泥塑、油画、中国画、视觉艺术 SL 水平和 HL 水平等十几种课程模块；体育学科学生可选篮球、足球、排球、网球、板球、棒垒球、软式网球、跆拳道、太极拳和街舞等十几种课程模块。与课程高选择性相匹配的上中国际部有效地推进了"小班化"与"走班制"教学，实行了学分制、绩点制评价，极大地促进了学生个性化发展。

此外，学校通过 CAS（创造·行动·服务）课程与开展各种教育活动，使国际部学生注重关心社会，提升国际理解素养，积极投入慈善活动。2008 年 3 月 22 日下午，上海嘉善路 508 号尚街大厦四楼大厅，由上海中学国际部学生主办，联合上海十多所国际学校学生，国内外十多家公司赞助的慈善艺术展隆重举行。所筹集的资金全部用于我国西部贫困儿童的医疗费用。规模如此之大，影响面如此之广的慈善艺术展，都是由国际部 12 年级张同学、韦同学召集国际部高中学生经过数月筹备完成的。展会结束，共筹集 4 万多元善款，受捐方代表致辞时几次哽咽，她说这次展会是个奇迹，难以用言语表达。国际部学生还每学期举办义卖活动，平均每学期各种捐款有近 5 万元。得知四川汶川大地震的消息后，国际部学生自发捐款 119700 多元，让所有人都感受到"天下一家"的动人情怀。

2003 年，上中成为上海唯一的联合国教科文组织联系项目学校；2006 年，上中国际部成为剑桥大学在上海的遴选考试中心；2007 年，获美国大学委员会授权开设 AP 与 PSAT 考点，被中华人民共和国教育部获准为全国唯一设在中学的 TOFEL 考点（现为全国最大的 TOFEL 考点），来自 30 个国家和地区的上千名国际学生……这硕果累累的成绩背后，都有着唐盛昌不懈的付出。

唐盛昌说："创办上海中学国际部，这是百年上中在教育国际化征程中的开放象征，也是回应教育现代化的卓越追求。教育，要面向世界，面向现代化。上中既有底蕴，也有实力，更有胆略。从某种意义上说，办国际部，与其说是办一所由中国人管理的外国人或境外人士子女学校，倒不如说是开创一种名校资源深度发展的提升模式，是主动出击。事实证明，中国人既能办国际学校，也能办好国际学校，而且在世界一流教育的洪流中，我们也能扬帆起航。"

情系母校，扎根教育志不改

如今，毕业已经 40 多年的唐盛昌仍时常来到上海师范大学。时而是免费师范生的培训教师，时而是学思论坛的激昂演说者，时而又是师范生教育发展出谋划策的热心校友……在他心中，母校是他成长的伊始。师范院校的学习，为他日后的教育生涯打下了坚实的基础。

1958 年，16 岁的唐盛昌从延安中学毕业，进入上海师范大学数学系学习。求学期间，各种运动比较多，虽然学习环境不佳，但唐盛昌一直坚持学习。课余时间，他总是在图书馆、自修室，与书本度过了四年的日日夜夜。

大量的阅读使他开始思考自己的社会责任和历史责任，也让他明白"天生我材必有用"的真谛。书让他放飞自己，开始变得乐观，开始选择面对现实，开始适应自己本来不愿意走的路。他愿意上课发言了，而且每次都得到老师、同学的认同，这让他更有自信，也更爱读书。1961 年开始的"三年困难时期"，唐盛昌正在读大三，人们能做的就是劳动，靠多劳动来扭转"乾坤"。但是，对唐盛昌而言，除了劳动，还要读书。

有一次，他和同学去崇明农场劳动，接受再教育。一到岛上，一个个简易帐篷，帐篷里铺着的稻草床让大家都傻了眼。白天，同学们在满是泥泞的农场里干着繁重的活，晚上拖着疲惫不堪的身体倒在稻草床上就不想动了。再累唐盛昌都不忘带上俄语书，到沙滩上的礁石旁大声朗读两小时，天天如此。他每天都能看夕阳西下，目送太阳沉入大海。

大学四年让唐盛昌受益颇多，他第一次战胜自己，重树斗志；阅读又给了他渊博的知识，他走上了三尺讲台。从教师到校长，从劳模到教育功臣，唐盛昌用自己的斗志，一步一步走向辉煌。

从教 40 多年，唐盛昌这样看待自己从事的教育事业：基础教育是为明天的社会培养人才，当孩子经过今天的教育，在明天的社会中体现其特有的价值，教育也就从平凡走向高远。

责任在肩，唐盛昌以一生岁月培育栋梁，使命无悔，唐盛昌扎根教育一生不变，最终硕果累累。

（刊于王莲华主编《我所感动的——百名校友访谈录》，上海辞书出版社 2009 年 10 月版，收入本书有改动。）

3.

资优生是怎样炼成的

记者：唐校长，上海中学被誉为一流大学的摇篮，本部学生全国重点大学录取率稳定在 97% 以上，2008 年更是高达 99.24%，尤其是上海中学在您的领导下，坚持"乐育菁英"的办学理念，与时俱进，不断创新，在全国中学系统中最早提出"资优生德育"并进行创造性实践。请问唐校长，资优生是一个什么样的概念？它具体指什么？

唐盛昌：我们基于实践探索，提出了"资优生"概念，主要是指这样一类学生，他们资质优异，学习成绩很好，学习动机很强，具备某一方面的潜能。资优生是基于现状总结形成的一个概念，它既概括了学术界所说的超常儿童和天才儿童，也包括了更广阔的一些学生群体。

记者：我曾听到过这样的说法，哈佛大学是培养天才的地方。那么，天才教育，或者说资优生培育，是否与我们平常的教育有所区别？它的关键点在哪里？

唐盛昌：事实上，哈佛是一所大学，大学阶段学生的潜能和发展趋势已经比较明显。比如，十八九岁的人，已经能大致确定自己到底是数学比较好，还是语言能力比较强。中学生，都是十几岁孩子，到底哪方面比较强，自己不一定会判断，还有一个发展过程。中学是基础教育阶段，我们还很难对学生下一个是否为天才的判断。学校和教师要通过对学生细致而长期的观察分析，逐渐发现学生的潜能，并进行针对性培养。因此，资优生培育的特点就要考虑以下一些内容：资优生还只是中学生，首先要形成健全的人格和责任感。上海中学比较重视培养学生的社会责任感和社会活动能力。比如，我校的"同一社"关注社会上的艾滋病儿童，我们有几十个甚至上百个学生加入这项活动，在这个过程中体验到生命的重要性和对弱势群体的关爱。

此外，我们必须拓宽学生的视野，看到国际上发生了什么。从人力资源大国向人力资源强国发展，就是建立在国际视野上的宏观思考。另外，我们还要求学生担当起社会责任中的领导能力。这里的"领导"不是指我们通常所说的领导。学生没有权力，但有一些追随者，他用自己的人格魅力吸引其他学生来听他的。你可以看到，班级里总有一些小团体的"领袖"，他们用自己的魅力来做"领导"。我们学校专门有领导与组织的课程，就是专门来培养学生的领导和组织能力。事实上，一个人要成功，素质是很关键的。我们采取了很多措施来解决这个问题，包括开展一些课程和专门的活动，以及对学生进行心理疏导。比如，有的学生会说，我是班干部，考试考了99分，老师还批评我；他才考了95分，老师为什么还表扬他？老师是怎样处理问题的？只要对学生说一句话，你的资质比别人高，因此我对你的要求自然要比其他同学高；你资质这么高，一定要取得更好的成绩。听了这样的话，学生没有不高兴的。我们成年人往往忽视学生这方面的感受。

珍惜创新小火花

记者：上海中学的课程规划很有前瞻性。但是，会不会因升学率或偏向理工科的发展，而扼杀学生的文科天赋或潜能呢？上海中学每年12月底的艺术节，其中的压轴戏，就是高三学生全体大合唱和朗诵，大概要表演15分钟。这要花很长的时间去排练，这是唐校长在上中当校长以来的惯例。学生通过这个训练和表演，感受到了对母校的爱，对教师的感激，对同学的友情，对人文的关怀。虽然从表面上看耽误了一些学习时间，但是从总体上来说，对他们的全面发展起到了巨大的推动作用。这两年在中国有个词很热，即"创新"。在创新能力和创新意识方面，上海中学有哪些特别的做法？

唐盛昌： 事实上，我国的教育传统并不十分注重创新。我们对孩子的教育导向更多的是高考成绩和竞赛获奖情况。但是，只以成绩和获奖为标准，就会扼杀很多创新苗子，因此我们要有前瞻性思考，要看到不足。创新要有具体的载体。创新人才有下列特点，第一是创新人格，要有坚忍不拔的意志，屡败屡战，不放弃自己的追求和理想，终身从事一项事业和研究。第二是创新意识，要有发散性思维。第三是对专业的兴趣，我们最近提出了一个概念，就是志趣。这包含两个方面，一个是志。要有一定的志向，将来为国家，为人类作贡献，成为学生进一步发展的内驱力。另一个是兴趣。学生对很多事情都有兴趣，但是高中阶段没有那么多精力去支撑所有的兴趣。所以，高中阶段要开始兴趣的聚焦，在此基础上形成有个性的知识架构。志趣的核心可以不同，也可以有多个，但其他方面都要达到基本水平。

为奥数正名

记者： 在访谈直播过程中，有网友在线提问：唐校长作为数学高级教师，能否谈一谈对奥数的看法。

唐盛昌： 学奥数的目的是要培养学生的数学领悟能力和研究能力，对学生的数学能力有很高的要求。我个人感觉，能在奥数中取得好成绩的学生是真正的天才。现在很多人没有把奥数内涵弄清楚就加以批判，这是不妥当的。还有些人将奥数加以异化，如在小学阶段搞奥数，这是不对的，小学阶段最多只能算是兴趣活动。事实上，真正有资格参加奥数的学生群体并不多，也就是千分之一左右的概率。在这个概率上做事，是正当的，如果超过这个概率，就是异化。另外，有些人从功利角度去搞奥数，目的是赚钱，这更是把奥数异化了。我认为，中学阶段有资格教奥数的老师，在上海也不会超过一百人。

奥数是国际上非常有权威的比赛。对家长来说，要了解奥数对孩子的帮助有多大，也要了解孩子在这方面是否有潜能。

学生要进合适的学校

记者： 在开发学生潜能的同时要实现学生的全面发展，应注意哪些方面？

唐盛昌： 现在有一种趋势，不管学生怎么样，家长都想把他送到最好的学校。我的观点是，学生要进入适合他们发展的学校，而学校也要招收适合自身发展的学生。这是一个双向选择的过程。另外，基础教育只是打基础阶段，是一个人发展过程中的重要环节，不是学习的最终目的和目标。上海中学的教育不能只局限于学生在高中阶段取得好的成绩。我们必须考虑为他们打好一种坚实的可持续发展的基础。我们教了很多高考不考的东西，如我们的学生会研究基因、激光、信息安全，甚至还有研究"二战"历史和老子等方面的内容。通过这些学习，学生的视野开阔了，知识构成更多元化。

发现孩子的潜能

记者： 上海中学在培养资优生智育或潜能方面有哪些好的做法？

唐盛昌： 第一个是有三方面的认识。一是孩子要认识自己，二是家长要认识孩子，三是教师要认识学生。比如，一个孩子喜欢音乐，爸爸却让他学数学，且音乐一点也不能碰，孩子就会很痛苦。我认为，每个孩子在不同方面有自己的潜能，不可能每个方面都特别强。所以必须找到每个孩子的潜能所在。

第二个是要求每个学生必须达到一个基础标准，但在强项方面也要有更好的发展。比如，有的孩子对数学不感兴趣，家长就要鼓励。教师要看到学生的弱项，同时要找到原因。我以前当数学老师时，教一个文科班、一个理科班。文科班学生因数学不好才选择学文科的。我教了他们数学后，他们的数学考得特别好，都喜欢数学。别的老师有意见，向校长告状。校长就问学生："是不是唐老师布置了很多数学题，耽误了你们其他科目的学习？"学生说："不是的，是我们自己找数学题来做的。"校长无话可说，因为是学生自己喜欢，是学生自己对数学有了兴趣和学习的动力。因此，数学比较弱的学生很有可能碰到一个不是特别理想的老师。

（刊于《新民晚报》社区版 2009 年 5 月 14 日，收入本书有改动。）

4.

关注孩子的核心竞争力培育
让孩子选择合适的学校发展

主持人：由《新民周刊》选出的改革开放 30 年风云人物，在教育行业中有一个非常响亮的名字——唐盛昌；还有一个榜单是我们搜狐网今年评选的 2010 年度教育年度人物总评榜——最具魅力校长名单，也有一个闪亮的名字——唐盛昌。接下来我们就隆重欢迎我们今天的嘉宾：上海市特级校长、上海市特级教师、上海市上海中学校长唐盛昌老师。

真正的精英看对社会的贡献　关注孩子的核心竞争力

主持人：现在我们都在说要培养精英，但是用人单位发现学校培养出来的精英好像是"伪"精英或者说是"废"精英，这是我们现在很多学生、家长、学校老师非常关心的一个教育话题。那么，先请唐校长谈谈您对这方面的看法。

唐校长："伪"精英、"废"精英、"假"精英，这非常有讽刺性。这涉及两个大问题，第一个问题是对精英的定义问题。我想精英应该不是指读了多少书，而是指为社会作了多少贡献，在自己的领域中达到了多高的高度，或对核心技术的解决作出了什么贡献，这是非常重要的标准。所以，现在高中也好、大学也好，甚至硕士也好、博士也好，刚出来工作时，没有资格说自己是精英。因为没有用自己的贡献来证明自己，要等用自己的贡献来证明了，那时才可以说是精英。这是第一个从

"精英"的定义角度上来说。

第二个问题，从社会对精英的看法角度上来说，社会上对精英的看法和我上面说的并不一样，社会期待与我们的目标追求出现了差别。从我所看到的，可能是我们过多地把目光集中在专业领域，而且把目光集中在专业领域中的理论层面，而真正把理论运用到实际工作中的很少。社会上更多看重的社会实践能力、社会交际能力、社会活动能力、人与人之间的合作能力。如果缺少这些能力，往往难以得到社会的理解和认可，而自己又不能做出针对这一领域更大的推进和贡献，这时就出现巨大的落差。这种情况有可能是学校的培育途径与方式不当，本来想培育精英，可走上社会后由于认识与准备的不足，有可能成为"伪"精英，甚至"废"精英。

主持人：我们知道唐校长经常和我们上中学生讲的一句话，那就是要培养学生的核心竞争力。借这次访谈，我们想请唐校长讲讲您心目中学生的核心竞争力到底是什么？

唐校长：第一是核心竞争力。先讲竞争力。竞争力不针对个人，而是针对与别人的关系和与社会的关系。在我的脑海中，竞争力应放在国际大背景下进行研究。也就是青年学生要与其同龄人比较所受到的教育、熏陶，踏上社会后所能达到的高度。从这个角度来讲，我觉得竞争力应是一个国际视野下的概念。培育精英首先要有一个以国际化的、最先进的教育系统作为参照系，而不是我们国内的参照系。

接下来讲核心。核心竞争力，需要考虑我们的孩子所需要的最本质的东西。根据我个人的理解，有以下几个方面：第一个方面，就是他们自身的思想境界。如果青年学生心里只有自己的利益，眼中没有国家、没有人民、没有科学，那是不行的，眼光是短浅的。要耐得住寂寞，要有无私的奉献，要不断工作，这是很难做到的。所以品质非常重要。

第二是学生的发展要符合社会性个性品质指标，包括人文知识、人格、思维方式、人文素养与个性发展等。对我们今天的社会来说，可能需要的是创新人才的培养。创新是在对前人深入理解的基础上超越前人的思路和做法。所以，创新是一件非常难的事，我们既不能简单化，更不能神秘化，需要踏踏实实地进行培养、进行训练，甚至某种程度上是一种养成，然后才有可能进行创新。这里我要强调尽管有很强的个性因素、个人因素，但一定要考虑社会的需求。

第三是基础、知识内涵，有一定的专业发展领域指向性。因为任何一个在某一方面有一定高度的人，他必须是一个有专业能力的人。如果没有一定的专业能力，不可能达到一个很高的高度。所以，对专业领域的发展是非常重要的。但是，对专业领域的发展不能只停留在空洞的理论上，需要对理论有新的发展，借助实践成果来充实。按照这个方法去做，知识构成中就能有新的东西。还有很重要的一点高度也好，基础教学也好，我们培养的学生的知识结构具有相似性。我懂的，你也懂；我不懂的，你也不懂。我现在想的就是要培养学生个性化的知识构成。在高中阶段，根据学生的兴趣爱好，培养学生个性化知识结构，即你懂的，我不一定懂；我懂的，你也不一定懂。我们的学生按照自己不同的兴趣发展，有不同的知识构成，而且这些知识构成是可持续发展的，那么就有竞争力。所以，我们讲的思想境界、符合社会需求的个人品质、个性化的知识基础三个方面就构成了核心竞争力的三个要素。

学奥数不能太功利　要看孩子的兴趣与潜能

主持人：各位网友，我们唐校长早在 1990 年就被上海市教委相关部门评定为数学特级教师。1981 年以来，他先后撰写了四五百万字的论著，他是一名专家型校长。这里有一条新闻，就是 2010 年 11 月，教育部等五个部门联合发文规范和调整中学生学科奥林匹克竞赛和部分科技类竞赛的高考加分政策，也就意味着奥数获奖学生不达到一定的获奖等第高度不能再有保送。家长都很关注。请唐校长为我们讲讲对奥赛获奖学生不保送的看法。

唐校长：实际上不只奥数，所有的相关学科——数学、物理、化学、生物学、信息都是如此。原来地区一等奖就有保送资格（即市级一等奖）。现在必须进国家集训队才有原市级一等奖的资格。按照原来的规则全国有保送资格的学生大约有 5 千名，按照新方案大概只有 150 名。

收紧保送资格，我个人是赞成的。我们留这个口子，给那些真正有潜质甚至天才学生留个通道，是好事。在实践中，本来是好事却被功利化扭曲了。相当一部分家长觉得自己的孩子在这方面有天赋甚至是天才，但实际上未必有。把不是天才的孩子当成天才来培养，这对孩子来讲是非常痛苦的。所以从这个角度讲，现在这个措施就把它的本意凸显出来。因为能进国家集训队的学生全国也就 180—200 名，可以说是屈指可数的，是非常有潜质的。这种潜质不是嘴上讲的，是通过评审的，是专家通过评价标准确定的，就是判定孩子是否有潜质是有根据的。我个人认为这是好的。

我知道有些学校为了搞奥赛，做法是用拼课的方法，也就是说搞数学竞赛，别的学科都放弃。这样做的后果是学生的知识结构不完整，其可持续发展没有保证，也有可能酿成悲剧。在高中阶段可能得了一等奖或不错的成绩，但是前途就没有了。当然有些孩子确有这样的能力，这不是他的终止而是他的起步。所以新政策透露出来的信息就是我们首先要注重学生的可持续发展。可持续发展和核心竞争力结合在一起，让人文素养、个性、思想境界、基础知识等都得到可持续发展。按照这个正确的方向去做，就会把我们的学生教得更好，培养得更好。一些家长误把自己的孩子当作天才来培养，有必要这样做吗？这样做是在害孩子，不是在帮孩子。

主持人：但是我听说，这个文件下发后，上海地区的很多奥数班，温度没有降下来，反而往上升。甚至很多家长已经预约了寒假的、暑假的（奥数班）。所以我想听听您的意见，文件下发后，是否真正落实到家长的观念上？有些家长把孩子当作天才来培养，有些家长觉得，其他孩子在学，我的孩子不学，不是吃亏了吗？这些误区的存在，这部分观点的改变大概还需要多少时间？

唐校长：这个问题，涉及几个方面。第一方面，有一批人在推波助澜，这里有很多利益因素。从这个角度讲，对这部分人来说，他们不愿意让奥数热降下来。他们宣传：虽然参加奥数不能保送，但还有多少多少好处，其中有很多利益驱动。这就是无法起到立竿见影效果的主要原因。

第二方面，还有个重要因素，对教育工作者来讲。实际上，在处理问题时需要有非常清晰的头脑。好多人在问我，上海中学是不是看奥数成绩？上海中学民办初中基地是不是一定要挑奥数好的学生？直到现在，招收了那么多届学生我都不知道有这件事，我们从来没有把奥数看得很重。这不是本质问题，如果按照奥数真正的含义去看，我的判断，全上海有资格教奥数的老师不会超过100人。我作为数学特级教师，奥数高级教练员，我可以负责任地说上海有资格教奥数的不超过100人。真正搞奥数，达到这么高度的，很少。很多搞奥数的，数学上到什么程度，有多少造诣，我说不清楚。所以，作为学校来说，在这个问题上，必须谨慎，不能把它作为主要的考核指标。如果学校在录取学生时，让所有人明白，这不是必要条件，不是非常权重的录取因素，这种情况就会逐步好转。

第三方面，就是家长问题，大多数家长认为让孩子多学一点，总是有好处的。实际上，付出了很大代价，不仅是学费问题、孩子的时间问题。更严重的是，如果孩子学得不好，把孩子的信心和兴趣都学没了。这个代价，是很大的。所以，把利益集团的因素、功利的因素去掉后，通过正确的舆论导向，正确的引导，这个政策很快就会显现出效果。当然，不可能一两天，两三年后，效果就会显现出来。

孩子出国留学要掂量轻重　须思考价值观与差异的接受程度

主持人：这里给大家讲个小故事，我的一个邻居，他的孙子去年去了美国。他在国内正在读高二，成绩是班上倒数几名。去了美国后，现在还没回来，但听他爷爷说，数学是班级里第一名。这就引出我们下一个话题，现在很多人想把自己的孩子送出国，出国潮越来越低龄化。从幼儿开始，一些有经济实力的家庭，就已经开始考虑孩子的出国事宜。唐校长，您对那些想送孩子出国的家长有怎样的建议？

唐校长：第一个问题，出国留学问题同样是一个非常复杂的问题。首先是对我们国家教育体制的判断，在现行的教育体制下，我们的孩子是否能得到很好成长。我的看法，我们国家的教育体制已经取得了很大的进步。很多学校正在逐步改变以前不好的教学方法，如死记硬背等，很多学校做出了很大努力。所以从这个角度讲，对大部分家长来说，如果你能找到一些好学校，照样可以得到很好发展，这是我对教育体制的看法。不足是什么呢？好学校太少，真正让老百姓满意的学校太少。所以这里对所有搞教育的提出一个重大课题，怎么使我们的教育适应广大老百姓的需求，尽量办得更好。从根本上讲，教育水平更高，读书花更少的钱，孩子又在身边，岂不更好。

第二个问题，对国外教育体系必须有深刻认识。根据我的了解，很多家长有很多误解，如第一个误解，国外孩子学的功课都是很轻松的。这句话是谬误。我也可以很负责任地说，国外顶级学校绝对是不轻松的。我访问过美国、英国、法国、德国、澳大利亚的顶级高中，和这些顶级高中的校长直接面谈，而且我不仅和校长谈，而且我还直接去问那里的孩子，你晚上什么时候上床睡觉？你几点起来？……我得到的回答，这里的孩子很少在晚上 11 点、12 点前上床睡觉的，早上也很早起来，每天的睡眠时间也就 5—7 小时。没有我们想象的那么轻松，我说的有个前提，就是最好的顶级学校。他们的信息和我们的信息对比，我们 80%—90% 的孩子都厉害，他们只有 3%—5%，最多 10%，就是在学术上得到发展的孩子。他们普遍说负担过重，我们的问题是有那么多人负担重。如果有一天，我们国家只有 5%—10% 的学生负担重，剩下 90% 多的孩子能从负担重中解放出来，我们的教育体制会更好。从这个角度上来讲，以为国外最好的学校负担也很轻，这是不可能的事。

第三个问题，正确理解国外好学校是否适合自己孩子的发展。国外学校中有一批很好的学校，根据需要安排课程，满足个性化需求。从这个角度来讲，国外教育有其特色的地方，值得学习。我们应逐步学习这些先进理念并融入我们的教育中。但是，对家长来说，就要考虑国外教育是否适合自己的孩子。其次，是经济问题，随着改革开放不断深入，我们的生活水平不断提高，但是要考虑花这笔钱是否值得。

我还有一个观点要和各位家长分享，西方社会和我国社会相比，西方社会孩子的独立性强，不足是孩子与父母的亲情不如中国的孩子与父母的亲情。如果你孩子去了国外，学习很好，发展也很好，但与你们的亲情变淡薄了。遇到这种情况，你怎么办？

综上所述，让你孩子出国留学之前，上述因素一定要考虑好。考虑好后，再作决定。

主持人：对的，不但经济上要准备好，而且心理上也要准备好。

唐校长：思想上、观念上都要准备好。我们往往只考虑一个角度，而没有完整地系统地考虑。所以我建议，如果真的要出国，最好上了大学后再出国，尽量不要在中学阶段出国。因为中学生还没有形成正确的价值观。

主持人：价值观、人生观……

唐校长：对的，价值观、人生观都没有定型。有家长认为，从语言角度考虑，越早出去越好。但是，我感觉，十二三岁出去，语言基本定型，学语言的优势究竟有多大，需要精确测量。

高校集聚式自主招生 高中生要看是否合适自己

主持人：各位网友，大家好，近四年来上海中学不仅高考成绩继续保持全市领先，而且八位高考"状元"中有六位出自上海中学。我国香港地区知名大学都来内地招生，把尖子生特别是高考"状元"招到香港去完成大学学业。上海中学前几届也有高考"状元"去香港地区大学就读，而且反映很好，上中学生特别优秀，综合素质很好。在这个问题上，您有什么看法？

唐校长：我的观点，选择大学的标准是看这所大学能否使学生得到更好发展。不少家长选择香港地区的大学，作为过渡，很多家长就做了这样的选择，还有很多孩子也做了这样的选择。我希望每一个孩子都能得到最好发展。我尊重家长的选择、尊重孩子的选择。我提一个建议，就是你要对自己的选择有系统的全面的思考。有的可能只考虑有利的因素，没有考虑不利的因素，然后做出最适合的选择。最适合孩子的才是最好的选择。

主持人：大家知道三个集团对上海中学生影响很大。请唐校长跟我们聊聊对高中生的建议。

唐校长：实际上涉及两个问题，第一个问题是对三个集团的看法，包括变化趋势，怎么解读？第二个问题是现在的高考招生政策。一个是考，另一个是招。"考"实际上就是测量。对孩子的素养进行测量，这是内容。对其学科水平进行测量，我们往往用高考进行测量。现在产生了非常大的问题。因为大学实际上分了很多层次，如最著名的大学、一般性大学、专科院校。同样的试卷，承担低端选择、中端选择、高端选择的任务，实际上是很难做到的。所以考试的方式必须改革。例如，现在的学业水平考试，把低端问题逐步用这种方式解决。所以这是非常有用的思路。

现有三个集团，实际上，是通过集团协作在高端的测量方面做出一个选择。这是第一个。从这个角度讲，它是有合理性的。但是，这里有一个非常关键的问题，我们国家测量手段，考试很重要，要提高考试的科学化水平。比如，考托福，第一次考，与过了半个月再去考，两次的成绩会有比较大的变化。三个集团能做得多远，从理论上说、从测量角度讲，就得看它们在进一步的测量、考试的科学化方面能否作出贡献。如果在这方面不能做出新的贡献，那么我感到这里就有一个非常大的问号。这个测量，要考虑公正程度、可信程度。这是第一个"考"的问题、测量的问题。

第二个问题，就是"招"的问题。"招"的问题实际上涉及不同大学的特色问题。每所大学都有自己的特色和个性，但统一招生考试体现不出每所大学的特色和个性。如果每所大学在统一招生考试的基础上，设置体现本校特色和个性的项目，不仅有利于招到符合本校特色的学生，而且有利于学生了解每所大学的特色和个性，让他们自主选择符合自己个性的大学。从这个角度讲我们三个集团联合自主招生，是一个重要的尝试。就是在学校大的个性基础上，根据本校特色招收更好的、更合适的学生。如果在这方面能推崇或采取一系列措施，我认为这同样是一个非常好的尝试。

我有一个想法，就是坚持自己的发展，真正把自己的潜力、潜能得到更好发展。在这个基础上寻找合适的大学。我讲的合适的大学，不一定是清华或北大。有的学生考进清华、北大是好事，但有的学生进清华、北大未必合适。就像很多学生报考上中，我的观点是相同的，看是否合适自己。清华、北大我没有资格代表它们说话，但上中我是有资格说话的。实践证明，有些学生考进上中后由于跟不上班级的进度，还不如到另外一所适合自己的学校就读。

主持人：最适合的才是最好的。

唐校长：对。对学校来说要招收合适的学生；对学生来说也要考适合的学校。如果有了这种清晰的思路，我想考生都有可能进入自己心仪的学校，并得到更好、更快、更有可持续性发展。

（《文新传媒》2011 年 1 月 10 日采访。）

5.

实验性示范性高中究竟示范了什么

为什么学生的课业负担越来越重？为什么很多学生加入业余补习"大军"？为什么学生的压力不是降低了而是加剧了？

这很多个"为什么"，不仅让处于升学链中的学生和家长倍感焦虑，而且也困扰着众多教育工作者：为什么正确的教育理念得不到实施？为什么有"说一套""做一套"的现象存在？

知名教育家、上海市特级校长唐盛昌的观点是，一系列教育怪象和病症就像环环相扣的"连环套"，而解套的关键，则应从广大家长和学生趋之若鹜的实验性示范性高中下手。

在基础教育阶段，实验性示范性高中占据强势地位和主导地位，因此起到极强的"风向标"作用。但是，眼下或许到了该反思的时候了，实验性示范性高中，它的实验从何谈起，又示范了什么？

唐盛昌：示范性高中≠优质高中

从 2005 年起，上海人曾经熟悉的市重点（中学）、区重点（中学）退出了历史舞台，取而代之的是一个新的称谓：实验性示范性高中。屈指一算，"重点中学"转型有十年了。

毋庸置疑，无论是高中教育从数量扩张转向内涵发展，还是为全市不同层次学生提供多元发展需求，实验性示范性高中（以下简称"示范性高中"）的建设对推进上海普通高中教育改革和发展，产生了一系列积极的影响。同时，处于基础教育链上游位置、扮演"领头羊"角色的示范性高中，在进一步发展过程中遇到了一系列难题和困惑。例如，教育资源过度集聚，反而影响了教育均衡化发展；功能定位不够明晰，无法实现教育多样化。又如，"实验"规模过大，反而让实验、示范无从下手……

只有找准并破解这些发生在示范性高中身上的"结构性矛盾"，才能算真正抓住了当前基础教育改革的"牛鼻子"。

上海示范性高中不是太少，而是太多。"超级中学"集中了相当多的优质资源，与其他普通高中之间的鸿沟越来越大，影响区域教育均衡化发展，客观上也在激化"教育公平"的矛盾。

从家长最感兴趣的话题谈起：升学竞争之所以激烈，是因为大家都有一个共同的心理诉求。孩子上学，最好上名校。从基础教育阶段来说，无论是买学区房对口所谓的名牌小学，还是随后激烈的"小升初"，其主要目标就是日后能进入示范性高中。

看上去，让孩子读示范性高中似乎很不容易，从小就要拼搏竞争。如果跳出这个圈子，看一串数字，或许感觉就完全不同了。

截至 2012 学年的最新统计，上海共有普通高中 150 所，其中市实验性示范性高中有 55 所，占比 36.7%。如果算上市区两级实验性示范性高中，那么入读"重点高中"的学生，实际上已经超过了全市高中学生数的 70%。

2005 年至 2006 年时，上海共有高中 146 所，完中 184 所，在读学生 30.82 万人。其中，市实验性示范性高中有 39 所，在读学生约 6 万人，占高中学校数 12%，占高中学生数约 20%。

如果横向比较北京、广东等其他地区试验性高中的数量，可以得出结论：上海示范性高中比例已经偏高。

激烈的升学竞争一直给学生、家长造成一个"假象"，似乎示范性高中太少，而实际情况恰恰相反，上海示范性高中已经太多了。这就直接产生了一个体制上的矛盾——为了均衡而影响均衡。

想当初，取消市重点中学和区重点中学，建设一批示范性高中，改革初衷是期望通过一批优质高中建设来带动普通高中整体均衡发展，应该说，在一段时期内，确实促进了上海高中教育水平的提升。

示范性高中增多，当然在一定程度上满足了更多老百姓把孩子送进"名校"的诉求。但是，随着示范性高中数量逐渐扩大，这些学校又集中了相当多的优质资源，客观上造成示范性高中与其他普通高中之间鸿沟越来越大。在一些地方，已经出现了超常规模发展的"超级中学"，这都直接影响了教育均衡的实现。

由于示范性高中多为公办体制，教育资源的大量倾斜势必凸显"教育公平"问题。基于目前的办学体制，基本公共服务与优质公共服务被混为一谈，客观上让老百姓对受教育质量的期望和标准大幅提升，而从当前的国力与地区发展实情角度来看，又难以满足。

当前的示范性高中大多数脱胎于过去的重点高中，遗传了相当多的"应试基因"。大部分学校还是在围着升学率、学科竞赛转，在示范功能的类别上并没有达到当初改革的设想。

分析沪上一批示范性高中的定位，不难发现其功能和导向方面出现的一些"自相矛盾"。

从"重点中学"到"市实验性示范性高中"，名称变化的背后是办学理念的变化，即要促使一些学校积极寻找先进的办学模式。示范性高中的建设，一个主要考虑是在上海创设一批在某些方面有个性、特点的学校，促进高中教育的多样发展。可惜的是，目前本市的示范性高中大多脱胎于过去的重点高中，遗传了相当多的"应试基因"。这些年，大部分学校还在围着升学率、学科竞赛转，它们在示范功能上并没有达到当初改革的设想，反而依旧在应试上推波助澜。实际上，一所学校要办出特色，需要相应地在某一或某些个性发展上有相匹配的资源和师资。但是，上文已经分析，示范性高中出现"大型化"的趋势，资源和师资势必吃紧，办学个性、特点难以在学生身上有所显现。人们看到的反而是不同的示范性高中出现了"同质化"的办学趋向，尤其是课程结构方面比较单一。面对社会对人才需求的日益多元化，示范性高中在人才培养上的反应相对滞后，没有真正体现"示范"，或者说，示范得还远远不够。

实际上，我们并没有厘清"示范性高中"与"优质高中"的区别，不自觉地把两者混为一谈。真正的示范性高中，应该是"小而精"的，优质学校在数量上倒可以多一些。可能是导向上欠合理，到目前为止相当多的"重点高中"在对创新人才的早期培育、对学生优势潜能的识别与开发上没有作出应有的贡献。

语数外理化生等10门课程牢牢占据高中生的课表，雷打不动。近些年来，国际上的高中改革趋势是：课程多样化，促进学生个性发展。

示范性高中应该从哪里开始"破题"？借鉴国外的成功办学经验，我们或许可以获得一些启示。在中学工作的这些年间，我也曾陆续考察过发达国家的一些重点学校。这些具有鲜明办学特色的高中，具有一个共同点：规模有限。这和我们的"超级中学"正好形成鲜明的反差。比如，以人文教育为特色的美国菲利普斯埃克赛特学校，在校生1000人左右，教师200余人，包括9—12四个年级，开设了包括人类学、艺术、古典语言等在内的19个学科的450余门课程。韩国釜山科学高中以科技教育为特色，每年招生规模在120人左右，选拔的激烈程度可想而知。

示范性高中应该是"小而精"，并坚持"实验性"。把示范性高中、优质高中及其他普通高中控制在合适的比例范围内，才能进一步促进上海普通高中的多样化发展。

在功能定位上，示范性高中必须在自身的功能定位上尽快找到突破口。针对不同学生的个性发展和需求，如何做到因材施教？创新人才是分领域、分层次的，如何加强对这一群体的早期识别和培养？在这些关乎人才培养和教育的"课程现代性"领域，发达国家已走在我们的前面。国际上很多高中的改革趋势是：在夯实基础的同时，注重专门领域的引领。不少在办学上富有特色的中学，都能拿出让人眼睛一亮的课程表。

英国近年大量发展专门特色中学，所谓的专门特色，包括科技、外语、体育、艺术、商业与企业、工程、科学、数学与计算机、人文和音乐等10多类，这些学校为中学生提供的必修科目较少，让他们有更多的自由去学习能满足自身需要和志向的个性化课程。

通过课程的多样化，促进学生个性发展。研究表明，日本普通高中开设的学科总数超过8000门，其中包括普通科4706门，农业科393门，工业科797门，商业科1010门，水产科48门，家政科430门，护理科141门等。日本明确提出，高中的教育任务是"使学生能基于对必须履行的社会使命的认识，结合自己的个性，选择未来的道路，提高一般教养与掌握专门技能"。

认真研究、对照一些发达国家在高中教育发展上呈现的新特点、新趋势，就不难发现自己的问题和与他们的差距。

简而言之，示范性高中要实现从"大"到"强"的转型，"强"的参照系应该是世界一流的先进水平。如何在学生创新意识提升与个性、潜能开发上找到与国际对话的空间，形成国际影响力？只有正视我国高中教育与"世界一流"的差距，示范性高中的下一步发展才能找到准确的突破口。

【对话唐盛昌】

《文汇报》：按照您的看法，上海示范性高中数量已经偏多，应控制规模。可就目前的招录情况来看，中学生的学业负担和压力已经很重，如果继续缩小示范性高中的规模，那么竞争岂不是更加激烈，学生的负担和竞争不是更重吗？

唐盛昌：现在不少家长持有一种看法，认为国外的孩子都学得很轻松，他们是在实行素质教育，而中国的孩子因为应试，所以学得太苦了。事实是这样吗？我们应该清醒地看到一个事实：素质教育和学业负担，其实是两码事，不存在因果关系。

不仅是中国，在世界上大多数发达国家，只要是想读所谓的"好学校""名校"，这些学生的负担都是很重的。我们没有看到哪个读美国常春藤学校的学生每天过得很轻松、很舒坦。美国高中的情况也一样。可他们是在实施"素质教育"啊。

素质教育是遵循每个学生的个性和特长,让其发挥到尽可能高的水平,实现个性和教育需求的匹配。偏理还是偏文,爱好哪个学科领域,培养的方式都不尽相同。但是,只要你跟那些在美国读私立高中或名校的学生聊一聊,马上就会知道他们是多么紧张而忙碌的。

中国和发达国家的区别是在发达国家中只有5%—10%的尖子生承受着比较沉重的负担,因为他们内心有追求更高层次学业水平的需求,有成为领袖精英人才的渴望,心甘情愿地承受压力并付出。中国的情况刚好相反,有百分之八九十的学生都觉得自己的学业负担太重。从人力资源的发展和配置角度来说,是否真的有必要让这么多学生承受"高负担"? 这才是我们教育界要正视并解决的问题。

用一把尺子量人,我们的学生只能"抑长强短"

《文汇报》:实际生活中,我们发现了不少这样的案例:有的学生在国内接受教育,感觉前途迷茫,考不上心仪的学校,也不知道自己今后要干什么。但是,他们选择留学后往往感到海阔天空,并进入自己喜欢的学科领域。对此您怎么看?

唐盛昌:到海外留学绝不是"保险箱"。但是,教育工作者确实应从这种趋势中看到我们的教育评价体系存在的问题。到目前为止,我们基础教育对学生的培养,不是"扬长避短",而是让学生"抑长强短"。

举个最简单的例子,上海高考语数外,每门150分。如果一个学生外语不错,高一就能达到140分水平,那么老师的建议往往是"你的外语已经可以了,多花点时间在你'短'的学科上"。因为我们现行的人才选拔和评价没摆脱"用一把尺子衡量所有人"的局限性。即便是高校近年来探索的自主招生,用"先笔试,拉根分数线再面试"的做法,也没有完全破除"一把尺子"的弊端。

因此,有的学生到国外留学,之所以感觉有"活路",很大程度上是因为这些学生在国内的学校学习时有些学科学得相当吃力。在国内,这部分学生在升学时是吃亏的,但国外的情况则不同。以美国为例,很多高中开设有大量的选修课,允许学生在完成必修科目的情况下,根据自己的个性和爱好选修。在这样的教育氛围下,每个人都是不同的,彰显自己不同的特点、特长,形成自己个性化的知识构成,而大学在选拔时也根本找不到一把固定的"尺子"。

世界一流高中的秘技:都有自己研发的课程图谱

《文汇报》:根据您的看法,我们的高中课程在现代性方面已经落后了,这是为什么?

唐盛昌:在穷国办大教育方面,中国的成就举世无双,无论多高的评价都受之无愧。我们的基础教育绝对有自己的特色并在世界上处于前列。但从建设人力资源强国、教育要适应信息时代变革的高度看,还要从国际比较中,看到改革与发展的方向。

我曾比较过我们的高中数学课本和 IB 课程(国际预科证书课程)的数学课本,发现其中约有 45% 的知识点重合。有些知识点,我们这里学得难一点,IB 课程看上去教得难度偏低,但实际上,它把知识面大大拓宽了。比如,现代科学中普遍使用的微积分、概率、统计学等知识,在 IB 课程里都出现了。

物理学也一样,我们的学生花了大量时间去学习经典理论,而 IB 课程则是推陈出新。比如,iPad、iPhone 都能实现屏幕自由翻转,背后的原理是什么? 医院里的人体核磁共振仪器,核磁共振成像的原理又是什么? 这样的例子不胜枚举。

实际上,无论是课程的设置,还是具体教学内容的安排,个性化教学方案的背后都有系统、科学的理论作支撑。乍一看,国外很多名校的选修课很多,学生想学什么就开什么,而我们的高中开设一些选修课也不是难事。其实不然,真正具有教学特色的学校,在开设课程前都有经过缜密研究而形成的课程图谱,这才是"好学校"的真正竞争力之所在,也是示范性高中未来应该探索的领域。

(记者樊丽萍采写,刊于《文汇报》2013 年 11 月 8 日,收入本书有改动。)

6.

洋校"鲶鱼"搅动上海 唐盛昌谈上海国际化教育

"应该让中国的孩子上怎样的国际学校？我想最高标准是学了之后出得去，然后也能回得来。"

教育国际化是全球教育发展的基本趋势。自 2010 年起，国家和上海的《中长期教育改革和发展规划纲要》都将教育国际化列为新一轮教育改革发展的重要任务。

同时，数据显示，2013 年中国出国留学总人数达 41.39 万人。从结构上来看，本科及以下就读人数占比增长迅猛，留学低龄化趋势越发明显。

在此背景下，开设国际课程由十几年前的新生事物，到现在早已遍地开花。从最初只有极少数人才能就读的国际学校、民办学校试水国际课程，到如今公办高中也大量开设国际班、国际部，并已由一线城市逐渐扩展至二三线城市，成为教育国际化尝试的生力军。

国际化教育摸索多年，可以说当下正进入加速发展阶段。其中，国际高中究竟经历了怎样的发展脉络？当下其市场格局怎样？发展背后又存在哪些问题？……

为此，《新民周刊》近日专访了对教育国际化有独到见解的"内行人"——上海市基础教育国际课程比较研究所所长、上海中学（以下简称上中）原校长唐盛昌，试图厘清上述问题，并找到未来国际学校发展的方向。

51 年扎根教育实践第一线的唐盛昌，在全国率先抢滩公办学校国际教育事业。1993 年，他创办了上海第一所教育教学由中国人自主管理的国际学校——上海中学国际部，让中国人自主管理的国际教育品牌引领全国，并在国际基础教育领域不断发出中国的声音。

唐盛昌表示，一所学校最终能不能产生影响力，关键是看它的核心竞争力和办学质量，而不是依靠名气。

从"擦边球"到规范办学

《新民周刊》：上海最早的国际学校出现在什么时候？

唐盛昌：最早的国际学校是美国学校。美国学校在比较早的时候就享有特殊政策，它原来是专门为使领馆人员子女而设的学校，但20世纪90年代以后，美国学校不只局限于招收使领馆人员的子女。

《新民周刊》：包括双语学校、公立学校的国际班等，这些国际学校集中出现是在什么时候？

唐盛昌：基本上是在2000年以后，实际上大量出现是2002、2003年。刚开始国际部是面向中国学生，因为没有那么多国际学生，感觉有点变形。但是，能否招收中国学生，当时的政策没有硬性规定，也没有明令禁止。

那些办了一段时间、有了一定名气的双语学校，大部分也是由区级层面的教育行政机构支持的。严格来说，这种办学行为存在很多问题。比如，区级教育行政机构是否有这个权力？因为没有政策规定，可以说在打擦边球。

这种办学行为现在都在进一步规范。像今年就有规定，就读高中"国际课程班"，需要先通过"中考关"。同时，市教委今年还认定了21所高中的"国际课程班"。

《新民周刊》：现在都说国际学校市场很火，在您看来，这股国际学校热潮是从什么时候开始的？

唐盛昌：最近10年我们国家的教育格局发生了变化。以前很少有家庭负担得起国际课程的学费，一般家庭也负担不了出国留学费用，经济水平不匹配。但是进入 21 世纪后中国的经济实力有了很大的提升，相当一部分家庭逐渐富裕了起来，他们已经初步具备让自己的子女出国留学或读国际课程的能力，能承担高昂学费，这成为这个市场火爆的一个原因。第二个原因就是现在体制内的学校对学生个性发展不够关注。国外的教育观念逐渐渗透到国内，一些有着留学背景或国外生活经历的家长，他们对自己孩子读书苦和读刻板的科目感到不满意，这些家长希望自己的子女上更接近国际主流发展趋势的学校。

所以，第一个是经济背景，第二个是文化和教育观念的变化。家长认为培养孩子的途径可以不按照传统方式，可以采用跟国际接轨的方式。这样的人群在不断扩大，这就使得为中国孩子提供国际课程的学校有了生存的空间和发展的可能。

《新民周刊》：您认为，国际学校的优势在哪里？

唐盛昌：不只是教学结构现代性方面，还有判断学生学习能力的思路也不一样，国际学校更看重创新能力和批判性思维的培养。国际化教育对学生能力的关注绝不仅限于课本知识，还包括社会交往、社会参与和学生的自主发展等。

冷静选择洋校

《新民周刊》：中西方教育到底存在哪些差异？

唐盛昌：上中国际部成立 20 周年时，我出了一套书，一本是关于总体差异的总论，还有六本讲六门学科，对每门学科都做了非常详细的内容和教学方法等方方面面的比较。

从大的体制角度来讲，最大的差异在于：一是学生的个性发展，国外的指导思想是随着年级的升高，不同的学生可以学习不同的课程。国外首先有一个学科群的概念，而每个学科群里的课程又分成高水平和低水平。六门学科分"三高三低"，三高体现学生的个性，六门都要学则是共性。另外，国外的教材编写花了很大的心血，如理化生只要你学一门，就知道实验科学是什么。至于学哪一门课，完全由学生自主选择。

国外教育是以学生个人发展作为考量，可以说是扬长避短，要求学生在发挥自己长处的同时，至少其他不擅长的科目要达到平均水平。反观我国高中基本上学习相同的课程，要求达到相同的水平。

第二个差异是课程现代性问题，我们高中教科书是比较经典的、传统的，如实验科学或数学中绝大部分是18世纪和19世纪早期的内容，但是国际课程中有大量的现代的内容和思想。怎么教？什么时候教？用什么方式教？这些都可以变化，也就是对传统内容的现代处理和现代理解。这个也是现代化的重要内容，对教学非常重要。

《新民周刊》：在您看来，国际教育"教"比"学"更重要吗？

唐盛昌：对。有一种概念叫学科的教学结构，这跟学科结构是两码事，它规定了我们在高中、初中、小学阶段哪些内容是基础内容。我认为一个学校要发展，它对基础的理解就要变。我选什么内容？选了之后怎样教、怎样用？这也就是教学现代性问题。可以说，上中国际部经过20多年的发展，在这方面是做得比较好的。

《新民周刊》：目前，上海是不是国际学校最多的城市？

唐盛昌：应该是最多的，上海在这方面走得比较前，需求比较大。这跟上海的开放程度，与各方的交流有关，还有我们这里比较前沿，思想活跃，多元文化的碰撞在上海较明显。

有市场，就有需求，这也使国际名校纷纷来上海办分校。事实上，真正愿意花精力来中国办学校的很少，很多是一批有商业头脑，又跟这些名校有关联的人，看到了商机。包括现在的好几所国际学校，其实是贴牌学校，并不是这所学校关键和重要人士过来办学。这种现象在经济领域中是不少的，所以它们的教学质量是讲不清楚的。但我知道，也有多个国外学校不愿意做这种事，它们不缺钱。

现在招收中国学生的，相当一部分是中介在做，并不是自己有实力办，所谓的合作学校更多的是出于商业考虑。

《新民周刊》：有什么措施可以保证国际学校的教学质量？

唐盛昌：这是一个空白领域，现在首先要做的，是对它们规范办学资质，再对其教学质量、运作模式等进行评估，现在还没有到这个阶段。

《新民周刊》：家长应该怎样评判学校的好坏？

唐盛昌：一是搞清楚这所学校实质性的主办方。譬如，有些学校不一定是校名上的这所学校主办的，是教育中介。二是看课程设置和学校口碑。

助推本土教育改革

《新民周刊》：前面提到现在就读国际课程，必须过"中考关"，这会影响国际学校现有的招生方式吗？

唐盛昌：这并不意味着要求越来越高，只是不同的要求。国外的教学侧重点跟我们不一样，它们侧重的不是学习成绩，首先是身体好，第二社会意识强，诚信也要好。所以，国际学校招生也是多样化的，有些成绩不是很好的学生，其他方面很强，那他在国际学校中也能游刃有余。

《新民周刊》：有一种观点，国际学校更要求孩子自律，有些家长认为孩子进了国际学校将来就能出国留学，完全放弃对孩子的管教。这样的"熊孩子"会变得更"熊"吗？

唐盛昌：这个不好说。国际学校的确更强调自主发展，如果完全放任的话，也是有这种可能性的。但是，国际学校的自由不等于完全放任，在那里"熊孩子"也有可能会找到他有兴趣的课程，反而让他爱上学习。

过去的一些教育方式是抑制学生的长处，一定要你加强自己的短处，所以我叫它"抑长强短"，学生把更多的时间留给自己的弱点，这样学生的个性就发挥不出来，也培养不出学习的热情。这才是问题。

《新民周刊》: 国际课程在上海发展已经有 20 多年，有哪些新的问题有待改进？

唐盛昌: 20 多年与国际课程接触后，我有一些思考：应该让中国的孩子上怎样的国际学校？现在有好多学校实际上没有解决这个问题。一种是请外教来教，全是国外的那一套，但是中国孩子，特别是到了高中，之前接受的是体制内的教育，一下子转变，会出现很多问题，导致最后两个都没学好，成了"夹生饭"。

这意味着中国的根不能丢掉，中国元素不能丢。但是，在我看来，中西教育两者完全融合是不可能的，只能整合。怎样整合？现在我在上海星河湾双语学校就做这件事。

《新民周刊》: 引进国际课程对中国教育有何借鉴意义？

唐盛昌: 提出基础教育国际化的思路是正确的，但国际上很多东西可能与我国的体制、观念、背景有冲突。另外，基础教育国际化并不是一句话就能解决的，牵涉一连串实际问题，需要我们进行系统思考。

中国学校引进国外课程牵涉教育主权问题。将某些国外课程作为选修课没有问题，但要引入完整的课程体系就是法律问题。能否以中国学生为对象，在一个学段，全部使用国外课程，学校是没有权力决定的，目前更多是在教育部的授权下实施的。同时，纯粹从学术角度讲，有些国外课程到底应不应该引进还是需要论证的，引进的意义、目标、投入、产出比都要好好研究的。

所以，我们现在试点国际课程，有两种方法：第一种是以我为主的做法，在自己的架构体系下，有选择地挑一两门国外优秀的课程，这种方式是我可以接受的，上中本部就是这样做的。第二种是完全按照国外体系来做，如果注意衔接，那是可能的。但是，现在很多教育机构没有这个耐心把前面的基础做扎实，所以看上去引进了很多国外的课程，但实际效果并不好，因为引进的是片面的、不完整的。

《新民周刊》: 这就涉及如何推进国际课程的本土化问题。

唐盛昌: 最重要的是搞清楚国际课程是怎么一回事，我们怎样按照其标准做到最高水平。

另外,国际课程给我们教育改革提供了参考,国际教育的主流就是学生可以学习不同的课程。高考改革是需要实践的,单纯理论是没有用的。最新的高考改革方案稍微有点变化,2014 年是试点,2017 年是检验。虽然科目变化不大,但学生可以选择,也可以学到不同的水平。这已经往前进了一步了,表明我们是朝着国际主流方向发展。

(记者应琛、实习生葛妍采写,刊于《新民周刊》2014 年第 37 期,收入本书有改动。)

7.

唐盛昌：培养创新人才的学校责任与国家战略

基础教育的创新人才培养应界定

创新人才有层次、类型之分，不要说高中阶段，即使到了大学阶段，也只能说是创新人才的早期培育阶段。

《上海教育》： 您在 2008 年以"聚焦志趣、激发潜能"为突破口，率先在上海中学开展了"高中生创新素养培育实验项目"。作为先行者，您是如何看待这个问题的？

唐盛昌： 我所理解的创新人才，是指在某个领域有可能做出开创性工作的人才，"高中生创新素养培育实验项目"力求从一般意义上的"尖子"选拔与再加工的旧模式中解脱出来，突破"应试教育"的藩篱与"学科类竞赛"框架，对创新人才我觉得有两个重要概念需要厘清。

第一个概念，创新人才培养前面要加上"早期"两字。一个学生究竟是不是创新型人才，很难在中学阶段就表现出来，小学、初中阶段关注学生兴趣培育，高中阶段逐步聚焦学生志向与兴趣，大学阶段确立学生专业志向。所以，创新人才有层次、类型之分，不要说高中阶段，即使到了大学阶段，也只能说是创新人才的早期培育阶段。中学阶段的早期培养只是甄别这些学生的可能性，而对未来，谁也不敢打包票。

第二个概念，笼统提创新人才并不合适。现代社会的一个显著特征是社会各个领域区分非常明显，在高中区分学生发展领域，到了大学还可以转方向。上海中学自 1990 年始，每年从上千名学生中选拔 40 多名组成数学班，创设专门的课程进行培育，从 1998 年开始每年又从数学班挑选 10 余名数学领悟能力强的学生组成数学小班，进行小班化教育，并对其中涌现出的 3—4 名具有数学强潜能、高天分的学生进行个别化教育。在高中阶段，学生大的方向已确定，但他们即使在数学领域中表现出是苗子，我也不敢说他们在其他科技领域也是创新人才。培养科技人才的方式和特征与培养经济人才、培养人文人才是不一样的，培养专业科技人才的方式与培养比尔·盖茨等复合型人才的方式又不一样。现实中并没有通用的模式，目前我们说的创新人才培养，需要有一个清晰的界定：基础教育科技领域早期创新人才的培养。

培养创新人才应改变现有课程

当今世界课程改革的趋势之一就是课程越来越多样，这是中外课程第一个巨大的差别。只有有了多种选择性课程，才能谈适应学生的发展。

《上海教育》：您觉得在上海中学的国际课程实践中，创新人才培养在哪些方面是最值得借鉴的？

唐盛昌：目前对创新人才培养主要有三个问题：以学科竞赛作为唯一的判定标准，对有潜质学生的早期淘汰（在总分标准前过早出局）；对学生智能的不当引导（过于关注优势智能而忽视全面智能的开发，对学生优势智能的错误判定）；对有创新潜质学生的引导不力（知道学生有创新潜质，但没条件、能力引导）。我国科技领域出人才的概率比国外低很多，这里首先涉及课程方面问题。当今世界课程改革的趋势之一就是课程越来越多样，这是中外课程第一个巨大的差别，只有有了多种选择性课程，才能适应学生的发展。

课程高选择性是指学生在具备一般学力的情况下可以用更多的精力，更宽的宽度在某一方向上学得更多的内容。其特征是构建在"学科群"思想引导下基于共同核心内容之上的高选择性课程。

第二个差别是兼顾个性潜能与差异性的层次选择、科目选择。从国际主流课程体系角度来看，其选择性内容在所有课程中所占比例在45%—55%，这种选择性是全方位的选择，并不单指内容，IB数学内容分为四个层次，学生只需从其中选择一个层次作为自己IB全科课程的一部分。从对各层次的描述中我们可以清晰地看出其层次的分类依照了两个标准，即学生的标准水平和未来发展方向。在IB课程中，物理、化学、生物学只要学一门就行，这个观念在我国中学里是无法接受的。

第三个差别是课程设置的水平。这个水平并不是单指难度或深度，更多的是两者对现代科学的理解认识不完全一样，我们经典的多，国外现代的多。所以理化生的教学目标、水平、实验课程有70%内容是不同的，这也表现出四个特征：

一是更新快，内容新。美国、英国等国家的教材每隔2—3年会有一次改版，每隔6—8年会有一次全新编写，几乎60%的内容都要更新。在内容设置方面，如AP生物学科教材有专门的章节讲述现代生物技术和基因组学，从分子克隆技术讲到干细胞研究，乃至miRNA（微小RNA）、SiRNA（小干扰RNA）等最前沿的科技，以及人类基因组学和仍在进行中的各种模式生物的全基因组测序等。

二是根据学科结构的变化，重新审视与变更学科基础内容。学科结构变化随之而来的就是对学科基础知识的定位，我们原来认为的基础知识大多数已经随着科技和社会的发展要么被深入化要么被边缘化，甚至有了本质的变革。

三是以学科结构的变化推进学科教学结构的变化。以化学学科为例，我国中学化学教材仍然以物质结构和元素周期表为主线进行编写，而美国主流化学教材则以化学学科为主线，仅用了一章来介绍元素，将所有与该学科相关的理论知识整合进教材，这种变化已经在教学结构中有了清晰的体现。

另外，在实验学科教学中大量涉及现代化高科技手段，如AP生物学科教材中大量采用通过电子扫描显微镜、电子透射显微镜及激光扫描共聚焦荧光显微镜获得的照片等。

《上海教育》：如今中国学校开办各类国际课程方兴未艾，您对此有什么体会和看法？

唐盛昌：从国际课程实践探索角度来看。原先主要是针对境外学生实施，后来是学校为了吸引留学海外的生源而不断拓展。从当前的实践角度看，学校教育国际化探索主要有三种模式。一是全面照搬国际教育中的某些做法或课程，聘请熟悉该国教育或国际课程的外国人主导并实施，这种做法有些取得了一定的效果，但更多的是将办学变成让中国学生顺利留学的培训活动。二是引进某些国际或国别课程，根据学校具备或可争取的条件，中国化地加以实施，这种改造有些在一定程度上推进了学校发展，如通过课程比较，明确了课程改革的切入口。但是，有些由于过于本土化而难以与国际教育衔接，或将学校变成了留学预备机构，不可能形成在国际教育中的地位与影响力。三是关注引入国际教育的先进元素，注重适合国情。校情的改革，以中国人自主管理为主导，形成自身特色与亮点，既能与国际教育衔接，又有与国际教育对话的空间，推进我国教育的国际影响与水平。

在我国从人力资源大国走向人力资源强国的背景下，我们应把研究视角集中于一些优质高中为培育国际化人才奠基。从国外的国际课程实施质量情况角度来看，高质量主要集中在一些基础好的优质学校。在英国、美国开设 AP、IB 课程数量的多少，往往成为学校是否高质和成为学生选择学校的重要衡量标准。现在对国际课程存在一些误解，如许多学校开设了 IB 课程，但其原本的目的是针对国际化优秀学生，并不是一种大众化的普及教育。美国 AP 课程，应是高端定位课程，并不仅仅是进阶先修课程。所以，我国高中实施国际课程所面临的一个最大问题是要摒弃"应试味"，真正从人才成长需要角度出发把握国际课程的要旨。

国际化教育不能仅仅停留在引进层面，核心在于学习并自主创新的过程。因为引进只是国际化的一种手段，我们的最终目的是在解剖国外具体的课程标准、教学内容、教学方法甚至每个教学细节的基础上，将其优秀的经验理念与我们的教育理念相结合，办出有东方特色、上海个性的国际化教育。

既要培养建设者更要培养接班人应为社会共识

如何早期发现和培养各领域具有统领气质的接班人？这个问题在目前的国家层面和企业层面都找不到答案。

《上海教育》： 您长期担任上海中学校长，曾在学校毕业典礼上勉励学生"要成为国家的栋梁之才"。您觉得上海中学和其学生应该发挥怎样的作用？

唐盛昌： 我一直在思考，对于像上海中学这样的公办学校，学校的办学目的是什么？

我觉得第一个思考点是有关我们教育的价值取向。创新人才永远是只占人群总数5%左右出类拔萃的有个性的人。随着社会的发展，构建创新型国家与建设人力资源强国的提出，要求对人才培养的层次、类型有新的思考与布局。我们既需要各行各业的高素质劳动者与一般创新人才，更需要高层次领军人才与拔尖创新人才。拔尖创新人才、专门人才的早期培育与高素质劳动者的早期培育是有差别的，创新人才的早期培养，既包含科技类，也包含人文、社科类等多种类型。我们传统高中的培养目标，实际上还是强调培养学生学科知识与能力。现在我们聚焦科技方面的创新人才，那么金融类创新人才、政治类创新人才，我们现在有没有学校在进行早期培养呢？

我们对探索与冒险精神等缺乏研究，我们的学校在办学过程中主要是以培养建设者为目的的，我们的优秀学生到美国去基本上只是"高级打工者"。如何早期发现和培养各领域中具有统领气质的接班人，这个问题目前在国家层面和企业层面都找不到答案。

《上海教育》： 如今学校创新人才培养更多地面对来自社会各方面关乎教育公平诉求的压力，您又如何看待这个问题？

唐盛昌: 这就是第二个教育公平的思考点,目前看来,社会对公平的理解还停留在所有人接受同样的教育这一层面上。人的培养必然有差异,我们在体能上可以接受,但在智力上就反对,这种公平没有考虑人的差异性,给中国教育发展带来了巨大的阻碍,无法将每个人的潜能发挥出来。所以另一个问题是,目前我们的社会舆论是否接受身边存在一所早期培养创新人才的学校?我记得10多年前考察过韩国釜山科学高中,这所公办学校有400多个学生,当时一年的教育经费超过一亿元人民币,韩国社会对此并没有质疑,韩国有16所这样的科学高中和19所外语高中。美国根据创新人才的早期培养需要,在基础教育阶段设立"蓝盾学校""科学高中""人文学校""州长学校"等。

我认为,关注创新人才的早期培养与当前我国推行的基础教育均衡化政策并不矛盾。基础教育均衡化,并不等于"教育平均化",教育发展水平通常是与经济发展水平相匹配的,上海中学有30个数字化创新实验室,课程选择性高。这些都需要强有力的经济支撑,教育发展可以领先时代但无法超越时代,实验性示范性学校今天正面临转型的问题,需要更多地聚焦创新人才的早期识别与培养。

创新人才培养应有顶层设计

人才培养模式的创新既需要"顶层改革",给予政策上、理念上的支持,又需要"底层改革",各级各类学校能采取相应措施将理念真正落到实处。

《上海教育》: 从"钱学森之问"到聚焦高考改革,您心目中创新人才培养与教育应如何?

唐盛昌: 单纯讨论高考的改革,我觉得这些观点都是下位的,教育中真正上位的问题是教育方针与导向。首先要意识到问题在哪里,无论是"钱学森之问"对当前教育的拷问,还是建设人力资源强国与构建创新型国家的现实需求,都应考虑将创新人才的培养问题放在怎样的地位。创新人才的早期培养已经成为学校教育必须面对的重大课题，创新人才早期培养涉及教育行政部门、学校与社会等方方面面，不可能在短时间内解决。所以我们要从这个角度思考、付诸行动才能在改革上获得突破。

其次，创新人才培养需要中学与大学相衔接，我们的大学将"Liberal Art Education"翻译成"通识教育"，并大谈特谈。原本以人为本的个性教育，成了以知识为焦点的"通识"，这是根本性曲解。上海中学学生与其他高中相比，高中毕业后出国率很低，但大学毕业后他们多数会留学，我问过原因，他们中的一些人表达了对中国大学的无奈。比如，无论是从知识更新的速度，还是从创新成果出现的黄金阶段来看。都需要我们对人才培养周期有新思考，上海中学赴美国留学的学生，在美国读完大学，至少能拿到双学士，甚至是硕士，然后第五年就开始读博士，不少学生25岁左右就能接触前沿领域。一个人干事业，出创新成果，25岁左右正进入黄金阶段。按照我们国内现在的人才培养周期与体制，许多有天赋的学生难以在这个阶段进入前沿领域，取得创新成果。

最后，人才培养模式的创新既需要"顶层改革"，给予政策上、理念上的支持，又需要"底层改革"。各级各类学校如果能采取相应措施将理念真正落到实处，人力资源强国视野下的人才培养模式创新探索才会成功。这是一个需要从多方面加以研究的课题，一些目前宣传的学校教育经验因得到太多的特殊政策支持，不具有普遍性。不同类型的学校完全可以从自身实际出发，探索不同领域、不同层次人才的早期培育规律，形成契合时代发展需求，富有自身特色的人才培养模式。不同的学生，创新意识和创新能力培育的要求是不同的，并不是说所有学生都要以此作为发展主线，对一般学生来说，重在培养创新意识。至于课程建设、实验室建设、师资队伍建设和体制建设的重要程度，则要根据不同的培养要求来定，不同的学校、不同的学生，有不同的需求，因此不能一概而论。如果只是培养创新意识，我想对实验室的要求就不会太高，而要培养创新能力的话实验室就非常重要了。

由于量和惯性，教育在短时间内只能逐步扭转、循序渐进，根据不同地区选好策略，分步推进，从改变教育观念入手。需要有更大的魄力，面对更大的难度，更需要每一个教育者找到一个合适途径真正把教育办好。

（记者赵玉成采写，刊于《上海教育》2014年第07B期，收入本书有改动。）

8.

整合国际元素，创造中国独特的教育体系

一所优秀的学校背后必有一个优秀的校长！在新中国成立 70 周年之际，中国教育在线有幸邀请到一批优秀的中学校长并进行对话，于宏观处感受中国基础教育 70 年来的伟大成就，于微观处体会他们对教育的理解、对学校的治理经验及他们的情怀。这一切，对我们所有关心教育的人都有莫大的启发与借鉴！本期嘉宾：上海中学原校长、上海星河湾双语学校校监唐盛昌先生。

一波三折的求学经历，读书给我的是一种宏观思维

陈志文： 上海刚解放时，您应该还很小，您还记得新中国成立时的一些场景吗？

唐盛昌： 怎么会不记得。我是上海人，家在南京路，解放军进城后组织了一场大游行，我家那一段是最热闹的。那时我刚五六岁，在我这个小孩子眼里看到的是，解放军来了，好威风、好神气！

陈志文： 那时候能读书的人不多，您读书的经历是怎样的，有哪些故事可以与我们分享？

唐盛昌： 我小时候因为搬家换了两次学校，也连着跳了两级，13 岁读高中，16 岁进大学，20 岁就大学毕业了。因此，我念书的时候同班同学年龄都比我大，初中时甚至有同学比我大五六岁。

高中时，有次学校选拔学生参加上海市数学竞赛，我抱着玩一玩的心态报了名，全校选了 6 个人，我是其中之一。当时我年纪小，比较贪

玩，不好好读书，学习成绩一直属于中上等，并不拔尖，而且其余5位同学都是经过专门培训的，只有我没有参加过任何辅导。但是，我的竞赛成绩很好，好几道其他人做不出来的难题我却做出来了，这是老师们没有想到的。

后来进入大学，我的专业是数学。说起来很有意思，我父亲想让我读建筑设计，但我不是很喜欢，我想读中科大。在填高考志愿时，我还是遵从我父亲的意见，第一志愿填了同济大学建筑系，保底志愿填了上师大数学系。现在说起来可能是历史的误会，在录取时，我第一批就被上师大数学系录取了。

我对这件事的印象很深刻。在当时的社会大背景下，我作为小孩子的一些想法没有得到家庭的认可。因此，我做老师、做校长后，是绝对遵从学生意愿的。

陈志文：其实即便错了，之后会自己调整、换专业的，这个过程也是学生成长的一部分。

唐盛昌：对。

陈志文：您是哪一年读大学的？

唐盛昌：我是1958年至1962年读大学的。我读大学的前几年经常搞运动，学生根本没有时间读书。1960年，我读大三时才开始稍微规范一些，能读些书。

我在大学时属于比较另类的。数学系不是我想念的，做老师也不是我的志愿，我原本的愿望是想搞科研、当科学家。我觉得数学系的课程太容易了，不听也无所谓。所以，我总是坐在最后一排看自己喜欢的书。

我经常去图书馆借各种书，涉及哲学、经济、政治等各领域，包括二十四史等。其中，在大一、大二时读的《资本论》让我印象很深刻，这是一本值得读的书，但不容易读。我读了两本，一本是原著译作，另一本是日本学者写的解读和评析，后来我的政治经济学成绩一直非常好。《资本论》让我意识到当时很多高级知识分子自身的局限性，他们更看重个人或家庭的发展，对国家、社会的发展大趋势反而关注得比较少。

从所有读过的书中，我得到的并不是针对具体问题的解决方法，而是一种宏观思维，让我更多地认识到民族、国家的复兴，培养了我的家国情怀。

陈志文：我明白您的视野为什么那么开阔了。您不只是从一个点上看办学、看数学教育，而是在更宏大的背景下看待这些事。而您所读的书就是基础。

唐盛昌：没错。大学阶段的大量阅读让我认识到，对青少年来说，眼界不能小，眼睛不能只看到鼻子底下的那一小块。

我的大学还有一个跟别人不一样的地方，我当时学的是俄语而不是英语，而且俄语成绩不错，看了很多俄语书，也让我开阔了视野。现在我的俄语还没有完全丢掉，之前到俄罗斯去，一般的对话我都能听得懂，不过说的能力弱一些。

陈志文：大家一直都说您能讲一口地道的美式英语。您在大学里学的是俄语，那英语是在哪里学的呢？为什么要学英语？

唐盛昌：大四的时候我选了一门英语选修课，学了国际音标，当时我是零基础。1962年大学毕业后，我做了老师，工作上比较游刃有余，业余就一直坚持自学英语。

那时我意识到，对整个国家的发展来说，掌握不好语言是不行的，只掌握俄语是远远不够的。我已经觉到英语的重要性，即便当时可能用不到，但我坚信以后英语是一项非常重要的能力，必须把英语学好，这是我的信念。后来上海中学成立了国际部，跟国外的交往越来越多，我的英语也越来越派上了用场。

英语与俄语其实有很多相近之处，把俄语的语法搞清楚后，学英语就比较容易。我花了几个暑假的时间，把高中所有的英语教科书全都念完了，基本上一两个星期一本。

陈志文：其实对很多人来说，没有那么简单。您能讲地道的美式英语,不仅有阅读能力,还有口语能力。

　　唐盛昌:学习口语是非常难的。那时候英语没有听说资料,我就找了一张唱片,用留声机反复听,不断地校正自己的发音和用词,看了很多书。

　　陈志文:从某种意义上说口语也是一层窗户纸,捅破了就很容易过去。

　　唐盛昌:是的。我的英语没有老师教,都是自学的。很多单词是我一个个从字典里查出来的,好处是能了解每一个单词在前后文中的确切意义,其实我们现在很多英语单词的解释是有偏差的。

　　"文化大革命"(以下简称"文革")期间,很多人大概都稀里糊涂地就过去了,而我恰好抓住这段时间自学英语。从大学毕业到"文革"结束,我学完了英语,还自学了师范以外综合大学的一些数学课程。

　　陈志文:您为什么会有这么强的自主学习能力?学习从来不是一件快乐的事。有些孩子沉迷于游戏,三天三夜不睡觉也不觉得累,但学十分钟就觉得很累。有些孩子学进去了,就会觉得很享受。

　　唐盛昌:学习也不一定是一件非常痛苦的事。我们对游戏的问题有些误解。为什么小孩子会喜欢打游戏,游戏吸引人的地方在哪里?实际上,游戏是抓住了小孩子争强好胜的天性。在日常生活中,小孩子往往是弱者,而在游戏中,因为他们年龄小、反应快,反而有可能获得非常好的成绩。

　　小孩子喜欢能让他不断成功的游戏,在某种程度上符合了人希望获得成就感的内在需求。另外,在日常生活中,如果失败了是要付出很大代价的,但在游戏中失败了是不需要付出代价的,成功了会受到奖励。

不断思考、积累经验,大胆开办上海中学国际部

　　陈志文:"文革"时,您已经开始教书了,您对当时教育的认知是怎

样的？这段时期对您有怎样的影响？

唐盛昌："文革"期间，我和我的家庭没有受到严重的冲击。那时候我是一名青年教师，是白专典型，业务非常好，对政治不够关心。这期间，我学了很多东西，自己有了很大提升，对很多问题有了更清晰的看法，对教育也有了一些想法。

"文革"期间，强调工程教育，忽略了物理、化学等学科。从历史角度来看，因为当时考虑到我国工程基础太弱，要加强工程相关学科建设。但是，把问题想简单了，处理得比较粗糙，把学科体系打乱了。从大方向角度来讲，"文革"期间在教育上做的事是错的，但也提出了一些需要思考的问题。

我对"文革"期间人与人之间的相处方式较反感。但是，从另外一个角度讲，我们经历了这个过程后，就会思考人与人之间的正常关系应该是怎样的。

比如，我在上海中学做了 24 年校长，校长的位置曾赋予我责任和义务，但退休时我很清楚自己的位置，年龄到了就应退下来，并且帮助后面的人顺利接手。我不在乎头衔之类的，我认为，我应该为社会、为教育、为大家做更多的事。

陈志文：您对人性的复杂性和丰富性有很深刻的理解，所以您在处理事情时界线就会很清晰。您不在乎头衔，原因是您骨子里有一种自信。

唐盛昌：我确实不需要这些。我更需要、更喜欢、更希望的是人与人之间的真诚，不管是对中国人还是对外国人。我们学校外教的流失率很低，不到 7%。

陈志文：其实通过真诚建立了信任，而且一定也有共同认可的某种价值观，才会留下来。

唐盛昌：真诚和信任是建立良好社会的基础。小到一个单位，大到整个社会，如果没有真诚和信任，是很难发展好的。我们一直在讲真善美，但真正要做到不是那么容易的。

陈志文：之后，就到了改革开放。您对改革开放这 40 年有些怎样的感触？

唐盛昌：改革开放最初那几年，百废待兴，我在晋元中学做数学教师，几位校长对我都很好，很关心。几年时间里，我就从普通教师成长为数学教研组组长，后来又做了副校长、校长，这段时间我个人的发展非常快。一方面，是因为我写了很多文章，表达了很多看法，在社会上有了一定的影响力。另一方面，在每一个岗位上，应该说我都做出了成绩。

我是从晋元中学教师岗位直接调到曹杨二中担任主管教学的副校长的，当时对我的影响很大。曹杨二中的数学一直比较弱，他们希望我能改变这一局面。三四年后，我离开曹杨二中时，学校数学会考成绩是全市第一。

后来我到上海中学就任时，正是学校的低谷。上中原来是一所比较好的高中，"文革"期间停办了，1978 年恢复办学，请了原来的老校长回来，他为上中的发展作了非常大的贡献。1984 年，老校长因年龄原因退休了，其后接连换了三位校长。上中的发展遇到了一些问题，刚恢复高考时，上中是上海市数一数二的中学，我接手时下降到 20 名左右。

陈志文：调到上海中学时，您多大年龄？您觉得当时上海中学主要面临什么样的问题？

唐盛昌：我是 1989 年调到上海中学的，那年我 47 岁，年龄刚好。调入上海中学后，我主要面临两个问题：

一是，上海中学是市级学校，也是传统名校，需要用更宽阔的视野看待它今后的发展；二是，社会大背景有了变化，邓小平在南方谈话中提出要打开国门，因而不能再用纵向坐标来衡量中国教育，而要从横向上来分析，与世界进行对比。

改革开放后，中国经济的很多领域做了很多基础工作，大量引进国外品牌的流水线，以提升中国相应产业的水平。电视机、汽车，中国原本都不会做，但我们通过引进生产线，对每一个环节进行解剖，找到差距，再一个个补，最终建立了中国自己的产业。1993年开始办上海中学国际部时，我就想，教育为什么不可以这样做？

上海中学国际部就是做这件事，将国际课程按照其标准原封不动地引进来，把每一个环节拆开、搞透，判断哪些有道理，哪些没有道理，再进行重新建构。

第一步，我们引入了IB课程，扎扎实实地教，找到我们的差距。我那时很明显地感觉到，我们教的物理、化学太古典。

当时办国际部的难度很大，我们面临着经济问题，政治上也有些敏感，但我还是做了。因为我的感觉是，中国要进一步发展，就必须打开国门，必须要与国际上教育的整体发展趋势相匹配。

另外，我也考虑了上海中学未来的发展问题，这对我们来说是一个重要的大问题。

慎重选择国际课程体系，上海中学国际部达成两大目标

陈志文：您在上海中学国际部为什么选择首先引进IB课程？

唐盛昌：当时我参加了一次IB课程主办方（国际文凭组织IBO）在中国召开的会议，提出了几个问题，引起了他们的注意，会后来找我聊，很惊讶我能用英语交流。接下来，他们邀请我到IBO总部访问，一是希望我能从一名中学校长的角度做一场关于中国教育发展的报告，二是想让我看看IB课程是怎样的。

从总体上来讲，我觉得IB课程的整体情况比较好，而且灵活性也比较大，所以就考虑引进IB课程体系了。

陈志文：在目前较为流行的几个国际课程体系中，IB课程对举办者的要求是非常高的。比如，A-Level本身就是考试，且与英联邦标准化的课程体系相关联，有标准教材和标准教纲，便于进行质量控制，对学校来说比较好操作，而IB课程则给了学校很大的再创造空间。

唐盛昌：是的。我觉得 IB 课程有两个较为突出的特点：第一个特点是将英美中小学课程理论化、体系化，形成完整的学科教学体系，且不同于任何一个国家的课程体系，达到了其他课程体系没有达到的高度；第二个特点是 IB 设立的三大核心课程——认识论（TOK）、拓展论文（EE）、行动与服务（CAS），从科学哲学角度提升了中学课程架构，这也是其他课程体系没有的。

但是，IB 也有一个比较大的问题，作为一个私营组织，它要考虑经营问题。IB 拥有三个项目，分别为 PYP、MYP、IBDP。其中，他们在 IBDP 项目上的投入是最大的，成本非常高，做得也比较好，是 IB 最有价值、含金量最高的项目；PYP 和 MYP 项目是 IB 的主要盈利项目，大幅度放宽了要求。

陈志文：后来，您也引进了 AP 课程，为什么？

唐盛昌：引进 IB 课程几年后，上海中学国际部也引进了 AP 课程。AP 课程不是完整的课程体系，相对来说比较容易做。后来在上海星河湾双语学校，我们采用的也是 AP 课程，主要考虑国家意识形态问题。

上海中学国际部可以采用 IB 课程，因为只招收外籍学生。但如果面向中国学生，我个人认为采用 IB 课程不那么妥当。IB 课程的意识形态主要以西方为主，中国的国家课程体系整合不进去，对于高中教育来说，政治上会产生很大问题。

AP 其实是考试，并不限定学校使用多少考试科目，这样就有了整合的可能性。我在上海星河湾双语学校首先提出来，思想品德、中文、历史、地理这四门中国的核心课程是必读的，在此基础上再融合 AP 课程。以我的课程为主，把你的好东西拿进来，我觉得这是合适的。这样，办学的大方向就不会有问题。

总体上来说，学校在选择国际课程时，需要考量的问题有很多，不只是学术问题，还有政治方向问题。

陈志文：在中国办学，就必须注意这个问题，不能在这件事上较劲。

唐盛昌：没错。这是符合我们现在发展的大形势的。

陈志文：我们回到上海中学国际部，您觉得，上中国际部的举办是否达成了您的目标？

唐盛昌：通过举办上海中学国际部，我觉得完成了两大目标。第一个目标是了解了国际上各类教育的最高水平，以及其逻辑和发展趋势，包括有大幅度改变的地方。我作为校长，开始考虑能做哪些事，不能做哪些事。

第二个目标是使上海的整体教育环境得到了改善，提高了软实力。以前，外国人一直抱怨在中国找不到合适子女念书的学校，上中国际部解决了这个问题，并且得到了认可。

外籍人员子女学校其实不大好办，关键在于校长是否能掌控住学校，最重要的一条是要能管得住外教。在中国，很多学校是管不住外教的，中国校长对外教基本没有影响力。我的经验是，校长在与外教沟通时，一是要了解他们的文化背景和习惯，二是要让他们赞同你讲的道理。这样他们就会接受你的理念，学校的发展方向也就会比较正确。

十多年前，我们请六七位外国人用了半年的时间来拟订英语教学大纲，分为母语和非母语两个部分。我看了以后觉得，母语部分可以，非母语部分不行，需要推倒重来。我需要说服外教重新拟订非母语部分的英语教学大纲，要告诉他们错在哪里，为什么错了。

我提出，非母语部分的英语教学大纲不应只是在母语的基础上增增减减，这个思路是不对的。母语是思想的语言，母语与非母语英语教学的本质区别在于语言背后不同的思维方式、文化背景等。制订非母语英语教学大纲的思路应是研究第二语言的英语教学该怎么做。

吸收国际上先进的教育元素，坚持中国的根

陈志文：您建立了中国第一个高中国际部，并且不是简单拿来，而是做了很多的融入、融合。其间，您有些怎样的思考？

唐盛昌：IB 确实让我意识到有很多问题可以进行思考。比如，学

科群的思想。学科群思想现在已经发展到一定阶段了，并且有了一些变化，但我们在这方面做得不是很好。如今高考中出现的很多问题，很大一部分原因是学科群的基础没有做好。

在 IB 体系中，物理、化学、生物学都属于实验科学，在学科体系中是平等的，也就意味着在教学中的课时数、内容容量等基本要素也是一样的。IB 课程中每门课的总课时为 240，分为三个部分，第一部分为 80 课时的核心课程，第二部分为 150 课时的基础课程，第三部分为 10 课时的拓展课程。

同样，今天我们绝大多数地区的高考中，这几门课的地位也是相同的，这就要求每一门课的权重都是一样的，但实际上目前是不太一样的，物理的难度比生物学、化学不知道大多少。因此，选物理的学生人数在下降。

陈志文：您分析得很对。这次高考改革出现的物理选考人数下降问题，一是由于我们默认孩子会理智选择，但显然是功利选择；二是忽略了学科的难易程度问题，把较难的学科和较容易的学科放在一起比了。

唐盛昌：是的。我思考的第二个问题是学科教学架构，学科架构和学科教学架构是两码事。学科架构是客观的，是没有价值判断的，如数学学科的基础内容在美国、英国、中国都是一样的。但是，学科教学架构不一样，是存在价值判断的，包含对学科的认识。由于价值判断不同，在教学中选择内容的标准就会不一样。

在每个国家的课程体系下，学科教学架构都有所不同。AP 课程与我国高中课程的教学内容相比，只有 20%—30% 的内容是一样的，两者的学科教学架构是完全不同的。

随着对学科认识的改变，每个时代的学科教学架构也是不一样的。比如，化学，在中国目前的化学教学中，元素周期表的"影子"还没有完全去掉，但国外已经去掉了，因为现在的化学学科是从分子运动水平角度来考虑问题的。

陈志文：这就不只是一个简单的难易问题了。

唐盛昌：这是一种选择，选择什么样的教学架构，就意味着用什么观点来看待这门学科，并在此指导下判断哪些内容是重要的，哪些内容可以不学。

我讲的这些不是空话，是有数据支撑的。我在《中美中学理科教材比较研究》一书中详细介绍了中国高中课程与 AP 等国际课程不一样的地方。我通过办国际部，真正了解了国际上的中学教育达到了怎样的水平，不是空泛了解，而是具体了解。

陈志文：您刚才的分析才是问题的根本，您是真正在做有中国特色的国际课程。对星河湾双语学校，您的期待是什么？星河湾双语学校的特色是什么？

唐盛昌：我现在希望能针对中国学生做出一套教育方案，既能比较好地吸收国际上先进的教育元素，又能坚持中国的根，让学生在国外学习后也能回得来。星河湾双语学校有一个提法就是"出得去，回得来"。

星河湾双语学校的第一个特色是课程整合。所有的初中毕业生都要参加上海市组织的学业水平考试，完成我国《中华人民共和国义务教育法》规定的基本要求，所有的高中毕业生都要参加上海市教委规定的四门学科的学业水平考试，通过率均达到 100%。第二个特色是注重学生的个性发展和选择。

陈志文：您认为，国际课程的引进对国内的中学教育有什么影响？

唐盛昌：以上海中学为例，国际部的很多因素也融入上海中学本部的发展中。当然，像学科群这样涉及课程体系思想的很难迁移过去，但有些是可以的，比如探究式学习。

探究式学习在国外教育中很受重视，我觉得思路非常好。上海中学的探究式学习在两方面做得非常好：一是硬件设施，建立了很多数字实验室，没有平台和设备是很难进行探究式学习的；二是对学生探究能力的培养，如建立课程图谱以培养学生的选择性思维。课程图谱就是根据每一学科的教学架构，将所有课程进行分类设计，形成一个可供学生进行选择的体系。

陈志文：那么，您觉得国际课程中，有哪些是我们不能进行迁移的？

唐盛昌：不能迁移的有很多。从哲学层面上讲，现在国外比较流行的是主观唯心主义，与我们的唯物主义有很大不同。当今社会，有很多东西原本是不存在的，都是人类思维达到一定程度后，根据基本原理创造出来的新事物，如计算机。所以，是先有客观现实，还是先有思想，这是不一样的。从哲学角度来讲，西方有些观念我们是不能完全接受的，必须采取比较慎重的方法来处理。

从意识形态层面来讲，也涉及一连串问题，包括前面提到的学科中的很多观念。

各类国际中学课程体系中有很多东西是融不进去的，只能整合。我们要做的是，以中国的课程体系为基础，整合国际课程体系中有价值的东西，而不能把两者简单地合并在一起。

厘清中国学生评价体系问题，标准化指标是基本门槛

陈志文：您认为，目前国际上主流的学生评价体系是怎样的？您怎样看中国的学生评价体系？是否可以借鉴国际上的一些做法？

唐盛昌：现在国际上主流的学生评价体系是多元化的，对不同的学生有不同的评价标准，而中国目前采取的是相对单一的评价体系，如高考。当然，这也是由中国社会当前整体的发展状况决定的。但是，高考发展到现在，我觉得有一个问题，即计入总分的科目越来越多。

陈志文：要把学生变成十项全能选手。

唐盛昌：是的，在这一思路下，学生的学习就变成了补短，哪一科不行就补哪一科。

陈志文：但人生应该是扬长的。

唐盛昌：对，我们需要的人才是扬长的，而不是补短的。所以，高

考的这一思路可能需要调整，要尽可能地与人才的培养方向保持一致。

我在这里简单地介绍一下美国的评价体系。首先，其标准化指标的考查内容相对清晰。比如，SAT只考数学和阅读写作两个最基本的部分，这也是美国高校在选拔人才时最基础的门槛，学校越好，标准化指标的门槛越高。

其次，注重多元化评价，突出对学生个性发展的引导。比如，高校选拔人才时，在达到基本门槛的基础上，要参考一些个性化内容；IB课程体系中，学生未来想要往哪个方向发展，在评价中就会提高相应方向的要求。

陈志文：中国高校现在也在探索综合评价招生的模式。但是，我认为，中国高校在综合评价招生推广的问题上要谨慎。并不是说这一理念或方式是错误的，只是目前不适合在中国进行大规模推广。

唐盛昌：您的考虑不无道理。我对美国大学录取情况比较熟悉。其实，美国高校录取首先要看的也还是标准化成绩。美国第一流大学，要求学生的标准化考试成绩一般在90分（按百分制测算）以上。个别大学要求95分左右，并且要求有约5门AP成绩都是最高分。在此基础上还要有明显的个性特长。排名前30的大学，要求学生的标准化考试成绩可以稍微低一点，但基本上都要求有3门AP课成绩，在此基础上还要有个性特长。排名前50名的学校，要求学生的标准化成绩较好，并有一两门AP成绩。排名在50—100名的学校，只要学生标准化成绩好，基本上都可以录取。

陈志文：是的，标准化成绩是基本的门槛。第一流学校录取要看学生的综合素质，因为学生的标准化成绩基本上都是满分，需要根据学生的个性特质来进行筛选。

唐盛昌：优秀的标准化成绩是进入一流学校的资格，过了这个门槛才看综合素质。

陈志文：在美国，家庭背景优越的学生往往才可能表现出较高的综合素质。常春藤大学有17%的新生来自家庭收入在全美前1%的家庭，只有14%的新生来自家庭收入在全美后40%的家庭。像哈佛大学等名校，他们选拔学生的目的是选择未来更有出息的人，而不是最好成绩的学生，这是两种逻辑。

唐盛昌：是的。曾任耶鲁大学校长20年之久的理查德·莱文讲过，如果一个学生从耶鲁大学毕业后，居然拥有了某种很专业的知识和技能，这是耶鲁教育最大的失败。耶鲁大学校长讲这句话是对的，因为耶鲁大学要培养的是领导人，而不只是具体的操作人员。

陈志文：所以说，这样的方式可能未必适合我们。

唐盛昌：对国际上的一些评价方式，我们可以借鉴，但一定是建立在我们自己现实情况基础上的。

中国教育70年的伟大成就，创造了自己的教育体系

陈志文：新中国成立70周年，您怎么评价我国在教育领域取得的成就？

唐盛昌：第一，中国构建了世界上规模最大、质量最高的基本教育体系。第二，从小学、中学到大学，中国各级各类教育的提升速度和幅度举世无双。就以上两条来讲，我们已经足够伟大了。

中国教育有很多好的地方。先从小处说起，首先是我们的数学教育，从思路到方法都非常好。其次是我们的教学思路在基础知识的掌握方面有独到之处。第三，我国教育均衡化水平比较高。

国家教育一般分为三个层面：基础教育服务、优质教育服务和高端教育服务。我国的基础教育服务是世界上最好的，无论用什么来评价，都是如此。这是我们最骄傲的，世界上其他国家没法跟我们比。

我曾经将中国教育与其他很多国家的教育进行过比较分析，得出过一些结论。比如，美国的精英教育是世界上最好的，但其基础教育服务不怎么样，美国中学的毕业率很低。又如，芬兰的基础教育服务是按照优质教育服务标准来确定的，是世界上水平最高的，但有局限性，只

有少量国家可以做,大部分国家做不了,包括英、美。

陈志文: 在这一点上,我跟您的结论相似。芬兰的社会发展水平比较高,2016 年芬兰人均 GDP 排全世界第 17 位,而中国排名 74;其社会保障制度也是世界一流的,甚至超越了英、美,是其他国家很难支撑的。

唐盛昌: 对芬兰来讲,在经济形势不好时也是难以支撑高福利的。

还有,以色列的精英教育是世界上最好的,带有强烈的军队色彩,但由于人口的大量扩张和外部环境,以色列的基础教育服务做得并不好。

中国教育也有需要注意的地方。比如,中国的优质教育服务有些偏,与创新人才培养混在一起,很多地方没有弄清楚界限。我们在创新人才早期培养上还比较欠缺,需要高度关注,因为这会影响国家的进一步发展。

陈志文: 如果一定要找一个能作为中国教育的参考样本,您认为是哪个国家?

唐盛昌: 中国的教育体系是很独特的,在世界上并没有真正可以完全参照的对象,我们也根本没有必要找这样一个样本。这是由中国教育体系的特性所决定的:

一是意识形态,教育必然与意识形态相关,我们与西方的意识形态和价值判断体系是不一样的。

二是人口基数,中国目前人口总量已达到 13.9 亿,中国的教育体系要把所有老百姓都要考虑进去,这是英、美等国没法比的。因此,中国必然要创造自己的教育体系。

陈志文: 您觉得中国教育体系接下来应该在哪些方面进行调整和提高?

唐盛昌: 我觉得,需要从顶层设计上考虑两大问题:一是高端教育服务怎么做,二是该怎么应对资本介入教育的问题。

当前最应考虑的是高端教育服务,我们还缺乏对高端教育体系的整体思考。这是一个比较复杂的体系，我认为首先必须分类，对科技、政治、经济等领域高端人才的培养是不一样的。我们可以将美国的高端教育体系作为一个研究样本。

另外，资本的进入改变了教育格局，这需要教育主管部门加以重视，现在很多课外培训机构的盈利比较高。

陈志文：我曾经做过一个研究，好未来集团在 2013 财年的培训学生人次为 82 万，2018 财年增长到了 744 万，2019 财年前三个季度总人次已达到了 951 万，增长得非常迅猛。"减负"可能是其中一个很重要的因素。

唐盛昌：说明这是学生和家长的客观需求，政府要想办法应对这一问题。

陈志文：对于"减负"问题，您是怎么看的？

唐盛昌：在中国，目前应该是超过 80% 的学生负担过重，而不是整体负担过重。在精英教育的模式下，学生负担怎么可能不重？我去其他国家的精英学校参观时，学生们告诉我，基本没有晚上 12 点以前睡觉的。

陈志文：以旧金山著名中学惠特尼中学为例，一个高中女生的目标是"魔鬼数字 4"，即睡 4 个小时、喝 4 杯咖啡、考 4.0 的成绩，而且是天天如此。在美国，很多优秀的中学生下半夜睡觉是家常便饭，比国内要辛苦。

唐盛昌：一个国家有 10%—15% 的学生负担重，这是正常现象，高端人才的培养确实比较辛苦，但这样国家才有希望。

美国在这方面的现状是，百分之七八十的学生负担不重，百分之二三十的学生负担很重。这是有一定道的，我们不能要求所有学生负担都很轻。

陈志文：中国教育现在应考虑的是怎样把 80% 的学生负担减下来，而这背后其实是一个社会问题，是我们国家对人才评价体系的问题。社会拿分数量人才，学生和家长当然会追求成绩。另外，现在中高考题目难度越来越低，重复率越来越高，学生之间的差距缩小，区分度越来越低，但试题难度实际上跟学生负担没有关系。

要解决所谓的负担过重，一方面要解决社会评价问题，另一方面教育部门也要进一步优化技术因素。

唐盛昌：我赞成您的观点。

着力进行拔尖创新人才培养，增强中国整体竞争力

陈志文：您怎样评价目前我国的拔尖创新人才培养？您觉得有哪些问题？

唐盛昌：目前我国的拔尖创新人才培养还需要进一步建立完善的体系，并进行深入思考。

在今天的大背景下，拔尖创新人才培养是中国竞争力的保障。一个国家的发展，没有顶尖人才是不行的。教育要保底，但不能封顶，我们不能把最优秀的人才扼杀掉。

有一次教育部想了解对美国九年级以下数学教材的意见，我们就与美国的一大批专家进行了会谈。会谈中有一句话对我的印象很深，他们说，基于目前年轻人的天赋，对他们未来发展所能达到的水平，怎么估计都不为过。就数学竞赛来说，有很多初中毕业生的水平已经达到"国家队"标准了。

陈志文：能否给我们讲一下您在拔尖创新人才培养方面是怎样做的吗？有哪些经验？

唐盛昌：在上海中学国际部时，我们借鉴了国外的经验并结合自己的情况，走出了一条我国拔尖创新人才早期培养的道路。对拔尖创新人才培养，我有以下几点认识：

第一，拔尖创新人才是分领域的，不是所有的学生在所有方面都能成为拔尖创新人才的。我们要把那些在某一领域真正有天赋、有潜力、能到达最高峰的学生识别出来。从理论上来说，这可以通过一系列指

标进行识别的，但目前这还是一个没有完全破解的世界性难题。

陈志文：您用了一个词，是识别，不是选拔。

唐盛昌：不是选拔。看一个学生是不是真的有天赋，识别是第一步。第二，在拔尖创新人才的早期培养中，要注重思维方式和科学态度的培养，并且要结合学生的性格和思维品质特点。比如，对在数学领域有天分的学生来说，思维的跳跃性和缜密性的完美结合是一个非常关键的素质，但这两者又是相对的。数学比较厉害的人，思维跳跃性非常强，通俗地讲就是反应非常快，但同时缜密性也非常好，也就是说要跳得准确。他们的第一反应往往是跳跃性的，然后回过头来看一看是否正确，否定掉不对的，并且马上作出新的判断，具备这种素质的学生就有点天才的味道。

第三，在拔尖创新人才培养过程中，要注意到今天我们对教育的很多想法都有颠覆性变化。首先，教育架构原本是以学科为基础的，现在出现了学科交叉融合的趋势，但还没有颠覆原有的架构，目前正处于一个转折期。有些人提出以课题或项目作为主线做教育架构，那么问题就来了，课题或项目所需的各学科基础知识如何覆盖？在类似 STEM 的概念中，虽然已经有了跨学科的大思路，但是还没有实际落地的教育架构。其次，人工智能的出现也引起了教育的变化。人工智能和人类智能是两个方向，人工智能是建立在大数据基础上对事物的识别和判断，人类智能是在数据量远远不足的情况下，基于小数据的识别和判断。以人脸识别为例，人工智能是通过大数据把人脸的每一个细节都记录下来形成模型，在识别时与人脸进行数据对比从而确定身份；人类智能则是在没有经过数据测量的情况下，依靠感性认识很快在脑海中建立起模型，并做出识别和判断。在未来的教育中，哪些学生能将人类智能和人工智能更好地结合在一起，哪些学生就能成功。

陈志文：很有可能，我们过去认为是重点的基础知识，未来就不是重点了。

唐盛昌：对。所以，我认为，这也使现在的学习方法产生了巨大变化，如我提出的黑箱学习方法。以前，我们在学习知识时必须循序渐进，一步步走，每一个环节都要搞懂，现在我们没有必要每一个环节都搞懂，完全可以采用黑箱操作方式，跳过其中的几个环节。

在黑箱运作过程中，我们只须知道输入什么和输出什么就足够了，如何操作可以不知道，但不影响研究结果。其实团队合作就是这样的，我把不懂的部分交给专家，告诉他们输入的条件，由专家进行运作，然后告诉我结论，我再用结论继续做下去。

今天，如果我们还要求每个人必须循序渐进地把全过程的每一个细节都搞懂，是行不通的。人工智能的出现，意味着我们需要对原有的学习理论进行反思及创新。

陈志文：您对人工智能在教育领域中的应用有怎样的建议？

唐盛昌：人工智能的优势在于基于大量数据的即时性选择，如果用人工智能来强化以记忆为主的学习方法就误入歧途。比如，什么是好驾驶员？原来好驾驶员只要驾驶技术好就行，车开得又快又稳就可以；现在好驾驶员必须要进行路径选择，要马上知道如何能最快到达目的地，这就必须借助人工智能 APP 软件。这就是人工智能和人类智能的结合，教育也应往这个方向走。

专业能力、管理能力、社会能力，一名中学校长的素养

陈志文：您是学数学的，人大附中校长刘彭芝、深圳中学校长朱华伟也是学数学的，还有些中学校长是学物理的。对中学校长来说，数学和物理是两个非常重要的学科。您觉得学科对一个人的影响有多大，它的主要价值和作用是什么？

唐盛昌：从某一个角度来讲，不同学科的风格是不一样的。学数学的人大多数逻辑思维和思路比较清晰，其表现就是能办成事。从学校治理角度来讲，中小学涉及的面比较小，所以学习理工科的校长就比较有优势，关键在于他能办成事。第一线的校长需要处理各种各样

的问题。

但是，学理工科的人有一个非常大的局限性，形象思维往往不行，欠缺想象力，也就导致了视野受限、理论水平受限，这是需要突破的地方。

陈志文：我觉得，理工科学习其实是为人的发展打基础，至于未来所能达到的高度还是取决于多读书，慢慢打开视野，比如您。

唐盛昌：我的数学比较好，所以我的逻辑思维能力还可以，条理比较清楚。另外，人文艺术类书我看得较多，从某种程度上来说打破了理科思维的局限性。

陈志文：您是一位典型的综合发展的复合型人才。从您的角度来讲，一位中学校长应具备什么样的素养？

唐盛昌：我觉得可以分三个不同层面的学校来考虑。第一个层面是县市级学校，校长具备在一两个点上做出成绩的能力就可以了；第二个层面是省市级学校，校长需要有一定的理论基础，能提炼出自己的办学理念；第三个层面是国家级学校，校长要有独创性，要在某一个领域中有独到的优势，包括个人魅力。

陈志文：我从另外一个角度来看，可以把校长所需要具备的能力分为专业能力和非专业能力。对校长来说，除了具备专业能力外，经营管理能力、资源整合能力等非专业能力也很重要。

唐盛昌：是的，也可以总结为三种能力：一是专业能力、二是管理能力、三是社会能力。您提到的资源整合能力属于社会能力，也就是处理各种关系的能力。不同层次的学校在不同的阶段，对校长这三种能力所侧重的比例要求是不一样的。现在，校长的专业能力不见得是排第一位的，管理能力、社会能力所占的比例越来越高。

对我自己来讲，我觉得学校是教育人的地方，有几件事我是不做的：第一，其他学校的教师，我不挖，那是人家辛辛苦苦培养出来的；第二，学生家长中有很多有名望的人，我从来不用这些关系。

陈志文：我们常说，一所名校的背后一定有一位名校长，而名校长的谢幕也意味着学校这一段发展的谢幕。所以在某种程度上，名校长的任期有多长非常重要。您对此怎么看？

唐盛昌：在这一点上，我的看法有所不同，校长是阶段性工作。在担任校长阶段，要尽最大努力把学校各项工作搞上去，为社会作应有的贡献。年龄到了，该退时就应退下来，后阶段的工作就不要再去管了。

陈志文：如果请您对自己做的工作进行总结，您觉得自己最突出的特点是什么？

唐盛昌：不断学习和思考。

陈志文：您觉得独立思考能力可以培养吗？

唐盛昌：我认为，学习与思考能力是可以培养的。如果坚持学习与思考并达到一定深度和高度，就不是培养问题，也不是天生的。这要求有不断反思的能力，并且能以反思后的结论影响和指导自己的行动。

陈志文：我们现在留学生出国时遇到的问题多半不是英语问题，而是写作问题，不会写议论性文章，缺乏逻辑。这种能力在国外从小就对学生进行培养，由此培养了学生独立思考能力。

唐盛昌：这是做学问的基本能力，真正做学问，真正研究透一点东西，是要下功夫的，是很累很苦的。

陈志文：我觉得学问能做到什么程度，一方面取决于基本的专业素养，包括扎实用心和基本的科研方法，另一方面还取决于天资。

唐盛昌：是的。

陈志文：父母和家庭环境对您的成长有怎样的影响？

唐盛昌：家庭对人的影响是因人而异的。我的父亲是建筑工程师，做建筑设计的，毕业于上海光华大学。

对我来说，家庭对我的影响没有社会对我的影响大。对人的成长来说，父母和家庭给了一个初始的参照系，会影响一个人对文化、对传统的理解及对自己的定位和要求。但是，这只是初始参照系，并不是唯一或最后的参照系。学校、同学、阅读的书籍等因素都会对一个人的成长产生影响，参照系会不自觉地发生变更。

陈志文：我是从遗传角度来考虑这个问题的，我们的教育回避遗传问题。遗传有生理性遗传和社会性遗传。生理性遗传基本上都是正向的，一般来说，父母有什么，孩子就有什么。社会性遗传有一种是正向的，受父母耳濡目染的影响，还有一种是反向的，如父母在某些地方吃过亏，在教育孩子时就会刻意向反方向引导。坦率地讲，与同样努力的人相比，很多人勤奋未必有结果。

唐盛昌：勤奋是可以培养的，但是坚持就不一定能培养出来，要达到一定高度也是培养不出来的。

（《中国教育在线》陈志文总编辑采写，发布于《中国教育在线》2019 年 9 月 18 日，收入本书有改动。）

9.

构建拔尖创新人才早期识别培育链的探索与思考
——专访上海中学原校长唐盛昌[①]

我国在由教育大国走向教育强国、由人力资源大国走向人力资源强国的过程中，需要探索拔尖创新人才的早期培育和选拔路径。基础教育阶段作为人才培养的奠基时期，在拔尖创新人才的早期识别和培养中扮演关键角色。当前基础教育阶段如何开展拔尖创新人才早期培育的实践，发现具有中国特色的拔尖创新人才早期培育基本规律，已成为一个紧迫课题。上海在拔尖创新人才培养方面积累了丰富经验，通过对上海中学原校长唐盛昌的专访，本文深入探讨拔尖创新人才早期培育链的构建问题，以期为我国基础教育改革提供有益参考。

一、拔尖创新人才早期培育应关注八个特质

访谈者：唐校长，您好！非常感谢您拨冗接受采访。您领导并创建的上海中学国际部，多年来在拔尖创新人才的早期识别和培养方面进行了深入研究，积累了丰富经验，被誉为"中国人办的一所成功的国际学校"。首先，能否请您谈谈自己的工作经历？

唐盛昌：我于1962年参加工作，主要从事数学教学，包括奥数培训，1989年担任上海中学校长。1993年上海中学成立国际部，2013年

---

① 唐盛昌，徐奉先. 构建拔尖创新人才早期识别培育链的探索与思考：专访上海中学原校长唐盛昌［J］. 中国考试，2025，（3）：7-15.

我退休时，学生规模已达到 3000 多人，并且参加了 IB（International Baccalaureate Diploma Program）考试，成绩按照 IB 的总分排名是全球前五。因此，对国际教育这一块我比较了解。从 1996 年至 2002 年，我担任国际文凭组织（IB）校长委员会委员，也是亚洲地区、亚太地区校长委员会委员和亚太地区教育咨询委员会委员。我退休后还办过民办初中，即上海市民办华育中学，上海初中阶段具有拔尖创新潜质的学生有相当一部分集中在这所学校。

访谈者：上海中学在全国率先开展过多年的资优生教育探索和"创新素养培育实验项目"，积累了不少拔尖创新人才培育的实践经验。在您看来，基础教育阶段具有拔尖创新潜质的学生一般都具备哪些特质？

唐盛昌：我认为应包括八个方面。一是责任心与思想境界。一个学生如果没有责任心，只考虑个人前途，不能把眼光放在国家和人类的高度，没有宏大的志向，是难以获得可持续发展的。所以，我们非常强调促进学生基于责任与志趣的价值追求，从而极大地激活学生发展的内在动力。在智力水平与学业水平相差无几的情况下，学生的志向、毅力、思想境界直接影响他们可持续发展的高度。这一点，在许多人的成长中得到印证。

二是兴趣和潜能的匹配。这是学生可持续发展的内在动力源与未来发展达到一定高度的重要支撑。学生的兴趣领域不一定是他／她的潜能领域。实际上，学生的潜能在哪里，家长和教师可能都不知道，包括基础教育阶段的学生自己也不一定了解。这就需要学校去探究，给学生提供课程学习一定的选择性，让他们在选择学习过程中逐渐认识自己的潜能，找到潜能与兴趣的匹配点。

三是思维的批判性与深刻性。批判性思维关注发现问题，"学源于思，思源于疑"，是否敢于质疑、敢于发现并提出新的思路，是评价拔尖创新人才的重要指标。通过实验探索，我们发现有发展潜质的学生在面对问题时，大多数能表现出批判性思维。思维的深刻性是建立在兴趣领域深而广的个性化知识积淀基础上的。学生在质疑的同时，运用积淀的个性化知识，根据自己的思路去收集证据，直至运用证据证明猜想。这恰恰是科学家获得发现、发明的一般思路。举个例子，平时我们做氢氧化铁制备实验时都会注意到，反应现象是从白色逐渐变为红褐色。但是，在某次实验中，有学生提出为什么在反应过程中大概有一秒钟的时间出现了绿色，老师也感到吃惊，在十几年的教学过程中没有考虑过这个问题，然后这个学生就跟老师一起探索，最后成功地解释了这个现象。

四是思维的跳跃性与缜密性。对有发展潜质的学生来说，发现问题与提出新的思路、观点都需要思维的跳跃性。但是，只有跳跃性还不够，需要通过思维的缜密性来佐证。这一点可以举出一个实例。过去有个学生是国际数学奥赛冠军，而且是当年全世界唯一的满分获得者。在国家集训队时，有一次在考试中需要用到复变函数中最大模定理，他事先不了解这个定理，但在考场上推理出了这个结论，并把结论应用到解题过程中，整个考场只有他一个人可以证明，这就反映出他思维的跳跃性与缜密性。有发展潜质的学生并不是在每个领域中都能表现出这种思维特性，在其感兴趣的领域中更容易得到彰显。

五是钻研与痴迷。实际上通过金牌考验的学生非常多，但那些真正能被称为拔尖创新人才的，无一例外地都对学科的钻研达到了痴迷程度。专业知识的学习如果没有其他身心发展和思维水平的提升作支撑，就无法匹配拔尖创新人才标准。比如，中科大少年班项目，可能会培养出大量达到大师级水平的大学教授，但经过反复观察，并不能断定这些学生是不是拔尖创新人才。如果少年班只有这样的学生，那么他们发展的上限就是大学教授，这与我们的初衷有很大差距，我们希望这些学生能成长为具有世界影响力的人物。所以，如果没有专业的内驱动力，将无法获得持续提升。

六是坚忍性。在对目标的追求过程中，意志品质起到了强大的支撑作用，包括抗挫折力、自制力、持久力等。华罗庚曾经说过，根据我自己的体会，所谓天才就是坚持不懈地努力。学生在学习、成长与进行课题探究的基础上，同样需要坚忍性来助力他们发展。上海中学多年的实践表明，大多数资优生存在明显的"飞跃期"，并在"飞跃期"之前可能产生"高原期"，之后可能产生"迷茫期"，作为教师要对这些具有发展潜质的学生加强针对性指导和引领。有个学生最初进数学冬令营时是上海市十多名，后来在冬令营中名列前茅，入选国家集训队。刚入队时只是中等水平，但经过一段时间的训练，成功进入前几名，这是一个飞跃；后来拿到国际数学奥赛金牌，又是一个飞跃；获得金牌后他的兴趣转向物理，并成功考入国家集训队，入队前夕利用三个月时间准备雅思考试，并取得 8 分的成绩，这也是飞跃。在一次次坚持与飞跃中，他得到了突飞猛进的发展。

七是个性化知识构成。有发展潜质的学生可能存在单核、双核和多核等知识结构。单核知识结构的学生虽然整体成绩不错，但有一个核心学科，围绕这个学科涉猎其他学科。双核知识结构的学生集中在两个领域特别突出，如数学和计算机、数学和物理、数学和英语等。多核知识结构的学生在三个或三个以上的学科领域表现非常突出。这种个性化知识结构是学生未来创新素质的基础，对学生未来的专业趋向与人生发展将产生重要影响。不同的知识结构没有优劣之分，要根据学生的意愿加强引导。我们过去的课程体系构建与实践，极大地促进了学生的个性化知识构成。

八是基于一定领域发展的可持续性。一个人一生中最辉煌的时期不是高中时期，而是中学后的学习和生活，对于有潜质的学生来说更是如此。那么，高中在拔尖创新人才培育过程中如何才能确保现在好且将来会更好？这就需要为学生未来学习和可持续发展打下坚实的学力根基。例如，培养学生广而厚实的知识基础，关注学生基于一定领域的学科领悟力与智慧生成，准确识别学生的优势领域与潜能，关注数字技术与专门知识领域的整合与创新等。

上面八个特质是在我们实验中总结出来的，虽不能涵盖拔尖创新人才早期识别与培育的全部，但对科技类拔尖创新人才早期培育而言是尤其值得关注的。如果学生能在这八个特质上显现出良好的发展潜力，就有可能在未来的道路上走得更远，在拔尖创新人才的成长道路上不断迈进。

二、关注拔尖创新人才早期培育与推进教育公平的关系

（一）选拔培养拔尖创新人才应从对物的关注走向对人的发展的关注

访谈者：在从教育大国向教育强国迈进的过程中，拔尖创新人才的识别和培养是一个必须解决好的问题，需要我们在一系列观念上冲破束缚。在您看来，关注拔尖创新人才的早期培育，应该如何处理它与促进公平、优质均衡之间的关系呢？

唐盛昌：教育公平是社会公平的重要基础，突出促进公平，构建公平优质的基础教育体系是教育强国建设的重要举措。教育公平既包括机会公平，意味着每个人接受某种类型和阶段教育的可能性，又包括条件公平，意味着每个学生在受教育过程中受到平等的对待，每个学生都能在自己的已有基础上得到更好的发展。机会公平强调所有学生都能上学，条件公平则强调在学生能上学的基础上，努力提供适合每个学生发展的教育，使其得到适合个性的应有发展。

教育公平不等于教育平均化。在过去相当长的一段时间内，推进教育公平的立足点主要放在对学生享受教育资源的物质的公平上，尽可能满足每个学生享受相对均等的教育机会，关注学校硬环境、师资等的平等。在教育强国建设背景下，教育公平的立足点必须适时从对物的关注走向对人的发展的关注。当然，人的发展需要物的支撑，但新时代推进教育公平的"物"的创设，应当置于人的发展需求角度去思考，尽可能创设适合每个学生发展的教育条件。

学生的发展是有个体差异的，教育公平的推进要关注这种差异。每个学生的发展基础、优势领域、个性爱好、发展侧重点各不相同，教育发展到今天，对教育公平的理解就应从初级阶段的机会公平上升到真正意

义上关注人的发展的条件公平，而不能总用通常意义上理解的"物"的公平去看待真正适合学生发展的教育公平。如果说对有学习困难的学生提供帮助与提升是教育应尽的责任，那么对具有发展潜质或已经显露出良好发展潜能的优异学生、拔尖学生采取针对性的教育举措，包括提供适合于他们发展需要的条件、辅导，也应是推进教育公平的关键环节。

（二）提供适合有发展潜质学生的早期针对性教育，是推进教育公平的应有之义

访谈者：有学者指出，当前不能简单以平等性公平的观念去批判拔尖创新人才培养违背了公平原则，而是应将其纳入差异性公平范畴，在教育体系中为具有创新潜质的学生打开培养通道，建立专门的英才教育政策与法规体系。在您看来，中小学阶段学生创新能力的培养，如何既要面向全体，又要因材施教呢？

唐盛昌：拔尖创新人才的早期培养与高素质劳动者的早期培育是有差别的。目前，基础教育最欠缺、最薄弱的环节就是对英才学生的培养，将这批学生的发展与拔尖创新人才早期培养结合起来也应理直气壮。关注拔尖创新人才的早期培育，一方面要有"面"上的思考，不至于让真正有潜质的学生被早期埋没，同时可为未来人才涌现提供更为坚实的基础；另一方面也需要有"点"的突破，包括认识、发现、开发某一方面具有潜能的学生，或对已经表现出一定发展潜能的优异学生、拔尖学生进行有针对性教育。

关注拔尖创新人才早期培育，许多国家在关注"面"上推进的同时，也注重在"点"上的突破。例如，美国的蓝带学校（Blue Ribbon School）、州长中学（the Governor Dummer Academy），韩国的科学高中等，都是在宏观思考基础上的"点"的深化，在许多具体措施方面做得相对超前。我们当前关注比较多的还是学生在"面"上的发展，缺乏"点"上的深入思考及对适合他们教育的整体性研究。在促进有潜质学生发展的多样性上，我们的准备还显得相对不足。例如，从当前许多竞赛、加分的激励政策角度来说，主要偏向于科技类有潜质的学生，对人

文类、经济类、艺术类等有潜质的学生如何激励，还有待深入思考。提供适合有发展潜质学生的针对性教育，需要摆脱功利思想，真正从学生的潜质和发展需求角度出发去思考条件的创设、平台的搭建。人们必须认识到，如果我们在拔尖创新人才早期培育上不能认识到自身在国际化背景下的差距，势必会影响我国未来的人才结构，进而影响国家核心竞争力的提升，势必对教育公平的效能提出深层次挑战。

（三）努力创设适合学生"可能能力"发展需要的支撑平台

访谈者：刚才您提到拔尖创新人才的早期培养要重视在"点"上的突破，您认为，怎样才能找到学生兴趣与潜能的匹配点，让学生明确更适合自身发展的方向？

唐盛昌：学生的"可能能力"存在递减法则，当他们的这部分能力得不到认识或应有的关注与针对性开发时，这些"可能能力"就会减退甚至消失。当学生前一阶段的教育认识到了这些可能能力，并促进他们得到良好的发展时，后续阶段的教育也要创设良好的发展平台，帮助学生将"可能能力"尽可能地获得可持续发展。从一定意义上说，《教育强国建设规划纲要（2024—2035年）》提到的"创新潜质学生"，正是在某一阶段的"可能能力"得到初步展现的学生。拔尖创新人才的早期识别，就要努力创设适合他们发展需要的平台，促进他们创新素养的提升。

如何创设适合这些有创新潜质的学生发展需要的良好平台？首要的是课程。如果缺乏有针对性的课程载体，开发学生的潜能和提升创新素养就是一句空话。无论是美国的蓝带学校，还是韩国的科学高中，他们都有一套与一般学校完全不同的课程体系。如果学校的课程差别小，就会不可避免地导致千校一面、千人一面。目前，我们许多学校只有应对高考的课程，却没有真正意义上培养学生创新意识的课程体系，这就很难促进不同潜质学生的多样化发展。除了课程平台，努力创设适合学生发展的数字化平台也非常必要，因为基于数字技术平台的生存、发展、创新素养已成为数字化时代人才必备的核心素养之一。促进有潜质的学生基于数字技术与感兴趣专门领域的课程整合，更有利于发挥他们的优势和迸发更多创新火花。但是，促进这些学生的发展，仅仅依靠学校的力量是远远不够的，还应当充分、有效地利用社会资源，给学生提供更多的发展空间。

三、我国中学教育培养拔尖创新人才的优势和存在的问题

访谈者：刚才您谈到了国际经验的重要性，您在很长一段时间内专门从事国际教育，在中外比较的过程中，您认为，目前国内中学教育主要的成绩是什么？在培养拔尖创新人才方面有哪些优势？

唐盛昌：我们现在正在努力实现中国式现代化。中国式现代化的五个特征中，第一个特征就是人口规模巨大的现代化。我国中学教育的第一个巨大成就与此相对应。作为一个拥有 14 亿人口的大国，我们在普及知识、义务教育和基础教育发展方面取得了举世无双的成就。美国的基础教育也比我们差很多。我曾多次去美国，最发达的纽约地区，最差的学校与我们最差的学校相比，也相差甚远。我认为从这个角度来看，成就巨大。第二个巨大成就是我们正在跟上教育现代化的步伐。2014年启动的高考综合改革和 2017 年开始的高中课程与教材改革实际上使我们的教育尤其是基础教育从工业时代迈向信息时代。例如，三年疫情防控期间全国的教育教学没有停摆，网络技术支撑了各个年级所有学生的线上教学，维持了教育教学的正常运转，这是非常了不起的成就。也就是说，目前我们在线上教育方面已经打下了坚实基础，能应对突发疫情的严重影响和自然灾害，目前全世界没有第二个国家能实现如此大规模的线上教学。第三个巨大成就是课程教材改革对核心素养的重视，这表明我们正在稳妥地向教育现代化的方向发展。虽然与最先进的技术相比可能还存在差距，但这也是由客观情况决定的。我们的人口数量巨大，惯性太大，比其他国家都要明显。例如，我们过去讨论芬兰教育，他们总人口只有 500 万，相当于上海人口的五分之一，还没有浦东新区

的人口数多。在这种比较小的范围内，工业化信息化很容易实现，而我们 14 亿人口的体量与芬兰完全不可同日而语。所以，我认为我国的基础教育已经迈出了坚实的一步，国家层面和地方层面都在积极进行人才培养探索，拥有一套基本适合中国国情的方案，在此基础上继续努力，就能进一步完善和做好拔尖创新人才培养的选拔工作。

访谈者：现代化强国建设与激烈的国际竞争也对我国拔尖创新人才培养提出了新的更高要求。面对挑战，您认为，目前中学教育存在的主要问题有哪些？

唐盛昌：首先是评价问题。目前中国的高考以总分评价学生，这种评价模式在某种程度上导致了一些问题。一方面是抑制了学生的优势发挥，另一方面是更加凸显学习短板。例如，某学生数学成绩不好，要提高成绩只有一个办法，就是把数学的短板补上。数学学不好的主要原因是兴趣不大，或者在数学领域中的学习能力不强，如果不补全这块短板，就无法考上理想的大学，而各科成绩加总分的结果并不凸显学生的个性和特长。目前仅使用总分录取学生的国家不多，所以我们要借鉴其他发达国家的经验做法。例如，美国面向高校升学的基础测试一个是 SAT 考试，另一个是 ACT 考试，还有一个是面向母语非英语学生的托福考试（Test of English as a Foreign Language，TOEFL）。这些考试都不是由国家组织的，而是第三方考试，由具有高度权威性的机构组织，但社会认可度很高。SAT 和 ACT 的统考科目主要是英文和数学，证明学生个性特长的考试成绩则主要通过 AP（Advanced Placement）考试体现。AP 大概有 30 多门课程，学生可以随意选择，与我国高考相比这是最大的区别。我们是用一把尺子，也就是用高考总分衡量所有学生；美国不是一把尺子，而是多把尺子。除了统一的 SAT 或 ACT 测试外，其他课程按照学生的兴趣爱好进行选择。实际上这种差别背后蕴含的道理是评价标准的差异，多元评价是衡量学生的优势而不是短板。如果学校要开设满足多元评价的课程，那么课程的选择性就必须大幅度提高，相应地必然采取小班制，实际上走班制与小班制是联系在一起的。那么就产生了另外一个问题，不同考试的分数如何计算？目前我国采用的是不同科目的分数相加。但是，高度选择性课程采用绩点制，采用小班教学，用这套体制作支撑，才能实现多元选择下的多元评价。

2014 年开始我国进行高考综合改革，这要求高中全面实施选课走班，意味着教师和教育设施的翻倍，成本非常高，因此小班制很难推行。我去过许多省市，他们普遍反映的困难是师资缺口，即高中无法为学生提供多元选择。选课走班包括两种情况：一种是学科选修，另一种是同一学科不同水平学习内容的选修。我们的老师习惯于按照高考水平要求所有学生，所以复习备考是按照高考水平进行的，并没有为不同水平的学生提供选择。为什么竞争会很激烈？因为学业水平选择性考试也是服务于高考的，教师只会用高考的标准来要求不同水平的学生。

其次是教学内容现代化问题。美国 AP 课程中数学有 50% 左右的内容是涉及微积分和统计学的，其中微积分分为 AB 和 BC 两种，AB 主要包括函数、图像、极限、导数和积分等内容；BC 增加了向量方程、极坐标方程、数列、经济模型、生物模型等。我国中学生目前学习的数学内容是适合工业时代的基础内容，但人类已进入信息时代，仅仅学习初级数学方法是不够的，对具有潜力的学生而言，微积分是数学的基础内容，如果被排斥在教学内容外，实际上很多问题都无法解决。目前高中新课程从 2017 年开始已经向微积分方向发展，这是一个可喜的变化，但还需要走得更远一些。

最后是从教育体制角度而言，是全国一条线还是两条线的问题。美国的课程分为两类，一类是高中课程，不教授微积分，也没有微积分内容，大概一半学校都是这样的；另一半学校开设 AP 课程，可以看作高中的高端课程。如果这些学校的学生在高中阶段不学微积分，就无法进入高水平研究型大学和跟上整个时代的形势。英国中学的体制是 11 年加 2 年，即 11 年中学教育加 2 年大学预科。中学教育有合格考试，考试结束后读大学预科的不是全部学生，大部分学生都解脱了，这种体制不安排全民参与的高考。我国每年的高中毕业生有 1000 多万人，参加高考的学生规模非常大。从教育体制角度分析这些问题，我认为可以得到很多启发。

四、拔尖创新人才早期培育链的构建策略

访谈者：现在中央特别重视拔尖创新人才培养，近期出台的政策文件都提出这方面要求。请您结合多年教育经验，谈一谈中学和考试评价机构如何做好拔尖创新人才的培养与选拔工作？

唐盛昌：原先我们认为拔尖创新人才的培养是大学的事情，与基础教育无关，现在所有人都认识到并非如此。仅仅把拔尖创新人才的早期培养前置到高中阶段还不够，实际上要放到初中阶段。在基础教育中，拔尖创新人才培养按照什么思路进行？目前是以奥赛为主，我认为不算全部错误的思路，但肯定也不是最合适的方案。首先是数学，数学奥赛与其他几门学科的奥赛有所不同，因为其他几门奥赛并未受到更多限制。数学奥赛有一个制约，即采用初等数学方法解决问题，但是物理、化学就可以使用微积分进行操作。数学奥赛基本不包含微积分，就是初等数学内容，这与当前科技现代化发展相悖。如果仅以奥赛标准为标杆，我认为拔尖创新人才的培养不可能成功。

其次是既然应该从初中阶段就进行拔尖创新人才的早期培养，那么政策如何与此相适应？从考试机构的角度来看，中考和高考该如何鉴别出具有拔尖创新潜质的学生？这需要突破许多观念上的障碍，包括考试的指导思想。我们经常提到考试不能超纲，实际上不超纲是在抑制拔尖创新人才的培养。例如，目前我担任华育中学理事长，负责把握培养学生的大方向。十年前我曾经与华育的老师讨论过初中的竞赛生培养，我告诉他们要按照国际奥赛的水平进行培养，不要人为设置障碍限制学生的成长。十年来他们一直按照这个方向进行，近六年毕业的新高一学生中有 132 人获得五大学科竞赛一等奖，毕业生中有 5 人获得国际奥赛金牌，已经取得的成绩能说明一切。而且每届学生都是

这样培养的，基本没有加重负担，这证明我们学生的潜力。最近华育学生参加了丘成桐第二届国际数学竞赛，获得团体第一名并包揽了个人前六名。这说明现在的初中生经过早期培养，已经达到高中生中的最高水平。这是否已证明教育必须保底，但不能封顶？再举一个例子，北大的竞赛非常多，中学生数学科学夏令营的未名奖就是其中之一。2024 年全国有 10 名学生获得未名奖，其中华育初中的学生有 4 名。这说明有一批学生在初中阶段真正拥有较强的天赋，他们的水平比我们期待的还高出许多。如何培养拔尖创新人才，聪明的学生中有很多优秀的苗子，关键是能否被发现，能否找到有效且合适的方法去培养。不能用教育中的某些条条框框抑制有天赋的学生的发展，培养拔尖创新人才需要有另外一条人才培养通道。

再次是如何保证学生在当前的考试体系中能真正脱颖而出？我认为中考和高考必须进行深入的调查研究。高考这几年的改革成绩非常明显，原来学科的高考是基于学科知识掌握程度的测试，现在转变为基于学科知识的素养能力测试，考试的导向发生了改变。2017 年高中新课标颁布，提出了学科核心素养的新概念，涉及多学科和跨学科。这不仅是基于单一学科的思考，也是对综合能力的思考；不仅是解题能力，更多的是对创造能力、创新能力和探究能力的关注。如果高考按照现在的模式继续发展，就必然会出现另一项内容——基于核心素养的能力测试。现在基于课标内容的核心素养研究主要集中在学科层面，如果分析很多高校的入学面试，会发现实际上已经进入基于核心素养的能力测试阶段。目前在高考中，北京、上海、天津是全科自主命题，其他有自主命题任务的省市语数外三科都使用全国卷，其他选考科目自主命题。绝大部分选择语数外使用全国卷，证明这三门课程对所有学生的要求比较一致，这与国际上其他国家要求相同或相似，美国的 ACT 考试也是主要考阅读和数学。但是，如果高考的其他考试科目仍然局限于六七门课程，那么将无法满足拔尖创新人才的培养需求。当今世界已经进入信息时代和智能时代，我们是否有可能在六门课程的基础上进一步深化改革，增加选修科目？语数外三科实现了全国统考，那么其他科目可以放到各省市、各高校或高校联盟进行，只要这个考试具有一定的社会权威性即可。据我所知，IB课程及各小科目共有197科，不同年份有所增加和变化。学生可以选择任何一科，选择度和自由度更大。自由度的优势与学生将来需要从事的专业相关，关联度更加匹配。学生的能力水平，包括我刚才提到的基于核心素养的能力水平，通过选择不同科目的组合，能在一定程度上有所显示。例如，有学生想选修音乐，但高考中并没有这个选考科目。我对考取美国大学的学生做过分析，进入常青藤等名校的学生中，绝大部分具备很高的艺术素养。如果我国的教育和考试现代化要深入推进，就需要进一步增加选择性。如果学生把整天精力都放在应付考试上，就无法减轻负担，也谈不上发展兴趣。

最后就是要发展自适应考试。我认为进入智能时代五年到十年后，自适应考试将成为许多发达国家的考试常态和主要的考试形式。这种考试会根据学生的水平不断变化题目，测试结果更加精准，已经成为国际考试发展的主流。如果我国专业化考试机构不探索采用这种模式，那么将跟不上时代节奏。比如，美国的ACT考试是一个大范围考试，从2024年开始实行全美范围内的机考，学生对机考已经非常熟悉和适应。但是，美国的考生人数比较少，最多的考试有一两百万考生，我们动辄几百万、上千万。机考的组织需要大量高端科技支撑，并非仅仅机房问题，更具挑战的是题库软件、网络平台支持。如果机考都考统一的题目比较简单，但自适应考试的开发难度就会大幅度提升。如果背后的理论和技术研究跟不上，那么我们的学生未来可能无法与国际接轨。

通过对唐盛昌校长进行专题访谈后发现，构建拔尖创新人才早期培育链需要系统性教育改革和创新。通过优化课程体系、创新教学方式、建立多元化评价体系等措施，使学校能为具有创新潜质的学生提供良好的发展平台。未来，基础教育阶段应进一步深化改革，完善拔尖创新人才早期培育机制，为我国创新驱动发展战略提供强有力的人才支撑。

（访谈者徐奉先系教育部教育考试院副研究员）

附录一

唐盛昌优质教育思想改革与实践研究

唐盛昌先生从教 60 多年，在上海市上海中学（以下简称"上海中学"）担任校长 24 年，一直扎根于基础教育实践第一线，是一个不可多得的教育经验"富矿"。他是一个教育思想的激活者，更是教育思想的践行者，对其教育思想与实践进行研究，有利于站在更高的视野去推进我国的基础教育改革。在此，本文主要从以下六个方面对唐盛昌先生的教育思想与实践进行分析，这些思想与实践显示了他是一名具有思想高度与前瞻意识的优质教育改革先行者。

一、资优生教育树立发展航标

唐盛昌先生认为，综合先天与后天教育的因素，客观存在着资优生群体。给这些资优生提供合适的教育与引导，是学校教育（尤其是实验性示范性高中）应当正视的重要课题。在资优生教育的过程中，首先要特别重视资优生德育。资优生德育是一项具有政治意义的命题，关系到我们培育优秀人才为谁服务的导向问题。资优生德育，最为重要的是要根据资优生的认知发展、主体发展的差异性，在把握德育共性的基础上进一步为资优生思想道德素养的发展"量体裁衣"。资优生思想政治中的爱国主义精神，人生观、价值观、道德观中的社会责任问题，心理品质的承受力问题是资优生德育教育中要着重解决的三个关键性问题。智力水平、学业水平不是决定资优生成长高度的唯一指标，社会责任与思想境界才能不断为他们指引航向。

资优生的智能发展，存在单核（在一个学科领域有优异或优秀的潜质）、双核（在两个学科领域有优异或优秀的潜质）和多核（在两个以上学科领域有优异或优秀的潜质）的知识构成，要努力推进学生形成个性化知识构成。不同的知识构成没有好坏之分，要根据学生的意愿加强引领。"促进学生形成个性化知识构成"这一概念正被许多同行接受并在教育实践中加以思考。唐盛昌学生认为，要促进不同资质学生的发展，一流名校应有适合学生发展的课程体系。从学科、学生、科技、社会发展的视野统筹思考构建学校课程图谱，大力推进课程的高选择性、现代性、探究性与数字化，是现代学校课程建设需要解决的重要课题。如今，学校课程图谱的构建正发挥着良好的辐射作用。创设资优生成长的良好环境，对资优生的早期识别与评价是一项科学性非常强的课题。对资优生的早期识别与评价要提升科学化水平，厘清学科领域考试与非学科领域评价的差异和主体责任，打破"文理分科"的思维定式。

资优生教育思想深化于学校教育实践，促进了学校的持续和领先发展。上海中学以资优生德育、学校课程系统构建等问题的研究与实践为突破口，率先完成了创建市实验性示范性学校的规划评审，率先通过市实验性示范性高中建设的验收。学校改革并没有影响学生的高考成绩，反而促进了学生素养的持续提升，学生连续 10 多年高考成绩保持上海市总分第一并遥遥领先，一本率一直保持在 98% 左右，2010年以来超过了 99%。上海中学每届学生中都有近 90% 进入"985"或"211 工程"的高校，80% 进入国内排名前十的大学，赢得了很高的社会声誉，上海中学已成为上海优秀学生梦寐以求的学校。

二、"三高"教学破解教育内容与形式难题

唐盛昌先生认为，课程教学是学校教育教学改革的核心，他在系统

建构学校课程体系的同时，将教学改革作为推进学校持续发展的动力来抓。在 1989 年初任上海中学校长时，当时学校教学质量处于上海市重点中学排名靠后的位置。他通过深入课堂听课、外请专家督导、重用有个性特长的教师、调整教师课时量等多种举措，使教学走上了正轨，逐渐恢复了上海市一流并走向领先的水平。之后，他对适合实验性示范性高中学生的教学模式进行了探索，形成了"高立意、高思辨、高互动"的教学思想，破解了教学内容与教学形式之间关系互动的困局。

　　他认为"高立意"是既要找到适合学生发展的教学内容，也要找到推动学生发展的教学方式，并从理性层面探索将教学内容与教学方式联系起来的结合点；"高思辨"在于启发学生思维，激活学生内在学习需求；"高互动"是让学生积极参与教学过程，体现师生高效率的认知、情感等方面的交流。高立意是导向，高思辨是纽带，高互动是手段。对于实验性示范性高中学生，他认为教师在"教什么，怎么教"的关系处理上，对"授之以鱼，不如授之以渔"的理解存在偏差，即认为"'怎么教'比'教什么'更有价值"。实际上，"渔"意味着对"鱼"之特征的充分掌握，捕捉"鱼"需要掌握"鱼"的活动规律，喂养"鱼"需要掌握"鱼"的生长规律，脱离了"鱼"，就不存在科学的"渔"。这是对"鱼"和"渔"的规律的有机结合，是内容与方法的统一，而不是两者的割裂与对立。因此，开发学生的潜能，不仅要解决教学方式的问题，也要解决教学内容的问题，教学内容是学生潜能开发与个性发展的载体，脱离内容仅谈教学方式的改革就如无根之木。

　　唐盛昌先生经常说，教师教学要"通晓学科、知晓结构、指导建构、探究理论"，因而学生在课堂上能掌握教师教授内容的 70% 以上就不错了，这样学生的学习才有挑战性。"余音绕梁"才是高境界，不懂的地方在课外主动去找同伴、教师解决，促进了生生互动、师生互动。他自己在数学教学中也是这样实践的，如针对男女学生的不同特点采用相应的教学策略。正因为大力推进教学内容、教学方式的整合改革，"三高教学"在促进学生学科能力与学科意识的提升上有了质的飞跃，2002年后上海中学的学生学科成绩持续保持上海市领先地位。在此基础上，他强调教学不能只局限于课堂，最有价值的是基于学科学习的探究，且认为"中学生的探究跟大学生、研究生的不一样，他是边学习边探究的模式"。

三、创新人才早期培育自成体系

唐盛昌先生认为，基础教育应为构建自主创新体系奠基，从创新人才的培育视野来促进基础教育的改革。从创新人才培养角度来看，基础教育存在着"五强五弱"，即在知识构成上，培养系统有序强，灵活应用弱；在思维训练上，培养聚合抽象逻辑强，发散形象直觉弱；在人格塑造上，培养毅力恒心顺从强，独立冒险质疑弱；在教育环境上，严谨有序强，宽松开放弱；在价值取向上，常规趋向强，变通期待弱。这"五强五弱"，成为基础教育改革关注创新人才早期培育、寻求突破点的重要引领，并形成了体系化的创新人才早期培育观点。他认为，创新人才早期培育是一项系统工程。即使到了大学阶段，仍然只是创新人才早期培育阶段，各阶段要根据学生的特点进行引导，让学校教育成为不同类型创新人才早期培育的厚实土壤。他进而提出小学、初中应关注学生的兴趣激活，高中关注志趣聚焦，大学确立志向，让学生在不同成长阶段都有立足于自身发展需求的强大学习动力。他基于高中教育实践，强调志、趣、能统一为创新人才早期培育的切入口，也成为高中教育改革的方向。他提炼了一条高中阶段推进创新人才早期培育的新路：以促进学生志、趣、能为导向，以促进学生形成个性化知识构成为基本载体，以基于一定领域的探究性学习作为培育学生创新思维与创新人格的主要途径，以数字技术与专门领域的整合为当代学生创新的重要激活方式，以与高校、科研院所等进行实质性合作作为拔尖创新人才早期培育提供资源助推力。基于此，唐盛昌先生认为创新人才是个性化的、分领域的，应为不同领域有潜质学生的成长创设合适的环境。在科技类创新人才早期培育方面，他提出了四个维度八个方面的评价指标，即内动力：责任与思想境界、兴趣与潜能的匹配；创新思维：思维的批判性与深刻性、思维的跳跃性与缜密性；创新人格：钻研与痴迷、坚韧性；发展指向性领域：个性化的知识构成，基于一定领域发展的可持续性。

把准了方向、想明白就干，这是唐盛昌先生雷厉风行的一贯作风，因此在他的引领下上海中学在上海市率先开展"高中生创新素养培育实验项目"，并成为国家教育体制改革项目"探索建立拔尖创新人才培养基地"的试点学校之一。2008年首创科技班，2011年开始设立工程班，加上1990年创办的数学班，现在上海中学已形成每一届有3个特色班、7个平行班的格局，还将其中具有普适性的做法辐射到7个平行班，形成了金融、节能汽车、法学、微电影、主持与演讲等多个实验组，使上海中学每一个学生都能在"志趣能统一"方面获得实质性发展，真正体现因材施教的校内教育公平。从2008年起，学校每年都有学生进入国际数学奥林匹克竞赛中国国家队，创造了一个省市连续6年有学生进入数学国家队并获得世界奥数金牌的纪录，现在学校学生累计已获得8枚国际数学奥林匹克竞赛金牌。此外，学校乒乓班学生还获得了34枚中学生世乒赛金牌，平行班学生在学校画廊主办了自己的个人画展。学生通过基于一定领域的专门课程与课题探究学习，不仅提升了创新意识能力，而且促进了学生基于理性的大学专业取向选择。学校坚持在任何方向上拔尖的学生都能得到足够的尊重与支持。唐盛昌学生关于"促进学生志趣能统一"等想法被融入教育部《推进普通高中多样化发展的若干意见》《关于推进中小学教育质量综合评价改革的意见》等文件中。

四、自主办高质量的国际教育显现核心竞争力

唐盛昌先生认为，建设人力资源强国的"强"是以世界一流为参照系的，中国也应构建世界一流的中学，这是"强"国必须有的胸怀与气

魄。构建世界一流的中学，首先需要学习，然后把握其精髓，再进行适合我国国情的创造性改造、运用，从而形成自身具有竞争力的特色。自主办高质量国际教育，成为建设人力资源强国的必需。在自主办高质量国际教育过程中，既要注重汲取世界教育精华，又要彰显中国特色。民族性是国际性的基础，国际性是中国教育在世界舞台上发出自己声音的必要条件。要海纳百川并形成自身特色，在国际教育中形成自身的话语权与竞争力。

自主办高质量国际教育是优化改革开放服务环境的必需。中国人有能力自主办好高质量的国际教育，应坚持国际标准和中国特色，才能形成自身具有国际影响力的"强教高地"。他指出，我国基础教育与世界一流的差距在于规范性和选择性，通过与世界一流学校的对比分析，衡量当代世界一流中学的主要指标是深厚的学校文化积淀、适合学生个性发展的教育、教学与学科特色的发展、数字化的教育环境、与世界教育交流的话语系统、有强大后劲的在校与毕业生群体、有相当知名度的教师群体等。自主办高质量的国际教育，需要形成自身的核心竞争力，没有核心竞争力的学校，不但不可能成为世界著名的中学，而且会产生"根的迷失"现象。在自主办高质量的国际教育过程中，加强对国际课程的实践与研究可以提升我国课程的现代化水平。对国际课程的引入，应当关注目的、体系、法理、准备与实施等五大问题。对高中国际课程的实践与研究，目的在于推进我国高中课程体系建设的现代化水平。通过分析，他认为我国当前缺乏以实验和实践为主的课程，缺乏高选择性课程，未能适应现代科技的迅速发展，需要在提升课程现代化水平上下功夫，进而推动成立国内第一个以国际课程为研究对象的研究所——上海市基础教育国际课程比较研究所，并担任所长。

在这些思想引领下，他于1993年创办了国内第一所由中国人自主管理的公办学校国际部，从创办之初只有18个学生发展到现在3000多个学生在读（来自60多个国家与地区），缔造了一个中国人自主办国际教育的"超级航母"。目前，上海中学是国内唯一能在校内参加IB、

AP、PSAT、SAT、TOEFL、GRE 考试的高中学校。近三年来，国际部学生 IB 全科文凭获得率达到 100%，平均分超过 41 分（满分 45 分），在全球所有开设 IB 课程的学校中排名前三（2012 年排第一）。2012 年，参加 AP 课程学生的平均分为 4.46 分（满分 5 分）。有国外近百所大学直接派人到学校招学生，以 2012 届国际部毕业生为例，有 5% 的学生进入哈佛大学等美国排名前 5 位的大学，有 25% 以上学生进入美国排名前 25 位的大学，有 75% 以上的学生进入美国排名前 50 位的大学。他还创办了星河湾双语学校，该校是上海首家海归子女学校，它是上海中学国际课程的办学基地，这所既有中国特色又与国际教育接轨的学校正备受海归人员和国内成功人士的青睐。如今的上海中学产生了良好的国际影响。

五、数字化校园建设先期优化

唐盛昌先生认为，建设信息化、数字化校园是打造国际一流名校的配套性措施，是学校教育真正国际化、现代化的一项基础性工作。正因为他是数学专业出身，对数据、信息比较敏锐，认为现代学校的发展，应当在教育信息化方面迈开坚实的步伐。在整个城市乃至国家的信息化、数字化环境总体落后于发达国家的情况下，只要做好顶层设计，注重信息教育投资的方式与效益，变一次性投资为多次投资，实施滚动更新，学校小环境在一定条件下就可以先期实现数字化校园环境的优化。

数字化校园信息系统的构建应从"孤岛"走向"联通"，形成基于统一数据平台的信息分析、决策。现代数字平台将促进超越课堂的实现，超越课堂的物理空间、超越课堂的教学空间、超越课堂的教学手段、超越学生的知识基础。他认为，数字校园建设的关键在于数字空间延伸下的教学重构。数字校园的核心是信息环境的优化、数字空间的延伸、教学过程与管理过程的重构。基于信息技术环境下的探索，不仅是"网络探究"，还在拓展利用数字技术提供的一切现代化设施与设备方面都进行探究。他强调直面数字化环境下的中学教育改革，应关注数字技术与课程教学的统整，促进学生基于数字平台的学习。通过探究与创新，引导学生正确处理好现实世界、理想世界与虚拟世界之间的关系，推进信息化环境下的管理变革与数字化校园中的文化建设。

基于这样的认识，唐盛昌先生引领上海中学在全市中学中率先建成有线网、无线网、物联网、桌面云系统及基于统一数据平台的信息化校园管理系统。在全国率先开始建构系统化现代数字化实验室，学校也被推选为中国教育技术协会中学协作共同体的首届、第二届理事长单位。由于数字化校园建设的理念与实践都领先于全国的其他中学，唐盛昌先生多次应邀在中国教育技术协会年会上作大会主题报告。上海中学在学校数字化校园构建方面，一直在全国中学教育信息化领域处于"领跑"位置，唐盛昌先生还被推选为"中央电教馆百所数字校园示范校建设项目"专家组组长。

六、现代学校领导与管理走向高绩效

唐盛昌先生认为，一所现代名校的构建，应正确处理好名校与社会、学科与课程、讲台与平台、育才与育德、单位与组织、国内与国际、升学与素养、传统与文化的关系。名校要办出自己的特色，真正做到"名副其实"，离不开公平、务实、高效的学校领导与管理。他认为，学校的领导行为应关注物质激励与精神激励的结合，应在正确的办学价值观指引下推进工作。公办学校办学活力的激发应注重多元办学模式兼容、进行内部管理机制的改革，构建高绩效的领导集体，强调基于数字平台的高效管理体系，还需要合法、合理地利用社会资本。

优化、高效的学校领导，呼唤创新型校长，他指出创新型校长的人格特征主要有高尚的思想境界，能将想象力与科学性和谐融合；不满足现状，突破成规、超越习惯、锐意改革；乐于接受各种挑战，坚韧不拔、敢作敢为。学校文化的传承与创新是校长的重要使命，校长总是与学校紧密联系在一起的，就如 DNA 的双螺旋结构，两者交缠，分中有合，合中有分，而贯穿始终、使两者合在一起的主要因素是学校文化。校长治校的成功程度，在于他对学校文化的融合度与影响力，在于他所引领的学校文化与时代发展、教育进步的吻合度，在于他所弘扬的学校文化所蕴含的发展空间与人文价值。他还构建了基于实践的名校长基地实训新模式，带教出了普教和职教领域一批杰出的校长与管理人才，如上海市第三届教育功臣、上海市信息技术学校校长邬宪伟，上海交通大学附属中学徐向东等。现代学校领导与管理，应以是否能促进教师基于学校文化的专业提升与潜能激发为重要指标，校长应成为先进教育思想的践行者。校长的践行力，离不开自身的文化自觉与文化修养，离不开对学校特性的正确把握。为此，校长要一头扎入学校的教育实践，在实践问题的探究中成长，营造教师成长的良好环境。新一代名师是在"竞争—提升—竞争—提升"的螺旋式上升过程中造就的。"教师是用今天的文化去创造明天的人才，教师有他自身的经历与背景、自己的价值观与道德观。他的积淀越深厚，他的思维就越开放，他的态度越进取，他对学生的正面影响就越深远。"

　　基于这些管理思想，唐盛昌先生促进了上海中学从低谷走向高峰。1989 年他来上海中学之前，学校校园给人以"破落地主"的形象，校园很大但显得破败，如今学校成为"全国绿化模范单位"，让每一个进入上中校园的流连忘返。刚到上海中学时，学校账面为"赤字"，年长的教师还清晰地记得唐校长来上海中学前一年的年终福利是两瓶酱菜，然而 2012 年国际部学生的学费收入接近 3 亿元。为公办学校通过教育服务推动国有资产增值开拓了新路、走出了一条大道。因此，学校可以自筹资金 1.3 亿元购得上中路 100 号原上海交通大学技术学院用地 40 余亩，使校园面积增至近 350 亩。2012 年，在上海市教委的领导、批准与监管下，学校出资约 2 亿元，购置了一幢外教宿舍楼，学校的国有资产得到了进一步增长。这些年，上海中学集聚并培育了一批充满活力的优秀教师，学校教师的平均年龄只有 33 岁，毕业于北京大学、复旦大学、上海交通大学等综合性重点大学的师资超过 60%，能用全英语进行学科教学的教师超过 150 人；凝聚了 110 多个外籍教师与 40 多个海归人士为学校发展服务；培养了一批金牌教师、明星教师、特色教师，在学校形成了谁行谁就上的校园氛围。上海中学的领导与管理模式、办学经验等在"上海中学三个初中办学基地"得到成功复制，上海市民办华育中学（1998 年）、上海市民办上宝中学（2002 年）、上海市民办张江集团学校（2006 年）三校在 2012 年包揽了上海市中考成绩的第一、二、三名。由上海中学委托管理的上海中学东校，初中在教育质量上也已初露锋芒，在浦东新区教育质量评估中已名列公办学校第一名。

唐盛昌先生的教育思想与实践，总的说来显示出高度性、时代性、前瞻性、创新性。唐盛昌校长在《终生的准备与超越》一书中写道："当今天的教育能把准明天社会的脉搏，迎合社会发展的需要，培养出一批批创造明日社会辉煌的人才，教育就摆脱了平庸而走向伟大。"在唐盛昌校长的引领下，上海中学不仅吸引了来自国内其他地区的目光，而且吸引了世界的目光。教育部、上海市在有关基础教育改革的政策制定中，多次邀请唐盛昌校长作为专家参与咨询。在 2013 年举办的"唐盛昌从教 51 周年教育思想与实践研讨会"上，许多学者指出了其教育思想引领学校教育实践的诸多率先：率先引领示范性高中、率先创建国际部、率先系统建构学校课程图谱、率先开展拔尖创新人才早期培育实验、率先创办优质民办学校群、率先成立基础教育国际课程比较研究所、率先建构数字化校园、率先准备在国外创办中国公办学校第一所海外分校——卡塔尔分校等，认为他开创了上海教育的一个"唐时代"。唐盛昌先生始终把握中国国情、时代特点、学生特点、国际趋势、社会需求，形成了具有引领价值的、基于实践又高于实践的教育思想，在上海乃至中国基础教育领域中闪烁光芒。

唐盛昌先生是一位对优质教育进行改革的孜孜探索者，他觉得自身在教育研究与探索上还有许多工作要做，包括怎样推进高中课程在现代性上迈出更大的步伐、如何推进人力资源强国背景下示范性高中转型发展、我国引入国际课程怎样合法合理地改造以提升我国教育竞争力、如何进一步深化不同类型创新人才的早期培育等。因此，他离任上海中学校长后，仍活跃在教育舞台上，现主要承担教育部委托的有关课程改革、教育考试咨询工作，上海市普通高中国际课程试点评估工作，上海市教育改革咨询与督学工作，继续以前瞻的视野持续追求教育的理想。

（冯志刚、刘茂祥整理，刊于《现代基础教育研究》第 12 卷，2013 年版，收入本书有改动。）

附录二

唐盛昌教书育人事迹概览

　　唐盛昌先生从一名数学教师成长为一名教育家型校长，1962 年参加工作至今，60 多年来一直扎根于上海基础教育实践的沃土。他，从教育家办学的高度、前瞻和睿智，担任上海中学校长 24 年，引领上海中学在上海乃至中国基础教育领域发出耀眼光芒；他，在全国率先抢滩公办学校办国际教育，让中国人自主管理的国际教育品牌引领全国，并在国际基础教育领域不断发出中国的声音；他，在全国率先吹响了"中国也应建世界一流中学"的号角，在坚持中国特色与融合国际经验上走出了一条创新人才早期培育的新路；他，敢为人先地推进了现代数字化创新实验室、学校课程体系构建等多项教育改革，在上海乃至全国发挥了示范、辐射作用；他，形成了资优生德育、激励优化高效的现代学校管理、自主办高质量的国际教育、直面数字化挑战的中学教育变革、以志趣能匹配引领创新人才早期培育等诸多教育思想，推进了我国基础教育走向现代化的实践进程。

　　他是上海市首届教育功臣、享受国务院政府特殊津贴专家，荣获全国教育系统劳动模范称号并被授予人民教师奖章。他的专著《终生的准备与超越》入选教育部基础教育司、师范教育司组织编写的"中国当代教育家"丛书。他还入选改革开放 40 年"教育人物 40 人"之一。在资优生教育、创新人才早期培养、教育信息化、现代学校管理、整合主流国际课程等方面获得实践突破，获国家级、省市级教科研成果奖 14 项，出版专著 83 种，发表专业论文 200 余篇（其中在 CSSCI 收录期刊、全国中文与教育核心刊物发表专业论文 50 余篇）。

党的十八大以来，他持续推动初中阶段拔尖创新人才早期识别与培育，深化小初高教育衔接研究，推进了我国普通高中试点国际课程的规范化管理水平与国际课程本土化实践探索，为发展具有中国特色、世界水平的现代优质教育作出了重大贡献。他曾兼任国家基础教育课程教材专家工作委员会副主任委员、国家教育考试指导委员会专家工作组成员、中国教育学会副会长与学术委员会副主任等职。在 2024 年首届上海杰出人才颁奖典礼上，因其在国家和上海市经济社会发展中所作出的重要贡献，唐盛昌校长成为首届上海杰出人才（名家大师类）表彰对象，是上海市基础教育领域唯一获此殊荣者。

一、工作简历与育德能力

唐盛昌先生 1962 年毕业于上海师范学院数学系。1962 年 8 月至 1984 年 7 月，历任上海市陕北中学（现名为上海市晋元高级中学）数学教师、数学教研组组长。1984 年 8 月至 1988 年 6 月，任上海市曹杨二中副校长。1988 年 7 月至 1988 年 12 月，任上海市曹杨二中校长。1989 年 1 月至 2013 年 3 月，任上海市上海中学校长。2012 年 3 月起至今，任上海市教委批准设立的上海市基础教育国际课程比较研究所所长，推进了上海市普通高中试点国际课程规范化管理与本土化实践工作。目前，他还是联合国教科文组织一类中心首次落户中国的国际 STEM 教育研究所的上海四位咨询专家之一。

全面落实党的教育方针，深入学习贯彻习近平新时代中国特色社会主义思想，致力于推进德智体美劳全面发展的拔尖创新人才早期培育实践探索，大力推进我国基础教育现代化水平提升与开展敢为人先的自主办国际教育的探索，深化基于实践的普通高中试点国际课程规范化管理。他满怀着对教育的激情，不断地追求与攀登。他在《终生的准备与超越》一书中写道："当今天的教育能够把握明天社会的脉搏，迎合社会发展的需要，培养出一批批创造明日社会辉煌的人才，教育就摆脱了平庸而走向伟大。"

二、专业水平与工作成绩

唐盛昌先生专业知识厚实、专业素养精湛，能用流利的英语进行教育学术交流，在中国基础教育走向世界与赢得我国教育的国际话语权等方面成就卓越。

（一）专业水平

在数学教育方面，他注重数学强潜能学生的培育与中西数学教育的比较研究，带领学校在培育数学特长生成长方面独占鳌头，曾在《教育研究》上发表《试析男女生在数学学习中的差异》一文。

在校长专业发展方面，他作为上海市普教系统名校长培养基地管理组首任组长，在带教名校长过程中形成了基于学校实践的校长实训新模式。他引导名师与名校长将立德树人作为学校发展的根本任务，带教出了普教、职教领域40多位师德高尚的校长与管理人员，其中20多位已评为特级校长。

在教育管理方面，在上海基础教育率先形成了以质为主、质量结合的教师劳动价值评价原则，创设了激励、优化、高效的学校管理机制，推进学校从权力管理走向人格管理、从惯性管理走向程序管理、从维持管理走向创新管理。

（二）工作成绩

唐盛昌先生在国家和上海教育综合改革中所作出的贡献与发挥的引领作用主要体现在以下八个方面：

1. 引领上海市上海中学这所上海市唯一一所以上海城市名称命名的中学从发展低谷走向上海市乃至全国顶尖水平。

2. 1990年，在上海市率先开展数学强潜能学生培育实验，使数学等领域的基础学科强潜能学生早期培育处于全国领先水平。

3. 1999年，率先创建上海市实验性示范性高中并成为第一所通过验收的学校，引领示范性高中建设。被教育部邀请作为素质教育全国巡回宣讲团成员在人民大会堂等地宣讲改革经验。

4. 2008 年，率先开展上海市高中生创新素养培育实验项目，大力推进科技、工程等领域拔尖创新人才早期培育实践，引领上海中学成为全国教育体制改革项目"探索建立拔尖创新人才培养基地"首批试点学校。在全国率先吹响"中国应建世界一流中学"的号角，在坚持中国特色与融合国际经验上走出了一条以聚焦志趣、激发潜能为突破口的拔尖创新人才早期培育新路。

5. 1993 年，在全国率先抢滩公办学校办海外人员子女教育，创办上海中学国际部，并让中国人自主管理的国际教育品牌从小到大、从大到强，国际文凭课程、大学先修课程教育质量处于全球领先水平，在全国发挥融通中外的开创性教育改革引领作用。上中国际部从创办时 18 名学生发展到在校生突破 3000 名，累计来自 68 个国家与地区；培养了上万名海外人员子女，他们带着中国情结走向世界，传播中华文明的种子。目前，上海中学国际部已成为上海市建设社会主义现代化国际大都市的城市服务"金名片"。

6. 1997 年，率先推进学校教育信息化改革，全国教育信息化现场展示会在上海中学举行。2002 年开始在全市乃至全国中学领域率先构建系统化现代创新实验室共 30 余个，率先引入无线网、物联网。2004 年率先推进云计算校园运用，建成基于统一数据平台的信息化校园管理系统，为全国首批教育信息化试点学校。

7. 2013 年，从上海中学退休后，他担任上海市民办华育中学理事长，大力推进上海市民办华育中学率先开展初中阶段拔尖创新人才早期识别与培育，推进初高中教育衔接；担任上海市星河湾双语学校与上海金山杭州湾双语学校的校监，办学质量均保持同类学校领先水平。其中上海市星河湾双语学校以"中国核、世界流"为教育理念，坚持学生"出得去、回得来"的办学方针，教育质量保持领先。

8. 2012 年以来，引领成立全国第一个以国际课程本土化实践为研究对象的上海市基础教育国际课程比较研究所；在全国率先推进普通高中试点国际课程的规范化管理，探索以国家课程为主干、整合国际课程的新路,发挥全国示范引领作用;形成了《高中国际课程的实践与研究》《中美中学理科教材比较研究》等系列研究成果,得到了教育部等部门的肯定。

三、教育思想与业绩影响

唐盛昌先生的教育思想是一座富矿,主要涉及以下几个领域:

1. 首创性地提出并实践资优生德育。这是一个具有政治意义的命题,它关系到我们培育的优秀人才为谁服务的导向问题。只有提升责任感与思想境界才能不断为学生调整航向,持续锻造学生的心理品质与意志力。相关成果获首届中国教育学会成果特等奖与上海市教育科学优秀成果(改革实验)一等奖(成果名称为《资优生教育——乐育菁英的追求》,率先系统阐述了资优生教育的理念并进行了实践,2009 年由上海教育出版社出版)。

2. 率先吹响"建构世界一流的中学"的号角并创设了学校样本。引领上海中学走在上海市乃至国内基础教育领先地位,推进了我国基础教育走向现代化进程。在创造性实施国家课程的同时,建构具有高度现代性、选择性及国际竞争力的学校课程体系。形成 7 个领域、700多个科目与模块课程供选学,创设大中衔接的"专门课程"新形态。

3. 探索了一条以聚焦志趣、激发潜能为突破口的拔尖创新人才早期培育新路。以促进学生志、趣、能为导向,以促进学生形成个性化知识构成为基本载体,以基于一定领域的探究性学习作为培育学生创新思维与创新人格的主要途径,以数字技术与专门领域的整合为当代学生创新的重要激活方式,以与高校、科研院所等进行实质性合作为资源整合方式。相关成果获国家基础教育教学成果一等奖。

4. 自主办高质量的国际教育具有开创性。上中国际部从创办时的18 名学生发展到 1—12 年级完整体系、在校生超 3000 名的规模;定义了中国一流国际学校的标准,既注重汲取世界教育精华,又彰显中国特色，在国际基础教育中拥有世界话语权与竞争力，形成我国基础教育具有国际影响力的"强教高地"。他被国际文凭组织聘为全国唯一的亚太地区校长委员会委员、教育咨询委员会委员、全球校长委员会委员。

5. 引领学校教育信息化建设。率先建设整合数字技术的现代化创新实验室，在全国推广；建成基于统一数据平台的信息化校园管理系统，注重信息教育投资的方式与效益，变一次性投资为多次投资，实施滚动更新，领跑全国数字化校园建设；率先出版全国现代教育技术实验学校教改专著《直面数字化挑战的中学教育改革》，发挥示范辐射作用。

6. 提升普通高中试点国际课程的规范化管理水平。作为国内首个以国际课程为研究对象的上海市基础教育国际课程比较研究所所长，在全国普通高中率先实行以国家课程为主干、整合国际课程的规范化导引，产生示范辐射作用。

唐盛昌先生的教育思想在上海、全国产生了示范影响，而且吸引了世界的目光。北京、天津、重庆、浙江等 20 多个省市教育行政部门、知名学校频繁到上海中学考察与取经，国内许多名校将上海中学作为学习的标杆与追赶的目标。他的诸多教育理念被教育部、上海市基础教育改革的相关政策所采纳，多次应邀作为国家、上海的教育咨询专家参加有关文件的起草和修改。

据不完全统计，近 30 年来他在国际、国内有影响的学术会议上做主题报告 100 余场（如参加教育部组织的"素质教育观念更新"巡回报告团）。尤其值得一提的是他凭借良好的英语表达能力，能在国际舞台上用英语演讲并与国际友人交流，促进了中国基础教育走向世界的影响力。他还曾应邀在国际文凭组织总部和美国、英国、意大利等国家做中国基础教育改革的学术报告，接待了 30 多个国家 100 多个高层国外来访团，为中国基础教育赢得了世界声誉，也为中国基础教育走向世界打开了一扇窗。

（上海市上海中学 2024 年 3 月供稿。）

图书在版编目（CIP）数据

转型中的教育：面向智能社会的创新人才早期培育 /
唐盛昌著. — 上海：上海教育出版社, 2025.6（2025.9重印）.
ISBN 978-7-5720-3456-5

I. G632.0

中国国家版本馆CIP数据核字第20259UQ589号

责任编辑　徐建飞

封面设计　金一哲

转型中的教育：面向智能社会的创新人才早期培育
唐盛昌　著

出版发行　上海教育出版社有限公司
官　　网　www.seph.com.cn
地　　址　上海市闵行区号景路159弄C座
邮　　编　201101
印　　刷　苏州工业园区美柯乐制版印务有限责任公司
开　　本　890×1240　1/32　印张 17　插页 9
字　　数　472 千字
版　　次　2025年6月第1版
印　　次　2025年9月第2次印刷
书　　号　ISBN 978-7-5720-3456-5/G·3089
定　　价　90.00 元

如发现质量问题，读者可向本社调换　电话：021-64373213